Johanna Di Blasi
Das Humboldt Lab

Edition Museum | Band 41

Meiner Mutter und meinem Mann Luca

Johanna Di Blasi, geb. 1968, ist Kunsthistorikerin, Journalistin und Redakteurin des ökumenischen Magazins »Kunst und Kirche. Zeitschrift für Kritik, Ästhetik und Religion«. Sie studierte Deutsche Philologie, Literaturwissenschaft und Kunstgeschichte an der Universität Wien und der Freien Universität Berlin und promovierte 2019 im Fach Kunstgeschichte im globalen Kontext.

Johanna Di Blasi

Das Humboldt Lab

Museumsexperimente zwischen postkolonialer Revision und szenografischer Wende

[transcript]

Dissertation zur Erlangung des Doktorgrades eingereicht und verteidigt am Fachbereich Geschichts- und Kulturwissenschaften der Freien Universität Berlin, 2019 (D188).

Gedruckt mit freundlicher Unterstützung der Ernst-Reuter-Gesellschaft.

Bibliografische Information der Deutschen Nationalbibliothek
Die Deutsche Nationalbibliothek verzeichnet diese Publikation in der Deutschen Nationalbibliografie; detaillierte bibliografische Daten sind im Internet über http://dnb.d-nb.de abrufbar.

Umschlaggestaltung: Maria Arndt, Bielefeld
Umschlagabbildung: »Waterfall« von Zhao Zhao, Fotograf: Sebastian Bolesch
Satz: Justine Buri, Bielefeld
Druck: Majuskel Medienproduktion GmbH, Wetzlar
Print-ISBN 978-3-8376-4920-8
PDF-ISBN 978-3-8394-4920-2
https://doi.org/10.14361/9783839449202

Gedruckt auf alterungsbeständigem Papier mit chlorfrei gebleichtem Zellstoff.
Besuchen Sie uns im Internet: *https://www.transcript-verlag.de*
Unsere aktuelle Vorschau finden Sie unter
www.transcript-verlag.de/vorschau-download

Inhalt

Einleitung | 7

I. Ein neues transdisziplinäres Feld | 17
I.1 Reziproke Forschung | 17
I.2 Publikationen zum Humboldt Lab | 31

II. Das Humboldt Lab | 37
II.1 Das Lab-Paradigma | 37
II.2 Ist Ansteckung möglich? Die Dahlemer Museen als Labor | 50
II.3 Ein Lab als ›Probebühne‹ des umstrittenen Humboldt Forums | 58
II.4 Hybride Museumsexperimente | 73
II.5 Exkurs: Das Weltkulturen Labor in Frankfurt | 78

III. Kunstinterventionen | 85
III.1 Hinterfragen und verzaubern: paradoxe Effekte | 85
III.2 Kunst schafft ›Arte-Fakten‹ | 91
III.3 Insourcing der ›Source Communities‹ | 94
III.4 Kunst mit Traditionsmarkern | 102

IV. Drei Grenzgänge als Fallbeispiele | 109
IV.1 Zhao Zhaos Objektinszenierung »Waterfall« | 110
IV.2 Mathilde ter Heijnes »Pulling Matter from Unknown Sources« | 119
IV.3 Das ausgebliebene Afrika-Bankett | 135
IV.4 Embedded Criticality | 153

V. Das Humboldt Lab als ›Taskforce‹ in Change-Prozessen | 163
V.1 Kritisch-ästhetisches Coaching & Consulting | 171
V.2 Design Thinking versus wissenschaftliche Wahrheitsfindung | 175
V.3 Widerstand gegen Veränderungen | 185

VI. Symptome struktureller Umbrüche | 197
VI.1 ›Regime Change‹ im Völkerkundemuseum | 197
VI.2 Ökonomisierung der Museen und die neue Macht der Szenografie | 203
VI.3 Interventionen und Inszenierungen | 212
VI.4 Künstler als Soft-Power-Agenten | 215

VII. Die Neuerfindung der Vermittlung | 221
VII.1 Krisenkommunikation und eth(n)isches Marketing | 221
VII.2 Das Humboldt Lab Tanzania | 229
VII.3 Abschied vom ›klassischen‹ Bildungsauftrag | 234
VII.4 Exemplarische Besucherforschung im Humboldt Lab | 239
VII.5 Wie humboldtsch war das Humboldt Lab? | 251

VIII. Ausblick: Ein neues Humboldt-Ideal | 259

Abbildungsverzeichnis | 271

Bibliographie | 273

Danksagung | 287

Zur Autorin | 289

Einleitung

»Die Vitrinen des Ethnologischen Museums sind zerbrochen«, hieß es 2015 in einer Ankündigung des Kunsthauses Dresden. Künstler[1] wie Lisl Ponger, Kader Attia oder das Künstlerkollektiv Burning Museum wurden eingeladen, um unter der Überschrift »Künstliche Tatsachen: Boundary Objects« dekoloniale Blickkorrekturen vorzunehmen und die historische Entstehung »unmittelbar mit kolonialen Geographien und Ethnographien« verbundener Museumssammlungen zu reflektieren.[2] Mit der Metapher der zerbrochenen Vitrinen wurde nicht weniger als ein Bankrott der ethnologischen Disziplin angezeigt und ein gravierender Vertrauensverlust in ihre Museen, deren Depots zunehmend in den Verdacht geraten sind, Horte für gestohlenes oder verfolgungsbedingt entzogenes Kulturgut zu sein, ähnlich NS-Raubkunstnachlässen. Eine internationale Debatte war verspätet in Deutschland angekommen.

Der afroamerikanische Künstler Fred Wilson hatte bereits Anfang der 1990er Jahre schneidende Kritik geübt an Museen, in denen nach seiner Wahrnehmung manipulative Kuratoren Objekte als ›Geiseln des Museums‹ in ›Verliesen‹ (Depots) wegsperren.[3] Wilsons legendär gewordenen Installationen »Colonial Collection« (1990) und »Mining the Museum« (1992/1993) wurden prägend für postkoloniale Kunstinterventionen, die Verborgenes ans Licht bringen und Kritik in Ironie oder Sarkasmus verpacken. In »Mining the Museum« kombinierte Wilson prunkvolles Silbergeschirr aus amerikanischen Herrenhäusern mit Sklavenfußfesseln aus dem Depot der Maryland Historical Society, stellte gepolsterte Stühle wie Kammerkonzertbestuhlung vor einen kreuzförmigen Pfahl aus der Abolition-Sammlung, an dem Sklaven ausgepeitscht worden waren, und aus einem Kinderwagen ließ er eine Ku-Klux-Klan-Maske lugen.

1 | Mit Nennung der männlichen Funktionsbezeichnung ist in diesem Buch, sofern nicht anders gekennzeichnet, immer auch die weibliche Form mitgemeint.

2 | http://kunsthausdresden.de/veranstaltungen/kuenstliche-tatsachen/ (zuletzt aufgerufen am 03.05.2019; nachfolgend wird lediglich das Abrufdatum angeführt).

3 | I. Carp/F. Wilson, »Constructing the Spectacle of Culture in Museums«, in: *Art Papers* 17/3 (1993), S. 2-9.

Der Künstler machte lakonisch Zusammenhänge von ökonomischer Wertschöpfung, kultureller Prägung (von Kindesbeinen an) und strukturellem Rassismus deutlich. Geschichte wurde von ihm anders als aus der vorherrschenden Perspektive weißer Mitglieder der Maryland Historical Society erzählt. Die provokativ-ironische Rekontextualisierung war unmissverständlich, ohne jedoch – und das hat sie vielleicht in Museumskreisen besonders empfohlen – pädagogisch oder moralisierend zu wirken.[4] »Mining the Museum« gilt als Prototyp für künstlerische Interventionen in Ethnologiemuseen und gleichzeitig als Beispiel für eine umstrittene Arbeitsteilung: Künstler berühren Themen und Tabus, die Museumskuratoren nicht antasten mögen, Verantwortung wird auf Künstler abgeladen.

Die aktivistische Variante einer ›Neuinterpretation‹ kolonialer Sammlungen führte 2018 der Kinofilm »Black Panther« vor Augen. Die wenige Minuten kurze Museumsszene des Fantasyabenteuers stimmte Museumsleute in aller Welt nachdenklich. Sie zeigt eine Art British Museum, allerdings mit postmoderner Architekturhülle, in dem ›Artefakte‹ begraben sind.[5] Der Preis ihrer Befreiung und Aktivierung (als Waffen im antirassistischen Kampf) durch den Filmhelden Killmonger ist die Massakrierung des Museumspersonals und die Zertrümmerung der Vitrinen. Die Waffe für das ›Black Empowerment‹ liegt im Museum. Der Abtransport der von Europäern gestohlenen Vibranium-Waffe aus Wakanda erfolgt – symbolträchtig – mit einem Rettungswagen. Die illegale Aneignung der Objekte in der Kolonialära wird im Kinomärchen beantwortet mit der Umkehrung des so genannten ›Rettungsnarrativs‹: der Behauptung westlicher Museen, dass Schätze von Kulturen, die im Zuge von Imperialismus, Kolonialismus, Missionierung und Modernisierung ausgestorben sind, durch sie ›gerettet‹ worden seien. Repatriierung erfolgt in Comic-Manier. Allerdings sind in dem US-Blockbuster von Marvel Entertainment die Kulturgutretter nicht die Guten, sondern die Schurken.

Bereits ab 2012 wurden in Berlin vom Humboldt Lab (die vollständige offizielle Bezeichnung lautet *Humboldt Lab Dahlem*) am Museumsstandort im Villenvorort Dahlem im Zuge der Vorbereitung des Humboldt Forums Museumsexperimente an der Schnittstelle von Ethnologie und zeitgenössischer Kunst durchgeführt. Auf so genannten ›Probebühnen‹ erhielten Besucher des Ethnologischen Museums und des Museums für Asiatische Kunst ausschnitthaft Einblicke in Versuche einer Neuinterpretation und Wiederbelebung historischer Museumsbestände aus Afrika, Asien, Amerika, der islamisch ge-

4 | Es handelte sich um ein Kooperationsprojekt des Contemporary Museum of Baltimore und der Maryland Historical Society.

5 | Die Fülle an gelagerten ›Human Remains‹ lässt ethnografische Museen im wahren Wortsinn als Friedhöfe erscheinen, nicht nur metaphorisch wie beim avantgardistischen Topos des Museums als ›Mausoleum‹ und des Kurators als ›Totengräber‹.

prägten Welt, der Südsee und Australien unter Mithilfe bildender Künstler. Transdisziplinäre Teams entwickelten im Humboldt Lab innovative Präsentationsformen und Vermittlungsmodelle für ethnografische Sammlungen. Zeitgleich begann ein großer Szenografie-Dienstleister mit der Gestaltung der Museumsflächen als erlebnisorientiertem Themenpark. Daraus erwachsen Fragen zur mehrdeutigen Rolle des Lab im Gestaltungsprozess des Humboldt Forums und der spezifischen Einbeziehung zeitgenössischer Kunst.

Das Lab schloss an einen kuratorischen Trend der Einbeziehung von Künstlern in die Ausstellungsproduktion und Vermittlungsarbeit historischer Museen als ›alternative Experten‹, ›bessere Kuratoren‹ und ›kritische Freunde‹ an. Es handelt sich um eine kuratorische Strategie der jüngeren Museologie, bei der Kunstinstallationen und -interventionen als Instrument dekolonialer Blickkorrekturen der Museen dienen. Es geht um die Auflösung negativer Stereotype, die Auffächerung der Perspektiven (›Multiperspektivität‹)[6] und um ›geteilte Zugänge‹ (Kooperation mit Künstlern und Wissenschaftlern aus den Herkunftsgesellschaften der gesammelten Objekte). Ich möchte in Analogie zu ›decolonizing the gaze‹ den Oberbegriff *Demusealisierung des Blicks* vorschlagen, denn die Kurskorrektur lässt das ›Museale‹ demonstrativ hinter sich (in Berlin ist kein ›Humboldt Museum‹ entstanden, sondern ein ›Humboldt Forum‹) und reicht tiefer als Institutionskritik.

Als Pionier der Verbindung postkolonialer kuratorischer und künstlerischer Strategien mit Anforderungen des szenografischen Designens und Inszenierens (›Scenographic Turn‹ der Museen) erarbeitete das Humboldt Lab von 2012 bis 2015 eine Reihe von Ausstellungsprototypen und veranstaltete begleitend Workshops und Symposien. Aus der Verbindung von ästhetischen und postkolonialen Ansprüchen erwuchsen spezifische Spannungen. Als Teil des Planungsprozesses des Berliner Humboldt Forums ging es in cross- und anti-disziplinärer Laborarbeit ausdrücklich um die Erschließung von Räumen jenseits konventionell-ethnologischer Ausstellungsarbeit. Im Lab sollte untersucht werden

»[...] ob es möglich ist, einen neuen Typus von im weitesten Sinne künstlerischen Angeboten zu schaffen, der den Bedingungen des Sehens, Denkens und Verstehens im 21. Jahrhundert ebenso gerecht wird, wie den mittlerweile selbstverständlichen, aber

6 | In der Geschichtsdidaktik bedeutet Multiperspektivität die Darstellung historischer Sachverhalte aus unterschiedlichen Quellen. Multiperspektivität in der Museologie meint die Berücksichtigung unterschiedlicher Perspektiven, etwa von ›Race, Class, Gender‹. Das ›Perspektivismus‹-Konzept des Anthropologen Viveiros de Castro bezeichnet im Kontext des ›Ontological Turn‹ die perspektivische Berücksichtigung auch nicht-menschlicher Akteure.

selten genug eingelösten Herausforderungen, vor die eine globalisierte Welt jede kulturelle Einrichtung stellt.«[7]

Parallel zum Humboldt Lab hatte 2012 das internationale Szenografiebüro Ralph Appelbaum Associates (RAA) gemeinsam mit den Corporate Designern von malsyteufel mit der Gestaltung von fast 20.000 Quadratmeter Museumsfläche im Humboldt Forum begonnen.[8] Als ›Expanded Scenography‹ ist Szenografie im Zuge des Aufstiegs der ›Experience Economy‹ zunächst im angelsächsischen Raum und zunehmend auch international zu einer einflussreichen Strategie in Ausstellungsräumen und bei der wachsenden Vermarktung von Kulturerbe (›Heritage Industry‹) geworden; laut der Designforscherin Margaret Choi Kwan Lam sogar zu einer neuen Leitdisziplin und ›Ideologie‹.[9] International tätige Studios wie Curious Space (Brighton), Nissen Richards Studio Design (London), Wilmotte & Associés (Paris), Atelier Brückner (Stuttgart) oder eben Ralph Appelbaum Associates (New York, London, Peking, Berlin, Moskau, Dubai) gestalten heute Museen und Galerien als gegenwartsbezogene diskursive Themenparks, multimediale, atmosphärische, immersive Erlebnisräume und Infotainment-Center. In laborhaften transdisziplinären Ideenfindungsprozessen entwickeln Architekten, Designer, Künstler, Techniker und Forscher unterschiedlicher Richtungen Gestaltungslösungen: vom Vitrinendesign über die Lichtregie bis hin zu übergreifenden Narrativen und dem ›Branding‹ von Institutionen. Mit szenografischen und künstlerischen Objektinszenierungen wird in historischen Museen Aktualisierung und Animierung (›Living History‹) angestrebt. Im Fall von Museen mit kolonialen Sammlungen stellt sich allerdings in besonderem Maß die Frage: Welche Geister möchte man aufwecken und wie sehr?

Mit dem rekonstruierten Schloss ist in Berlin ein ambivalentes Geschichtsmonument entstanden, denn die Fundamente liegen auf einer Kette von Verschiebungen, Auslöschungen und Überschreibungen: die Schloss-Sprengung als Zeichen gegen die Aristokratie, die Errichtung und der Abriss des sozialis-

7 | M. Heller, »Das Humboldt-Forum. Ein deutsches Weltprojekt«, in: *DAMn_magazine* 32 (2012), S. 54-60, hier S. 54.

8 | Später wurde die Fläche reduziert. Die Dauerausstellungsfläche der Staatlichen Museen von 13.905 Quadratmeter erstreckt sich über das 2. Obergeschoss (7.255 Quadratmeter) und das 3. Obergeschoss (6.650 Quadratmeter). Davon gestaltete RAA alles außer den Wang-Shu-Raum (559 Quadratmeter).

9 | M.C.K. Lam, *Scenography as New Ideology in Contemporary Curating. The Notion of Staging in Exhibitions*, Hamburg: Anchor Academic Publishing 2014. ›Expanded Scenography‹ bezeichnet ein erweitertes Szenografie-Verständnis, bei dem Szenografie kuratorische und künstlerische Kompetenzen mit einschließt und Anspruch auf Autorschaft und Copyrights erhebt.

tischen Palastes der Republik, dessen Rückbau, die Schloss-Wiedererrichtung als Zeichen gegen die DDR-Diktatur und das Schloss/Humboldt Forum nunmehr als bürgerliches Projekt, als ›demokratisches Schloss‹. Es hat schon vor seiner Eröffnung unterschiedliche Geister und Gespenster geweckt. Nicht nur die heroische Geschichte (die Humboldt-Brüder als prototypische Forscher- und Entdeckerfiguren; die preußische ›Freistätte für Kunst und Wissenschaft‹ von Friedrich Wilhelm IV.) wird unweigerlich wachgerufen, sondern – gewollt oder ungewollt – werden auch Brüche, quer Liegendes und Leerstellen sichtbar. Auch koloniale Belastungen der Hohenzollern und des Namensgebers Alexander von Humboldt gelangen an die Oberfläche. Von Projektgegnern werden Wilhelminismus/Preußentum, Militarismus, NS-Verbrechen, Kolonialverbrechen, Antidemokratie, Antimodernismus und nationale Großmannssucht hineinprojiziert, aber auch das Zerrbild von staatlich verordnetem Multikulturalismus, ›Diversity‹-Doktrin und Unterschlagung der ›eigenen‹ Kultur finden Platz auf der Projektionsfläche. Die Aporie (griechisch: ›aporía‹, deutsch: ›Ratlosigkeit‹) eines Humboldt Forums in einem rekonstruierten Preußenschloss hat Hans Belting in rhetorische Frageform gefasst. Er fragte, wie man »Distanz zu einer in ihrer Entstehungszeit triumphalen Ausstellungsform«, dem Völkerkundemuseum, in einem Gebäude erreichen könne, das genau diese alte Form aufgreift.[10]

Um 2010 herum hatten sich die (postkoloniale) Kritik und der Eindruck der Überforderung des staatlichen Museumsapparats verstärkt. Verantwortliche schienen sich in Vogel-Strauß-Politik zu flüchten, wenn sie das barocke Schloss als bloße ›Hülle‹ für ein modernes Museumsprojekt auszublenden versuchten und damit den knirschenden Widerspruch von imperialer Verpackung und postkolonialem Inhalt zu überspielen versuchten.[11] »So viel Welt mit sich verbinden als möglich« war 2011 nach einem Humboldt-Zitat eine Imagebroschüre des Humboldt Forums überschrieben. Es konnte der Eindruck entstehen, es solle ein Laboratorium für das Universalmuseum des 21. Jahrhunderts und eine eurozentrische Weltdeutungszentrale durch eine Stif-

10 | Zit. nach B. Schulz, »Koloniale Erben – eine Schloss-Debatte«, in: Der *Tagesspiegel*, 11.12.2008.

11 | Ein schräger Akzent erwächst zusätzlich daraus, dass auch die goldene Kuppelinschrift Teil der Rekonstruktion ist, die Friedrich Wilhelm IV. aus Bibelzitaten kompiliert hat: »Es ist kein ander Heil, es ist auch kein anderer Name den Menschen gegeben, denn der Name Jesu, zu Ehren des Vaters, daß im Namen Jesu sich beugen sollen aller derer Kniee, die im Himmel und auf Erden und unter der Erde sind.« Welchen neuen Beiklang erhält diese Zeile, was macht sie unabsichtlich hörbar, wenn unter ihr außereuropäische und kolonial belastete Sammlungen gezeigt werden?

tung geschaffen werden, die außereuropäisches Kulturgut schon im Namen vereinnahmt: als ›preußischer Kulturbesitz‹.[12]

Als das Humboldt Lab 2012 eingerichtet wurde, konnte es scheinen, als würden die Planungen des von der Bundesebene dirigierten nationalen Leuchtturmprojekts neue Impulse erhalten, vielleicht sogar eine entscheidende Wende erfahren. Entwickelt vom unabhängigen Schweizer Kulturunternehmer und Ausstellungsmacher Martin Heller (›Heller Enterprises‹), finanziert von der Kulturstiftung des Bundes und von dieser gemeinsam mit der Stiftung Preußischer Kulturbesitz (SPK) betrieben, wurde das Humboldt Lab als zusätzlicher Ideen- und Impulsgeber für die seit Jahren laufenden Vorbereitungen des Humboldt Forums implementiert.

Das Ethnologische Museum und das Museum für Asiatische Kunst als Teile der Staatlichen Museen zu Berlin (SMB) befanden sich zu dieser Zeit inhaltlich und organisatorisch in der tiefgreifendsten Umbruchphase seit dem Ende des Zweiten Weltkriegs: der Phase des Umzugs, der Verkleinerung der Ausstellungsfläche, der räumlichen Trennung von Depots (im Schloss gibt es nicht genügend Platz für Lager), der Zusammenlegung zweier Direktionen und der Neupräsentation der Sammlungen im Humboldt Forum. Unter Hellers Leitung und der Mitwirkung von Szenografiebüros (u.a. chezweitz, Kobler Holzer Architekturen, blendwerk GmbH), Künstlern (u.a. Mathilde ter Heijne, Kader Attia, Ulf Aminde, Karin Sander), freischaffenden Kuratoren und – nach einer Aufwärmphase – auch angestellten Fachwissenschaftlern der Staatlichen Museen zu Berlin erarbeitete das Lab rund 30 Projekte mit dem erklärten Anspruch, den Planungs- und Gestaltungsprozess des Humboldt Forums zu ergänzen, aber auch Arbeitsweisen der Museen zu durchkreuzen und Routinen ›aufzubrechen‹.[13]

Das Humboldt Forum im rekonstruierten Schloss wurde bereits in der Vorbereitungsphase mit einer Vielzahl von Umschreibungen belegt: von »Pantheon der Weltkunst« (Peter-Klaus Schuster),[14] »zukunftsorientierter Ort für den Dialog mit den Kulturen der Welt« (Joachim Gauck), Stätte des »gleichberechtigten Dialogs zwischen den europäischen und den außer-europäischen Kulturen in der Tradition der Gebrüder Humboldt« (Klaus-Dieter Lehmann)

---

12 | https://www.preussischer-kulturbesitz.de/newsroom/mediathek/bilder/fotodetail/article/2011/05/18/media-broschuere-das-humboldt-forum-soviel-welt-mit-sich-verbinden-als-moeglich.html (03.05.2019).

13 | In einer Pressemeldung des Humboldt Lab (Berlin, 13.03.2013) wurde das Lab von Martin Heller als »Stachel in der Routine des Museumsalltags« charakterisiert.

14 | P.-K. Schuster, »*Das Berliner Museumsschloss – eine Freistätte für Kunst und Wissenschaft*«, in: Internationale Expertenkommission Historische Mitte Berlin. Materialien, hg. v. Bundesministerium für Verkehr, Bau und Wohnungswesen; Senatsverwaltung für Stadtentwicklung, Berlin 2002, S. 46-51; S. 49.

und »nationales Kultur- und Wissenschaftsforum« (Manfred Stolpe)[15] bis zur griffigen Formel »Thing-Tank und Think-Tank« (Martin Roth).[16] In der Metapher des ›Forums‹ klingt ein Moment von demokratischen oder republikanischen Aushandlungs- und Abstimmungsprozessen an. ›Aushandlungsprozesse‹ ist zugleich ein Schlüsselbegriff der internationalen Kulturdiplomatie und des interkulturellen Konfliktmanagements. Antike Foren waren auch Marktplätze und Gerichtsstätten, Foren der Internetkultur sind virtuelle Meinungsbörsen.

Auch die Metapher des ›Labors‹ ist für das Humboldt Forum bemüht worden. Peter-Klaus Schuster, der frühere Generaldirektor der Staatlichen Museen, hatte 2001 vom Humboldt Forum als »Anschauungslabor anthropologischer Forschung« gesprochen.[17] Der SPK-Präsident Hermann Parzinger griff den Laborbegriff auf und charakterisierte das neue Forum zudem als ›Centre Pompidou des 21. Jahrhunderts‹.[18] Bernd Scherer (Intendant des Hauses der Kulturen der Welt, Berlin) nannte das Humboldt Forum »Wunderkammer und Labor«.[19] Der Laborbegriff impliziert Experimente mit offenem Ausgang. Die Metapher des ›Labors‹ konnte ebenso wie die Bezeichnung ›Forum‹ signalisieren, dass etwas zeitgenössisch Dynamisches, Demokratisches und Flexibles initiiert werden sollte, auf keinen Fall ein statisches Völkerkundemuseum.[20]

15 | M. Stolpe, »Für ein Humboldt-Forum in Schlosskubatur«, in: Deuflhard/Krempl-Klieeisen/Lilienthal et al. (Hg.), *Volkspalast. Zwischen Aktivismus und Kunst*, Berlin: Theater der Zeit 2006, S. 245-246, hier S. 245.

16 | Martin Roth 2015 auf einer Afrikareise mit dem damaligen deutschen Außenminister Frank-Walter Steinmeier und dem SPK-Präsidenten Hermann Parzinger. Steinmeier betonte: »[...] was von außen wie ein Schloss aussehen wird, wird ein komplett neues und einzigartiges Forum beherbergen: einen Treffpunkt für die Bürger der Welt«. M. Müller-Wirth, »Neuigkeiten aus Afrika. Außenminister Steinmeier macht Druck in Sachen Stadtschloss«, in: *Die Zeit*, 16.03.2015.

17 | P.-K. Schuster, »Das Berliner Museumsschloss – eine Freistätte für Kunst und Wissenschaft (12. Juli 2001)«, in: *Internationale Expertenkommission Historische Mitte Berlin. Materialien*, hg. v. Bundesministerium für Verkehr, Bau und Wohnungswesen/ Senatsverwaltung für Stadtentwicklung, Berlin 2002, S. 46-51, hier S. 49.

18 | H. Parzinger, »Das Humboldt Forum im Berliner Schloss. Anspruch und Chance«, in: *Das Humboldt-Forum im Berliner Schloss. Planungen, Prozesse, Perspektiven*, hg. v. Stiftung Preußischer Kulturbesitz, München: Hirmer 2013, S. 12-29; S. 12.

19 | B. Scherer, »Humboldt-Forum. Wunderkammer und Labor«, in: *Der Tagesspiegel*, 12.06.2015.

20 | Sogar die deutsche Bundeskanzlerin Angela Merkel hatte ›Angst‹, dass am Ende doch nur ein Völkerkundemuseum herauskommt. www.bundeskanzlerin.de/Content/DE/Rede/2016/06/2016-06-09-rede-merkel-kultursalon-unter-der-kuppel.html (03.05.2019).

Die Bezeichnung als Laboratorium konnte auch als Hinweis auf das Emergente des Unternehmens selbst aufgefasst werden, darauf, dass das Humboldt Forum seine Gestalt, Ästhetik, Inhalte und Bestimmung als Work in progress erst noch suchte, in Form gesteuerter Prozesshaftigkeit und nicht im von Kritikern unterstellten Planungschaos.

Als besonderer Freiraum für Experimente innerhalb dieses Prozesses konnte ab 2012 das Humboldt Lab erscheinen. Während die namensgebende Labor-Metapher und der Bezug auf die Humboldt-Brüder auf Wissenschaft hindeuteten, wies Metaphorik aus dem Theaterbereich (die Experimente wurden auf ›Probebühnen‹ präsentiert, Objekte wurden ›inszeniert‹, Räume ›künstlerisch gestaltet‹) auf Fragen atmosphärischer, szenografischer und künstlerischer Gestaltung hin. Als Museumslabor an der Schnittstelle von zeitgenössischer Kunst, Ethnologie und Design betrat das Humboldt Lab Neuland. Im deutschsprachigen Raum gab es lediglich in Frankfurt Vergleichbares: das ein Jahr vor dem Humboldt Lab im Frankfurter Weltkulturen Museum von der Kunsthistorikerin und Anthropologin Clémentine Deliss eingerichtete Weltkulturen Labor (2011-2015), wo ebenfalls von und mit Künstlern experimentiert wurde, die Schwerpunkte allerdings anders gelagert waren.[21] Eine spezielle Situation in beiden Laboren ergab sich aus der Art der Sammlungen: nicht-westliche Objekte, überwiegend kolonialen Ursprungs und zunehmend belegt mit Restitutionsforderungen.

Die Humboldt-Lab-Ära erstreckt sich über einen Zeitraum von knapp vier Jahren. Die ersten Dahlemer Museumsexperimente wurden zeitgleich zu letzten Bodenbefestigungen des Schlossbaugrundes und der Grundsteinlegung sowie dem Auftreten verbündeter postkolonialer Forumsgegner (NGO-Kampagne: No Humboldt 21) im Sommer 2013 in Dahlem vorgestellt und endeten mit einer Abschlussausstellung (»Prinzip Labor«) im Sommer 2015 parallel zum Richtfest des Schlosses. Das Bemühen der Staatlichen Museen in dieser Phase war gerichtet auf eine sowohl populäre wie auch postkoloniale Präsentation der nicht-westlichen Sammlungsbestände im rekonstruierten Schloss. Ein Schlagwort der Lab-Ära lautete ›ambitionierte Popularität‹ (Martin Heller).

Dem Trend kulturanthropologischer Laboratory Studies in naturwissenschaftlichen Labs steht bislang die weitgehende Unerforschtheit von Kultur-, Medien- und Designlaboren gegenüber, in denen trans- und cross-disziplinäres Instrumentarium prozesshaft zur Anwendung gebracht wird und Künstler spezielle Rollen einnehmen. Dabei lassen sich auch und gerade in cross-dis-

21 | Aus anderen Ländern sind mir keine vergleichbaren, an Museums-Relaunches gekoppelte Labs bekannt. Das Sensory Ethnography Lab (SEL), das Visual Anthropology, Environmental Studies, neue Technologien, Gegenwartskunst und Design verbindet, ist beispielsweise an die Harvard Universität angegliedert; sel.fas.harvard.edu/ (03.05.2019).

ziplinären Kulturlaboren Interferenzen unterschiedlicher Arbeitsweisen, Wissenskulturen und Weltbilder, Übersetzungen von Methoden, Synergien, aber auch Verständnisgrenzen und Missverständnisse beobachten. In meiner Studie habe ich Verfahren und Diskurse von Wissenschaft, Kunst und Design in Relation zueinander gesetzt und die besondere Rolle von postmodernen Künstlern sowohl als Moderatoren als auch als Auslöser kreativer Reibungen in transdisziplinären Kollaborationen herausgearbeitet. Kaum systematisch erforscht wurde bislang auch die spezifische Kreativitätskultur der Post-Internet-Ära, wie sie in Labs paradigmatisch zum Tragen kommt, wo Semantiken aus post-digitalen Neoavantgarden, subversiver Kunst, Hacker-Kultur und neoliberale Konzepte der Flexibilisierung und Disruption konvergieren können.[22]

Bei meiner von 2016 bis 2018 durchgeführten Untersuchung des Berliner Museumsexperiments ging ich induktiv vor. Untersuchungsgegenstände waren die hybriden Ausstellungsprojekte des Humboldt Lab, die institutionellen Strukturen, in die es eingebunden war, und der begleitende Diskurs. In der angewandten Methode verschränken sich Projektanalyse, Diskursanalyse und Institutionskritik. Ausgehend vom Lab als Fallbeispiel für Experimente zwischen Kunst, Wissenschaft und Design wird der Versuch unternommen, Licht auf die entscheidende Gestaltungsphase des Humboldt Forums zu werfen und zugleich großräumige Umbrüche in der Museumslandschaft in den Blick zu nehmen, wo ökonomisches Denken und Handeln zunehmend Formate, Inhalte und Vermittlungsarbeit durchdringen und transformieren. Es wird exemplarisch aufgezeigt, wie Innovations- und Veränderungsprozesse im ethnologischen Museumskontext Anfang der 2010er Jahre diskutiert und realisiert wurden, welche Spielräume sich öffneten und welche Spannungen auftauchten. Die Studie erhebt nicht den Anspruch, das Humboldt Lab und seine vielfältigen Experimente erschöpfend zu behandeln. Vielmehr wurde eine bewusste Konzentration auf Experimente mit und von zeitgenössischen Künstlern vorgenommen. Thesen lauten, dass auch das Humboldt Lab eine Art von künstlerischer Intervention gewesen ist, und zwar im staatlichen ›Museumskörper‹, dass sich an der Kunst als einer Art Katalysator die für das Lab konstitutive Spannung zwischen postkolonialer Revision und szenografischer Wende besonders deutlich ablesen lässt und dass im Lab auch Postkolonialismus als Gestaltungs- und Inszenierungsproblem behandelt wurde.

Eine grundlegende historische, kulturtheoretische und kunstphilosophische Klärung des Verhältnisses von Ethnologie, Kunst und Kunstgeschichte

22 | Mit ›neoliberal‹ ist hier weniger eine spezifische ökonomische Theorie (von Mises, von Hayek etc.) gemeint als eine ubiquitär gewordene Denkweise, orientiert am Primat des freien ökonomischen oder ökonomieanalogen Kräftespiels in vielen Lebensbereichen sowie der Idee der Deregulierung als Voraussetzung für systemische Selbstregulierung.

leistet das Buch nicht.[23] Es wirft aber Licht auf Reibungsflächen zwischen Disziplinen und Methoden, diskursive Umschlagpunkte und kreative Turbulenzen, die im cross-disziplinären Lab-Modus nicht nur gemanagt, sondern bewusst befördert wurden. Die Grundlage der Studie bilden neben dem umfangreichen Archiv des Humboldt Lab auch unveröffentlichte Dokumente und eine Reihe von Experteninterviews mit Projektverantwortlichen und -beteiligten, die ich zwischen 2016 und 2018 geführt habe und die die veröffentlichten und unveröffentlichten Quellen durch Oral History ergänzen.

23 | Laut Hal Foster ist das Verhältnis von Ethnologie und Kunstgeschichte ein durch ›Rivalität‹ gekennzeichnetes ›Geschwisterverhältnis‹, wo Zeiten der Nähe und Entfremdung einander ablösen. H. Foster, *Design und Verbrechen. Und andere Schmähreden*, Berlin: Edition Tiamat 2012, S. 118.

I. Ein neues transdisziplinäres Feld

I.1 Reziproke Forschung

»Is not every ethnographer something of a surrealist, a reinventor and reshuffler of realities?«

J. Clifford[1]

In den zurückliegenden Jahrzehnten ist das Prinzip Völkerkundemuseum umfassender Kritik und gründlichen Dekonstruktionen unterworfen worden: repräsentationskritisch, postkolonialistisch, machtkritisch, ideologiekritisch. In signalhafter Distanzierung von ihrer Geschichte wurden seit den 1990er Jahren viele Völkerkundemuseen umbenannt: in Museum der Kulturen (Basel), Museum Weltkulturen (Mannheim), Weltkulturen Museum (Frankfurt), Weltmuseum (Wien), Tropenmuseum (Amsterdam) oder Humboldt Forum (Berlin). Die Relevanz gesammelter Objekte für die Forschung ist mit der strukturalistischen Wende der Anthropologie Mitte des 20. Jahrhunderts geschwunden. Der poststrukturalistisch und machtkritisch geschulte Blick fiel dafür umso schärfer auf die Institutionen, ihre Ausstellungs-, Forschungs- und Sammelkonventionen. Der Globalhistoriker Jürgen Osterhammel sagt über Ethnologiemuseen, sie präsentierten »Beutestücke, die durch Raub oder raubähnlichen Ankauf, nicht aber durch Überlieferung in europäischen Besitz gelangt und kein Teil eines nationalen Erbes waren.«[2] Museumsgegenstände gelangten durch Tausch, Kauf (häufig unter asymmetrischen Bedingungen), Raub (Raubkunst) oder im Zuge kolonialer ›Strafexpeditionen‹ (Beutekunst) in westliche Museen, was ihnen den Charakter »problematischer und sensibler

1 | J. Clifford, *The Predicament of Culture. Twentieth-Century Ethnography, Literature, and Art*, Cambridge: Harvard University Press 1988, S. 564.

2 | J. Osterhammel, *Die Verwandlung der Welt. Eine Geschichte des 19. Jahrhunderts*, München: C.H. Beck 2009, S. 40.

Objekte« (Hermann Parzinger) verleiht.[3] Bei einem Teil der ethnografischen Museumsschätze handelt es sich auch um Erwerbungen auf Märkten, die man heute als Touristenmärkte bezeichnen würde. Märkte reagierten schon zu Zeiten von James Cook kreativ auf Nachfrage nach ›Exotischem‹.

Als ›koloniale Sammlungen‹ bezeichnen Janneke Van Dijk und Susan Legêne dreierlei: die materielle Kultur der Kolonialgesellschaft, die Produkte der politischen, wissenschaftlichen und künstlerischen Befassung mit dem Kolonialismus und die wechselseitigen Imaginationen und Visualisierungen von ›Mutterland‹ und Kolonie.[4] Die »außerordentliche Ambivalenz« von mit dem geläufigen Ausdruck »Museen mit ethnographischen Sammlungen« nur notdürftig umschriebenen Museumseinrichtungen (Hans-Peter Hahn)[5] tritt spätestens dann offen zutage, wenn sich Institutionen ein aufpoliertes Image als Museen der Weltkulturen und Laboratorien der Globalisierung zu geben versuchen.

In den letzten Jahrzehnten ist eine Fülle wissenschaftlicher Publikationen erschienen, die sich mit Museumskultur aus postkolonialer oder dekolonialer Perspektive beschäftigen und an repräsentationskritischen und identitätspolitischen Fragen orientierte Revisionen vorschlagen. Gefordert wird eine Öffnung der Institutionen und Depots, die Aufarbeitung kolonialer und rassistischer Altlasten, eine gründliche Dekolonisierung der Institutionen, der Forschung und des Blicks.[6] Im Kontext postkolonialer Revisionen wurden seit den 1990er Jahren Modelle von Ausstellungen und Museen als postkoloniale Labore und interkulturelle Versuchsfelder diskutiert: als »laboratories for experimenting with new cultural combinations and encounters« (Jan Nederveen Pieterse)[7] oder ›Kontaktzone‹ für transkulturelle Aushandlungsprozesse und die Inklusion der in der Vergangenheit Ausgeschlossenen (James Clifford).[8]

---

3 | Hermann Parzinger im Vorwort zu: L. Reyels, P. Ivanov und K. Weber-Sinn, *Humboldt Lab Tanzania. Objekte aus den Kolonialkriegen im Ethnologischen Museum, Berlin – Ein tansanisch-deutscher Dialog*, Berlin: Reimer 2018, S. 18. Eine Orientierung für deutsche Museen im Umgang mit kolonialen Sammlungen bietet ein im Mai 2018 publizierter Leitfaden der deutschen Bundesregierung: https://www.museumsbund.de/kolonialismus (03.05.2019).

4 | J. van Dijk und S. Legêne (Hg.), *The Netherlands East-Indies at the Tropenmuseum. A Colonial History*, Amsterdam: KIT Publishers 2011.

5 | H.P. Hahn, *Ethnologie und Weltkulturenmuseum. Positionen für eine offene Weltsicht*, Berlin: Vergangenheitsverlag 2017, S. 10.

6 | »Decolonize The Museum« hieß 2016 eine Konferenz im Tropenmuseum Amsterdam. Beispielgebend war auch die von der Europäischen Union geförderte Tagung »Decolonising the Museum« (27.-28.11.2014) in der MACBA Foundation in Barcelona.

7 | J.N. Pieterse und B. Parekh, *The Decolonization of Imagination. Culture, Knowledge and Power*, Atlantic Highlands: Zed Books 1997, S. 140.

8 | J. Clifford, »Museums as Contact Zones«, in: *Routes. Travel and Translation in the Late Twentieth Century*, hg. v. J. Clifford, Cambridge: Harvard University Press: 1997, S. 188-219.

In Verbindung mit postmodernen und postkolonialen Revisionen steht die Idee der ›Meta-Ausstellung‹, die die Bedingungen und Schwierigkeiten der Repräsentation der (sexuell, kulturell oder ethnisch) ›Anderen‹ mitausstellt, also gewissermaßen die Methode der Dekonstruktion zum Ausstellungsinhalt macht.[9] Neben der Labor-Metapher wurden in der progressiven Museologie auch die Begriffe ›Forum‹ und ›Arena‹ zur Bezeichnung grundlegender Neuausrichtungen und Öffnungen von Museen herangezogen.[10]

Eine Herausforderung ethnologischer Museen liegt heute darin, den Anspruch von Forschungssammlungen wiederzuerlangen. Damit in Zusammenhang stehen Bemühungen der anthropologischen Disziplin, auf der Grundlage eines ›Material Turn‹ oder ›Ontological Turn‹ materielle Hinterlassenschaften wieder epistemologisch aufzuladen. Potenziale erwachsen aus interdisziplinärer Zusammenarbeit mit Künstlern, Kulturwissenschaftlern und Naturwissenschaftlern, etwa in Hinblick auf kulturökologische Fokussierungen im Kontext der Anthropozän-Debatte. In Frankreich setzen einige ethnologische und kulturgeschichtliche Museen verstärkt auf Synergieeffekte zwischen Kultur- und Naturwissenschaften, z.B. das seit 2013 bestehende MuCEM in Marseille oder das Musée des Confluences, das 2014 in Lyon eröffnet hat.

Der Kulturwissenschaftler und Kunstkritiker Vitus Weh konstatierte 2013 eine ›produktive Krise‹ bei Völkerkundemuseen, aus der eine verheißungsvolle Transformation hin zu dynamischen Laboratorien erwachsen könne: »Nirgends sonst wird so stark an Neubewertungen, an Neuordnungen und an neuen Vermittlungsformaten gebastelt wie hier. Und nirgends sonst sind die Neuansätze so tiefgreifend.«[11] Zu dieser Zeit arbeiteten sowohl das Berliner

9 | Paul Basu und Sharon Macdonald veröffentlichten 2007 den Sammelband *Exhibition Experiments*, der sich mit laborhaften Ausstellungsansätzen auseinandersetzt. Mittels ›reflexiver‹ Ausstellungen oder ›meta-exhibitions‹ sollen universalistische Wahrheitspostulate dekonstruiert werden. S. Macdonald und P. Basu (Hg.), *Exhibition Experiments. New Interventions in Art History*, Malden: Blackwell 2007, S. 4. Als Assistenzdisziplin hierfür kann man Kritische Weißseinsforschung ansehen. Mit der Dekonstruktion einer unmarkierten, normgebenden Position (z.B. weiß, männlich, heterosexuell) wird der Konstruktionscharakter der ›Norm‹ wie auch der ›Abweichung‹ sichtbar gemacht.

10 | Siehe C. Cameron, »The Museum, a Temple or the Forum?«, in: G. Anderson (Hg.), *Reinventing the Museum. Historical and Contemporary Perspectives on the Paradigm Shift*, Walnut Creek: AltaMira Press 2004, S. 11-24.

11 | V. Weh, »Die produktive Krise der Völkerkundemuseen«, in: *artmagazine* (17.06. 2013); www.artmagazine.cc/content69897.html (03.05.2019). Die Sozialanthropologin Sharon Macdonald bezeichnet Museen als »key cultural loci of our times« und herausragende symbolpolitische Felder, an denen einige der strittigsten und schwierigsten Gegenwartsfragen ausgefochten würden; zit.n. J. Baur (Hg.), *Museumsanalyse. Methoden und Konturen eines neuen Forschungsfeldes*, Bielefeld: transcript 2010, S. 7

Humboldt Lab als auch das Weltkulturen Labor im Frankfurter Weltkulturen Museum an Neuansätzen und das Berliner Humboldt Forum wurde von seinen Initiatoren nachdrücklich, aber inhaltlich vage als ›Laboratorium‹ angekündigt.[12]

Nach Ansicht von Ciraj Rassool, einem der wenigen internationalen Forscher, die sowohl im Humboldt Lab als auch beim Kampagnenbündnis No Humboldt 21 aufgetreten sind, kann das Humboldt Forum nur gelingen, wenn es sich gerade nicht als Museum »über die anderen Kulturen« versteht, sondern als »Labor«.[13] Das Lab müsse letztendlich das Museum sein.[14] Laborhaftigkeit bedeutet für den postkolonialen Museologen, Regierungsberater und Repatriierungsexperten aus Südafrika, dass jene Menschen in aktive Rollen eingebunden werden, deren Vorfahren Objekte ethnologischer und rassistischer Forschungen gewesen sind; auch das Auflösen kolonialer Sammlungen dürfe kein Tabu sein. »Gesellschaften können nicht demokratisch sein, solange sie rassistische Museen haben«.[15]

Avancierte Museumspraxen definieren sich heute als dekolonial, post-westlich, post-identitär, post-essenzialistisch, post-exotisch, post-ethnografisch, post-repräsentativ, partizipativ und auch schon post-partizipativ und postkritisch. Beispiele postkolonialer Ausstellungen boten neben dem eingangs erwähnten Recherche- und Ausstellungsprojekt »Künstliche Tatsachen. Boundary Objects« (2014/2015 in Cape Town, Porto-Novo und Dresden) u.a. »Animismus« im Haus der Kulturen der Welt in Berlin (2012), »Artist and Empire. Facing Britain's Imperial Past« (2016) in der Tate Modern in London oder »Der blinde Fleck. Bremen und die Kunst der Kolonialzeit« (2017, Kunsthalle Bremen). TRACES (Transmitting Contentious Cultural Heritage with the Arts; 2016-2019) war ein interdisziplinäres EU-Forschungsprojekt, das als ›kreative

---

und 9. Für Kylie Message sind Museen »battlegrounds for the disputation of various individual agendas and state ideologies«; zit.n. ebd. S. 40. Nora Sternfeld hat in Abwandlung vom Museum als ›contact zone‹ (J. Clifford) den Begriff ›agonistic conflict zone‹ vorgeschlagen. N. Sternfeld, »Memorial Sites as Contact Zones. Cultures of Memory in a Shared/Divided Present«, in: *eipcp* 12 (2011); http://eipcp.net/policies/sternfeld/en (03.05.2019).

12 | In Anspielung auf das Pariser Centre Pompidou, das durch die Röhrenarchitektur schon rein äußerlich laborhaft wirkt.

13 | Zit. nach F. von Bose, *Das Humboldt-Forum. Eine Ethnografie seiner Planung*, Berlin: Kulturverlag Kadmos 2016, S. 287.

14 | M. Schulze, »Für immer Krise?« in: *Humboldt Lab Dahlem Projektdokumentation*, S. 303.

15 | Ciraj Rassool am 23.06.2014 im August Bebel Institut in Berlin auf einer Veranstaltung von No Humboldt 21 und AfricAvenir mit dem Titel »Zum Umgang mit Restitutionen von Human Remains«; (persönliche Mitschrift).

Kooperation‹ von Kunst, Wissenschaft, Museen und Interessensgruppen angelegt war. Das ebenfalls EU-initiierte Projekt Ethnography Museum & World Cultures (EMWC) motiviert und unterstützt insbesondere Kooperationen mit Herkunftsgesellschaften ethnografischer Objekte, im ethnokuratorischen Jargon: ›Source Communities‹.[16]

Den theoretischen Hintergrund post- und dekolonialer Museumsrevisionen bildet die so genannte ›Writing Culture Critique‹.[17] Unter dem Begriff wird ein Diskurs innerhalb der postmodernen Anthropologie seit den 1980er Jahren gefasst, der sich der so genannten ›Krise der Repräsentation‹ widmet. Gemeint ist die Einsicht in das Dilemma grundsätzlicher Inadäquatheit kultureller Repräsentation des oder der ›Anderen‹; was sich repräsentieren lässt, ist letztendlich immer nur ›unser‹ Verhältnis zu unseren Konstruktionen des ›Anderen‹. Vorangegangen waren dem anthropologischen und soziolinguistischen ›Writing Culture Criticism‹ fundamentale Verunsicherungen der Disziplin in der Mitte des 20. Jahrhunderts, also der Zeit faktischer Dekolonisierung und Entlassung von Staaten aus europäischen Kolonialregimen. Der französische Anthropologe und Strukturalist Claude Lévi-Strauss begegnete der neuen Situation 1960 in Paris mit der Gründung des berühmten interdisziplinären Laboratoire d'anthropologie sociale.

Vor dem Hintergrund der Dezentrierungen Europas und des Westens wurden seit dieser Zeit mentale Dezentrierungen, gedankliche Dekolonisierungen und Dekonstruktionen westlicher Kanons und Epistemologien vorgenommen: entlang ›großer Erzählungen‹ (Jean-François Lyotard) und fragwürdiger Binarismen von ›primitiv‹ und ›zivilisiert‹, ›Stammeskulturen‹ und ›Hochkulturen‹, ›Tradition‹ und ›Moderne‹, ›Hochreligionen‹ und ›Aberglaube‹. Zur Disposition gestellt wurden selbst Grundsatzfragen wie: Was ist Kultur? Was ist eine ethnische Gruppe? Was ist Ethnografie? Die Arbeitsfähigkeit der Disziplin insgesamt wurde im Zuge der tiefen ›Krise der ethnografischen Repräsentation‹ infrage gestellt.[18] In der Folge schwenkte der Schwerpunkt von Völkern

16 | Dass sich ein solcher Begriff in der Ethnomuseologie ausgerechnet im Kontext von Bemühungen der Überwindung von Asymmetrien einbürgern konnte, erscheint verwunderlich. Kulturen werden auf ›Quellen‹ reduziert und Beschaffungsumstände mit einer wissenschaftlich klingenden, neutralen Wortwahl ausgeblendet, ähnlich zu ›erworbenen‹ oder wie von Geisterhand in Museen ›gelangten‹ Objekten gängiger ethnografischer Objektbeschilderungen, wie sie auch in den Dahlemer Museen in Berlin bis zu ihrer Schließung Anfang 2017 anzutreffen waren.

17 | Siehe J. Clifford und G.E. Marcus, *Writing Culture. The Poetics and Politics of Ethnography*, Berkeley: University of California Press 1986.

18 | Siehe z.B. M. Fuchs, E. Berg (Hg.), *Kultur, soziale Praxis, Text: Die Krise der ethnographischen Repräsentation* (=stw), Frankfurt a.M.: Suhrkamp 1993.

und Kulturen vielfach um auf Texte und Interpretationen (semiotische und konstruktivistische Wende der Anthropologie).

Schlüsselbegriffe wie ›das Andere‹, ›Alterität‹, ›Ethnozentrismus‹ oder ›Eurozentrismus‹ aus dem ethnologischen Diskurs sind bestimmend geworden für großräumige Begriffslandschaften der Postmoderne und des Poststrukturalismus. Theoretische Grundlagen fächerübergreifender Begegnungen kamen häufig aus der strukturalen und poststrukturalistischen Linguistik und Anthropologie. Mit diesem Instrumentarium wurden und werden Diskurse verschiedener wissenschaftlicher Disziplinen dekonstruktivistischen Analysen unterzogen. In Hinblick auf Ethnologiemuseen bedingen ›Writing Culture Critique‹ und ›Postcolonial Critique‹ ein grundlegendes Überdenken der Fundamente, auf denen die Institutionen vor hundert und mehr Jahren aufgebaut worden sind: den evolutionistischen Diskurs der europäischen Moderne, koloniale Topografien, Klassifizierungs- und Bewertungsschemata von ›Kunst‹, ›Antiquitäten‹, ›Kuriositäten‹ oder ethnografischen ›Artefakten‹.

Eine aktuelle Forschermode der Sozial- und Kulturanthropologie ist Feldforschung in Ethnologiemuseen. Hier wird das Feld von fernen, fremden Kulturen übertragen auf die eigene soziale Gruppe, Kultur und die relativ geschlossene Welt z.B. ethnologischer Museen. Feldforschung wird, wie es heißt, ›repatriiert‹. Feldforscher nehmen als teilnehmende Beobachter Semantiken, Zeigekonventionen und Rituale unter die Lupe und entlarven Wahrheits-, Sinn- und Werteproduktion (›production of knowledge‹) als Konstruktionen der Institutionen und Wissenschaften. Das Humboldt Forum wurde bereits in der Vorbereitungs- und Planungsphase zum Gegenstand verschiedener anthropologischer Feldforschungsprojekte, z.B. im Rahmen von Sharon Macdonalds Centre for Anthropological Research on Museums (CARMAH) an der Humboldt Universität.[19]

Ein besonders hartes Urteil lautet, Ethnologiemuseen seien hinter der ›Writing Culture Critique‹ zurückgeblieben. Der Kulturanthropologe und Feldforscher Friedrich von Bose bemerkte eklatante Rückständigkeit sogar beim Zukunftsprojekt Humboldt Forum. Dessen ›Begründungsnarrativ‹ basiere auf dem Prinzip der kulturellen Gleichrangigkeit, jedoch werde in der Art, wie der Dialog vorgestellt werde, ein territoriales und essenzialistisches Verständnis von Kultur deutlich, dass kaum etwas von der Reflexivität erkennen lasse, wie

19 | CARMAH wurde 2015 von Sharon Macdonald im Rahmen ihrer Alexander von Humboldt Professur als transdisziplinäres Forschungsprogramm zu Museen aufgelegt, das Ansätze aus Sozial- und Kulturanthropologie, Museum Studies und Intercultural Comparative Studies verbindet. In einem Werbevideo bezeichnet die Professorin Berlin und seine vielfältige Museumslandschaft als »exciting lab«. https://www.euroethno.hu-berlin.de/de/carmah (03.05.2019). Die Ethnologin Beate Binder veröffentlichte die Studie: *Streitfall Stadtmitte. Der Berliner Schloßplatz*, Wien: Böhlau Verlag 2009.

sie in den Sozial- und Kulturwissenschaften und besonders auch in den Museumsdebatten der letzten drei Jahrzehnte eingefordert worden sei.[20]

Eine Ironie liegt darin, dass Ethnologiemuseen aus avancierter Kritikerperspektive heute mitunter genau dasjenige abgesprochen wird, was die Ethnologie und ihre Museen lange Zeit nicht-westlichen Kulturen verweigerten: Zeitgenossenschaft. Bei aktuellen Feldforschungen in Museen ist mitunter so etwas wie eine Umkehrung jener Konstellation zu beobachten, die George Marcus als »classic Malinowskian mise-en-scène of anthropology« bezeichnete.[21] Die (romantisch gefärbte) Urszene besteht im Fantasma des Eintritts des Forschers als ›teilnehmender Beobachter‹ in ein bislang vollkommen unberührtes, komplett fremdes Feld. Von kulturwissenschaftlicher und soziologischer Theoriebildung der vergangenen dreißig Jahre unberührt erscheinen heute aus kritischer Forscherperspektive manche Ethnologiemuseen, während gleichzeitig – trotz oder gerade wegen der komplexen Problemlage – diesen Institutionen herausragender Laborcharakter zugesprochen wird.

Ästhetik der Dekontextualisierung

Mit der ›Krise der ethnografischen Repräsentation‹ ging ein verstärktes Interesse von bildenden Künstlern an eben dieser Repräsentation einher und allgemein an Fragen von Kultur und Identität. Im Zuge dessen wurde in den Künsten Ethnomethodologie appropriiert. In gewisser Weise manifestierte sich hier eine postmoderne Ruinenästhetik: Künstler begannen in ›Ruinen‹ der ethnologischen Wissenschaft zu wandeln und sich als alternative Forscher ins Spiel zu bringen. Mit ›Ethnographic Turn‹ wird eine seit den 1990er Jahren zwischen Künstlern und Anthropologen geführte Debatte bezeichnet, in der es um einen erweiterten Begriff von Ethnografie über den Bereich der akademischen Anthropologie hinaus geht. Vorangegangen war eine kulturwissenschaftliche Aufwertung individueller Äußerungen als Belege von gesellschaftlicher und politischer Relevanz ebenso wie eine Aufwertung des Dokumentarischen im Anschluss an J. Clifford und G.E. Marcus. Insbesondere seit der documenta 11 von 2002 sahen wir ein von Anthropologie, Identitätspolitik und Repräsentationskritik geprägtes künstlerisches Selbstverständnis. Eine frühe kritische Auseinandersetzung mit dem ›Ethnographic Turn‹ bzw. ›Cultural Turn‹ der Kunst unternahm der amerikanische Kunsthistoriker und *October*-Mitherausgeber Hal Foster. Er konstatierte 1996 in seinem viel beachteten Essay »The Artist as Ethnographer?« eine Art Verschwinden der Kunst in den Cultural

20 | F. von Bose, *Das Humboldt-Forum. Eine Ethnografie seiner Planung*, S. 74.

21 | G.E. Marcus, »Affinities. Fieldwork in Anthropology Today and the Ethnographic in Artwork«, in: Schneider/Wright, *Between Art and Anthropology* (2010), S. 83-94, hier S. 85.

Studies.[22] Der Kunsthistoriker Hans Belting hatte bereits Anfang der 1980er Jahre in *Das Ende der Kunstgeschichte?* mit Blick auf die Neuorientierung der Künste an den Kulturwissenschaften und an Identitätspolitik die einprägsame Formel »Anthropologische verdrängen kunstimmanente Interessen« geprägt und die Übernahme von Methoden und Themen aus Soziologie und Anthropologie als Auszug der Kunst aus dem ästhetischen Feld interpretiert.[23]

Mit dem Begriff ›Ästhetik der Dekontextualisierung‹ (Arjun Appadurai)[24] lassen sich kuratorische und künstlerische Positionen zusammenfassen, die subjektive Zugänge und alternative Objektarrangements als Auswege aus der Krise der Repräsentation ansehen. Mit der Figur ›ethnologischer Kunst-Museen‹ (Karoline Noack)[25] verbindet sich eine Rhetorik einer disziplinären, institutionellen und epistemologischen ›Öffnung‹ veralteter und verstaubter Wissenschaftsmuseen wie auch des Aufbrechens oder Unterminierens bestehender Objekthierarchien. Gegenwartskunst erscheint in diesem Diskurs nicht als zeitliche Kategorie, sondern als potenziell auf alle Perioden und Kulturen anwendbare post-authentische, antihegemoniale und defetischisierende Methode und Praktik.[26] Durch Kombinationen ethnografischer Objekte mit Kunstwerken, Dokumenten, Kopien oder Rekonstruktionen wird Enthierarchisierung signalisiert. »Dekontextualisierung – oder besser: [...] sehr sensible Kontextualisierung von Objekten im Raum« und Enthaltsamkeit hinsichtlich Interpretationsangeboten kann laut Iris Edenheiser »durchaus ein Zeichen von großem Respekt sowohl gegenüber dem Objekt als auch den Besucher/-innen sein«.[27] Gleichzeitig dient die Kategorie Gegenwartskunst in historischen Mu-

22 | H. Foster, »The Artist as Ethnographer?«, in Ders. (Hg.): *The Return of the Real. The Avant-garde at the End of the Century*, Cambridge: MIT Press 1996, S. 302-309. Der Essay ist ein prägnantes Beispiel für konservative Kritik am ›Cultural Turn‹ und implizit an der so genannten ›kulturellen Linken‹.

23 | H. Belting, *Das Ende der Kunstgeschichte?*, München: Deutscher Kunstverlag 1983, S. 9.

24 | A. Appadurai (Hg.), *The Social Life of Things. Commodities in Cultural Perspective*, Cambridge: Cambridge University Press 1986, S. 28, 86.

25 | Zit. nach M. Suhrbier, »Lastenverteilung. Zum Verhältnis von Museum, Universität und Kunst nach der Krise der ethnographischen Repräsentation«, in: *Quo vadis, Völkerkundemuseum? Aktuelle Debatten zu ethnologischen Sammlungen in Museen und Universitäten* (=Edition Museum), hg. v. M. Kraus und K. Noack, Bielefeld: transcript 2015, S. 59.

26 | Siehe z.B. C. Bishop und D. Perjovschi, *Radical Museology. Or What's Contemporary in Museums of Contemporary Art?*, London: Koenig 2013, S. 56, 59.

27 | I. Edenheiser, »In-Between. Zum Grenzgang zwischen ethnologischen und kunsthistorischen Konventionen in der Ausstellungspraxis. Oder: Don't represent – create a presence!«, in: Kraus/Noack, *Quo vadis, Völkerkundemuseum?*, S. 257-276, hier

seen als Mittel der Erzeugung willkommener Aktualitäts- und Präsenzeffekte im Sinne von ›Living History‹.[28] Hier geht es allerdings weniger um Respekt als um Unterhaltungswerte.

In den zurückliegenden 15 bis 20 Jahren ließ sich ein regelrechter Boom künstlerischer Interventionen in Ethnologiemuseen beobachten.[29] Während in den frühen 1990er Jahren die Frage diskutiert wurde, welche Objekte als Kunst identifiziert werden dürfen und ob in postmodernen Ausstellungsdisplays afrikanische, ozeanische oder präkolumbische Objekte gleichberechtigt in den Rang moderner Kunstwerke erhoben und als Ausdruck einer fremden, marginalisierten, übersehenen ›Kultur‹ wertgeschätzt werden können, ging es laut der Kunst- und Kulturwissenschaftlerin Ursula Helg in den letzten Jahren stärker darum, »welchen Stellenwert die künstlerische Praxis, die sich als Forschung versteht, in der Wissensproduktion und Wissensvermittlung der ethnologischen Museen haben soll«.[30]

Einblicke in Gegenwartskunst, die an Ethnologie und Ethnomethodologie interessiert ist und forschende Ansprüche erhebt, bot die 8. Berlin Biennale des mexikanischen Künstlers und Theoretikers Juan A. Gaitán, die 2014 zeitgleich mit dem Humboldt Lab in den Dahlemer Museen intervenierte: Olaf Nicolai untersuchte als Semiologe und Quasi-Ethnologe die Symbolsprache einer einstigen DDR-Shoppingmall und zog imaginäre Linien zum Stadtschloss-Marketing, Christodoulos Panayiotou analysierte Produktionsverhältnisse im chinesischen Pearl River Delta, Mariana Castillo Deball stellte unter dem Titel »You have time to show yourself before other eyes« modifizierte Gipsrepliken Originalobjekten der Berliner Mesoamerika-Sammlung gegenüber. Die Ethnologie-Biennale schien zu bestätigen, dass Ethnologie zu einer Leitdisziplin avanciert ist, Künstler als Quasi-Anthropologen ihre Feldforschungen immer weiter ausdehnen und künstlerische und anthropologische Projekte mitunter

S. 269. In Misskredit gekommen sind hingegen klassische Gegenüberstellungen von ›Tribal Art‹ und ›Modern Art‹; diese Art der Repräsentation gilt als Vereinnahmung anderer Kulturen und Ausblendung von Kontexten.

28 | Vgl. M. Suhrbier, »Lastenverteilung«, in: Kraus/Noack, *Quo vadis, Völkerkundemuseum?*, S. 59.

29 | Siehe A. Scholz, »Das Humboldt Lab – Experimentelle Freiräume auf dem Weg zum Humboldt-Forum«, in: Kraus/Noack, *Quo vadis, Völkerkundemuseum?*, S. 289; S. Leeb, »Asynchrone Objekte«, in: *Texte zur Kunst* 91, *Globalismus, Globalism* (September 2013), S. 41-61, hier S. 47.

30 | U. Helg, »Künstlerische Forschung oder romantisches Gesamtkunstwerk? Das ›post-ethnografische‹ Weltkulturenmuseum in Frankfurt a.M.«, in: »Historische Sammlungen und Gegenwartskunst. Eine Diskussion kuratorischer Strategien«, Humboldt Lab Dahlem, 02.-03.07.2015 in den Museen Dahlem in Berlin (unpubl. Konferenzbeitrag, Audiodatei).

nicht mehr voneinander unterscheidbar sind. Institutionskritische Interventionen à la Fred Wilson oder Hans Haacke[31] bot die von der Kulturstiftung des Bundes finanzierte Biennale indes nicht. Brisante Kapitel, etwa die Tatsache, dass in den Depots der Staatlichen Museen nicht nur historische Objekte lagern, sondern auch der unaufgearbeitete Nachlass der Berliner Rassenforschung untergebracht ist, blieben sowohl von den eingeladenen Künstlern als auch vom Biennale-Leiter unberührt.[32]

Dekoloniale Recherchekunst

Seit Mitte der 1980er Jahre PhDs an Kunstakademien eingeführt wurden, werden Recherchen und Forschungen von bildenden Künstlern systematischer und selbstbewusster betrieben. In der Kunstproduktion, aber auch in der Besucherforschung der Museen kommen seit den Nullerjahren ebenfalls Methoden zur Anwendung wie Feldforschung, teilnehmende Beobachtung, Dokumentation, dichte Beschreibung, qualitative Interviews. Forschende Kunst oder Kunst als Forschung (›Artistic Research‹, ›Science Art‹, ›Research Art‹) ist eine hybride Kunstpraxis, bei der Künstler als Forscher agieren, konkrete Fragestellungen mit einem erkenntnistheoretischen, methodischen Ansatz bearbeiten (Anleihen werden insbesondere bei qualitativen Methoden der Anthropologie, Soziologie und den Kulturwissenschaften gemacht) und Forschungsresultate als Kunstwerke präsentieren (in Galerien, Kunstvereinen, Museen, Künstlerbüchern). Im Kontext von Ethnologiemuseen kam es in jüngerer Zeit zu einem Revival der künstlerischen Institutionskritik, nunmehr als Recherchekunst mit dekolonialen Vorzeichen.

Der Unterschied zwischen wissenschaftlicher und künstlerischer Forschung liegt auf der Hand: Forschende Kunst appropriiert wissenschaftliche Methoden und Theorien, ist aber nicht an wissenschaftliche Standards und Evaluationen gebunden, sondern Kunstkriterien verpflichtet. Die Etablierung von ›Artistic Research‹ als eigene Kunstform und Künstlern als Forschern und Kuratoren hat zu Grenzverwirrungen und Irritationen geführt. Der Kunsthistoriker Peter Geimer (Freie Universität Berlin) sprach 2011 vom »großen

31 | Hans Haacke hat 2001 in »Give & Take. Mixed Messages« in der Serpentine Gallery in London die ideologischen Ursprünge des Victoria & Albert Museum im Kontext der britischen Kolonialgeschichte herausgearbeitet.

32 | Vgl. J. Di Blasi, »Rettung naht. Hübsch harmlos. Die 8. Berlin Biennale verlagert den Schwerpunkt ins Reichenmilieu – und wirbelt Staub auf«, in: *Hannoversche Allgemeine Zeitung*, 31.05.2014; J. Di Blasi, »Forschung als Attitüde. Johanna Di Blasi über die Ethnologie als neue Leitdisziplin der Gegenwartskunst«, in: *Kunstzeitung* (November 2014), S. 32.

Recherche-Getue in der Kunst«.[33] Künstlerische Forschung besitzt Freiheiten, die wissenschaftliche Forschung nicht hat, aber auch sie steht unter Legitimationszwang, und zwar sogar doppelt: Sie muss beweisen, dass sie Forschung ist und dass sie Kunst ist. Ein Standardverdacht lautet, Künstler würden sich mit den fremden Federn der Wissenschaft schmücken, ohne sich langwieriger Forschungsarbeit auszusetzen. Ethnologiemuseen sind ein faszinierendes, aber schwieriges Terrain, wo jeder Schritt beargwöhnt werden kann, dass das ›Andere‹ gewaltsam assimiliert, vereinnahmt, abgewertet oder überhöht wird. Künstler sind von dem Kontext zugleich angezogen und abgestoßen. Sie laufen im Ethnologierahmen Gefahr, erdrückend umarmt oder aber exotisiert zu werden.

Ästhetik beschreibt klassischerweise den naturwissenschaftlich nicht erfassbaren, irrationalen, wilden Rest: das Subjektive, Sinnliche, Poetische. Kunst wird seit der Romantik die paradigmatische Rolle des ›Anderen‹ zugeschrieben, des anderen der (Zweck-)Rationalität und Wissenschaftlichkeit. In Ethnologiemuseen können sich Künstler unversehens in der Rolle von Exoten wiederfinden, eine Position die nach postkolonialen Dekonstruktionen nicht mehr ohne Weiteres mit kulturell ›Anderen‹ besetzbar ist. Als gewissermaßen ›edle Wilde der eigenen Kultur‹ (Luca Di Blasi) laufen Künstler tendenziell Gefahr, als das subjektive, chaotische, wilde ›Andere‹ der Ethnologie angesehen zu werden. Das kann zu Missverständnissen führen, insbesondere wenn Künstler sich selbst eher als Forscher und Aufklärer sehen oder ihr Material aus diversen Forschungsbereichen beziehen. Als Feldforscher in Museen sind Künstler einer Situation ausgesetzt, mit der klassische Feldforscher kaum zu rechnen haben: dass nämlich die Beforschten den Forschern die Kompetenz und Forschungsrelevanz rundweg absprechen.

Für Kulturanthropologen ist durch anthropologisch und soziologisch forschende Künstler eine herausfordernde Situation entstanden: Sie treffen im eigenen Feld in Gestalt von Künstlern auf Informanten, die mitunter über erhebliche anthropologische Expertise verfügen, die theoretisch beschlagen sind, oftmals mit demselben Methoden- und Theoriebaukasten unterwegs sind wie Anthropologen und die ebenfalls gesellschaftliche, politische und ökonomische Zusammenhänge im Global Village untersuchen. In einem Statement mehrerer Forscher, abgedruckt 2016 im Magazin *Cadernos de Arte e Antropologia*, heißt es: »As anthropologists in this field, we are faced with highly reflexive expert interlocutors who put forward their own theoretical agenda, often on

33 | P. Geimer, »Das große Recherche-Getue in der Kunst. Sollen Hochschulen ›Master of Arts‹-Titel und Doktorhüte für Malerei verleihen?«, in: *Frankfurter Allgemeine Zeitung*, 20.04.2011.

similar, if not conflicting, epistemological terrain.«[34] Ein Terminus, der diese Situation beschreibt, lautet ›reciprocal research‹ oder ›reciprocal ethnography‹: Man beforscht sich wechselseitig.

Laut Beate Binder werden in der unübersichtlichen und breit-assoziierenden Verschränkung der Disziplinen neben Gemeinsamkeiten auch Differenzen und wechselseitige Fremdheit sichtbar. Was in der künstlerischen Praxis als ethnografischer Zugriff gehandelt wird, werde den Reflexionen der Ethnowissenschaften gelegentlich nicht gerecht, Fragehorizonte der Ethnografie unterdessen seien für künstlerische Interventionen mitunter wenig hilfreich. Was in den Ethnowissenschaften selbstverständlich sei, müsse in der Kunstwissenschaft verteidigt werden, umgekehrt werde in den Ethnowissenschaften mancher unhintergehbare Wissensstand der Kunstwissenschaften gerade erst entdeckt.[35]

Kunst, die sich für Ethnologie interessiert, zu Interventionen in Ethnologiemuseen einzuladen, erscheint naheliegend, die Operation ist aber nicht unumstritten. Eine Grundsatzkritik an der kuratorischen Mode der Importe von Gegenwartskunst enthält ein 2013 im *Texte zur Kunst*-Band »Globalismus« unter dem Titel »Asynchrone Objekte« erschienener Beitrag von Susanne Leeb. Die Kunsthistorikerin stellt fest, dass an Gegenwartskunst die Erwartung herangetragen werde, zwischen unzeitgemäßem Museumsobjekt und heutiger

34 | R. Blanes, A. Flynn, M. Maskens, J. Tinius, »Micro-Utopias. Anthropological Perspectives on Art, Relationality, and Creativity«, in: *Cadernos de Arte e Antropologia* 5/1 (2016), S. 5-20.

35 | B. Binder, D. Neuland-Kitzerow, K. Noack (Hg.), *Kunst und Ethnographie. Zum Verhältnis von visueller Kultur und ethnographischem Arbeiten* (=Berliner Blätter, Bd. 46), Münster: Lit Verlag 2008, S. 7ff. Ähnlich argumentiert Hal Foster: »Erst übernehmen ein paar Ethnologen strukturalistische Methoden aus der Literaturwissenschaft und reformulieren Kultur als Text - zu einem Zeitpunkt, da in der Literaturwissenschaft das Paradigma schon überholt war. Die Literaturwissenschaft greift umgekehrt ethnografische Methoden auf und sucht im Text fortan Kulturen (im Plural) - und zwar genau dann, wenn die Ethnologie sich von einem solchen Modell trennt und sich stärker auf Staat, Recht etc. konzentriert«. Das Andocken an die Ethnologie erlaube es Künstlern, Kunstkritikern und Literaturwissenschaftlern, Widersprüche »auf geradezu magische Art« aufzulösen. »Die Rolle des Kultursemiologen steht ihnen ebenso gut zu Gesicht wie die des Feldforschers, sie können sich weiterhin als Anhänger der kritischen Theorie gerieren und sie gleichzeitig zurückweisen, und auch Subjektkritik und Identitätspolitik lassen sich vereinbaren. Aus all diesen Gründen bleibt die Ethnologie in anhaltenden Zeiten theoretischer Ambivalenz und politischer Sackgassen eine diskursive Kompromisslösung erster Wahl.« H. Foster, *Design und Verbrechen*, S. 204-205 u. 121.

Welt zu vermitteln.[36] Mittels zeitgenössischer Kunst werde versucht, Sinn aus etwas zu schlagen, »das entweder extrem fragwürdig und problematisch ist oder dessen ehemalige Bedeutung für einen westlichen Kontext abhandengekommen ist.«[37] Das Problem kolonialer Sammlungen und die historische, museale Verantwortung für Geschichte an Künstler zu delegieren, funktionalisiere »ein Stück weit diese Illegitimität« und versuche sich »eine gewisse Unangreifbarkeit qua Kunst« zu verleihen. Zeitgenössische Kunst könne aber unmöglich Problemlöserin sein, sie könne höchstens »Problemstellerin« sein.[38]

Regina Wonisch (Alpen-Adria-Universität Klagenfurt)[39] lotete 2017 in einer Auftragsstudie für das deutsche Institut für Auslandsbeziehungen (ifa) Potenziale künstlerischer Praktiken bei der dekolonialen Neuorientierung ethnologischer Museen aus – und gelangte zu einer optimistischen Einschätzung. Der Titel der Studie, die im Rahmen des Forschungsprogramms »Kultur und Außenpolitik« entstanden ist, lautet: *Reflexion kolonialer Vergangenheit in der musealen Gegenwart? Kuratorische Herausforderungen an der Schnittstelle von ethnologischen Museen und Kunst.* Die Historikerin und Museologin vertritt die Ansicht, dass Kunst sehr wohl das Potenzial habe, »Wissensordnungen zu destabilisieren«.[40] Künstler könnten den Konstruktionscharakter der ethnografischen Ausstellungen »auf die Spitze treiben« und produktive Interferenzen und Spannungen produzieren.[41] Zudem könnten sie in »spannungsreichen Prozessen der Kooperation und Koproduktion« mit den Herkunftsgesellschaften der Objekte Mediatorenrollen einnehmen.[42]

---

36 | S. Leeb, »Asynchrone Objekte«, in: *Texte zur Kunst* 91, *Globalismus, Globalism* (September 2013) S. 41-61. Mit dem Ästhetiktheoretiker Peter Osborne streicht Leeb den fiktiven Charakter von Zeitgenossenschaft als homogen gedachter, globaler Gegenwart heraus. Während Kunst in einer globalen Welt zum Paradigma des Zeitgenössischen verklärt werde, seien Objekte in ethnologischen Museen in einer gespenstischen Zeitlosigkeit hängen geblieben. Ebd. S. 41ff.

37 | Ebd. S. 55.

38 | Ebd.

39 | Wonisch ist zusammen mit Roswitha Muttenthaler Autorin des viel beachteten Buchs: *Gesten des Zeigens. Zur Repräsentation von Gender und Race in Ausstellungen*, Bielefeld: transcript 2006.

40 | R. Wonisch, *Reflexion kolonialer Vergangenheit an der Schnittstelle von ethnologischen Museen und Kunst* (=ifa Edition Kultur und Außenpolitik), hg. v. Institut für Auslandsbeziehungen, Stuttgart 2017, S. 55; https://www.ifa.de/fileadmin/pdf/.../wonisch_postkoloniale_herausforderungen.pdf (03.05.2019).

41 | Ebd. S. 55.

42 | R. Wonisch, »Ethnologische Museen dekolonisieren. Kunst als Ausweg aus der Krise der Repräsentation«, in: Institut für Auslandsbeziehungen (Hg.), *ifa Input*, Stuttgart

Wonisch empfiehlt in ihrer ifa-Programmschrift, »koloniale Einrichtungen« systematisch in Räume »postkolonialer Auseinandersetzungen« zu verwandeln und sieht Potenziale der Öffnung gerade im Oszillieren zwischen Kunst und wissenschaftlicher Theorie.[43] Um ›hegemoniale‹ Strukturen zu durchbrechen, regt Wonisch eine Fokussierung auf Themenfelder wie Ausbeutung, Ausgrenzung und Aneignung an sowie eine Öffnung zur freien Kunst- und Kuratorenszene. Unter »tiefgreifenden strukturellen Veränderungen« versteht die Historikerin die Ermöglichung »gleichberechtigter Dialoge« mit nicht-westlichen Akteuren, die Öffnung für »andere Epistemologien« und partizipative Projektarbeit mit Vertretern von Herkunftsgesellschaften von Objekten.[44] Wonisch schlägt vor, anstelle des klassischen Bildungsauftrags, der als Legitimation der Museen ihrer Ansicht nach ausgedient hat, einer Pädagogik ohne vorgefertigte Inhalte den Vorzug zu geben sowie Verfahren der »Prozessualität« und »Interpretationsoffenheit visueller Repräsentation«.[45]

Ethnologische Museen müssten der Gewaltgeschichte möglichst offen und selbstreflexiv begegnen, gerade weil es unmöglich sei, sich aus kolonialen Verstrickungen zu befreien.[46] Dabei würden Sammlungen nicht zerstört, aber neu kontextualisiert.[47] Als ›Best-Practice-Projekt‹ und ›Möglichkeitsraum‹ für postkoloniales Kuratieren hat die Kulturkritikerin das Berliner Humboldt Lab ausgemacht; es habe »verkrustete Strukturen« inter- und transdisziplinär aufgebrochen und sei gleichzeitig ein »geschützter Raum« gewesen, da befreit vom »fragwürdigen Kriterium des Publikumserfolgs« zugunsten einer »Kultur

2017, S. 1-10, hier S. 8; https://www.ifa.de/fileadmin/pdf/fopro/input2017-4_regina-wonisch.pdf (03.05.2019).

43 | R. Wonisch, *Reflexion kolonialer Vergangenheit*, S. 5. In den 2010er Jahren wurde in den Kultur- und Geisteswissenschaften explorative Wissensgewinnung zwischen Faktualität und Fiktionalität explizit unter dem Schlagwort ›Labor-Methode‹ diskutiert und erprobt. Künstlerische oder poetische Zugänge wurden in postmodernen Methodendiskussionen als Mittel zur Erfassung unscharfer epistemischer Objekte, wie sie beispielsweise Kunst und Poesie selbst hervorbringen, ins Spiel gebracht. Gleichzeitig erschien Kunst als innovatives Medium der methodischen Neulanderschließung und diskursiven Öffnung. Mit der Labor-Methode, hieß es z.B. 2015 in einer Kolloquiums-Ankündigung der Sprach- und Literaturwissenschaftlichen Fakultät der Universität Bayreuth, ließen sich »komplexe und unscharfe Artefakte in den Blick nehmen« und gelinge es, »Wissen auf explorative Weise zu generieren und das ›Mögliche im Unbekannten‹ durch ›Auslotungen zwischen Fiktionalität und Faktualität‹ wahrnehmbar und beschreibbar zu machen. kolloquiumgekuwi.wordpress.com/ (03.05.2019).

44 | R. Wonisch, »Ethnologische Museen dekolonisieren«, S. 7.

45 | Dies., *Reflexion kolonialer Vergangenheit,* S. 5, 7, 57.

46 | Ebd.

47 | Ebd. S. 65.

des Scheiterns«, der »Unsicherheit«, »Fragilität« und des »wilden Denkens«.[48] Schnittstellen zwischen ethnologischen Museen und Kunstschaffenden sind nach Ansicht der Museologin

»[…] vor allem dann produktiv […], wenn sich Wissenschaft und Kunst zwar unter unterschiedlichen Vorzeichen, mit anderen Mitteln und einer anderen Sprache, aber aus der gleichen Haltung begegnen. In diesem Fall mag es von Vorteil sein, dass die postkoloniale Theoriebildung als zu wenig konturiert kritisiert wird, da dies vielleicht den nötigen Freiraum für Wissenschaft und Kunst eröffnet.«[49]

Hier lässt sich allerdings einwenden, ob Kunst nicht in ein arges Dilemma rutscht, wenn sie ›frei‹ sein und gleichzeitig eine vorgegebene ›Haltung‹ vertreten soll. Und wenn Methoden und Ergebnisse vorab feststehen: Dekonstruktion starker Wahrheitspostulate der Wissenschaften und ihrer Museen. Die Herausforderung in der Praxis scheint darin zu liegen, Respekt vor den ›Anderen‹ mit Respekt vor der ›Freiheit der Kunst‹ zu verbinden, denn gerade um Respekt und Anerkennung soll es beim kuratorischen Zusammenspiel von postkolonialer Wissenschaft und Kunst gehen: »Ein wesentlicher Punkt […] ist, welchen Raum die Repräsentierten […] einnehmen können, wobei es vielleicht weniger darum geht, ihnen eine Stimme zu ›geben‹, sondern ihre Stimmen zu hören und anzuerkennen.«[50]

I.2 Publikationen zum Humboldt Lab

Die wissenschaftliche Auseinandersetzung mit dem Humboldt Lab beschränkt sich bisher auf eine überschaubare Zahl an Aufsätzen. Überwiegend wird aus kulturanthropologischer Perspektive auf das Museumsexperiment geblickt. Der Kulturanthropologe Friedrich von Bose setzt sich in seinem 2015 veröffentlichten Aufsatz »Paradoxien der Intervention. Das Humboldt Lab« mit dem Konzept des Humboldt Lab auseinander. Paradox nennt von Bose, dass das Eingebundensein des Lab in die Planungsstrukturen des Humboldt Forums »im Wider-

48 | Ebd. S. 33. Wonisch unterscheidet selbstreflexives Ausstellen (»Le musée cannibale« 2002/2003 im Musée d'ethnographie de Neuchâtel), den post-ethnografischen Ansatz (Clémentine Deliss' Weltkulturen Labor in Frankfurt, 2011-2015), künstlerische Interventionen (»The Vanishing Middle Class« 2014 und »The Master Narrative und Don Durito« 2017 von Lisl Ponger in Wien; Secession und Weltkulturen Museum Wien), kollaborative Projekte (»African Worlds« 1999 im Horniman Museum London) und den Laboransatz als ›Möglichkeitsraum‹ (das Humboldt Lab, 2012-2015). Ebd. S. 28-39.

49 | Ebd. S. 14f.

50 | Ebd. S. 15.

spruch zum Unterfangen einer grundlegenderen Befragung der Museumspraxis« gestanden habe.[51] Trotz mancher Kritikpunkte erblickt von Bose in der Arbeit des Lab Potenziale des »Aufbrechens kolonialer Repräsentationen«, der Befragung »etablierter Logiken musealer Räume und Gefüge« und der Vermittlung zweier kuratorischer Kulturen: festangestellte Museumsmitarbeiter und freischaffende Kuratoren.[52] In seiner 2016 veröffentlichten, groß angelegten anthropologischen und diskursanalytischen Studie *Das Humboldt-Forum. Eine Ethnografie seiner Planung* nimmt derselbe Autor ›Begründungsnarrative‹ des nationalen Projekts in den Blick, identifiziert kulturpolitische Logiken, schreibt eine Soziologie des Planungsprozesses und widmet dem Humboldt Lab als Probebühne des Humboldt Forums und ›instituierender Praxis‹ das Schlusskapitel als eine Art Ausblick. »Angelehnt an die Erfahrungen des Humboldt Lab könnte das Museum als Labor verstanden werden«, schreibt von Bose, und zwar zugunsten eines »vielförmigen Geflechts von Akteur_innen mit durchaus auch im Konflikt zueinander stehenden Interessen, Perspektiven, Repräsentationspraktiken und Objektverständnissen.«[53] Im »Museum als Labor« sei »das dichotome Verständnis von Produktion und Rezeption« ausgehebelt.[54] Bei seiner Feldforschung stellte von Bose allerdings fest, dass sich »überraschend wenige der Kurator_innen der Museen« an Lab-Experimenten beteiligen wollten. Deren Fernbleiben sei einem »Akt der Verweigerung« gleichgekommen; gleichwohl habe es das temporäre Projekt in den Dahlemer Museen »in relativ kurzer Zeit vermocht, einige der über Jahrzehnte gewachsenen und oftmals verhärteten Strukturen zu lockern«.[55] Es habe durch das Lab »tatsächlich eine Störung in der alltäglichen Museumsroutine« stattgefunden, »wenn auch nicht unbedingt immer in dem von der Projektleitung intendierten Sinn«.[56]

Die Ethnologin und Soziologin Andrea Scholz hat selbst im Humboldt Lab mitgearbeitet. Unter dem Titel »Das Humboldt Lab – Experimentelle Freiräume auf dem Weg zum Humboldt-Forum« im Sammelband *Quo vadis Völkerkundemuseum?*[57] hält Scholz kritisch Rückschau auf mangelhafte institutionel-

51 | F. von Bose, »Paradoxien der Intervention. Das Humboldt Lab«, in: *FKW//Zeitschrift für Geschlechterforschung und visuelle Kultur* 58 (2015), S. 28-40, hier S. 38.

52 | Ebd. S. 31.

53 | F. von Bose, *Das Humboldt-Forum. Eine Ethnografie seiner Planung*, S. 290. Nachdem 2016 die Inschrift auf dem Schloss angebracht worden war, empfahl die SPK die bindestrichlose Schreibung.

54 | Ebd. S. 290f.

55 | Ebd. S. 276, 277, 290.

56 | Ebd. S. 287f.

57 | M. Kraus und K. Noack (Hg.), *Quo vadis, Völkerkundemuseum? Aktuelle Debatten zu ethnologischen Sammlungen in Museen und Universitäten* (=Edition Museum), Bielefeld: transcript 2015.

le Verankerung, enge Spielräume, das Fehlen »radikaler, sich abgrenzender Institutionskritik und die insgesamt limitierte Wirkung des Humboldt Lab. Positiv bewertet die Autorin die »enge Kooperation zwischen Kunst und Wissenschaft«.[58] Als Projekt für das Humboldt Forum habe das Lab nicht ausreichend in Opposition zur neu entstehenden Institution gestanden, es sei aber dennoch mehr gewesen, als bloß eine »verordnete Lockerungsübung für vermeintlich eingerostetes Museumspersonal«.[59] Durch den »brisanten Gegenstand«, den Umzug der nicht-europäischen Sammlungen der Staatlichen Museen zu Berlin ins umstrittene Humboldt Forum, sei es unweigerlich auch um die Frage nach dem »Quo vadis, Völkerkundemuseum?« gegangen.[60]

Einige kritische Stimmen enthält auch die vom Humboldt Lab 2015 herausgegebene Abschlusspublikation, ein schmaler Band mit dem Titel *Prinzip Labor.*[61] Die an der Humboldt Universität lehrende Sozialanthropologin Sharon Macdonald, Begründerin des seit 2015 bestehenden Centre for Anthropological Research on Museums and Heritage (CARMAH), setzt sich als Gastautorin mit der Lab-Arbeit unter der Überschrift »Probleme mit der Ethnologie« auseinander.[62] Macdonald bewertet das Humboldt Lab als »äußerst bedeutsame« und finanziell großzügig ausgestattete Initiative mit dem Auftrag, für das Humboldt Forum zu experimentieren, ohne spezifische Ausstellungen entwerfen oder Ausstellungsräume füllen zu müssen.[63] Macdonald stellte fest, dass viele Lab-Projekte, einschließlich der Abschlussausstellung, reflexive Ansätze verfolgten und mehr oder weniger geglückte Versuche darstellten, die Bedingtheit von Perspektiven und museologische Prozesse offenzulegen. Vorsichtig skeptisch beurteilt Macdonald Kunstinterventionen. Das Lab habe gezeigt, dass Künstler eine »wichtige Quelle für Inspiration« sein können, wenn indes Ausstellungen in Ethnologiemuseen »eher wie eine Kunstinstallation« betrachtet würden, könnten unter Umständen die »ethnologische ›Botschaft‹ und ihr verstörendes Potenzial« abgeschwächt oder verzerrt werden.[64]

Ebenfalls in der Abschlusspublikation legte die Kunsthistorikerin Elena Zanichelli dar, dass es grundsätzlich keine leichte Aufgabe gewesen sei, Sammlungsbestände des Preußischen Kulturbesitzes gleichzeitig aufzuwer-

58 | A. Scholz, »Das Humboldt Lab – Experimentelle Freiräume auf dem Weg zum Humboldt-Forum«, in: Kraus/Noack (Hg.), *Quo vadis, Völkerkundemuseum*, S. 290.

59 | Ebd. S. 285.

60 | Ebd.

61 | Humboldt Lab Dahlem (Hg.), *Prinzip Labor. Museumsexperimente im Humboldt Lab*, Nicolaische Verlagsbuchhandlung: Berlin 2015.

62 | www.euroethno.hu-berlin.de/de/carmah (03.05.2019).

63 | S. Macdonald, »Probleme mit der Ethnologie«, in: *Prinzip Labor*, S. 211-228, hier S. 216.

64 | Ebd. S. 224.

ten und pointiert infrage zu stellen sowie »fehlende Aufarbeitung deutscher Kolonialgeschichte« wie auch einen Mangel an Transparenz hinsichtlich der Bedeutung kolonialer Geschichte für die Sammlungsteile aus dem 19. und frühen 20. Jahrhundert zu kompensieren.[65] Als besonders gelungenes Lab-Projekt streicht die Kunsthistorikerin einen Beitrag von Verena Rodatus und Margareta von Oswald mit dem Titel »Objektbiografien« heraus. Hier seien »ausgewählte Objekte der Afrika-Sammlung des Ethnologischen Museums von der Quellenüberlieferung über die Anschaffungspolitik bis hin zur stilanalytischen Identifizierung« verfolgt worden.[66] Unter dem Titel »Europa provinzialisieren, material und ontological turn kuratieren?« reichte Paola Ivanov, Kuratorin der Afrika-Abteilung des Ethnologischen Museums, Gedanken zu ihren eigenen Lab-Beiträgen nach: »Europa provinzialisieren – der afrozentrische Blick« (innerhalb »EuropaTest«; 2014/2015) und »Verzauberung/Beauty Parlour« (2015).[67] Die Kulturwissenschaftlerin Nicola Lepp erläuterte 2014 in einem Buchbeitrag anhand ihres Lab-Projekts »Museum der Gefäße« den multimedialen und narrativen Ansatz als Alternative zum kulturgeografischen Ordnungsschema.[68]

Die Ethnologin Bärbel Högner setzte sich 2013 in einer Rezension für die »Zeitschrift für Ethnologie« kritisch mit der »Probebühne 1« (März bis August 2013) des Humboldt Lab auseinander. Die Autorin bemerkte eine Zentralstellung bildender Kunst im Museumslabor bei gleichzeitigem Desinteresse an aktuellen ethnologischen Fragestellungen und Forschungen. Fast ausschließlich hätten »Akteure aus dem Kosmos der zeitgenössischen Kunstwelt« das Privileg gehabt, »konzeptuell am ersten Testlauf zur Erfindung ›neuer Wege‹ in der ethnologischen Ausstellungspraxis teilzunehmen«. Wissenschaftliche Mitarbeiter der Museen seien ausgegrenzt, ihre Namen ausgeblendet worden.[69]

65 | E. Zanichelli, »Historische Sammlungen und/oder Gegenwartskunst? – eine Notiz«, in: *Prinzip Labor*, S. 229-240, hier S. 232f.

66 | Ebd. S. 232f, 237.

67 | P. Ivanov, »Europa provinzialisieren, material und ontological turn kuratieren? Gedanken aus der Ausstellungspraxis des Humboldt Lab«, in: H.P. Hahn, *Ethnologie und Weltkulturenmuseum* (2017), S. 89-137.

68 | N. Lepp, »Diesseits der Narration. Ausstellen im Zwischenraum«, in: S. Lichtensteiger, A. Minder, D. Vögeli (Hg.), *Dramaturgie in der Ausstellung. Begriffe und Konzepte für die Praxis*, Bielefeld: transcript 2014, S. 210-2017.

69 | B. Högner, »Probebühne 1 des Humboldt Lab, Museen Dahlem, Berlin, 14. 3.-12. 5. 2013«, in: *Zeitschrift für Ethnologie*, Berlin: Reimer Verlag 2013, S. 111-115, hier S. 115.

Durch einzelne Kunstbeiträge ist in Högners Augen sogar ›Exotismus‹ evozierte worden.[70]

Der Ethnologe und Kulturjournalist Andreas Schlothauer setze sich 2013 satirisch mit dem Dahlemer Experiment und dem Vernissagen-Publikum auseinander (»Eine Mischung beider Geschlechter, leger gekleidet, individueller Haar- und Bartwuchs, wohl aus der Berliner Künstler- und Designerszene«).[71] Der ›Hohe-Priester‹ (Hermann Parzinger) habe im »Zeremonialhaus des Stammes« in Dahlem die Wir-Form beschworen (»Wir wollen die Kulturen der Welt neu präsentieren«, »Wir machen Erfahrungen, die vielen anderen nutzen können«, »Wir sind Gehetzte, wollen uns aber nicht zu sehr hetzen lassen« usf.), während der Satz »Für uns ist es eine Lockerungsübung, das alles mal ganz anders anzugehen« der Co-Priesterin (Viola König) an die ›Beta-Priester‹ (›Kuratoren‹) gerichtet schien.[72] Über das Maß tatsächlicher Kooperation habe die Zeremonie nichts verraten, was den teilnehmenden Beobachter indes nicht verwunderte, »da derartige ›Priester‹-Gemeinschaften selten an der Offenlegung ihrer Geheimnisse interessiert sind«.[73] Die »Geheimsprache« der Lab-Projekte blieb für den Feldforscher rätselhaft: »funktionale Veranschaulichung ihrer Gegenwart«, »Display über An- und Abwesenheit«, »Schleuse zwischen außen und innen«; kryptisch blieb auch der tiefere Sinn des Zauberwortes ›Intervention‹. Das Fazit des Feldforschers: Die »eher oberflächliche« Kulturtechnik Kunst (»Mehr Verpackung als Inhalt«) könne Präsentationen »auflockern«, aber kaum zum tieferen Verständnis ethnologischer Objekte beitragen.[74]

70 | Högner macht ihre Kritik u.a. an einem Beitrag des Künstlers Theo Eshetu fest, der eine Discokugel in der Südseeabteilung installiert hatte. Eine Discokugel möge zwar »schön glänzen« und passende Assoziationen eines Sternenhimmels über polynesischen Booten wecken, doch es bestehe die Gefahr, dass in letzter Konsequenz ›Exotismus‹ evoziert werde. Ebd. S. 115.

71 | A. Schlothauer, »Das Humboldt Lab«, in: *Kunst&Kontext* 1 (2013), S. 15-21; andreas schlothauer.com/texte/kk5_humboldt_forum_3.pdf (03.05.2019), S. 15f.

72 | Ebd.

73 | Ebd. S. 16.

74 | Ebd. S. 16 und 21.

II. Das Humboldt Lab

II.1 Das Lab-Paradigma

»Das Lab war eine Illusion.«

Franziska Pierwoss[1]

Die Bezeichnung ›Lab‹, die seit den 1990er Jahren als Kürzel von ›Labor‹ für vielfältige innovative und kreative Prozesse und Formate herhält, war im Fall des Humboldt Lab mehr als nur eine modische Floskel. Das Innovationslabor brachte in den staatlichen Museumsbetrieb Denk- und Arbeitsweisen ein, die für die angelsächsische Lab-Kultur (Artscience Labs, Design Labs, Media Labs) und post-digitale Gründerszenen charakteristisch sind. Dazu gehören beschleunigte Prototypenerzeugung (›Rapid Prototyping‹), erweiterte Vorstellungen von Design als Querschnittdisziplin für Gestaltungsaufgaben auch im Bereich von Inhalten und Theorien (›Expanded Design‹, ›Design Thinking‹, ›Theorie-Design‹), bewusstes Abwerfen akademischer Prägungen (›Antidisziplinarität‹, ›Out-of-the-box-Denken‹), die Vorstellung, dass sich ein kreativitätsförderndes Klima künstlich erzeugen lässt oder dass der Zusammenprall möglichst unterschiedlicher Perspektiven und Methoden Innovationen und kreative Disruptionen begünstigt (›Creative Turbulence‹ als Innovationsmotor) sowie strategische Kollaboration mit Freelancern.[2] Diese Merkmale bilden zusammengenommen das Lab-Prinzip. Mit »Prinzip Labor« waren 2015 die

1 | Interview mit Franziska Pierwoss von Politique Culinaire am 09.11.2016.

2 | Die englischen Bezeichnungen dienen der Verklammerung mit dem Jargon der ›Kreativindustrien‹ und Marketingstrategen. Es sind i.d.R. keine direkten Zitate aus dem Humboldt Lab, das sich um Eindeutschung von Begriffen bemühte. Anglizismen finden sich in Großschreibung (Fair Trade, Outreach, Change Manager), zitierte engl. Wörter kleingeschrieben, eigene Wortschöpfungen kursiv gesetzt (*Embedded Criticality, Insourcing der ›Source Communities‹, Shared Heritage Marketing*). Anführungsstriche markieren Fachbegriffe und/oder diskursanalytische Distanzierung.

Abschlusspräsentation und die Abschlusspublikation des Humboldt Lab überschrieben.[3]

Beim Blick in die Wissenschaftsgeschichte zeigt sich eine schon länger anhaltende Konjunktur der Labor-Metapher. Die Wissenschaftsforschung der zurückliegenden Jahrzehnte hat das ›Labor‹ als Ausgangspunkt epistemologischer Konjunkturen und leitende Metapher entdeckt und ausführlich untersucht. Das Labor wurde als »Werkstatt des Wissens« (Hans-Jörg Rheinberger), »Handelszone« zur Koordination interdisziplinären Austausches (Peter Galison), »wirkmächtiger Dreh- und Angelpunkt der modernen Wissenschaften im 20. Jahrhundert« und »selbstorganisierende Maschine« (Jan Müggenburg) in den Blick genommen, als »pulsierende Grenze, die sich [...] selbst immer wieder dynamisch überschreitet«, als Schnittstelle »künstlicher Intensivierung und prozessualer Offenheit« (Philipp Felsch) und sogar als »exemplarischer Ort der Moderne« (Henning Schmidgen). Der Wissenschaftshistoriker Kevin Liggieri spricht vom Labor als »räumliche[m] Knotenpunkt der westlichen Gesellschaft an sich« und stellt fest, dass das Laboratorium bereits in der frühen Neuzeit eine hybride Institution gewesen sei: »Hybridität von Wissenschaft und Kunst zieht eine Leuchtspur durch die Historie und scheint trotz Rationalisierung – oder gerade wegen ihr – nicht auflösbar zu sein.« Nach der Medienwissenschaftlerin Lena Christolova werden in Laboren statt Hypothesen »hybride Entwürfe über die Wechselbeziehungen zwischen Natur und Kultur« produziert, die auf die Gesellschaft zurückwirken. Innerhalb der Mauern des Laboratoriums gemachte Versuche können »die Zusammensetzung der Gesellschaft verändern«, schreibt der Anthropologe Bruno Latour in »Gebt mir ein Laboratorium und ich werde die Welt aus den Angeln heben«.[4]

---

3 | Humboldt Lab Dahlem (Hg.), *Prinzip Labor. Museumsexperimente im Humboldt Lab*, 2015.

4 | H.-J. Rheinberger, *Historische Epistemologie zur Einführung*, Hamburg: Junius Verlag 2007, S. 38; P. Galison, »Trading with the Enemy«, in: M.E. Gorman (Hg.), *Trading Zones and Interactional Expertise. Creating New Kinds of Collaboration*, Cambridge: MIT Press 2010, S. 137-160, hier S. 137ff.; J. Müggenburg, »Biological Computer Laboratory. Zu Organisation und Selbstorganisation eines Labors«, in: Hoof/Jung/Salaschek (Hg.), *Jenseits des Labors. Transformationen von Wissen zwischen Entstehungs- und Anwendungskontext*, Bielefeld: transcript 2011, S. 23-44, hier S. 24; P. Felsch, »Das Laboratorium«, in: Geisthövel/Knoch (Hg.), *Orte der Moderne. Erfahrungswelten des 20. und 21. Jahrhunderts*, Frankfurt a.M.: Campus 2005, S. 27-36, hier S. 30; H. Schmidgen, »Labor«, in: *Europäische Geschichte Online (EGO)*, Mainz 2011, S. 1-17, hier S. 1; K. Liggieri, »Diskursive Materialität. Das Labor als Ort ästhetischer Aufschreibesysteme«, in: Jürgens/Tesche (Hg.), *LaborARTorium. Forschung im Denkraum zwischen Wissenschaft und Kunst. Eine Methodenreflexion*, Bielefeld: transcript 2015, S. 59-72, hier S. 59, 62f, 184; L. Christolova: »Über die Quasi-Objekte von Bruno Latour und den Phono-

Auf den paradigmatischen Ort der Transformation von Mensch und Gesellschaft existieren aber auch weniger optimistische Sichtweisen. Hannah Arendt bezeichnete in *Elemente und Ursprünge totaler Herrschaft* Konzentrationslager als ›Laboratorien‹.[5] In der postkolonialistischen Forschungsliteratur werden Kolonien als ›Laboratorien der Moderne‹ diskutiert. Kolonien werden, ähnlich wie Gefängnisse, Krankenhäuser oder Psychiatrien, als Konstellationen kontrollierender biopolitischer Machtausübung und ›totalitäre Institutionen‹ beleuchtet.[6]

Mit der Fokusverschiebung auf die Konstruiertheit von Fakten als ›Arte-Fakten‹ in der Postmoderne trat Ende der 1970er Jahre der künstliche (oder künstlerische) Anteil an wissenschaftlicher Wahrheitsproduktion stärker in den Blick und ›Laboratory Studies‹ wurden zu einem wissenschafts- und machtkritischen Metadiskurs und eigenem Genre. Bruno Latour und Steve Woolgar zielten in ihrer richtungsweisenden Studie, die unter dem Titel *Laboratory Life. The Construction of Scientific Facts* publiziert wurde, Ende der 1970er Jahre als Feldforscher in einem kalifornischen Biochemielabor auf die Entmythologisierung (naturwissenschaftlicher) Expertenkulturen, indem sie das Augenmerk auf Wissensproduktion als hybrider Akt zwischen Faktualität und Fiktionalität legten.[7] Die Anthropologen schlüpften gegenüber Natur-

meter des Abbé Rousselot«, in: *Jenseits des Labors*, S. 135-170, hier S. 140; B. Latour, »Gebt mir ein Laboratorium und ich werde die Welt aus den Angeln heben«, in: Belliger/Krieger (Hg.), *ANThology. Ein einführendes Handbuch zur Akteur-Netzwerk Theorie*, Bielefeld: transcript 2006, S. 103-134, hier S. 123.

5 | H. Arendt, *Elemente und Ursprünge totaler Herrschaft*, München: Piper 2000, S. 907.

6 | Dirk van Laak spricht von Kolonien als pädagogischen Korrekturorten und gewaltigen Feldversuchen zur Verfleißigung durch ›Sozialisierung‹ und ›Zivilisierung‹ der so genannten ›Eingeborenen‹ über Zwangsgewöhnung an europäische Arbeit. D. van Laak, »Kolonien als ›Laboratorien der Moderne‹?«, in: Conrad/Osterhammel (Hg.), *Das Kaiserreich transnational. Deutschland in der Welt 1871-1914*, Göttingen: Vandenhoeck & Ruprecht 2004, S. 257-279, hier S. 263 u. 266ff.

7 | B. Latour und S. Woolgar, *Laboratory Life. The Construction of Scientific Facts*, Princeton: Princeton University Press 1986. Den wissenschaftsgeschichtlichen Hintergrund des verstärkten soziologischen und anthropologischen Interesses an naturwissenschaftlicher Wahrheitsproduktion (›Anthropology of Science‹) bildete eine grundlegende Neuausrichtung der Anthropologie und Soziologie in den 1970er und 1980er Jahren, in deren Zuge sich die Sozialwissenschaften als ›dritte Kultur‹ zwischen Kultur- und Naturwissenschaften zu etablieren versuchten. In Laborstudien schien sich die angestrebte Vermittlerrolle der Sozialwissenschaften paradigmatisch belegen zu lassen. Medientheoretische Forschungen lieferten parallel die Grundlage für eine versöhnlichere Sicht auf die ›Two Cultures‹ (C.P. Snow), deren Verbindendes in denselben Algo-

wissenschaftlern – ironischerweise – in die Rolle Primitiver, gaben sich als Feldforscher im Labor demonstrativ uninformiert. So konnten Sie beobachten, wie in die Produktion vermeintlich neutraler Fakten neben kulturellen Apriori auch wissenschaftliche Moden, Zufälle und Zwänge (z.B. von Geldgebern) hineinspielen. In anthropologischen Laboratory Studies geht es um Labore als Orte der Produktions- und Transferprozesse von Wissen, um Übersetzung (›Sociology of Translation‹), Ermittlung von ›Common Ground‹, Sprachspiele, Medienwechsel, ›Paradigmenwechsel‹ (Thomas S. Kuhn) und Modelle: ›Episteme‹ und ›Dispositive‹ (Michel Foucault),[8] ›Aufschreibesysteme‹ (Friedrich Kittler), ›ästhetische Regimes‹ (Jacques Rancière), ›Experimentallandschaften‹ (Hans-Jörg-Rheinberger), ›Akteur-Netzwerk-Systeme‹ (Bruno Latour), Schnittstellen und Schnittstellenobjekte (›Interfaces‹, ›Boundary Objects‹), ›Lernende Boundary Objects‹ (Alex Juhasz/Anne Balsamo). Auch der Labor-Begriff selbst steht in dieser Reihe und ist eine leitende Metapher und ein Modell der Wissenschaftsforschung.

An Latour/Woolgar schloss eine Welle von Laboratory Studies bzw. Lab Studies an. In den 1990er und 2000er Jahren wurde eine Vielzahl multidisziplinärer Forschungsprogramme aufgelegt und es etablierten sich Subgenres, etwa postkoloniale oder feministische Laboratory Studies. Gleichzeitig entfaltete sich eine reichhaltige Methodendebatte zur Hybridisierung von Kunst und Wissenschaft. Der Band *UnSICHTBARes. Algorithmen als Schnittstellen zwischen Kunst und Wissenschaft*, herausgegeben von Barbara Könches und Peter Weibel, geht auf ein gleichnamiges Symposium des Karlsruher Zentrums für Kunst und Medien (ZKM) im Jahr 2004 zurück. Im Fokus standen Veränderungen des Umgangs mit visuellen Informationen durch Computertechnologien, mathematische Verfahren, algorithmische Prozeduren, poststrukturalistische Philosophie und Medientheorie.[9] *Making Things Public. Atmospheres of Democracy* lautete der Titel eines Ausstellungsprojekts von Peter Weibel und Bruno Latour 2005, ebenfalls im ZKM, wo das Format Ausstellung als eine Art von Laboratorium und Bühne der ›Akteur-Netzwerk-Theorie‹ angelegt war, mit unterschiedlichen ›Aktanten‹ (Besucher, Kuratoren, Objekte, die Institution etc.), die nicht ›repräsentiert‹ werden sollten, sondern – post-repräsentativ und

---

rithmen gesucht wurde, die im Computerzeitalter die Grundlage von Texten und Bildern aus dem naturwissenschaftlichen und dem geisteswissenschaftlich-künstlerischen Bereich bilden. Siehe z.B. F.A. Kittler (Hg.), *Austreibung des Geistes aus den Geisteswissenschaften. Programme des Poststrukturalismus*, Paderborn: Schöningh 1980.

8 | Mit dem Begriff ›Dispositiv‹ wird im Französischen Martin Heideggers ›Gestell‹ übersetzt.

9 | B. Könches und P. Weibel (Hg.), *UnSICHTBARes. Algorithmen als Schnittstellen zwischen Kunst und Wissenschaft*, Wabern: Benteli 2005.

ergebnisoffen – in demokratischem Austausch von Anschauungen, Methoden, Theorien und Techniken interagieren sollten.[10]

Bereits 1999 hatte der Kurator Hans Ulrich Obrist in Antwerpen mit seinem Kunstprojekt »Laboratorium« (gemeinsam mit Barbara Vanderlinden) an Latour angeknüpft. Das Experiment führte Forscher und bildende Künstler, Tänzer, Schriftsteller und Designer in Grenzgängen zusammen. In seinem 2015 erschienenen Buch *Kuratieren!* stellt Obrist rückblickend fest: »Laboratorium machte aus dem Philosophen und Wissenschaftshistoriker Bruno Latour sozusagen eine Ausstellung«.[11] Das Projekt sei ein Experimentierraum und »Think Tank« gewesen mit dem Ziel, »Konventionen unabhängig infrage zu stellen und Spielregeln zu verändern«.[12] Es sei darum gegangen, ›die Kluft‹ zwischen dem spezialisierten Vokabular der Wissenschaft und der Kunst und dem breiten Publikum zu überwinden, »den Graben zwischen Expertise des ausgebildeten Praktikers und den Belangen und Ansichten der interessierten Öffentlichkeit«.[13]

Das Antwerpener Ausstellungsprojekt, das damals in der Öffentlichkeit kaum wahrgenommen wurde, stellte einen richtungsweisenden Versuch dar, Legitimationskrisen sowohl von Forschung als auch von Kunst und ihren Museen konstruktiv zu begegnen und gleichzeitig eine Alternative zu herkömmlichen (starren) Ausstellungsformaten zu bieten. Künstler spielten darin einerseits Rollen als Vermittler (zwischen Kulturen, Disziplinen, Medien, Methoden, Techniken) und andererseits auch als Auslöser gewünschter kreativer Reibung.

Die postmoderne Betonung der Künstlichkeit von ›Fakten‹ ging einher mit einer Aufwertung von Künstlern als besonderen ›Experten‹. Als Experten der Fiktion wird Künstlern ein profunder Einblick in Mechanismen von ›Konstruktionen‹ zugetraut. Das Ergebnis des Laborierens zwischen Kunst und Wissenschaft sind Praxen des Künstlichen und Künstlerischen, die Wissenschaft und Kunst erzeugen, stets als hybride Akte.[14] Kulturlabore sind im Kontext hybrider Praxen weniger Orte des kontrollierten Experimentierens als vielmehr des chaotischen Forschens, zu dem auch Umherirren, Basteln und

10 | B. Latour und P. Weibel, *Making Things Public. Atmospheres of Democracy*, Cambridge: MIT Press 2005.

11 | H. U. Obrist, *Kuratieren!*, München: C.H. Beck 2015, S. 185.

12 | Ebd. S. 190.

13 | Ebd. S. 185.

14 | Einen Vorläufer kann man vielleicht in Friedrich Nietzsches »Fröhlicher Wissenschaft« sehen, in der es gilt, Künstlern ihre »feine Kraft« abzulernen. Allerdings rät Nietzsche, nicht bei der Kunst stehen zu bleiben, da die Kunst normalerweise aufhöre, wo das Leben beginne. F. Nietzsche, *Werke in drei Bänden*, München: Hanser 1954, Bd. 2, S. 175ff.

Scheitern gehören. Der Künstler/Forscher Carsten Höller hatte beim Antwerpener »Laboratorium« ein soziales Experiment mit dem Titel »Laboratory of Doubt« beigesteuert, das Ratlosigkeit als produktiven Faktor ins Spiel brachte.

Die Emphase bei Ausstellungsprojekten wie »Laboratorium« oder »Making Things Public« lag auf der Fusion zweier kulturell aufgeladener Orte: Wissenschaftslabor und Künstleratelier. Das eine steht für Experimente und Durchbrüche, das andere für Inspirationen, Geniestreiche und Visualisierungspotenz. Beide Orte weisen eine je eigene Geschichte, Tradition und Entwicklung auf. Beides sind kreative Orte, jedoch mit eigenen kulturellen, sozialen und ökonomischen Räumen, Fachsprachen, Regeln, Nomenklaturen, Codes, Abläufen, Verhaltensnormen und Beziehungsnetzen. Für Hans Ulrich Obrist stand zudem das Diktum des Postkolonialismustheoretikers Homi K. Bhabha vom ›Dazwischen-Sein‹ als Grundbedingung unserer Zeit im Hintergrund. Im »Dazwischenraum« des Laboratoriums schienen »radikale und unerwartete Kombinationen« erwartbar und interdisziplinäre, intermediale und interkulturelle Begegnungen möglich.[15]

Den Weg für die Sicht auf Ausstellungen als soziales Design bereiteten Kunstpraxen der 1990er Jahre, in denen das ›laboratory paradigm‹ (Claire Bishop) eine entscheidende Rolle spielte und sozialplastisch-prozesshafte Ansätze als ›Relational Art‹ (Nicolas Bourriaud) oder ›Kontakt Kunst‹ (Peter Weibel) ein Revival erfuhren. Multi- und metadisziplinären Ausstellungen wurden eher Chancen für ergebnisoffenes Experimentieren und Forschen eingeräumt als dem institutionellen Rahmen von Universitäten oder etablierten Museen, wo die Sorge um Standards und das Hüten von Expertenwissen dem Abweichen von gewohnten Wegen und der Einbeziehung unbekannter Größen und mithin der Kreativität und dem Innovationspotenzial häufig entgegenstehen.

Die angelsächsische Lab-Kultur

Um Kollaboration von Künstlern und Wissenschaftlern geht es auch in der angelsächsischen Lab-Kultur. Allerdings steht hier kaum die Dekonstruktion wissenschaftlicher Wahrheitspostulate im Zentrum, sondern es geht um engere Verzahnung von Forschung und Anwendung (›Applied Sciences‹), von Wissenschaft und den zunehmend als ›Kreativwirtschaft‹ zusammengefassten

15 | H.U. Obrist, *Kuratieren!*, S. 184. Von Obrist gibt es auch vorsichtigere Einschätzungen. Als David A. Edwards, der Gründer von Le Laboratoire Paris, den Schweizer Kurator aufsuchte, warnte dieser: »Bringing art to science gives you a good chance of having neither.« A. Edwards, *The Lab. Creativity and Culture,* Cambridge: Harvard University Press 2010, S. 26. Ähnlich riskant erscheint die Zusammenführung von Kunst und politischem Aktivismus. Auch hier besteht die Gefahr, am Ende weder das eine noch das andere zu haben. Siehe B. Groys, *In the Flow,* London: Bloomsbury 2016, S. 43ff.

Bereichen Kunst, Design, Mode und Medien. Eine Reihe prominenter Labs ist an große angelsächsische Stiftungen oder Universitäten angeschlossen, etwa das bereits Mitte der 1980er Jahre gegründete MIT Media Lab,[16] und stehen in Zusammenhang von Bemühungen, in einer Wissenschaftslandschaft mit steigendem Wettbewerb und rückläufiger öffentlicher Wissenschaftsförderung Forschungsstätten enger mit ökonomischen Gründerszenen und der Industrie zusammenzuführen.

Auf Internetpräsenzen geben namhafte Labs wie ArtSciLab, SciArt Center oder Le Laboratoire in Form von ›Mission Statements‹ und ›Vision Statements‹ Auskunft über ihr Selbstverständnis. Besonders hervorgehoben wird die transgressive Potenz der Labs. Hierfür wird die positiv konnotierte Metapher der ›Grenzüberschreitung‹ zwischen Disziplinen, Medien, Kulturen betont und insbesondere die Überwindung der Grenze zwischen den ›Two Cultures‹ mit cross- oder anti-disziplinären Projekten und Methoden. Dabei wird sicheres Terrain akademischer Disziplinen verlassen und ›Out-of-the-box‹ gedacht.[17] Im ›Mission Statement‹ des MIT Media Lab heißt es etwa:

»Actively promoting a unique, antidisciplinary culture, the MIT Media Lab goes beyond known boundaries and disciplines, encouraging the most unconventional mixing and matching of seemingly disparate research areas. It creates disruptive technologies that happen at the edges, pioneering such areas as wearable computing, tangible interfaces, and affective computing.«[18]

Der Harvard-Professor David A. Edwards, Gründer von Le Laboratoire (Paris, Cambridge),[19] beschreibt seine Institution als eine »neue Kategorie von Kulturinstitution« mit den »core values«: »interdisciplinary collaboration, rapid

16 | Rund um das von Nicholas Negroponte und Jerome Wiesner (ehemals Berater von John F. Kennedy) gegründete MIT Media Lab in Cambridge-Massachusetts entwickelte sich eine Start-up-Szene.

17 | Anti-disziplinär bedeutet Sprengen von Disziplinenordnungen (›Alternative Experten‹ statt Funktions- und Qualifikationseliten), während Interdisziplinariät die akademische Ordnung i.d.R. unangetastet lässt. Hier liegt die Herausforderung im Identifizieren transdisziplinärer Themen- und Fragestellungen und im Wissens- und Methodentransfer zwischen verschiedenen Fachrichtungen, wobei bei Interdisziplinarität ein Raum ›zwischen‹ Disziplinen als Raum des professionellen Austausches und bei Transdisziplinarität stärker ein zeitliches und prozesshaftes Moment des Aufeinanderzugehens im Dialog angenommen wird.

18 | www.media.mit.edu/news/fact-sheet. (03.05.2019).

19 | David A. Edwards ist Professor für Practice of Idea Translation in der School of Engineering and Applied Sciences der Harvard University. https://www.lelaboratoire-cambridge.com/exhibitions (03.05.2019).

prototyping, exhibition or demonstration, and translation of ideas into products or processes.«[20] Diese ›Werte‹ decken sich mit demjenigen, was Edwards in seinem Buch *The Lab. Creativity and Culture* (2010) als Silicon-Valley-Tugenden charakterisiert: »Its basic premises – understand, observe, visualize, implement, and evaluate – are those of the engineer, while its reliance on teams, a flat hierarchy, brainstorming, and rapid prototyping reflect the philosophy of the practicing industrial designer.«[21]

Im Kreativitäts- und Ästhetikverständnis cross- oder anti-disziplinärer Labs mischen sich künstlerische Avantgardekonzepte und disruptives unternehmerisches Denken. Das Prinzip Lab erscheint an nicht lineare Logiken des Chaos oder Spiels angelehnt. Es ist einerseits auf Komplexitätsbewältigung ausgerichtet, andererseits auf strategische Störung oder Unterbrechung von Abläufen (›Disruption‹,[22] J.A. Schumpeters ›schöpferische Zerstörung‹) und Akzeleration.[23] Die Vorstellung, dass ›Creative Disturbance‹ Innovativität generiert und sich Neuanfänge gerade im Zusammenprall möglichst unterschiedlicher Disziplinen, Expertisen, Methoden, Weltbilder und Arbeitsweisen ereignen und gerade nicht im traditionellen Expertenmodell der Spezialisierung und Vertiefung, kennzeichnet den Stil und die Rhetorik vieler Labs. Im Hintergrund des Lab-Hypes stehen der rasante Medien- und Technikwandel sowie globale Veränderungen (kulturell, sozial, politisch, ökonomisch, ökologisch) und damit einhergehend gestiegene Komplexitätsanforderungen, die trans- oder cross-disziplinäre Bearbeitung erforderlich erscheinen lassen. Die Revolution der ›Life Sciences‹, die DNA-Entschlüsselung und Gen-Manipulation beispielsweise haben die Biologie in einen Ort der Kreativität (fluoreszierendes Schaf, Maus mit Ohr am Rücken, Designerschmetterlinge u.ä.) verwandelt und werfen ethische Fragen auf, die in Artscience Labs mitbehandelt werden.[24] Eine Parallele zum Humboldt Lab zeigt sich darin, dass auch dieses mit der Bearbeitung ethischer Lasten, in diesem Fall aus dem Kolonialismus

20 | D.A. Edwards, *The Lab. Creativity and Culture*, S. 23.

21 | Ebd. Zu den Partnern von Le Laboratoire gehören öffentliche Kultureinrichtungen (Centre Pompidou, Institut Français etc.) ebenso wie transnationale Konzerne (Epson, Danone, Nespresso etc). www.lelaboratoire.org/en/partners.php (03.05.2019).

22 | In der Wirtschaft bezeichnet ›Disruption‹ die Ablösung oder Verdrängung traditioneller durch innovative Geschäftsmodelle.

23 | Edwards: »Through aesthetic thinking, we embrace uncertainty and complexity«, D.A. Edwards, *The Lab. Creativity and Culture*, S. 4.

24 | Das 1996 gegründete SymboticA Labor der University of Western Australia in Perth z.B. definiert sich als »artistic laboratory dedicated to the research, learning, critique and hands-on engagement with the life sciences«. Der Fokus liegt auf »ethical and cultural issues of life manipulation«; www.symbiotica.uwa.edu.au/ (03.05.2019).

resultierend, und daraus erwachsener Imageprobleme der Institutionen zu tun hatte.

Kreative Turbulenzen

Im Zusammenhang von ›Kollaborationen‹ von Wissenschaftlern, Künstlern, Architekten, Designern, Mediengestaltern und Marketingspezialisten ist mit ›Creative Disturbance‹ oder ›Creative Turbulence‹ eine positive Unruhe gemeint, die entsteht, wenn Experten aus unterschiedlichen Bereichen gemeinsam Projekte und Problemlösungen erarbeiten. Mit der ›Creative-Disturbance‹-Vorstellung geht die Idee einher, dass die kreative Unruhe umso intensiver und d.h. produktiver ist, je vielfältiger und bunter der Mix ist. *Colliding Worlds* lautet bezeichnenderweise der Titel eines 2014 erschienenen Buches des Wissenschaftshistorikers Arthur I. Miller über das Aufeinandertreffen von ›Cutting-Edge Science‹ und ›Contemporary Art‹ in Labs.[25]

Im Unterschied zu idealistischen Ästhetikauffassungen (Alexander Gottlieb Baumgarten, Johann Gottfried von Herder, Wilhelm von Humboldt) erscheint Kreativität hier weniger als individueller, menschlicher Ausdruck, sondern als transsubjektives Netzwerkphänomen des kollaborativen und kollektiven Bastelns, Zweckentfremdens, Umcodierens und Hackens.[26] An die Stelle des genialen Individuums tritt das Kollektiv, das Wissen in experimentellen Prozessen generiert, ergänzt und erweitert. Die Kreativität selbst wird als prozesshaft, interaktiv, stimulierbar und bis zu einem gewissen Grad steuerbar und operationalisierbar gedacht – und kann als solche auch unabhängig von Künstlersubjekten als ›künstlerische Strategie‹ zum Einsatz kommen. Zur Beschreibung kreativer Prozesse dienen im Lab-Kontext Metaphern aus der Che-

25 | A.I. Miller, *Colliding Worlds. How Cutting-Edge Science Is Redefining Contemporary Art*, New York: Norton 2014. Der Wissenschaftshistoriker spricht von einer neuen Kunstbewegung, »artsci«, die in einer stillen Revolution Kunst und Wissenschaft, die seit der Aufklärung auseinanderdriften, wiedervereine. »Thus art, science, and technology as we know them today will disappear, fused into a third culture – leaving the door open for the next, as yet unimaginable, avant-garde.« Ebd. S. 579.

26 | Kunst und Kreativität erscheinen in Konzepten der Aufklärung und des Idealismus als sinnliches Vermögen des Subjekts und Vorgang ästhetischer Subjektivierung als Individualisierung. Johann Gottfried von Herder betrachtete Kreativität als Wirken einer unbewussten (›dunklen‹) Kraft der Seele jenseits von Normen, Gesetzen und Zwecken. Wilhelm von Humboldt ging als Pädagoge von einem angeborenen Erkenntnis- und Schönheitsdrang aus, der sich in individuellen Freiräumen jenseits von Ökonomie oder Staat entfaltet. Zum Ästhetikverständnis des Idealismus siehe. C. Menkes, *Kraft, Ein Grundbegriff ästhetischer Anthropologie*, Frankfurt a.M.: Suhrkamp 2008. S. 53ff.

mie (z.B. Katalysevorgänge),[27] Psychologie und Computertechnik (›Mindsets‹ werden programmiert oder umprogrammiert, Schnittstellen heißen ›Interfaces‹).[28] Das Ergebnis cross- und anti-disziplinärer Kreativarbeit ist idealerweise ›Innovation‹, durchaus ökonomisch verstanden. Labs wollen günstige Konditionen für kreative Prozesse durch ein bewusst erzeugtes, spielerisches Klima bieten, in dem neue und unorthodoxe Ideen nicht vorschnell als unpraktikabel abgetan werden. Sie wollen kreativ wie Künstler und beweglich und risikofreudig wie Start-up-Unternehmen sein und eine Inkubationskultur des Erfinderischen etablieren, in der künstlerische Imagination und Wirtschaftsinteressen spielerisch und gewinnbringend zusammenfinden.

Die Vorstellung, dass gewisse Ideen nur in der Konfrontation, Verbindung oder Überschreitung von Disziplinen und Grenzen oder in aufgeladenen Zwischenbereichen entstehen und die Grundvoraussetzung ein offenes, spielerisches Klima ist, korrespondiert durchaus mit dem Kunstbereich. Und auch in der Kunst erscheinen Schnittstellen und Zwischenzonen umso auratischer, je undeutlicher bleibt, was beim Mixen, Mischen und Sampeln eigentlich passiert oder passieren soll. Schon der Begriff ›Medium‹ (lateinisch für ›Mitte‹, ›Mittelpunkt‹) bezeichnet ein Dazwischen, bei ›Mixed Media‹ oder ›Cross Media‹ erscheint das Dazwischen potenziert.[29]

Die kollaborative Arbeitsweise in Labs bedeutet nicht notwendig eine Aufhebung von Hierarchien. Edwards beispielsweise beschreibt die Situation in Le Laboratoire als gekennzeichnet von ›flachen Hierarchien‹ und charakterisiert gleichzeitig die Rollenverteilung zwischen dem Lab und den Laborierenden (›creators‹) paternalistisch als Verhältnis von Eltern, die spielerisch-kreative Prozesse ihrer Kinder stimulieren und behüten:

»Why do any of us invest in such experimentation? Naturally enough, there are three reasons. Creators - children - do because through experimentation they sustain dreams. Labs - parents - do because they believe in the creator, if not in the creator's every dream, and wish to help nurture the creator to the point where a dream comes true. Supporters of labs - society agents - do because they understand the need for creative

27 | In der Chemie bezeichnet Katalyse ein Phänomen, das eintritt, wenn zwei Moleküle oder Aggregatzustände von Materie in Kontakt kommen, einander verstärken und Hitze oder andere Veränderungen bewirken.

28 | Der Begriff stammt ursprünglich ebenfalls aus der Naturwissenschaft.

29 | Vorstellungen über Mischvorgänge reichen von Verschmelzung (synästhetisch im Sinne der Gesamtkunstwerkidee, Zusammenfall von Kunst und Leben oder symbolische Integration von bislang Ausgeschlossenem) bis hin zur Vorstellung, im Zusammenfall von Medien flackere kurzzeitig ein Wahrheitsmoment auf, eine vorübergehende »Erlösung vom üblichen Trancezustand und der Betäubung« (Marshall McLuhan). M. McLuhan, *Die magischen Kanäle*, Basel: Verlag der Kunst 1994, S. 95.

change in a world that is constantly changing, presenting new challenges, opportunities, insights, demanding fresh perspectives, and hope.«[30]

Marek H. Dominiczak sieht in seinem 2015 publizieren Essay »Artscience. A New Avant-garde?« das Phänomen cross-disziplinärer Labs in Universitäten auf dem Vormarsch, die sich in ihren Zielen und Finanzstrategien unternehmerisch aufstellen möchten. Künstlerische Intelligenz könne in diesem Zusammenhang akademische Strukturen lockern helfen.

»[...] science is by definition reductionist and also has its taboos and a degree of autocensoring: closer association with the arts may help to break them. One example is the discussion of social or ethical issues associated with the progress of knowledge. Also, one should not forget that the arts are central for forming the public image of ideas. Taking all this into account, people involved in artscience may be on their way to becoming an avant-garde of the technological culture of the 21st century. Institutions should pay attention.«[31]

Eine Problematisierung des Lab-Hypes zwischen post-digitaler Avantgarde und neoliberaler Agenda nahmen Ryan Bishop, Kristoffer Gansing und Jussi Parikka anlässlich der Ausgabe des Berliner Medienkunstfestivals »transmediale« von 2016 vor. In ihrem Einführungsessay heißt es:

»Mit dem Aufkommen des Digitalen und Postdigitalen sowie der Verfestigung neoliberaler politischer Ökonomien ist die rapide Zunahme von Programmen und Räumen zum kollaborativen Experimentieren mit Kunst und Technologie einhergegangen. [...] Sowie diese kollaborativen Praktiken – in einer Zeit der verringerten Finanzierung – als produktiv und profitabel ausgemacht werden, sehen versierte Museen, Galerien, Unternehmen und Universitäten ihre Chance. [...] Die Chance für echte Forschung [...] wird immer flüchtiger.«[32]

30 | D.A. Edwards, *The Lab. Creativity and Culture*, S. 4.

31 | M.H. Dominiczak, »Artscience. A New Avant-garde?«, In: *Clinical Chemistry* 61/10 (2015), S. 1314-1315. Dominiczak setzt sich mit Kunst und Wissenschaft verbindenden Ansätzen auseinander, von UNESCO geförderten Projekten in den 1990er Jahren bis zum SciArt-Programm des britischen Wellcome Trust (1996-2006).

32 | R. Bishop, K. Gansing und J. Parikka, »Hindurch und darüber hinaus«, in: *Across & Beyond. A Transmediale Reader on Post-Digital Practices, Concepts, and Institutions*, hg. v. Haus der Kulturen der Welt, Berlin 2016; https://transmediale.de/de/content/hindurch-und-dar-ber-hinaus-postdigitale-praktiken-konzepte-und-institutionen (03.05.2019).

Die Autoren sehen Räume des Politischen schrumpfen, wenn avantgardistische »Störung« zum »klischeehaften Mantra von Universitäten, Unternehmen und Militär« wird.[33]

Bei aller (behaupteten) Kreativität der Lab-Kultur fallen stereotype Verfahrensweisen auf: In Labs entwickeln ›engagierte Akteure‹ in interdisziplinären Teams neue Ansätze in verschiedenen Bereichen; ›Flagship Projekte‹ zeichnen sich durch ›Kundenorientierung‹ aus, Impulsreferate vermitteln ›praxisorientierte‹ Stimulanzien; branchenübergreifende Verzahnung von Kompetenzen und die Erarbeitung von praktischen Anwendungsbeispielen generieren ›Synergieeffekte‹, ›Alleinstellungsmerkmale‹ und nachhaltige ›Mehrwerte‹; aus Ideen werden ›Handlungsoptionen‹ entwickelt, die anschließend bewertet, ausgewählt, konzipiert, getestet und in ›Best-Practice-Beispiele‹ überführt werden. Die Schnittstellen zur Ökonomie werden besonders aufwendig gepflegt. Mit Forschung im herkömmlichen Sinn haben anti-disziplinäre Labs in der Regel wenig zu tun, oft ist umgekehrt eine tendenzielle Entwertung von Fachwissen zu beobachten. Für Artscience Labs ist häufig ein reduktives Verständnis von Kunst und Wissenschaft als Innovations- und Produktivfaktoren kennzeichnend in einer Maschinerie, die sich selbst Außenseitertum, freie Radikalität und kindliche Unartigkeit verwertungslogisch einverleibt. Künstler werden in der Lab-Kultur hofiert. Gleichzeitig fällt ein instrumenteller Zugriff auf künstlerische Intelligenz und Kreativität auf. Symptomatisch erscheint das von Jill Scott und Irene Hediger 2016 herausgegebene Buch zu aktuellen Kunst-Wissenschaft-Kollaborationen, das bei Experimenten an der Schnittstelle von Kunst und Wissenschaft (Biologie, Physik, Neurowissenschaften, Umweltforschung etc.) Kunst vor allem unter dem Aspekt der ›Ergänzung‹ und ›Inspiration‹ für wissenschaftliche Ansätze und als ihr ›Werkzeug‹ in den Blick nimmt.[34] Künstler erscheinen in Labs gleichzeitig überhöht und depotenziert. Im ungünstigen Fall sind sie Versuchskaninchen. Martin Kemp wies 2011 in der Zeitschrift *Nature* unter der Überschrift »Culture. Artists in the Lab« auf interessante Aufgaben für Künstler in Labs hin, aber auch auf ihre ambivalente Stellung.

»Caged canaries were placed in coal mines to warn of poisonous gases in the twentieth century. Programs to insert artists into laboratories proliferated in the 1990s, just as the canaries had been phased out. Do these ›artists-in-residence‹ act as metaphorical

33 | Ebd.

34 | J. Scott und I. Hediger, *Recomposing Art and Science. artists-in-labs*, Berlin: De Gruyter 2016.

canaries, detecting practices that are potentially noxious? Or are they cuddly creators, obedient poodles who translate scientists' work into publicly accessible forms?«[35]

Für Künstler haben sich in cross- und anti-disziplinären Labs neue Betätigungs- und Spielfelder eröffnet. Sie sind in unterschiedlichen Lab-Typen aufgrund ihrer Querschnittkompetenz und ihres berufsmäßigen Quer- und Wilddenkertums als kreativ-potente und ästhetisch-befähigte Netzwerkknoten wie auch aufgrund des Prestiges und Aufmerksamkeitswerts der gesellschaftlich aufgewerteten Kategorie Kunst gefragt und umworben. In der Figur des Lab-Künstlers als prototypisch kreativer, interessant chaotischer, aber auch eigenständig forschender Figur scheint die Lab-Energie zu kulminieren. In Labs wird geschaut, wie Künstler Probleme lösen, es wird versucht, den kreativen ›Code‹ zu knacken und künstlerische Prinzipien operabel zu machen. Zugleich soll Kunst mit ›wildem Denken‹ Forscher aufrütteln. Im Kompositum ›Artscience‹ wird die Binarität der ›Two Cultures‹ fortgeschrieben. Wissenschaft wird weiterhin vielfach mit Rationalität und strukturiertem Vorgehen assoziiert, Kunst, unabhängig von ihrem forschenden oder kritischen Impetus, eher mit Irrationalität, Subjektivität, Spontaneität und Sprunghaftigkeit.

Bislang scheint der Lab-Hype ungebrochen. Von der Strahlkraft des Formats zeugt auch eine der jüngsten Lab-Gründungen im Universitätsbereich: die seit 2017 bestehenden »Humboldts Wagniswerkstätten« als Innovativ- und Kreativangebot für Studierende aller Fachrichtungen der Berliner Humboldt Universität, wo ›Wagniscoaches‹ in ›Transfer Labs‹ nutzerzentriertes Innovationsdesign vermitteln, ›Design Thinking‹ und ›Rapid Protoyping‹ auf Forschung übertragen und Teilnehmer ermutigen, quer zu Fachdisziplinen zu denken. Finanziert wird das Programm von der Wirtschaft.[36]

35 | M. Kemp, »Culture. Artists in the Lab«, in: *Nature* 477 (2011), S. 278-279, zit. nach http://www.nature.com/nature/journal/v477/n7364/full/477278a.html (03.05.2019).

36 | https://www.hu-berlin.de/de/wirtschaft/hww (03.05.2019).

II.2 Ist Ansteckung möglich? Die Dahlemer Museen als Labor

Clémentine Deliss: »So viral transmission from the ethnographic object is possible?«

Frédéric Keck: »It is possible.«[37]

Beim Gedanken an die ethnologische Sammlung der Staatlichen Museen zu Berlin, die mit über einer Million Objekte, ethnografische, archäologische und kunsthistorische Gegenstände aus vier Kontinenten sowie Fotografien, Filme und Tonaufzeichnungen zu den weltweit größten ihrer Art zählt, kommt Kunstinteressierten als Erstes vielleicht nicht ein ethnografisches Exponat in den Sinn, sondern ein zeitgenössisches Kunstwerk: Candida Höfers Fotografie »Ethnologisches Museum Berlin III 2003«. Die enigmatische Fotoarbeit, ein Blick hinter die Museumskulissen in Berlin-Dahlem, entstand zehn Jahre bevor das Humboldt Lab als Museumslabor an eben diesem Ort erste Museumsexperimente der Öffentlichkeit vorstellte.

Candida Höfer blickt betont gelassen hinter die Kulissen des Ethnologischen Museums, das 1886, während der Hochphase des europäischen Kolonialismus, im Auftrag der Berliner Gesellschaft für Anthropologie, Ethnologie und Urgeschichte als Völkerkundemuseum gegründet worden und in Kernbeständen aus der preußisch-königlichen Kunstkammer im Berliner Schloss hervorgegangen ist.[38] Die Fotokünstlerin, die zur Düsseldorfer Becher-Schule gezählt wird, eröffnet den Blick in ein Restaurierungslabor des Museums, das fotografisch wie ein seltenes und wundersames Insekt aufgespießt erscheint und *Pars pro toto* für eine Institution steht, die im Begleitprogramm von Kolonialisierung, Missionierung und Modernisierung Relikte verdrängter und aussterbender Kulturen Afrikas, Asiens, Australiens, Ozeaniens und der beiden Amerikas sammelte, klassifizierte und konservierte, – um schließlich als Völkerkundemuseum selbst zum Relikt, Exotikum und Kuriosum zu werden, zu einer bedrohten Spezies, einer Institution, der mehr oder weniger die Sinnhaftigkeit und Legitimität abhandengekommen ist. Abhandengekommen ist aber

---

37 | C. Deliss und F. Keck, »Occupy Collections!«, in: Szymczyk/Latimer (Hg.), *South as a State of Mind - documenta 14*, Amsterdam: Mevis & Van Deursen 2016, S. 49-57, hier S. 57.

38 | 1869 gründete der frühere Schiffsarzt Adolf Bastian zusammen mit Rudolf Virchow und Carl Vogt die Berliner Gesellschaft für Anthropologie, Ethnologie und Urgeschichte, die den Grundstein des Königlichen Museums für Völkerkunde in der Königgrätzer Straße (heute: Stresemannstraße) legte. Bastian trug wesentlich zur Institutionalisierung der Ethnologie als akademische Disziplin bei.

noch weit mehr: Die ›Kulturen‹ und ›Stilprovinzen‹, die Völkerkundemuseen sammelten, vivisektierten, klassifizierten, hierarchisierten und archaisierten, sind zu einem Teil Hervorbringungen der Museen selbst. Deswegen kann ihr Verlust am endgültigsten in den Museen empfunden werden.

In Höfers Aufnahme hantieren zwei Restauratoren in einem steril wirkenden Raum in Ganzkörperschutzanzügen mit Objekten. Mit ihren strahlend weißen Schutzanzügen wirken die Museumsangestellten fast wie Astronauten auf einer seltsamen Mission oder Mitarbeiter der Spurensicherung in einem TV-Krimi. Etwas Toxisches liegt in der Luft. Es bleibt unklar, ob die Objekte giftig oder viral sind (ein schrecklicher Tropenvirus?) und die Subjekte latent gefährden, ob die lebenden biologischen Körper ein Problem für die präparierten und musealisierten Objekte darstellen, oder ob die auffälligen Schutzmaßnahmen auf gegenseitiger Unverträglichkeit beruhen. Die scheinbar alltägliche Szene aus dem Ethnologiemuseum erscheint ausgesprochen vieldeutig und surreal. Ihre semantische Offenheit und Lesbarkeit in verschiedene Richtungen macht Höfers Laborstudie selbst zu einer Art von Laboratorium: des Sehens, Reflektierens, Einübens von Ambiguitätstoleranz. Mit vielen anderen Werken zeitgenössischer Kunst teilt das Bild die Qualität, dass Ambiguität als lustvoll erlebt werden kann, selbst wenn das Dargestellte nicht unbedingt schön erscheint.

Abb. 1: Candida Höfer: »Ethnologisches Museum Berlin III 2003«

Candida Höfer präsentiert den Laborraum des Ethnologischen Museums wie eine Bühne. Die Aufnahme enthüllt das üblicherweise Verborgene, eröffnet Betrachtern einen exklusiven (Ein-)Blick und deutet indirekt auf die Anwesenheit eines ›Frontstage‹-Bereichs hin: den Präsentierraum, in dem präparierte Objekte zur ›Aufführung‹ gebracht werden, vielleicht als Meisterwerke außereuropäischer Kunst und Kultur, vielleicht als Beleg für ›Entangled Histories‹, vielleicht in postkolonialem Framing, vielleicht im Rahmen einer spektakulären Sonderausstellung. Höfer widmete musealen Bühnen wie auch anderen typologischen Topografien bürgerlicher Kulturspeicherung und -aufführung – Theatern, Bibliotheken, Kunstmuseen, Zoos – ausführliche Fotoserien. Zumeist sind die Szenen menschenleer. Die Aufnahme aus dem Restaurierungslabor in Berlin stellt eine Ausnahme dar. Sie zeigt Menschen, allerdings entindividualisiert, verhüllt und beinahe, als wären auch sie exotische Objekte in einem wissenschaftlich-hermetischen, aseptischen Environment, einem ›Safe Space‹ der Vorsichtsmaßnahmen, Gebote, Verbote, Ängste und Tabus. Die Fotokünstlerin als Autorin der Szene und ihr technisches Equipment sind nicht zu sehen. Was für eine Position nimmt die Künstlerin im Museum ein? Als Fotografierende befindet sie sich im Museum, als Künstlerin strebt sie ins Museum. Eine Kunst, die eine kommentierende, kritische oder ironische Distanz zur Institution Museum aufzubauen versteht, ist für Institutionen interessant, die selbst den Anspruch erheben, selbstreflexiv und institutionskritisch zu sein. In Ethnologiemuseen gehören, gerade aufgrund der toxischen Geschichte, Selbstreflexion und die Einbeziehung reflektierender Kunst heute zur Grundausstattung.

In ihrer Museumsstudie »Ethnologisches Museum Berlin III 2003« distanziert sich Candida Höfer subtil-ironisch vom Museumsbetrieb. Indem sie die Surrealität der scheinbaren Sachlichkeit und akribischen Objektsorge des Museums, das Fiktive und scheinbar Selbstzweckhafte des faktisch-wissenschaftlichen Laborierens hervorkehrt, deutet sie eine Nähe der Wissenschaft zu Kunst und Surrealismus an. Gleichzeitig rückt sie Kunst als Form von Wissenschaft ins Blickfeld. Das Arbeiten in typologischen Reihen, die Serialität, das Abstrahieren, die formale Betrachtungsweise als Grundlage für Vergleiche, Bewertungen, Hierarchisierungen, finden sich auch in der Kunst und besonders auch bei Vertretern der Düsseldorfer Becher-Schule, die in der Nachfolge der sachlichen Fotografie von Eugène Atget, Karl Blossfeldt oder August Sander stehen. Es wird eine Komplizenschaft von Kunst in der Avantgardetradition und Wissenschaft angedeutet.

Zudem wirft das Motiv einen Blick auf seine eigene Zukunft: Als archiviertes Objekt wird die Fotografie »Ethnologisches Museum Berlin III 2003« mit weißen Handschuhen angefasst, klassifiziert und katalogisiert werden – und irgendwann als ›Vintage‹ restaurierungsbedürftig sein. Als materieller, archivierter Gegenstand ist das moderne oder zeitgenössische Kunstwerk auf derselben Ebene angesiedelt wie vormoderne Ethnografica oder Asiatica. Aber ist das zeitgenössische Kunstwerk ebenfalls ein Beleg für etwas und wenn ja, wofür? Unterliegt es denselben Codes wie Objekte in historischen Museen? Oder befindet es sich auf einer Metaebene, von wo aus es, ähnlich wie Kulturkritiker und Kulturwissenschaftler, Kultur distanziert reflektieren und kommentieren oder sogar kulturelle Codes verschieben kann? Und was machen umgekehrt ethnologische Museen mit zeitgenössischer Kunst?

Die Sammlungen sind nicht nur durch die koloniale Genese und die Geschichte exotisierender Präsentierformen vielfältig kontaminiert, sondern viele Objekte der Museen sind heute in einem tatsächlichen Sinn hochtoxisch. Aufgrund der Behandlung mit Arsen und anderen Substanzen zwecks so genannter ›Entwesung‹, also chemischer Keimtötung, verbietet sich vielfach der direkte Kontakt mit den archivierten Objekten. Daher bewegen sich Restauratoren, Forscher und Künstler in Museumsdepots gesichert wie Bombenentschärfer oder Astronauten in lebensfeindlicher Umgebung; und die zunehmend vehementer geforderte Restitution oder Repatriierung kommt der Verlagerung von Giftstoffen gleich. Neben Vergiftungsgefahr besteht ein minimales Risiko tatsächlicher viraler Ansteckung mit Tropenkrankheiten, wie der Virologe Frédéric Keck der Kunsthistorikerin und Ethnologin Clémentine Deliss erklärte. Deliss: »So viral transmission from the ethnographic object is possible?« Keck: »It is possible.«[39]

Anstrengungen symbolischer Dekontaminierung erinnern mitunter an apotropäische oder exorzistische Praktiken. Dass Künstlern solche Operationen zugetraut werden, verrät etwas über die symbolische Stellung von Kunst und Künstlern in postmodernen Gesellschaften. Gegenwartskunst wird in historischen Museen heute zweierlei zugetraut: Dekontaminierung und positive Ansteckung im Sinne der Erweckung von neuem Interesse und Enthusiasmus für historische Sammlungen. Angela Rosenberg, die im Humboldt Lab Interventionen zeitgenössischer Kunst in den ethnografischen Dauerausstellungen kuratierte, drückte es in einem Symposium mit dem Titel »Historische Sammlungen und Gegenwartskunst. Eine Diskussion kuratorischer Strategien« 2015 überraschend animistisch aus: Zeitgenössische Kunst könne die historischen Objekte aus Afrika, Asien oder Ozeanien ›beleben‹.[40]

Herausgefallen aus obsolet gewordenen Taxonomien und Interpretationsrahmen des Zeitlos-Archaischen – der Anthropologe James Clifford spricht vom ›archaizing system‹[41] – und durchsetzt mit realen und symbolischen Gif-

39 | C. Deliss und F. Keck, »Occupy Collections!«, S. 57.

40 | Angela Rosenberg, »Projekte im Humboldt Lab«, in: »Historische Sammlungen und Gegenwartskunst«, 2015 in Berlin (unpubl. Konferenzbeitrag; Audiodatei).

41 | J. Clifford, »On Collecting Art and Culture«, in: Ders. (Hg.), *The Predicament of Culture. Twentieth Century Ethnography, Literature, and Art,* Cambridge: Harvard Uni-

ten, gelten ethnografische Sammlungen heute vielfach als sperrig und schwer vermittelbar. Für den Kurator Simon Njami (»Africa Remix«; Kunstbiennale Dak'Art) sind Museumsstücke aus der Kolonialzeit nicht nur kontaminiert, sondern symbolisch tot. Historische Ritualmasken oder Zeremonialfiguren, die Funktionen in den Herkunftsgesellschaften verloren haben, werden ihm zufolge lediglich zu einem zombiehaften Scheinleben erweckt: durch sekundäre Fetischisierung in Museen oder auf den internationalen Kunstmärkten. Njami sieht die historischen Objekte als Teil des Problems zäher Klischeeverhaftung und der Weigerung, Afrika in der Gegenwart zu verorten. »Wenn ich ein König wäre und man würde die Objekte zu mir bringen, würde ich sie verbrennen.«[42] Genau das können Museen freilich nicht wollen. Ihrem Selbstverständnis nach ruhen sie auf den vier Säulen: Sammeln, Bewahren, Erforschen und Ausstellen, die der International Council on Monuments and Sites (ICOMOS) festgeschrieben hat. In jüngerer Zeit hat die letzte Säule, das Ausstellen und Vermitteln, signifikant an Bedeutung hinzugewonnen. Das lässt sich auch beim Humboldt Forum und seiner ›Probebühne‹ beobachten.

Eine Eigenart des Humboldt Lab lag darin, dass es, anders als etwa das Frankfurter Weltkulturen Labor von Clémentine Deliss, keine eigenen Laborräume besaß. Ein kleines Team um Martin Heller saß in einem Notbehelf, zwei grünen Industriecontainern, die vor dem Dahlemer Museumskomplex abgestellt waren, weil in den Museen angeblich kein Platz für das Lab war.[43] Von den Containern aus organisierte das Lab Interventionen in den Dahlemer Museen. Der Experimentierraum des Lab als flexibler Planungseinheit waren die alten und veralteten Schauräume am Stadtrand. Als das Experiment 2015 endete, befand sich das Humboldt Forum noch im Rohbaustadium. Das Humboldt Lab experimentierte in einem Raum zwischen ›Nicht-mehr-lange‹ und ›Noch-nicht‹, einem Zwischenraum, einem virtuellen Raum. Auf die Paradoxie von Interventionen als ortsspezifische (›site-specific‹) Praxis in einem noch nicht existierenden Raum wies der Kulturwissenschaftler Jörn Schafaff als vom Lab bestellter Beobachter hin.[44] Was existierte, waren die Dahlemer Schauräume und der schier uferlose Fundus an Objekten in Depots.

---

versity Press 1998, S. 215-251, hier S. 99. Johannes Fabian spricht von »denial of coevalness«; J. Fabian, *Time and the Other. How Anthropology Makes its Object*, New York: Columbia University Press 1983, S. 215-251, hier S. 35.

42 | Zit. aus einem Gespräch mit Simon Njami im Mai 2018 in Dakar im Rahmen einer Exkursion der FU Berlin unter der Leitung von Tobias Wendl und Verena Rodatus (persönliche Mitschrift).

43 | Angesichts der großzügigen Anlagen kann diese Begründung auch auf eine wenig ausgeprägte Willkommenskultur gegenüber dem Innovations-Lab schließen lassen.

44 | Jörn Schafaff spricht von einem »eigenartigen Vorgriff« des Lab auf eine noch nicht existierende und ebenso wenig entschiedene Zukunft. »Die Logik der Intervention

In Dahlem traf das Lab nicht nur auf eine spezifische Objektauswahl, sondern auf zwei unterschiedliche Museumstypen: das Ethnologiemuseum mit ethnografischen ›Artefakten‹ und ›Tribal Art‹ und ein Kunstmuseum, das Museum für Asiatische Kunst, mit den zur Kunst gerechneten Sammlungsobjekten aus Asien; asiatische Ethnografica und archäologische Stücke hingegen waren dem Ethnologiemuseum zugeschlagen. In dieser Aufteilung waren auch zwei unterschiedliche geschichtstheoretische Ansätze des 19. Jahrhunderts konserviert worden: der nomothetische und der ideografische Ansatz. Die Unterscheidung nomothetisch/ideografisch erwuchs aus Abgrenzungsbemühungen der Geschichtswissenschaften im Zuge des Aufstiegs der Naturwissenschaften. Als nomothetisch, d.h. von Phänomenen abstrahierend und allgemeine Gesetze formulierend, galten in der Wissenschaftstheorie des 19. Jahrhunderts die Naturwissenschaften und die Sozialwissenschaften, als auf konkrete, zeitlich und räumlich einzigartige Gegenstände bezogen hingegen die Geistes- oder Kulturwissenschaften.[45] Kunst ist in diesem Diskurs genuiner Ausdruck des Individuellen und Besonderen, des nicht nomothetisch Erfassbaren.

Auf der Unterscheidung nomothetisch/ideographisch basiert auch die merkwürdige und fortdauernde Unterscheidung von ›Kunstwerken‹ und ethnologischen ›Artefakten‹.[46] Die Ethnologie fasste bis ins 20. Jahrhundert hin-

verlangt nach einer konkret vorhandenen Situation.« In dieser Konstellation betrachtet der Kulturwissenschaftler und Kunsthistoriker die Experimente des Lab weniger als »Modellszenarien«, sondern sieht sie auf der »Ebene des Kommentars« angesiedelt. J. Schafaff, »Spiel der Throne/Positionen. Modell von/Modell für: Zur Funktionalität der Ausstellung (Probebühne 2)«, in: *Humboldt Lab Dahlem Projektdokumentation*, S. 70.

45 | Immanuel Wallerstein weist in *Open the Social Sciences* auf die Herausbildung von drei unterschiedlichen Disziplinen der Sozialwissenschaften im 19. Jahrhundert hin: Political Science (die Machtsphäre des Staates); Economics (der Markt) und Sociology (der Rest, also die Zivilgesellschaft). Für die Erforschung der nicht-modernen Gesellschaft reserviert waren Anthropologie plus Oriental Studies. I. Wallerstein, *Open the Social Sciences. Report of the Gulbenkian Commission on the Restructuring of the Social Sciences*, Stanford: Stanford University Press 1996, S. 36. Im Anschluss an Wallerstein charakterisierte Tomoko Masuzawa das Feld der Anthropologie als »›tribal‹ in its scale and lacked the technology of writing« und des Orientalismus als »large-scale, regionally dominant kingdom or empire and had a long and illustrious written tradition«. T. Masuzawa, *The Invention of World Religions. Or how European Universalism was Preserved in the Language of Pluralism*, The University of Chicago: Chicago Press 2005, S. 15.

46 | ›Artefakte‹ werden als Repräsentanten (›Belege‹) spezifischer Kulturen in Szene gesetzt, in Stellvertreterposition (synekdochisch), Kunstwerke finden dagegen als ästhetische Objekte (v.a. aufgrund formaler Aspekte) Aufmerksamkeit und werden als Metaphern gelesen, »als Konzepte der Bedeutung von Kunst. Worauf sie noch bezugneh-

ein einen Großteil der nicht-westlichen Kultur als eine Art von Naturgeschichte auf (als materiellen Ausdruck von ›Naturvölkern‹). Moderne, Fortschritt und kulturelle Entwicklung blieben dagegen für die so genannten ›Hochkulturen‹ reserviert, wobei auf dem Höhepunkt des Imperialismus und Kolonialismus häufig nur die abendländische Kultur als lebendig, geschichtlich, und d.h. auch schöpferisch und zukunftsträchtig aufgefasst wurde – man könnte auch sagen als laborhaft.

Die Differenzierung von ›Kunst‹, ›Antiquitäten‹, ›Kuriositäten‹, ›Souvenirs‹, ›Monumenten‹ und ethnografischen ›Artefakten‹ wurde entscheidend für die Bewertung und Musealisierung von Objekten.[47] In der ethnologischen Zeigekonvention setzt die Objektgattung ›Artefakt‹ dasjenige voraus, was bei der Kunst oder der Präsentation *als Kunst* tendenziell unterdrückt wird: den Kontext und die Möglichkeit kultureller Unterschiede. Die Merkwürdigkeit, dass die Kunstproduktion mindestens der Hälfte der Weltbevölkerung in Ethnologiemuseen aufbewahrt wird, ist bereits Edwin Swift Balch Anfang des 20. Jahrhunderts aufgefallen. In dem 1908 veröffentlichten Essay »Art and Ethnology« bezeichnete es der Anwalt und Künstler als

»[...] curious fact which shows that the art of the world, at present, appears to hang in a sort of borderland between art and science. The specimens are divided. Some are placed in art museums, others in ethnological museums. [...] The art of at least half the races of the world has thus found its way into ethnological museums.«[48]

In Ethnologiemuseen, so Balchs Beobachtung, falle es schwer, den Kunstcharakter von Objekten angemessen zu würdigen und zu beschreiben. Balch vermutete als Ursache die Laienhaftigkeit vieler Ethnologen in Hinblick auf Kunst sowie das Desinteresse der Kunstkritik an Ethnologie.[49]

In Dahlem wurde auf die Wahrnehmung der beiden Museen als grundverschiedene Häuser unübersehbar Wert gelegt. Unterstrichen wurde das durch ihre Führung als Museen mit eigenen Direktionen, obwohl es sich *de facto* eher um verschiedene Abteilungen handelte, und architektonisch durch eine klare Trennung: Linker Hand ging es zur asiatischen Schriftkultur (belegt u.a. durch filigrane Bambus-Schreibutensilien aus der Mandarin-Kultur) im nach ästhetischen Kriterien aufgebauten Kunstmuseum mit Asiatica, rechts ins Eth-

men, wird nebensächlich.« J. Scholze, »Kultursemiotik. Zeichenlesen in Ausstellungen«, in: J. Baur (Hg.), *Museumsanalyse. Methoden und Konturen eines neuen Forschungsfeldes*, Bielefeld: transcript 2010, S. 121-148, hier S. 135.

47 | In Wunderkammern entfällt genau diese Differenzierung.

48 | E.S. Balch, »Art and Ethnology«, in: *Proceedings of the American Philosophical Society*, Allen, Lane and Scott: Philadelphia 1908, S. 30-36, hier S. 31f.

49 | Ebd.

nologiemuseum mit nach regionalen und ethnischen Kriterien arrangierten ›Artefakten‹ weitgehend illiterater, bäuerlicher Gesellschaften aus Mesoamerika, Ozeanien und Afrika. Die Präsentationen in den Dahlemer Museen waren bis zu ihrer Schließung Anfang 2017 ausgesprochen heterogen. In die Objektpräsentationen waren unterschiedliche Zeit- und Reflexionsschichten eingelagert. Der Mesoamerika-Raum stammte noch aus den 1970er Jahren, der Südostasien-Raum von 2011, die Dauerausstellung »Kunst aus Afrika« von 2005.

Wenn in den letzten Jahren vor ihrer Schließung von den Dahlemer Museen die Rede war, fiel häufig der Begriff ›Dornröschenschlaf‹.[50] Aber war wirklich schön, was dort eingeschlafen war? Die Art der Präsentation erschien längst nicht mehr zeitgemäß, das Vermittlungskonzept in Teilen befremdlich. Man brauche nur ein paar Schritte ins Ethnologische Museum hineinzugehen und schon sei man voller Fragezeichen, sagte mir eine am Humboldt Lab beteiligte junge Künstlerin. Eine Kulturanthropologin bezeichnete die Präsentation der Afrika-Sammlung als »einfach nur gruselig«. Andere betrachteten das bevorstehende Ende der Dahlemer Museen hingegen mit Nostalgie. »The End of a Museum Idyll« war 2014 ein ausführlicher Artikel von Jan Johnson in der *New York Book Review* überschrieben. Was in Dahlem ›überlebt‹ hatte, schilderte der Autor geradezu als Idealkonstellation für ungestörte ästhetisch-kontemplative Kunstbetrachtung. Das Dahlemer ›Idyll‹ hob sich in den Augen Johnsons angenehm vom sonstigen Event-Trubel in der Kunstmetropole Berlin ab, in der mit dem Humboldt Forum eine weitere Touristenattraktion zu drohen schien.[51] Die umzugsbedingte Museumsschließung aber ging erstaunlich geräuschlos über die Bühne.[52]

In den Dahlemer Museen hatte nach dem Umzugsbeschluss und auch aufgrund widerstrebender Desiderate zuletzt Stagnation geherrscht. Diese Stag-

50 | Die Ausstellungsräume des Ethnologischen Museums und des Museums für Asiatische Kunst in Berlin-Dahlem wurden am 8. Januar 2017 endgültig für das Publikum geschlossen.

51 | »As recently as mid-January, one could stand alone in a cave of swirling frescoes from the Silk Road oasis of Turfan, quietly contemplate great outriggers of the South Pacific, or watch the story of the Buddha's life unfold in stone friezes from Gandhara. For refreshment, a university-style cafeteria in the basement served fifty-cent cups of tea from the samovar – refills gratis. Visitors came because they cared for the art, not because it was part of the Time Out grand tour.« J. Johnson, »Berlin: The End of a Museum Idyll«, *The New York Review of Books*, 11.09.2014; www. nybooks.com/daily/2016/02/29/berlin-dahlem-museums-humboldt-forum/ (03.05.2019).

52 | Im Gegensatz dazu hatte bei der Berliner Gemäldegalerie allein schon die Erwägung eines möglichen Umzugs alteuropäischer Meister auf die Museumsinsel im Jahr 2012 einen internationalen Entrüstungssturm entfacht; zum ›Berliner Museumsstreit‹ siehe www.kunsthistoriker.org/offener_brief_gemaeldegalerie.html (03.05.2019).

nation bildet die Kontrastfolie, Kulisse und Bühne des ehrgeizigen Humboldt Lab. Zehn Jahre nach Candida Höfers Aufnahme fiel, ja brach das Humboldt Lab mit unkonventionellem Personal, cross-disziplinärem Methodenbaukasten, einem Feuerwerk an Ideen und einer Fülle von Projekten in das *bis dato* hermetische Reich der Dahlemer Museen ein: Szenografen, Kommunikationsforscher, Installations-, Performance- und Medienkünstler, Professoren für interdisziplinäre und intertraditionelle Kunst, Spieledesigner, Soundtechniker, Komplexitätsforscher, Diversity-Trainer. Unorthodoxe Akteure liefen durch Depots, nahmen Dinge aus Vitrinen, stellten andere hinein – und unkonventionelle Fragen; sie ließen Typenporträts aus dem ethnografischen Fotoarchiv mittels Computeranimation lächeln (»Fotografien berühren«); gossen Wasser in archaische Ritualgefäße und ließen es klirren (beim Projekt »Gießen_Schenken«); bereiteten deutsche Kolonialgeschichte als Computerspiel auf (»(K)ein Platz an der Sonne«); übersetzten Leibniz' »Drôle de Pensée« interaktiv ins 21. Jahrhundert (»Gedankenscherz«); richteten Taburäume ein (»[Offene] Geheimnisse«) und brachen (Haus-)Tabus. Das Humboldt Lab erklärte die Dahlemer Museen während knapp vier Jahren zu seinem Versuchslabor.[53] Ein Teil der Hausbelegschaft ließ sich mitreißen, ein anderer Teil versuchte die ›Invasion‹ auszusitzen. Das Lab glich bis zum Schluss einem Raumschiff mit unklarer Mission und undeutlichen Zuständigkeiten und Loyalitäten. Hierin erinnerte das Lab an die Mutterorganisation: das im Entstehen begriffene Humboldt Forum. Als das Lab wieder fort war, blieb die Frage: Was war da eigentlich?

II.3 Ein Lab als ›Probebühne‹ des umstrittenen Humboldt Forums

Wozu ein Lab? Eine einfache Frage, auf die es aber keine einfache Antwort gibt. Verschiedene Akteure sahen das Lab unterschiedlich. Auch variieren Aussagen von Beteiligten je nach Zeitraum zu Anfang, gegen Ende der Lab-Laufzeit oder im Rückblick. »Im Sinne einer experimentellen Probebühne diente es insbesondere zur Vorbereitung der Museumsausstellungen im zukünftigen Humboldt-Forum«, heißt es in der Selbstbeschreibung.[54] Im gemeinsamen

53 | Einen Vorläufer in den Dahlemer Museen hatte es 2010 in Form des »Museum Laboratory Dahlem« gegeben, ein Bildungsprojekt, dass sich allerdings auf Objekte der Aborigines Australiens aus der Wettengel-Sammlung beschränkte und mit dem späteren Humboldt Lab nichts zu tun hatte; http://cargocollective.com/ChristophBalzar/Museumslabor-Dahlem-2010-Museum-Laboratory-Dahlem-2010 (03.05.2019).

54 | https://www.smb.museum/museen-und-einrichtungen/humboldt-forum/ueber-das-humboldt-forum/humboldt-lab-dahlem.html (03.05.2019).

Grußwort von Hortensia Völckers (Künstlerische Leiterin der Kulturstiftung des Bundes) und Hermann Parzinger (Präsident der Stiftung Preußischer Kulturbesitz), das jeder der rund 30 Projektdokumentationen des Online-Archivs[55] vorangestellt ist, heißt es: »Am Anfang des Experiments stand die Frage, wie die Begegnung mit den Dingen, die ein Museum beherbergt, einen neuen Blick auf unsere Gegenwart des Globalen aufschließen kann.«[56] Im Grußwort der Abschlusspublikation des Lab *Prinzip Labor* konkretisierte Völckers unter der Überschrift »Museum des Überflusses«, im Lab sei die Verwandlung des Museums in einen »Ort beispielhafter Verlebendigung« erprobt worden, die Erhöhung von »Multiperspektivität in der Vermittlung einer Sammlung«, das Neuerzählen von »Überlieferungsgeschichten« in einer Form, die über »kolonialistische Zerstörungen« aufklärt, die Einbeziehung neuer Technologien (z.B. interaktives Vitrinendesign, Computerspiele), die Einbindung indigener Gruppen und das Zusammenspiel von »internationalen Künstlern, Kuratoren, Wissenschaftlern, Szenografen, Filmemachern, Designern, Architekten, Musikern, Schauspielern, Fotografen und Autoren«.[57] Die Rolle der Kunst sah Völckers so: Zeitgenössische Kunstwerke könnten Positionen einnehmen, »die mit ihrem Eigensinn und ihrer Radikalität durchaus quer stehen zur wissenschaftlichen Ordnung einer Museumseinrichtung.«[58]

Der Lab-Initiator Martin Heller charakterisierte das Humboldt Lab während seiner Laufzeit bei unterschiedlichen Gelegenheiten als flexibles ›Spielbein‹ des Humboldt Forums.[59] Im Lichte dieser Metapher konnte die bisherige Planung der Museen als feststehend oder schwerfällig erscheinen. Heller sprach auch von einer ›Lockerungsübung‹ für die Museen und, weniger geschmeidig, einem »Stachel in der Routine des Museumsalltags«.[60] In der Expertentagung »Historische Sammlungen und Gegenwartskunst. Eine Dis-

55 | Die Projektdokumentationen wurden z.T. noch während der Laufzeit des Lab ins Internet gestellt: www.humboldt-lab.de/projektarchiv/index.html; im Folgenden zitiere ich aus: http://d-nb.info/1079569510 (03.05.2019).

56 | Humboldt Lab Dahlem (Hg.), *Humboldt Lab. Museumsexperimente auf dem Weg zum Humboldt-Forum, Projektdokumentation 2012-2015*, Berlin 2015, S. 3.

57 | H. Völckers, »Museum des Überflusses. Grußwort«, in: *Prinzip Labor*, S. 9-11.

58 | Ebd. S. 10.

59 | Martin Heller benutzte die Metapher über die gesamte Lab-Laufzeit hinweg, z.B. im Sommer 2015 im Gespräch mit dem Deutschlandfunk: »[...] Wir sprechen immer von Standbein, das ist die Planung, die auf das Humboldt-Forum zugeht, und Spielbein, das ist das Lab, was sich die unterschiedlichsten Tricks erlauben kann.« https://www.deutschlandfunk.de/humboldt-lab-dahlem-eine-probebuehne-fuer-andersdenken de.691.de.html?dram:article_id=327352 (03.05.2019).

60 | Zit. nach F. von Bose, *Das Humboldt-Forum. Eine Ethnografie seiner Planung*, S. 285.

kussion kuratorischer Strategien« (2015) gegen Ende der Lab-Laufzeit sagte der Kulturunternehmer, es gehe um das »Aufeinanderprallen« völlig unterschiedlicher Interessen, Methoden und auch Sozialisierungen zwischen Wissenschaft und Kunst, um Konfrontationen von »Eigensinn künstlerischer Fragen und künstlerischer Ästhetik im Gegensatz zu wissenschaftlicher Welterforschung und Weltdeutung«.[61] In einem rückblickenden Gespräch, das ich Ende 2017 mit dem Lab-Initiator geführt habe, charakterisierte Heller das Lab als Vermittlerin zwischen Fachwissenschaftlern der Museen, die vielfach in Zwängen ihrer Disziplinen gefangen seien und wenig Gestaltungserfahrung und diesbezügliche Ambitionen hätten, und dem für die Forumsgestaltung zuständigen amerikanischen Szenografiebüro Ralph Appelbaum Associates/malsyteufel (RAM).[62] Der Gestaltungsauftrag an das Appelbaum-Büro für fast 20.000 Quadratmeter Museumsfläche der insgesamt 41.500 großen Nutzfläche des Humboldt Forums war im April 2012 durch die Stiftung Humboldt Forum im Berliner Schloss (SHF) erfolgt, die 2009 auf Bundestagsbeschluss als Bauherrin, Eigentümerin und Betreiberin des neuen Forums eingesetzt worden war. Der Gestaltungswettbewerb war bereits 2010 entschieden worden.

Laut Viola König, die als Direktorin des Ethnologischen Museums gemeinsam mit Klaas Ruitenbeek, zu der Zeit Direktor des Museums für Asiatische Kunst, die vorangegangene Planung der Museumsflächen im Humboldt Forum mitverantwortet hatte und die mit Ruitenbeek später in der Lab-Leitung saß, ging es im Humboldt Lab in den ersten beiden Jahren um den möglichen methodischen »Einsatz zeitgenössischer Kunst bzw. zeitgenössischer Künstler als Kuratoren in den Ausstellungen« und in den letzten beiden Jahren stärker um »Fragen an die Objekte, den Umgang mit ihnen und ihre Präsentation unter Teilhabe indigener und anderer externer Berater, wie Kuratoren und Wissenschaftler«.[63] Das Lab sollte laut König »gewünschte Unruhe« stiften und die »gängige Ausstellungspraxis, Themen- und Objektauswahl« der Museen »hinterfragen«.[64] Im Interview Anfang 2018 wies die vorzeitig aus dem Museumsdienst ausgeschiedene Mesoamerika-Expertin auf eine spezifische Spannung zwischen dem Lab und den Museen hinsichtlich der Frage hin, ob das Lab den Museen neue Methoden des Kuratierens bringen sollte oder auch Inhalte. Anfangs habe sich das Lab auch für Inhalte zuständig gefühlt, Inhalte der Museen aber sind nach Königs Auffassung die Domäne der Wissenschaft-

61 | M. Heller, in: »Historische Sammlungen und Gegenwartskunst«, 2015 in Berlin (unpubl. Konferenzbeitrag; Audiodatei)

62 | Interview mit Martin Heller am 27.11.2017.

63 | V. König, »Das Humboldt Forum – Versuch einer Kritik der Kritik«, in: Bredekamp/Schuster (Hg.), *Das Humboldt Forum. Die Wiedergewinnung der Idee,* Berlin: Wagenbach 2016, S. 220-241, hier S. 230 und 236.

64 | Viola König, zit. aus einer Pressemitteilung des Humboldt Lab vom 13.03.2013.

ler an den Museen. Als Vermittlungsinstanz zwischen Wissenschaftlern und dem Appelbaum-Büro sah König, anders als Heller, das Lab nicht. »Darum ist es nicht gegangen«.[65]

Die Geschäftsführerin des Humboldt Lab und vormalige Ausstellungsleiterin der Temporären Kunsthalle Berlin, Agnes Wegner, sagte, im Lab sei es selbstverständlich um Methoden und Inhalte gegangen, beides ließe sich in der Praxis gar nicht trennen. Und von Anfang an habe es den Plan gegeben, gemeinsam mit Künstlern programmatisch zu arbeiten.[66] In *Prinzip Labor* charakterisierte Wegner das Lab als »geschützten Raum« für komplexe offene Prozesse, raumgebend für die »Schönheit der Fragilität«; als Freiraum, wo in Konzeptionsphasen nicht vorschnell ge- und bewertet werden sollte, »keine Killer gleich am Anfang«.[67]

Dem aus der Lab-Projektdokumentation erschließbaren Selbstverständnis nach trat das Lab als experimentierfreudiges, auf Innovation ausgerichtetes, Grenzen überschreitendes, offensiv-energisches und auch ein wenig unbequemes (›Stachel‹) transmediales, transkulturelles, multiperspektivisches und partizipatives Format auf den Plan. Der erhobene Anspruch bestand sowohl in der Entwicklung innovativer Ausstellungs- und Vermittlungsansätze, zugeschnitten auf rasch wechselnde Aktualitäten und das schwer kalkulierbare ›Wahrnehmungsverhalten‹ eines digital sozialisierten, über kurze Aufmerksamkeitsspannen verfügenden, globalen Museumspublikums,[68] als auch in der Hinterfragung bestehender Strukturen und Praxen der Museen. Diese sollten eine »radikale Überprüfung und Neubestimmung grundlegender Parameter ihrer eigenen Tätigkeit« ins Auge fassen, um einer sich »immer rascher und eindringlicher verändernden Welt« standzuhalten.[69] Auffallend an den Aussagen ist ein Oszillieren zwischen zwei unterschiedlichen Ebenen: der Ebene der Objekte und ihrer neuartigen Kuratierung und Inszenierung im Humboldt Forum und der Ebene der Arbeitsteilung, Denkweisen und institutionellen Strukturen.

---

65 | Interview mit Viola König 08.01.2018.

66 | Interview mit Agnes Wegner am 05.02.2018.

67 | A. Wegner, F. von Bose, J. Steiner, »Produktivkraft durch Differenz. Das Prinzip Labor als Möglichkeitsraum«, in: *Prinzip Labor,* S. 45-54, hier S. 52. Moderator des Skype-Gesprächs war mit H. Katzmair der Gründer des Consulting-Unternehmens FAS-research, das sich »mit strukturellen Analysen und anwendbaren kulturellen Strategien in einer zunehmend komplexer werdenden Welt der Transformation der Gesellschaft und deren politisch-ökonomischen Strukturen« befasst. Ebd. S. 44.

68 | M. Heller, »Suche nach den verpassten Chancen«, S. 31.

69 | M. Heller, *Inhaltskonzept. Agora und Humboldt Forum,* S. 14; M. Heller, »Suche nach den verpassten Chancen«, S. 34.

Das Lab als Teil der Agora-Planung

Der Kulturunternehmer Martin Heller wurde 2010 von Kulturstaatsminister Bernd Neumann zum Verantwortlichen für die so genannte ›Agora‹ des Humboldt Forums ernannt. Agora wurde im mittleren Planungsstadium des Humboldt Forums ein zentraler Informations- und Veranstaltungsort im Eingangsbereich des Schlosses genannt, eine Mischung aus avancierter Diskursplattform und neuartiger Bühne für Wissenschaftspopularisierung, die als verheißungsvoller Kulminationspunkt der Humboldt-Forum-Energien angekündigt wurde: »Die Agora wird das Herz des Humboldt-Forums bilden und gleichsam den Pulsschlag vorgeben«, hieß es 2011 in einer SPK-Broschüre. Dieser pulsierende Programm-Ort sollte also das integrative Zentrum des Humboldt Forums werden, das sehr unterschiedliche Institutionen in sich vereint, mit eigenem Agora-Intendanten: Martin Heller.[70] Heller hatte »einen demokratischen Umschlagplatz von Bildern und Ideen« vor Augen. Besucher sollten bereits im Eingangsbereich »in den Sog einer großzügigen Inszenierung« geraten und von der »Gastfreundlichkeit, Verführungskraft und Vitalität« des neuen Forums überrascht und eingenommen werden.[71] Statt um die Behandlung von Reizthemen, wie postkoloniale Kritiker forderten, sollte es um ein reizvolles Ambiente »zwischen Information und Unterhaltung [gehen], das spüren lässt, wie sehr das Humboldt-Forum seinem Publikum entgegenkommt.«[72] Schon bald wurde der Agora-Impuls zum konstitutiven Faktor für das Gesamtprojekt erklärt:

»Konzeptuell ist [...] entscheidend, dass das einstige Prinzip einer mehr oder weniger autonomen Agora im Erdgeschoss mittlerweile inhaltlich profiliert und zugleich erweitert wurde. Die mit der Agora verbundenen Ansprüche auf Gegenwartsbezug, Partizipation, Diskurs und Flexibilität haben nun für sämtliche Bereiche des Humboldt-Forums Geltung und verstehen sich als inhaltliche Orientierungsgrößen des gesamten Hauses.«[73]

---

70 | Bei der Agora-Vorbereitung stand Martin Heller ein achtköpfiger Beraterkreis zur Seite: Arjun Appadurai (New School, NY), Okwui Enwezor (Haus der Kunst, München), Jürgen Flimm (Intendant der Berliner Staatsoper), Wolf Lepenies (Freie Universität Berlin), Jette Sendahl (Stadtmuseum Kopenhagen), Bernd Scherer (HKW-Intendant Berlin), Hortensia Völckers (Kulturstiftung des Bundes) sowie Klaus-Dieter Lehmann (Präsident des Goethe-Instituts und eigentlicher Erfinder des Humboldt Forums).

71 | M. Heller, *Inhaltskonzept. Agora und Humboldt Forum*, S. 9.

72 | Ebd. S. 9.

73 | Ebd. S. 8.

Als Promoter der Agora-Idee war bereits vor Hellers Aktivität für das Humboldt Forum der Kunst- und Bildwissenschaftler Horst Bredekamp aufgefallen, der später nach Hellers Weggang gemeinsam mit Neil MacGregor und Hermann Parzinger die Gründungsintendanz ausfüllen sollte. Bredekamp schwebte ein Ort unkonventioneller Wissenschaftspopularisierung als zeitgenössische Anknüpfung an Gottfried Wilhelm Leibniz' wundersam-verspielten »Gedankenscherz« (»Drôle de Pensée«) vor.[74] Auf diese Schrift und auf die im Jahr 1700 von Leibniz gegründete Kurfürstlich-Brandenburgische Societät der Wissenschaften rekurrierte auch eines der ersten Lab-Projekte mit dem Titel »Gedankenscherz« (Probebühne 1, März bis Mai 2011), eine für die Agora gedachte »utopische Installation über Zeiten und Räume«.[75] Bredekamp wirkte im Lab nicht aktiv mit, in den archivierten Unterlagen bleibt sein Name auffällig ausgespart. Es bestand offenbar wenig Resonanz zwischen Bredekamps Vision populärer Wissenschaftsvermittlung im 21. Jahrhundert und Hellers besucherfokussiertem Museumskonzept.[76] Bei beiden Ansätzen geht es um unterhaltsame Informationsvermittlung, allerdings mit unterschiedlichen Gewichtungen der Bedeutung wissenschaftlicher Forschungsleistungen und unterschiedlichen Auffassungen der gesellschaftlichen Rolle öffentlicher Museen. Ich komme später darauf zurück.

Die Agora-Idee wurde überraschenderweise zu Beginn der Lab-Zeit fallengelassen. Bei einer Pressekonferenz im Juni 2013 verkündeten Monika Grütters und Hermann Parzinger, dass sie sich von der Idee und dem Begriff Agora verabschiedet hätten. Selbst der Agora-Beauftragte hatte mit der Agora-Idee Probleme gehabt. Bereits Ende 2011 hatte Heller bei einem Vortrag gesagt,

74 | Um gesellschaftliche Akzeptanz für Forschung zu erwecken, schwebte Leibniz in der kleinen Schrift »Drôle de Pensée« eine »nouvelle sorte des representations« als barockes Event vor, u.a. mit Laterna Magica, Flugmaschinen, Feuerwerk, Tombola, Darstellungen von Kriegshandlungen, Heilkräutergarten und »später auch ein[em] Labor«. H. Bredekamp, *Die Fenster der Monade. Gottfried Wilhelm Leibniz' Theater der Natur und Kunst*, Berlin: De Gruyter 2004, S. 45ff. Vgl. J. Di Blasi, »Hannover soll seine Schätze heben. Der Berliner Kunsthistoriker und Bildwissenschaftler Horst Bredekamp über Forschung an Museen und Leibniz' Wissenstheater«, in: *Hannoversche Allgemeine Zeitung*, 24.11.2008, S. 8.

75 | P. Funken, »Gedankenscherz/Positionen. Eine utopische Installation über Zeiten und Räume«, in: *Humboldt Lab Dahlem Projektdokumentation*, S. 21ff.

76 | Eine Rehabilitierung der Berliner Völkerkunde als im Kern kulturrelativistisches, liberales Projekt versucht Horst Bredekamp. Statt um aneignende Dominanz sei es um ›Wissbegierde‹ und ›Wertschätzung‹ gegangen, auf kosmopolitischer und egalitärer Grundlage. Hieran gelte es anzuknüpfen. H. Bredekamp, *Aby Warburg, der Indianer. Berliner Erkundungen einer liberalen Ethnologie*, Berlin: Verlag Klaus Wagenbauch 2019, S. 64ff.

Agora klinge wie ein »Heilort in einem Kurort«; einen abgegrenzten Raum so zu nennen, käme ihm wenig sinnvoll vor, vielmehr sollte sich der mit dem Begriff assoziierte Veranstaltungs- und Diskussionsraum auf das ganze Haus erstrecken.[77] Im Interview 2017 sprach der Kulturunternehmer von der Agora rückblickend als einem »Scheinkonstrukt« und einer falschen Grundidee Neumanns. Es habe sich um eine »Überfrachtung von jedem Quadratzentimeter dieser Halle« gehandelt.[78] Hellers Bemühen richtete sich nach der Verabschiedung der Agora offiziell auf das Gesamtunternehmen: die inhaltliche und gestalterische Fundierung des Humboldt Forums. Die Öffentlichkeit und Politik erwarteten dringend ein schlüssiges integratives Gesamtkonzept. Heller und sein kleines Team in Dahlem fungierten eine Weile als so etwas wie die inoffizielle künstlerische Leitung des umstrittenen Großprojekts Humboldt Forum parallel zur im Sommer 2012 eingerichteten Stabsstelle Humboldt Forum, wo die Kulturmanagerin Bettina Probst in einer komplexen Struktur und in rund 15 verschiedenen Gremien die Planungen logistisch dirigierte. Eine offizielle künstlerische Leitung des Humboldt Forums gab es in der Lab-Zeit nicht. Das kam erst später mit der von Monika Grütters Anfang 2016 gegründeten Kultur GmbH.

Ein Dokument, das über die Agenda des Humboldt Lab in der geschilderten Konstellation umfassend aufklären würde, ist nicht greifbar. Überhaupt existiert nur ein einziges offizielles Papier zur programmatischen Ausrichtung des Lab und dieses ist auffallenderweise ein Unterkapitel des Konzeptpapiers »Agora und Humboldt-Forum. Inhaltskonzept« von Martin Heller, datiert mit Juni 2013, dem Monat der Grundsteinlegung des Schlosses.[79] Es war zugleich der Monat der Veröffentlichung einer scharf formulierten ›Resolution‹ des NGO-Bündnisses No Humboldt 21. Der als Punkt 9 in das 54-seitige Agora-Konzeptpapier eingeschobene programmatische Abschnitt zum Lab ist nur rund zwanzig Sätze lang und allgemein gehalten. Darin heißt es, vor dem Hintergrund der »vielfältigen Forderungen« an die Inhaltsplanung für das Humboldt Forum sei die Idee entstanden, für eine bestimmte Zeit eine »experimentelle Plattform zu Grundsatzfragen musealer Repräsentation« zu etablieren, als Forschungsvorhaben an der Schnittstelle von »Kunst und Wissenschaft« und mit dem Ziel der Entwicklung »experimenteller Lösungen«.[80] »Inhaltlich geht es ebenso um die Erforschung neuer Themen wie um die Erkundung der Grenzen des Erzählens, um das Austesten bestimmter ästheti-

77 | F. von Bose, *Das Humboldt-Forum. Eine Ethnografie seiner Planung*, S. 222.

78 | Interview mit Martin Heller am 27.11.2017.

79 | M. Heller, *Inhaltskonzept. Agora und Humboldt Forum*; https://www.preussischer-kulturbesitz.de.

80 | Ebd. S. 30.

scher Wirkungen, die effiziente Gestaltung interdisziplinärer Teamarbeit, den modellhaften Einsatz von Medien.«[81]

Dass das Konzept des Lab in das Agora-Konzeptpapier integriert ist, legt den Schluss nahe, dass das Lab zumindest in der Anfangszeit Instrument der Agora-Vorbereitungen gewesen ist. Heller widersprach dieser Schlussfolgerung allerdings auf meine Nachfrage. Agora und Lab seien getrennte Bereiche gewesen. Das Humboldt Lab habe sich von Beginn an auf Planungs- und Gestaltungsfragen des Humboldt Forums als Ganzes gerichtet.

Organisationsstruktur und Programmatik des Humboldt Lab

Das Humboldt Lab weist die Auffälligkeit auf, dass es von einer Bundesstiftung (Kulturstiftung des Bundes) in den Kompetenzbereich einer anderen Bundesstiftung (Stiftung Preußischer Kulturbesitz) implementiert wurde, und zwar zu einem relativ späten Zeitpunkt innerhalb des langwierigen und keineswegs kongruent verlaufenen Humboldt-Forum-Planungsprozesses. Ausgestattet durch die Bundeskulturstiftung mit einem Budget von 4,125 Millionen Euro und ausgelegt auf vier Jahre, wurde das Lab als gemeinsames Projekt beider Stiftungen geführt. Es wurde eingerichtet, als die Kontroverse um die Schlossrekonstruktion umgeschwenkt war in öffentliche Kritik am Inhaltskonzept des Humboldt Forums.

Das mehr als eine halbe Milliarde Euro teure Prestigeprojekt Humboldt Forum wird von Kritikern als widersprüchliches, eurozentrisch anmaßendes oder sogar geschmacklos-pompöses nationales Vorhaben kritisiert; das postkoloniale Kampagnenbündnis No Humboldt 21 spricht von ›kolonialer Trophäenschau‹.[82] Während beim Baubeschluss des Bundestages 2002 die geplante Etablierung eines Weltkulturenmuseums für die Schlossrekonstruktion eingenommen hatte, wurde gerade dieses Vorhaben zunehmend problematisiert.

Als künstlerische Direktorin der Kulturstiftung des Bundes war Hortensia Völckers zugleich künstlerische Direktorin des Humboldt Lab und Vorsitzende der Steuerungsgruppe über vier Jahre hinweg.[83] Der Steuerungsgruppe ob-

81 | Ebd.

82 | Siehe z.B. die Pressemitteilung des Kampagnenbündnisses No Humboldt 21 vom 17.12.2014. Eine am 03.06.2013 online veröffentlichte Resolution des Bündnisses findet sich hier: www.no-humboldt21.de/resolution/ (03.05.2019). Als kleiner gemeinnütziger Verein und Nichtregierungsorganisation (NGO) erhält No Humboldt 21 auf Basis jährlicher Anträge Fördergelder u.a. auch von der Bundesregierung, deren Prestigeprojekt das Humboldt Forum ist.

83 | Der Steuerungsgruppe gehörten an: Hermann Parzinger, Präsident Stiftung Preußischer Kulturbesitz, Hartwig Fischer, Generaldirektor Staatliche Kunstsammlungen Dresden, die Kuratorin Koyo Kouoh, die Raw Material Company aus Dakar und Hor-

lag die Entscheidung über das Programm und die Qualitätskontrolle. In der Lab-Leitung saßen neben Martin Heller und der Kunsthistorikerin Agnes Wegner als Geschäftsführerin auch Viola König und Klaas Ruitenbeek, die als Direktoren des Ethnologisches Museums und des Museums für Asiatische Kunst den Umzug der Sammlungen ins Humboldt Forum vorbereiteten.[84] Diese Konstellation sich überkreuzender Kompetenzen in der Leitungsebene brachte es mit sich, dass das Lab zugleich innerhalb und außerhalb der Strukturen der Staatlichen Museen/Preußischer Kulturbesitz angesiedelt war. Man könnte auch sagen: Es war institutionell ankerlos. Im größeren Institutionengeflecht war das Lab eine kleine Managementeinheit.[85]

Eine Kompetenzüberschneidung oder vielmehr Dopplung ergab sich außerdem daraus, dass von 2012 an Ralph Appelbaum Associates/malsyteufel (RAM) ebenfalls an der Ausstellungsgestaltung des Humboldt Forums arbeiteten, ausgestattet allerdings mit einem Vielfachen des Budgets des Humboldt Lab.[86] Veranschlagt waren nach offiziellen Angaben zu Arbeitsbeginn des 2010 aus einem Gestaltungswettbewerb als Sieger hervorgegangenen Szenografiebüros 32 Millionen Euro für das Raumkonzept. Ende 2012, kurz vor den ersten Lab-Projekten, präsentierte das von der Bauverwaltung mit der Inhaltsgestaltung beauftragte Appelbaum-Büro intern den Masterplan für die Flächen im Humboldt Forum. Erste Ideenskizzen zum Humboldt Forum waren in den Museen bereits um das Jahr 2000 herum entstanden. Ende 2013, als das Humboldt Lab in Dahlem zu arbeiten begann, galten die inhaltlichen Vorplanungen der Dauerausstellungen der Dahlemer Museen im Wesentlichen als abgeschlossen. Die auffallende ›Verspätung‹ des Reformlabors wurde von Beobachtern als Geburtsfehler oder zumindest Merkwürdigkeit identifiziert.[87]

---

tensia Völckers; humboldt-forum.de/humboldt-lab-dahlem/ueber-uns/#c6594 (03.05.2019).

84 | Die Ethnologin Andrea Scholz, die im Lab mehrere Projekte mitverantwortete, wies darauf hin, dass das Humboldt Lab »nicht komplett in die Hierarchie und Arbeitsabläufe der SPK bzw. der Museen eingebunden« gewesen sei und »organisatorisch quer zu den Institutionen« gestanden habe. A. Scholz, »Das Humboldt Lab – Experimentelle Freiräume auf dem Weg zum Humboldt-Forum«, in: Kraus/Noack (Hg.), *Quo vadis, Völkerkundemuseum?*, S. 281f.

85 | Der engere Kern wurde gebildet vom Lab-Manager, seiner Assistentin und Fachkräften für Kommunikation, technische Koordinierung und Projektadministration.

86 | Detaillierte Angaben zum zeitlichen Planungsverlauf finden sich bei F. von Bose, *Das Humboldt-Forum. Eine Ethnografie seiner Planung*, S. 161ff.

87 | Z.B. R. Wonisch, *Reflexion kolonialer Vergangenheit*, S. 32; A. Scholz, »Das Humboldt Lab – Experimentelle Freiräume auf dem Weg zum Humboldt-Forum«, in: Kraus/Noack, *Quo vadis, Völkerkundemuseum?*, S. 275ff.

Welche Programmatik verfolgte das Humboldt Lab in der gegebenen Konstellation? Das im Agora-Konzeptpapier von Martin Heller vorgestellte Museumsmodell verrät eine Orientierung an aktuellen, vornehmlich angelsächsisch geprägten Modellen der Vermarktung von kulturellem Erbe mit klarer Besucher- und Rezeptionszentrierung und Vorrang des Szenografischen vor dem Wissenschaftlichen (Theorie soll dort in den Hintergrund treten, wo sie unmittelbarem ›Erleben‹ im Wege steht). Gleichzeitig wurde mit der bildenden Kunst einem Medium breiter Raum gegeben, das nicht gerade für Massenkompatibilität steht, aber sinnlich überwältigen oder sich als Institutionskritik quer zu Routinen stellen kann.

Gleich zu Beginn des Konzeptpapiers steht ein Marketingbegriff: ›Dachmarke‹, und zwar in Zusammenhang mit dem damals neu eingeführten ›Markenzeichen‹ des Humboldt Forums: ein stilisierter Schlossgrundriss. Heller schreibt dem Signet die »Prägnanz eines fremdartigen Zeichens« zu.[88] Diese Charakterisierung ließ es als kongenial zu den Sammlungen fremdländischer Objekte erscheinen. (Später wurde das Zeichen vereinfacht). Als »hochkarätiges Alleinstellungsmerkmal« des Humboldt Forums wird ein »schlüssiges Zusammenwirken« von durch »Durchlässigkeit« gekennzeichneten Museen und Veranstaltungen der Agora identifiziert (S. 14). Das Dachmarken- und Alleinstellungsmerkmal-Framing[89] zu Beginn legt sich als semantischer Rahmen über das Konzeptpapier, das ›Leitbilder‹ formuliert und von ›Themenclustern‹, ›Umsetzungsallianzen‹, ›Prozesswirklichkeit‹, ›großflächigen Mediendisplays‹, ›Zielgruppen‹, ›Flanierpublikum‹, ›überzeugender Signaletik‹ und ›innovativem Edutainment‹ handelt (S. 7, 9, 16, 21, 27).

Als Sub-Narrativ spielerisch-anschaulicher Wissensvermittlung klingt Skepsis gegenüber fachwissenschaftlicher Spezialisierung an. Das Humboldt Forum soll eine »einzigartige Plattform kultureller Auseinandersetzung, Bildung und Vermittlung« sein, wo »historische Objekte und Kunstwerke in die Gegenwart« geholt werden (S. 12). Wissenschaft soll unterhaltend sein dürfen, sie soll »unnötigen, die sinnliche Wahrnehmung behindernden Ballast abwerfen« und der Anschaulichkeit einen hohen Stellenwert einräumen (Ebd.). Nicht nur »Dauerausstellungen tradierten Typs« und nicht näher spezifizierten »entrückten Idealen« der Museumsarbeit wird eine Absage erteilt, sondern einer »Hermetik wissenschaftlicher Weltsicht« (Ebd). Der Agora-Beauftragte

88 | M. Heller, *Inhaltskonzept. Agora und Humboldt Forum*, S. 4. Bei den nachfolgenden Zitaten aus dem Agora-Dokument finden sich die jeweiligen Seitenangaben in Klammern beigefügt.

89 | Die Funktionsweise von ›Frames‹ ist in jüngerer Zeit neurolinguistisch und kognitionswissenschaftlich untersucht worden. Für den politischen Kontext haben G. Lakoff und E. Wehling die ›Frame-Semantik‹ fruchtbar gemacht; siehe *The Little Blue Book. The Essential Guide to Thinking and Talking Democratic*, New York: Simon & Schuster 2012.

wirbt für Ansätze, »die nur wenig gemein haben mit tradierten bildungsbürgerlichen Botschaften kohärenter Wahrheitsfindung« und deren Kennzeichen »lustvolle Unberechenbarkeit« ist (S. 13). Mit Blick offenbar auf die schummrige Afrika-Dauerausstellung in Dahlem (»Kunst aus Afrika«) schrieb Heller:

»Jede Vorstellung einer durchgehend von gediegenem Halbdunkel getragenen Museumsausstellung, in der das Besuchserlebnis dem Anspruch eigentlicher Bildungsarbeit unterworfen wird, hat ausgedient. Stattdessen stehen im Humboldt-Forum [das] Erlebnis und die ihm vorbehaltene lustvolle Unberechenbarkeit im Mittelpunkt. Eine Folge eindrücklicher Raumbilder gibt den Rahmen für Erzählungen, in denen die Artefakte über unterschiedliche Sprachen inszeniert werden. Sparsam und dann wieder opulent, auf die selbstverständliche Schönheit von Kunstwerken konzentriert oder auf den Reiz von Alltagsgegenständen, teils erklärend und teils überhöhend – die Dramaturgie vermittelt spielerisch zwischen Objekten und Publikum.«[90]

Das Zitat vermittelt in komprimierter Form die Idee einer auf ›Erlebnisse‹ durch Überwältigungseffekte (›Inszenierung‹ von Objekten und Themen, immersive Räume) und einprägsame Geschichten (›Storytelling‹) zielenden Neuformulierung von Museen. Auch ein ›Berliner Modell‹ wird in dem Agora-Konzeptpapier formuliert. In diesem Modell treten »die Vollständigkeit wissenschaftlicher Argumentation oder die konsequente Didaktik einer Ausstellungsgestaltung« dort zurück, »wo sie unnötige selbstreferentielle Hindernisse generieren und den direkten Zugang zu den Themen sowie ein möglichst unverstelltes Sehen und Verstehen behindern« (S. 27).[91] In genau diesem Zusammenhang bringt der Kulturunternehmer »eine besondere Rolle« zeitgenössischer bildender Kunst ins Spiel.

»[...] aus dem einfachen Grund, weil in Kunstwerken manches mitschwingt, was hilft, den Bogen zu schlagen von der Geschichte in die oft so völlig andere Gegenwart der Herkunftsländer, und weil Künstlerinnen und Künstler selbst in ihrer forschenden Haltung von jenen Fragen fasziniert sind, die auch die Museumsverantwortlichen leiten. Mit dem Ergebnis, dass über den Einbezug Bildender Kunst ein ganz besonderer Schwingungsraum entsteht, der ohne künstliche Didaktik das Erleben intensiviert und das Verstehen fördert.«[92]

Das Humboldt Forum, heißt es im Agora-Papier, würde für Kooperationen mit zeitgenössischen Künstlern »besonders produktive Bedingungen« bieten, so-

90 | M. Heller, *Inhaltskonzept. Agora und Humboldt Forum*, S. 13.

91 | Eine Formulierung wie ›unverstelltes Sehen‹ im Zusammenhang mit kolonialen Sammlungen bestätigt auf semantischer Ebene eine tatsächliche Theorieferne.

92 | M. Heller, *Inhaltskonzept. Agora und Humboldt Forum*, S. 13.

wohl bei der Bespielung von Wechselausstellungsräumen im Erdgeschoss als auch im Bühnensaal. Mittels zeitgenössischer Kunst könnten zudem »Verbindungen durch das ganze Haus hindurch hergestellt werden«, die Bezüge z.B. zwischen historischen Wurzeln und afrikanischer Gegenwartskunst erlaubten und »jede Wahrnehmung« verändern würden.[93] Im Humboldt Forum würden sich durch die Sammlungen selbst, die mit dem Haus verbundenen Wissenschaftler und das »zahlreiche Publikum« vielfältige Anreize für künstlerische Forschung und Interventionen ergeben. Anknüpfen ließe sich an bereits gemachte Erfahrungen der Dahlemer Museen »mit zeitgenössischer Kunst aus den für ihre Sammlungen relevanten Herkunftsländern«.[94]

Zur Arbeitsweise des Lab bemerkte Heller, dieses arbeite schnell, effizient und anwendungsorientiert; bewusst setze es sich bei seiner Arbeit »unter erheblichen Druck«. Hier begegnet also im Kontext von Experimenten zwischen Kunst und Ethnologie und vor dem Hintergrund enger zeitlicher Taktung der Gestaltungsarbeit für das Humboldt Forum das Motiv der weiter oben vorgestellten schnellen Prototypenerzeugung (›Rapid Prototyping‹) aus angelsächsischen Artscience Labs und Start-up-Unternehmen.[95] In der Abschlusspublikation *Prinzip Labor* von 2015 resümierte der Initiator des Humboldt Lab, die zahlreichen Kooperationen des Lab mit Künstlern hätten im »Museumsalltag« zur »gedanklichen Lockerung« wesentlich beigetragen, sowohl bezogen auf Gestaltungsaufgaben als auch auf Inhaltsarbeit.[96]

Während auf der Ebene der Ausstellungsdisplays mittels Gegenwartskunst »ungewöhnliche Begegnungen« mit dem kulturell Fremden, einfühlendes Verständnis für »zwangsläufig schwer verständliche«, aber attraktive Kunstwerke »voller Würde« und konstruktives Hinterfragen initiiert werden sollten (S. 12, 13), wurde für die cross-disziplinäre Kollaboration von Wissenschaftlern, Szenografen und Künstlern eine robustere Sprache gewählt, allerdings nicht im veröffentlichten Konzeptpapier, sondern im Expertenkreis. Im Eröffnungsvortrag des Symposiums »Historische Sammlungen und Gegenwartskunst. Eine Diskussion kuratorischer Strategien« (2015) sagte Heller:

93 | Als Beispiele nennt Heller »Cortege of the Third Realm« (2010) des indonesischen Künstlers Jompet. Dieses Werk würde »[...] in jedem ethnologischen Kontext eine Vielzahl von teils intuitiven, teils expliziten Fragen auf[werfen], die sich in herkömmlichen Kunsträumen nur bedingt erahnen lassen«, sowie Fiona Tans Videoinstallation »Disorient« (2009), »[...] eine wunderbare, von Marco Polo inspirierte und mit asiatischer Wirklichkeit konfrontierte Einstimmung in eine fremde Welt«. Diese Werke ließen sich eindringlich mit historischen Kunstwerken verbinden. Ebd. S. 22.

94 | Ebd.

95 | Ebd.

96 | M. Heller, »Suche nach den verpassten Chancen«, in: *Prinzip Labor*, S. 31.

»Es geht aber auch, in meiner Interpretation, [...] um das Aufeinanderprallen [...] völlig unterschiedlicher Interessen, Methoden und auch Sozialisierungen zwischen Wissenschaft und Kunst, es geht um das Aufeinanderprallen vom Eigensinn künstlerischer Fragen und künstlerischer Ästhetik im Gegensatz zu wissenschaftlicher Welterforschung und Weltdeutung. [...] Wir haben die Erfahrung gemacht, dass diese Gemengelage, dieses Aufeinanderprallen höchst produktiv sein kann, auch und gerade dort, wo man nicht eine bloß harmonische Kooperation sucht und wo man nicht nur bewusst in Kauf nimmt, sondern sich sogar noch darum bemüht, dass es zu Reibungen kommt, zu Missverständnissen und auch zu Überraschungen.«[97]

Der Begriff ›kolonial‹ kommt in dem Grundsatzpapier zur Agora und zum Humboldt Lab nur an einer Stelle vor, wenn es heißt, dass sich einstige Museen der Völkerkunde mit »neuen Ansprüchen« konfrontiert sehen und sich fragen müssen, wie es gelingen könne, »zentrale Fragen der Sammlungsgeschichte« so zu thematisieren, dass der koloniale Blick veranschaulicht und zugleich überwunden werde sowie Respekt vor dem Fremden mit Bewusstsein des Eigenen in Einklang gebracht werden könne (S. 37). Für den Spagat zwischen unterschiedlichen Erwartungen an das kulturell und kulturpolitisch gewichtige Forum, zwischen Verkaufsargumenten, Unterhaltungswert und Aufklärung prägte Heller die eingängige Formel ›ambitionierte Popularität‹ (S. 27). In Übernahme des transkulturell-diplomatischen Narrativs Auswärtiger Kulturpolitik wird das geplante Weltkulturenforum im Agora-Konzeptpapier als »öffentlicher Raum des Dialogs und der gleichberechtigten Begegnung unterschiedlicher Kulturen« charakterisiert (S. 6). Nur ein einziges Mal taucht in dem Dokument von 2013 der von den Humboldt-Forum-Gestaltern später zunehmend in den Mittelpunkt gerückte Begriff der ›Multiperspektivität‹ auf (S. 6). »Weitreichende Multiperspektivität« im Umgang mit den Sammlungen solle eine Vielzahl von Erzählpositionen ermöglichen, hinzutreten solle die Ausrichtung aller inhaltlichen und thematischen Veranstaltungsarbeit des Humboldt Forums an der Gegenwart, heißt es im Agora-Papier. Das Konzeptpapier von 2013, das zugleich nach innen (als eine Art ›Pep Talk‹) und nach außen (die kritische Öffentlichkeit, die Politik, die Forumskritiker) adressiert zu sein scheint, vermittelt eine Vorstellung vom Rahmen, in dem Ausstellungsarbeit in der Lab-Ära konzeptualisiert wurde und in den auch (post-koloniale) künstlerische Interventionen eingepasst wurden.

97 | M. Heller, Begrüßungsrede, in: »Historische Sammlungen und Gegenwartskunst«, 2015 in Berlin (unpubl. Konferenzbeitrag, Audiodatei).

Der ›schlafende‹ Fuchs

Was wurde im Innovations-Lab unter ›Interventionen‹ verstanden? Mit Interventionen, schrieb Martin Heller, könne der Gefahr begegnet werden, »mit Dauerausstellungen tradierten Typs einen im Laufe der Jahre gleichsam erstarrenden Objektkosmos einzurichten«.[98] Als Beispiel für eine gelungene Intervention empfahl Heller Lab-Mitstreitern den ›Salle du renard‹ des Pariser Musée de la Chasse et de la Nature. In dem Saal legt ein ausgestopfter Fuchs auf einem Louis-XIII-Fauteuil mit Naturmotiven scheinbar ein Nickerchen ein. Die beiläufig wirkende Installation, das Werk eines Dekorateurs, verbindet auf spielerische Weise Jagdthematik mit dem Faktor ›Human-Interest‹ (»Oh, wie süß, ein Fuchs!«). Der ›zahme‹ Fuchs stellt eine unmögliche Szene dar, denn Füchse gelten als nicht domestizierbar.

Abb. 2: Salle du renard

© Musée de la Chasse et de la Nature, Paris

98 | M. Heller, *Inhaltskonzept. Agora und Humboldt Forum*, S. 12.

Der schlafende Fuchs im Museum deutet unmissverständlich auf das Möbelstück als dem Alltagsgebrauch enthobene Antiquität hin, niemand setzt sich auf einen ausgestopften Fuchs, im restlichen Museum warten dafür umso mehr Elemente zum Entdecken und Ausprobieren. Hinzu kommt ein heiteres Wortspiel: ›Fauteuil‹ lässt ›fox tail‹ oder ›faux tail‹ mitklingen. Die unkonventionelle Installation weckt den Blick auf und lässt schmunzeln, zugleich überspielt sie elegant ein Skandalon: Jagd als Gesellschaftssport. Das wilde Tier im Jagdmuseum scheint gar nicht totgeschossen zu sein, um ein Deko-Element abzugeben, sondern nur niedlich zu schlummern.

Im Humboldt Lab gab es eine eigene Interventionsreihe, die »Springer«-Reihe der freischaffenden Kuratorin Angela Rosenberg. Die »Springer«-Interventionen waren explizit als Auffrischung der Sinne und Wiederbelebung sinnentleerter oder unverständlich gewordener ethnografischer Exponate gedacht. Interventionen sollten laut Rosenberg den »manchmal müden Blick auf die Dauerausstellungen« der Museen mit inhaltlichen, formalen oder ästhetischen Akzenten unterbrechen und beleben, überraschende oder kritische Momente einbringen, vielleicht auch manchmal auf eine falsche Fährte lenken und die »vorgegebene Ordnung« herausfordern. »Vor allem [aber] sollten die Dauerausstellungen nicht zur Gänze auf den Kopf gestellt werden, vielmehr sollte es darum gehen, mit kleinen Eingriffen große Wirkung zu erzielen.«[99]

Der britische Künstler Theo Eshetu steuerte mit einem kleinen Eingriff ein Musterbeispiel für diesen Ansatz bei: Eshetu installierte in der Abteilung mit Südsee-Booten und rekonstruierter Holzarchitektur aus Palau eine Discokugel und warf flackerndes Licht auf die traditionelle wie auch auf die aktuelle Clubkultur der Insel. Die spezielle Palau-Kultur mit ihren erotischen ›Männer-Clubhäusern‹ ist in europäischen Ethnologiemuseen auffallend ausführlich dokumentiert. Der künstlerische Eingriff ließ sich als Fingerzeig auf thematische Vorlieben von Anthropologen und Ethnologiemuseen lesen.

Mit ihrer »Springer«-Reihe lieferte die Kuratorin Angela Rosenberg auch eine Metapher für die spezifische Position intervenierender Künstler im Lab: Sie sollten, wie die Figur des Springers im Schachspiel, »Haken in alle möglichen Richtungen« schlagen und mit »Gedankensprüngen [...] große Distanzen mit Leichtigkeit« überwinden.[100] Künstler sollten »überraschen« und gleichzeitig »klare Vorgaben« des Lab berücksichtigen.[101] Die ›Springer-Metaphorik‹ als erwartetes Überraschungsmanöver und Konvention der Abweichung lässt sich als Sinnbild auch für eine ambivalente Position von Künstlern gewissermaßen als ›Spielfiguren‹ des Humboldt Lab und Humboldt Forums lesen, die

99 | A. Rosenberg, »Projekte im Humboldt Lab«, in: »Historische Sammlungen und Gegenwartskunst«, 2015 in Berlin (unpubl. Konferenzbeitrag, Audiodatei)

100 | Ebd.

101 | Ebd.

symbolische Ordnungen verschieben sollten, allerdings nicht zu sehr, ähnlich dem schlummernden Fuchs im Pariser Jagdmuseum. In der Schachmetapher verbleibend könnte man weiter fragen, wer die anderen Spielfiguren waren und wer sie bewegte.

II.4 Hybride Museumsexperimente

Wenn man die Projekte des Humboldt Lab überfliegt, es waren in knapp vier Jahren mehr als dreißig mit insgesamt über 300 Beteiligten, entsteht der Eindruck eines Hybrids. Das Humboldt Lab verband Elemente von Design Labs, Media Labs, Culture Labs, Artscience Labs, Designbüros und Think Tanks. In interdisziplinärer Teamarbeit wurden Ausstellungsprototypen erarbeitet und auf insgesamt sieben so genannten ›Probebühnen‹ in den Dahlemer Museen öffentlich vorgestellt. Hinzu kam ein knappes Dutzend Workshops und Symposien. Letztere waren nach Angaben der Lab-Geschäftsführerin Agnes Wegner zunächst nicht geplant gewesen, sie hätten sich jedoch aus der Notwendigkeit ergeben, ›Grundsatzfragen‹ zu klären.[102] Vertieft behandelt wurden museologische Fragen, z.B. im schon erwähnten Symposium »Historische Sammlungen und Gegenwartskunst. Eine Diskussion kuratorischer Strategien«, aber auch Fragen zu konkreten ›Modulen‹ des Humboldt Forums, z.B. 2015 zu Traditioneller Chinesischer Medizin oder ebenfalls 2015 zur globalen Klimakrise (»Auf dünnem Eis«), wo eine kulturökologische Fokussierung vorgenommen wurde.[103] Nach anfänglich relativ freien Kunstprojekten orientierte sich das Lab im späteren Verlauf konkreter an den ethnografischen Sammlungen und kam damit Forderungen aus den Museen nach.[104]

In den Archivunterlagen findet sich eine Vielzahl von Formatbezeichnungen: ›Ausstellungsintervention‹, ›Interventionistische Medieninstallation‹, ›erweiterte Kontextualisierung und Inszenierung durch Künstler‹, ›Kurze Objektdialoge‹, ›Szenische Interpretation‹, ›Ritualinstallation‹, ›Performati-

102 | Interview mit Agnes Wegner am 05.02.2018.

103 | Die Humboldt-Forum-Planung erfolgte zunächst modular in der Form, dass einzelne Räume oder kleinere Raumfolgen als in sich geschlossene Erzählungen angelegt wurden. Die modulare Struktur war als Gegenmodell zur konservativen Trias der Dauer-, Wechsel- und Sonderausstellungen gedacht gewesen, zu der man unter Neil MacGregor später allerdings zurückkehrte. Das Modul zur Chinesischen Medizin wurde später gestrichen, zur Klimakrise gab es 2016/17 in der Humboldt Box die Präsentation »EXTREME! Natur und Kultur am Humboldtstrom«.

104 | Beispiele für relativ freie Projekte der Anfangszeit waren die Foyerinstallation »Pre-Show«, »participants and objectives – 8 takes on filming music« und das »lichtklangphonogramm« in »Musik sehen«.

ve Konferenz‹, ›Narrative Räume‹, ›Begehbare Rauminstallation‹, ›Offener Film-Objekt-Parcours‹, ›Künstlerische Rauminszenierung‹, ›Wissenschaftliche Ausstellung als künstlerische Installation‹ oder auch: ›komplexe multimediale Inszenierung, die die indigene Welterfahrung im Amazonastiefland mit wissenschaftlichen und künstlerischen Mitteln thematisiert‹. Im Lab wurden unterschiedliche Zugänge zu den historischen Sammlungen, einzelnen Objekten oder bestimmten Fragestellungen erprobt. Einer trennscharfen Typologie steht der hybride Charakter vieler Lab-Experimente entgegen. Es begegnen Zwitter aus Videokunst und anthropologischem Dokumentarismus (»Mensch – Objekt – Jaguar«), Kombinationen kulturwissenschaftlicher und künstlerischer Objektpräsentation (»Museum der Gefäße«), Verbindungen von klassischer Vitrinenausstellung und Spieledesign (»Totem's Sound«) oder von Kunst, Design und ›Branding‹ (»Korea ausstellen«). Es wurde mit interaktiven Medien, Pervasive Computing, Oral History, Visual Anthropology, nicht-linearen Erzählformen und partizipativen Formaten experimentiert.

Breiten Raum nahm neben ungewöhnlichen Inszenierungsformen von Objekten, Räumen und Wissen die Erprobung neuer Technologien ein. Beispiele sind die Echtzeitrendering, Zufallsgeneratorsteuerung und interaktive Navigation verbindende Installation »Gedankenscherz« (Focus + Echo, Berlin), der sphärische Schallfeldsynthese und Ambisonic-Panning einbeziehende klangkünstlerische Prozess »Musik hören« (mitkonzipiert vom späteren Sammlungsleiter des Humboldt Forums: Lars-Christian Koch) oder die Animierung ethnografischer Typenporträts als ›Living Images‹ in »Fotografien berühren« (Szenografiebüro chezweitz): Die großformatig projizierten Fotografien aus dem Museumsarchiv weckten aufgrund unerwarteter Bewegungsmomente, Blinzeln oder Lächeln, spontan die Aufmerksamkeit. Durch kleine Eingriffe wurde die Entindividualisierung von Menschen im Zuge ethnografischer Datensammlung und gleichzeitig ein Bemühen um Rücknahme oder Überwindung der anonymen Zeigekonvention deutlich.

Kaum ein Projekt kam ohne Beteiligung bildender Künstler oder zumindest die Anwendung ›künstlerischer Strategien‹ aus. Künstler und künstlerische Strategien waren involviert bei Objektbefragungen und Inszenierungen (»Spiel der Throne«, »Wie noch nie/Wie nie wieder«, »Museum der Gefäße«), bei der Schaffung immersiver Räume (»Verzauberung/Beauty Parlour«) oder interaktiven Multimedia-Installationen (»Gedankenscherz«). Künstler betrieben im Rahmen des Humboldt Lab Feldforschung im Museum (Karin Sander), recherchieren in Archiven (Politique Culinaire), inszenierten und kommentierten ausgewählte Objekte aus subjektiven Standpunkten (»Spiel der Throne«), intervenierten in Dauerausstellungen (»Springer«-Projekte), übernahmen temporär die Kuratorenrolle (Yuken Teruya) oder wurden selbst zu Teilen von Ausstellungen/Installationen (der pakistanische Miniaturmaler Waseem Ahmed verlegte sein Atelier ins Ethologiemuseum).

Ein Beispiel für partizipatives Kuratieren bot die Gemeinschaftsproduktion der Künstlerin Karin Sander und der Architektin Barbara Holzer (Architekturbüro Holzer Kobler, Zürich, Berlin) »Pre-Show. Identities on Display« als Versuch der Aufhebung der konventionellen Trennung von Produktions- und Rezeptionsebene. Das Publikum war angehalten, im Foyer der Dahlemer Museen in Vitrinen Utensilien wie Taschen oder Regenschirme zu ›inszenieren‹ als eine Art von Auto-Ethnografie.[105] Das Projekt »Aneignungen« aus Performances und Reenactments konnte mit Kader Attia, Yael Bartana und Ulf Aminde namhafte Künstler ans Humboldt Lab binden. Die Charakterisierung als ›performative Konferenz‹ markierte eine Zwitterstellung zwischen Forschung und Performancekunst. Hier ging es ausdrücklich um performative Auseinandersetzungen mit ethischen Belastungen der kolonialen Sammlungen und der Interpretations- und Rezeptionsgeschichte.[106]

Das Projekt »Surinam/Benin« (Andrea Scholz innerhalb des Projekts »Springer«) deckte einen Kunstraub durch die Herrnhuter Missionare in der Missionsstation Wanhatti im östlichen Surinam auf und warf Schlaglichter auf Zusammenhänge von Kolonisierung, Missionierung und der Beschaffungspolitik von Völkerkundemuseen. »Objektbiografien«, erarbeitet von der Kunsthistorikerin Verena Rodatus und der Ethnologin Margareta von Oswald, stellte eine kritische Untersuchung der Sammlungs- und Ausstellungsgeschichte des Ethnologischen Museums anhand ausgewählter Objekte unter Einbeziehung afrikanischer Kunsthistoriker (Mathias Alubafi und Romuald Tchibozo) dar. Deutsche Kolonialverbrechen verhandelte das Projekt »(K)ein Platz an der Sonne« unter Mitwirkung von Jugendlichen der Black Diaspora School Berlin für die so genannten ›Juniorflächen‹ des Humboldt Forums.

Ein Wagnis war die satirische Aufarbeitung der problematischen Sammlungsgeschichte durch die Berliner Puppentheatergruppe Das Helmi und die Wiener Spieledesigner gold extra (»Reisebericht«).[107] Ein Beispiel für die Ein-

105 | Als Aktivisten Flyer von No Humboldt 21 in den Vitrinen inszenierten, wurden diese allerdings schnell wieder entfernt.

106 | In der Projektbeschreibung bezeichnete der Kurator Florian Malzacher ethnologische Museen als »Symbole für die koloniale Vergangenheit des Westens« und zugleich als »konkrete Manifestationen dieser Geschichte, die längst nicht vergangen und in Deutschland im Vergleich zu anderen Ländern bestenfalls in Ansätzen aufgearbeitet« sei. F. Malzacher, »Aneignungen/Projektbeschreibung. Choreografien von Nähe und Ferne von Florian Malzacher (Probebühne 4)«, in: *Humboldt Lab Dahlem Projektdokumentation*, S. 112.

107 | Es ging um neue Erzählformate für Sammlungsgeschichten, in diesem Fall auf Basis der Reiseschilderungen des norwegischen Seemanns, Abenteurers und Grabräubers Johan Adrian Jacobsen, der für verschiedene europäische Museen Objekte unter fragwürdigen ›Terms of Trade‹ beschaffte. Die Projektleitung hatte Viola König.

beziehung von Vertretern der im Museum repräsentierten Kulturen im Sinne von ›Multiperspektivität‹ bot »Paradies der Kopfjäger«. Hier wurden Sichtweisen von Nachfahren der asiatischen Kopfjägergesellschaft als so genannte ›Source Community‹ einbezogen. Bei »Wissen erzählen« wurde das Museum selbst als ›Quelle‹ angezapft: Es handelte sich um eine Art von archäologischer Annäherung an das Museumsurgestein Peter Bolz, insgesamt 27,5 Stunden Filmmaterial über den langjährigen Leiter der Nordamerika-Abteilung.

Aus der Fülle der Lab-Projekte sticht eines insofern hervor, als es Grenzen des Ausstellbaren markierte: »[Offene] Geheimnisse«. Das Projekt reagierte auf den Umstand zunehmender Berücksichtigung von Tabubelegungen (in Hinblick z.B. auf sakrale Objekte oder ›Human Remains‹) in westlichen Museen – und wies in eine Zukunft, in der sich die Bandbreite des Zeigbaren und Tolerierbaren aufgrund wachsender Sensibilitäten (der Forscher, des Publikums, der Herkunftsgesellschaften) und durch Restitutionen zunehmend einengen könnte.[108] Im Auftrag des Lab und wissenschaftlich begleitet von Museumsmitarbeitern entwarf das in Berlin und New York ansässige Gestaltungsbüro TheGreenEyl ein alternatives Vitrinendesign für Sammlungsstücke, die nach so genannten ›Aushandlungsprozessen‹ nicht mehr ausgestellt werden können. Als Beispiele wurden Musikinstrumente aus Zentralaustralien und der Sepik-Region (Neuguinea) ausgewählt, deren Klänge die Stimmen der Ahnen verkörpern, menschliche Überreste in Form von Knochen, Haaren oder Zähnen (›Human Remains‹) sowie zentalaustralische Tjurunga, heilige Hölzer, die aus traditioneller Sicht Sitz von Geistern sind.

Das Szenografiestudio übersetzte die Idee der verschiedenen Stufen des Zugangs zum Sakralen in ein experimentelles Konzept, das mit der kontrollierten Sichtbarmachung und dem Verstecken von Objekten mithilfe unterschiedlicher Vitrinentypen spielte. Als szenografisch-künstlerische Lösung des Problems des Nichtausstellbaren schlug das Studio verschleierte Vitrinen vor, je nach Bedarf semitransparent bis opak. Die blinden Vitrinen waren für Tjurunga konzipiert, die von initiierten Männern, nicht aber von Frauen und Kindern betrachtet oder berührt werden dürfen.[109]

In einer Expertendiskussion im Rahmen des Projekts wurde vorgeschlagen, solche Objekte in Vitrinen mit Sichtschutz unterzubringen, sich aber auszubedingen, dass auch weibliche Kuratoren und Restauratoren im Museum

---

108 | Als Kompensation von Leerstellen können virtuelle Repräsentationen in Betracht gezogen werden, sofern nicht auch diese mit Tabus belegt sind. Umstritten ist das Thema der so genannten ›Digitalen Restitution‹, der nicht-physischen Rückerstattung.

109 | Vgl. I.L. Velasco: »[Offene] Geheimnisse/Projektbeschreibung. Von den (Un-) Möglichkeiten des Ausstellens geheimen Wissens«, in *Projektdokumentation Humboldt Lab Dahlem*, S. 134f.

mit den Gegenständen weiter hantieren dürfen.[110] Ein Dilemma blieb indes bestehen: Indem gewissermaßen der Respekt des Museums vor der Tabuisierung ausgestellt wurde, wurde auch Respekt vor der Ungleichbehandlung von Männern und Frauen ausgestellt, was kaum im Sinne emanzipatorischer Museologie sein kann. Indirekt machte das Projekt deutlich, dass eine Verwandlung von Ethnologiemuseen in politisch korrekte Räume bzw. ›Safe Spaces‹ nur mit einer Vielzahl an Ausschlüssen möglich wäre; alles Heilige, aber auch alles in irgendeiner Form Anstößige müsste exkludiert werden. Die Sammlungen müssten mit einem lauten Knall auseinanderfliegen, noch vor der Zündung des kolonialen Sprengstoffs.

Abb. 3: »[Offene] Geheimnisse«, Humboldt Lab Dahlem 2014

© TheGreenEyl

Was hält Museen noch zusammen, wenn Ordnungsprinzipien, Hierarchisierungen und Wertungen aufgelöst sind? Was unterscheidet Sammlungen dann noch von bloßen Dinganhäufungen? Gerade in ethnologische Objektspeicher aus verschiedenen Weltgegenden, Zeiten, Kulturen und Kulten sind auch vielfältige Ungleichheiten eingeschrieben, und es mangelt darin nicht an Dingen, die Anstoß erregen können. Im Lab-Experiment »Paradies der Kopfjäger« wurde versucht, mit einer Art künstlerischer Installation, geschaffen von einem Designstudio, das Thema so in den Griff zu bekommen, dass Voyeurismus und Exotiklust weitgehend vermieden, Multiperspektivität hergestellt und das

110 | G. Steeger: »Discussing [Open] Secrets«, Ebd. S. 311f.

Ethnologische Museum davon entbunden wurde, bei der diffizilen Thematik unmittelbar Stellung zu beziehen. In der ›Projektbeschreibung‹ ist zu lesen: »Die Installation ermöglichte durch die leichte, temporär wirkende Hängung und die darin angelegte Bewegung der BesucherInnen im Raum die Wahrnehmung einer Gleichzeitigkeit der Stimmen, die nicht wertete und einen Gedankenraum entstehen ließ. Es entwickelte sich so eine Offenheit der Perspektiven«.[111] Zum einen wurden Interviews mit Nachfahren der Kopfjägerkultur der Naga eingespielt. Teil der Präsentation waren aber auch Werke der Fotokünstlerin Zubeni Lotha, die aus dem indischen Bundesstaat Nagaland kommt und laut Lab-Unterlagen »Vorstellungen von Repräsentation, Klischee, Differenz und Konflikt in Nagaland [...] erforscht«.[112]

II.5 Exkurs: Das Weltkulturen Labor in Frankfurt

> »Legen Sie sich im Depot eines Museums flach auf den Boden. Am besten als Gruppe, aber auch bei einer Einzelperson wird das seine Wirkung nicht verfehlen. Bleiben Sie dort so lange liegen, wie Sie können. Erst dann werden – hoffentlich – Polizei und Presse die räumliche und epistemologische Schließung dieser Sammlungen begreifen.«[113]
>
> Clémentine Deliss

Ungefähr zeitgleich zu den Berliner Experimenten führte in Frankfurt a.M. ein anderes Labor ebenfalls an der Schnittstelle von Ethnologie und zeitgenössischer Kunst Museumsexperimente durch: das ›post-ethnografische‹ Weltkulturen Labor (2011 bis 2015) der österreichisch-französischen Kunsthistorikerin und Anthropologin Clémentine Deliss im Weltkulturen Museum.[114] Ziel der Laborarbeit in Frankfurt und Berlin war die inhaltliche und strukturelle Transformation des Auslaufmodells Völkerkundemuseum. Die beiden Museumslabore stellen vergleichbare und doch unterschiedliche Versuche

111 | R. Platz/A. Rostásyin, »Paradies der Kopfjäger/Projektbeschreibung. Umgang mit einem ungewöhnlichen Erbe« in: *Humboldt Lab Dahlem Projektdokumentation*, S. 260.

112 | Ebd. S. 264.

113 | C. Deliss und F. Keck, »Occupy Collections!«, in: Szymczyk/Latimer (Hg.), *South as a State of Mind – documenta 14*, Amsterdam: Mevis & Van Deursen 2016. Zit. hier und nachfolgend aus der Online-Version: https://www.documenta14.de/de/south/456_occupy_collections (03.05.2019).

114 | www.weltkulturenmuseum.de/de/labor (03.05.2019).

post-ethnografischer Museumsarbeit dar: in beiden Einrichtungen wurden Zukunftspotenziale durch experimentelle Einbeziehung interner und externer Akteure systematisch ausgelotet und ausgetestet; beide Labore räumten bildenden Künstlern und Designern eine wichtige Rolle bei der Aktualisierung und zeitgemäßen Vermittlung historischer Sammlungen und Sammlungsobjekte ein; beide Labore ernteten von Expertenseite z.T. schneidende Kritik und wurden nach einer überschaubaren Zahl von Experimenten und Jahren eingestellt.[115]

Das Frankfurter Labor wurde von Clémentine Deliss in ihrer Zeit als Direktorin des Weltkulturen Museums in Frankfurt, wo sie von 2010 bis 2015 wirkte, eingerichtet. Deliss nimmt im deutschsprachigen Raum eine Pionierrolle ein als Verfechterin einer radikalen Öffnung und Transformation ethnologischer Museen. Dabei denkt sie Ansätze der Critical Museology kreativ und eigenwillig weiter. Ihr geht es um die transdisziplinäre Öffnung des Museumsdiskurses durch Einbeziehung verschiedener akademischer Richtungen wie Curatorial Studies, Critical Studies, Postcolonial Studies, Visual Studies, Black Studies, Transgender Studies etc., deren Gemeinsamkeit der Ursprung im Multikulturalismus-Paradigma ist, und die Deliss mit dem Oberbegriff ›Hybriddisziplinen‹ zusammenfasst.[116] Auf den Fundamenten einer (postmodernen) Modernekritik und (postkolonialen) Kolonialismuskritik soll ein ›post-ethnografisches Museum‹ aufgebaut werden. Darin soll auch eine Diplomatie der Rückerstattung (›relic diplomacy‹) eine Rolle spielen, allerdings soll laut Deliss die »Semantik des Kolonialismus« nicht die lauteste Stimme sein, um das »polysemantische Potenzial« der Objekte nicht zu »überschatten«.[117]

Ihre theoretischen Überlegungen zum post-ethnografischen Museum unterfütterte Deliss mit einer Reihe von Ausstellungsexperimenten. Eine viel beachtete Ausstellung aus dem Frankfurter Labor heraus war 2012 »Objekt Atlas – Feldforschung im Museum«, die eine Blickumkehr versuchte (das Museumsdepot wurde zum ›Feld‹ von Forschungen; die Art der Repräsentation in Museen wurde zum Ausstellungsinhalt) und zudem ins Bewusstsein hob, wie sehr Gegenwartskunst sich ethnografischen Methoden und anthropologischen Fragestellungen verschrieben hat. Die Ausstellung »Objekt Atlas« kombinierte historische Exponate des Weltkulturen Museums, afrikanische Gegenwartskunst, die im Museum der Weltkulturen schon seit den 1980er Jahren gesammelt wird, und neu geschaffene Werke von Künstlern wie Thomas Bayrle, Antje Majewski oder Otobong Nkanga. Diese hatten zwischen Februar und

115 | Die letzten Einträge auf der Website des Weltkulturen Labors stammen vom Frühjahr 2015. Das Humboldt Lab schloss mit dem Ausscheiden Martin Hellers aus dem Humboldt-Forum-Gestaltungsprozess im selben Jahr.

116 | C. Deliss und F. Keck, »Occupy Collections!«.

117 | Ebd.

September 2011 im Museum Feldforschung betrieben. Thomas Bayrle folgte einer familiären Spur, die sich mit der Frankfurter Museumssammlung verknüpfen ließ, Antje Majewski nahm mit Malerei auf prähistorische Steine aus Papua-Neuguinea Bezug, Marc Camille Chaimowicz knüpfte bei floralen Motiven aus Indonesien und Samoa an, Otobong Nkanga kombinierte Waffen, Schmuck, Währung und eigene Kunstwerke.

Susanne Leeb zog 2013 in ihrem Aufsatz »Asynchrone Objekte« Kunstbeiträge aus »Objekt Atlas« als Beispiele dafür heran, wie Gegenwartskunst im Kontext historischer Sammlungen zwar Aufladungen erzeugen könne, eine im Assoziativen und Unverbindlichen verbleibende subjektive Kunstsprache jedoch Probleme, die mit den Sammlungsbeständen und ihrer Herkunft zusammenhängen, zu verdecken drohe, und Aufladung überdies im gewohnten Schema der Warenfetischisierung erfolge.[118] In »Foreign Exchange – or the stories you wouldn't tell a stranger« (2014/15) griff das Weltkulturen Museum zwei Jahre später in einer weiteren Ausstellung explizit Beziehungen zwischen Ethnologie, Kolonialismus, Kunst und Handel auf. Der neuseeländische Künstler Luke Willis Thompson stellte das Budget für die Repatriierung und Beisetzung eines Menschen zur Verfügung, der in Frankfurt stirbt.[119]

Bei der Konferenz »Die Idee des globalen Museums«, die die Berliner Nationalgalerie Ende 2016 im Hamburger Bahnhof – Museum für Gegenwartskunst mit Blick auf das Humboldt Forum abhielt, strich Clémentine Deliss (die inzwischen aus dem Museumsdienst ausgeschieden war) in einem englischsprachigen Vortrag heraus, dass Objekte ethnografischer Sammlungen alles andere als ausdefiniert seien. Sie eigneten sich deswegen auch nicht für zeitgenössisches Museumsmarketing, wo es darum gehe, Events zu kreieren, ›Meisterwerke‹ zu promoten und ›Alleinstellungsmerkmale‹ zu behaupten.[120] Die Spitze gegen das Humboldt Forum war unüberhörbar. Die Verbindung mit der Periode des Kolonialismus mache ethnografische Objekte abgründig.

118 | S. Leeb, »Asynchrone Objekte«, in: *Texte zur Kunst* 91, *Globalismus, Globalism* (September 2013), S. 41-61; hier S. 51.

119 | Eine Polemik findet sich hier: U.E. Ziegler, »Ein Park macht Platz für das Palaver. Feldforschung im Depot statt Präsentation der Sammlung«, in: *Frankfurter Allgemeine Zeitung*, 06.04.2011. Ziegler warf Deliss vor, »die Nähe zu zeitgenössischen Künstlern [zu suchen], denen sie zutraut, die Sammlung besser zu verstehen als ihre Kustoden. In einer [...] Reihe, die ›Labor‹ heißt, plündern Künstler das ferne Depot, um die Gegenstände, ganz allein, in einem Museumssaal zu arrangieren.« Es sei »eine Beleidigung für das Publikum, das sich für die exotische Sammlung und deren Hintergründe im Ernst und seit vielen Jahren interessiert«. Ebd.

120 | Zit. aus C. Deliss, »The Museum as Laboratory«, in: »Die Idee des globalen Museums«, Konferenz am 02.-03.12.2016, Hamburger Bahnhof – Museum für Gegenwart, Berlin (persönliche Mitschrift).

Diese Abgründigkeit werde zusätzlich vertieft durch notorische Verschleierung der Erwerbsumstände in Museen und konservatorisches Wegsperren. Dadurch seien Objekte gleichzeitig aufgeladen und machtlos, »in and out of power«; Millionen von Objekten befänden sich allein in deutschen ethnologischen Museen »in crisis«.[121]

In einem im documenta-14-Magazin abgedruckten Gespräch mit Frédéric Keck (Musée du Quai Branly) sagte Deliss, der Strukturalismus habe »erfolgreich den Bankrott der ethologischen Museen angezeigt und erklärt, dass es zukünftig keinen weiteren methodologischen Bedarf an materiellen Artefakten gebe«. Neue »interdisziplinäre Allianzen« von Literaturkritik, Semiotik, Psychoanalyse, Linguistik und den Kognitionswissenschaften seien auf den Plan getreten.[122] Bei der Frage, wie aus anachronistischen Dingspeichern wieder Forschungssammlungen werden könnten, bringt Deliss das Labor und Künstler ins Spiel. Der ›Dialog‹ mit Gegenwartskunst ist für Deliss schlechterdings dasjenige, was Ethnologischen Museen heute Legitimität verleihen kann.[123] Der Umstand, dass Künstler Biografien von Objekten eine zusätzliche Bedeutung und eine zeitgenössische Gegenwart verleihen, erweitert laut Deliss deren ›Stammbaum‹. Magische Aufladung oder Aufladung durch zusätzliches Wissen sei in »vielerlei Hinsicht dasselbe«. Gemeinsam mit Künstlern sollen im post-ethnografischen Labor »konzeptuelle Prototypen« geschaffen werden, als »narrative Vehikel« zum genaueren Verstehen der Sammlungen und ihrer Relevanz für die Gegenwart.[124] Kunst könne »Remediation« bewirken.[125]

Mit dem Terminus griff Clémentine Deliss eine Wort- und Begriffsschöpfung des Anthropologen Paul Rabinow auf. ›Remediation‹ entspricht im Deutschen ein Wortfeld aus ›Vermittlung‹, ›Berichtigung‹, ›Korrektur‹, ›Wiedergutmachung‹, ›kurieren‹, ›wiederherstellen‹. Ihre Überlegungen zur museologischen Remediation führten die Kunsthistorikerin und Anthropo-

121 | Ebd.

122 | C. Deliss und F. Keck, »Occupy Collections!«. Studiensammlungen bildeten häufig die Quelle für neue Episteme und halfen, neue Forschungsfelder zu definieren und zu etablieren. Ihre Aktualität schwand schnell, wenn sich der Forschungsfokus änderte.

123 | Ebd.

124 | Ebd.

125 | Während der Begriff der ›Remediation‹ im Humboldt Lab keine Rolle spielte, beanspruchten ihn Lili Reyels, Paola Ivanov und Kristin Weber-Sinn später für das Humboldt Lab Tanzania. Im Vorwort der Publikation zum Tanzania-Lab schreiben sie, dass es nicht darum gehe, koloniale Geschichte und Geschichten zu rekonstruieren und dann einen Schlussstrich zu ziehen, sondern Kolonialität als integralen Bestandteil von Prozessen der Remediation zu begreifen. L. Reyels, P. Ivanov und K. Weber-Sinn, *Humboldt Lab Tanzania. Objekte aus den Kolonialkriegen im Ethnologischen Museum, Berlin – Ein tansanisch-deutscher Dialog*, Berlin: Reimer 2018, S. 36.

login zum avantgardistischen Begriff des ›Anti-Museums‹ und zur Idee der Verwandlung von Museen in alternative Universitäten.[126] In »Occupy Collections!« empfiehlt Deliss einen kleinen Akt zivilen Ungehorsams: die Museumsbesetzung.[127]

Der ganze Duktus, die Emphase und Leidenschaftlichkeit der Rede, die Entschlossenheit und Dringlichkeit der Aktion, die epistemologische Ausrichtung der Experimente erscheinen bei Clémentine Deliss sehr viel ausgeprägter als im Humboldt Lab Martin Hellers. Dieses wirkt dagegen regelrecht leidenschaftslos. Heller ging es, wie weiter oben gezeigt, um effizientes ›Branding‹, brauchbare ›Signaletik‹, organisatorische ›Synergien‹ und markante ›Alleinstellungsmerkmale‹. Deliss ging es um mehr: Das 2011 von ihr im Frankfurter Museum der Weltkulturen eingerichtete dekoloniale und post-ethnografische Labor war nicht nur gedacht als eine Art Nukleus einer tiefgreifenden Reorganisation musealer Episteme, sondern als Akt der Befreiung, Erlösung, Heilung.

Im Vergleich mit dem Humboldt Lab fallen Gemeinsamkeiten auf, mehr aber noch Unterschiede. Als auffällige Differenzmerkmale erscheinen, dass in Frankfurt Objekte als epistemische Wissensspeicher in den Vordergrund gerückt wurden, als ›epistemische Dinge‹ im Sinne Hans-Jörg Rheinbergers,[128] und dass das post-ethnografische Museum deutlich an die Idee der Forschungssammlung anknüpfte, an die Tradition von Universitätssammlungen. Das Primat im Weltkulturenlabor lag auf Forschung, und zwar vor der kustodischen Kompetenz des Bewahrens und der kuratorischen Domäne des Ausstellens.[129] In Berlin stand das Publikum im Zentrum; ein Schlüsselbegriff lautete wie in Frankfurt ›Gegenwartsbezug‹, hinzu kamen aber: ›Flexibilität‹ und ›ambitionierte Popularität‹.

Zeitgenössischem künstlerischen Schaffen remediierende Wirkungen einzuräumen, erscheint durchaus sympathisch und kommt vielleicht sogar dem Selbstverständnis mancher Künstler entgegen. Durch die Hintertür des avancierten post-ethnografischen Museumskonzepts kehrt aber biologistische Metaphorik in den Ethnodiskurs zurück: von Krankheit und Heilung. Während in der Vergangenheit fremden Kulturen oder Ethnien Degeneration unterstellt wurde, ist es nun die eigene Museumskultur, die ›krank‹ ist oder ›krank‹ macht. Und auch der exotistische Blick kehrt wieder: Nunmehr sind es nicht kulturell ›Andere‹, die einer anderen Logik folgen, sondern Gegenwartskünst-

---

126 | »We kind of need an anti-museum model in order to slow down what's going on«. Zit. aus C. Deliss, »The Museum as Laboratory«, in: »Die Idee des globalen Museums«, Konferenz 2016 (persönliche Mitschrift).

127 | C. Deliss und F. Keck, »Occupy Collections!«.

128 | Ebd.

129 | Paraphrasiert aus C. Deliss, »The Museum as Laboratory«, in: »Die Idee des globalen Museums«, Konferenz 2016 (persönliche Mitschrift).

ler, denen *qua* Künstlersein eine besondere Affinität und quasi natürliche Nähe zu ästhetischen Objekten von wo und wann auch immer unterstellt wird.

Ihre auf Ausnahmesensibilität und besondere Fähigkeiten von Künstlern aufbauende museologische Kommunikationstheorie brachte Deliss den Vorwurf ein, sie bastle – unreflektiert – an einem romantischen Gesamtkunstwerk (Ursula Helg im Rahmen der Lab-Konferenz »Historische Sammlungen und Gegenwartskunst«, 2015).[130] Deliss ist in der Debatte um die Zukunft ethnologischer Museen eine prägnante, aber gewiss keine vermittelnde Stimme. In »Occupy Collections!« polemisiert die Kunsthistorikerin und Ethnologin mit KZ-Metaphorik gegen die »Einkerkerung« von Objekten in »ethnografischen Lager-Gefängnissen« und spricht von Ethnografica als »epistemisch Amputierten«. Beschlagnahmt von der »konservativen Wissensproduktion einer Anthropologie im Museum«, die dem Diskurs von Rasse und Regionalismus genüge, trotzten allein in Deutschland weiterhin Millionen von Objekten den Ideologien »museologischer Isolationspolitik«. Deliss plädiert für eine radikale Öffnung der Museen und ihrer Depots als Voraussetzung für fruchtbare Laborarbeit. Aus »Quarantäne-Stationen« für Objekte müsse »Open Source« für Forscher werden.[131]

Das Humboldt Lab lud Deliss im Herbst 2013 als Referentin zum Symposium »Erinnerung als konstruktiver Akt – Künstlerische Konzepte für Museumssammlungen« im Rahmen des Projekts »Spiel der Throne« ein und druckte im Symposiumfolder das von ihr angeregte »Manifest für das Post-ethnografische Museum« ab,[132] blieb aber auf Distanz zu Ideen radikaler Dekonstruktion und pauschale Schuldeingeständnisse implizierender Remediation.

130 | Die Kunsthistorikerin und Anthropologin Ursula Helg stellte fest: »Remediation erscheint in erster Linie als forcierter Bruch mit der Vergangenheit. Diesbezüglich scheint sich das Verhältnis des post-ethnografischen Museums zu seiner ethnografischen Vergangenheit ähnlich zu gestalten wie dasjenige der Postmoderne zur Moderne.« Statt experimenteller, auf Partizipation und Öffnung ausgerichteter Wissensort zu sein, laufe »das Frankfurter Museum aufgrund seiner die Kunst eindeutig favorisierenden« Arbeitsweise Gefahr, sich in »ein romantisches Gesamtkunstwerk« zu verwandeln. U. Helg, »Künstlerische Forschung oder romantisches Gesamtkunstwerk? Das ›post-ethnografische‹ Weltkulturenmuseum in Frankfurt a.M.«, in: »Historische Sammlungen und Gegenwartskunst«, 2015 in Berlin (unpubl. Konferenzbeitrag; Audiodatei)

131 | C. Deliss und F. Keck, »Occupy Collections!«, S. 49-57.

132 | https://www.humboldt-forum.de/humboldt-lab-dahlem/projektarchiv/workshopreihe-fragen-stellen/fragen-stellen/symposium-erinnerung-als-konstruktiver-akt/ (03.05.2019).

III. Kunstinterventionen

III.1 Hinterfragen und verzaubern: paradoxe Effekte

In Projektskizzen, Diskussionen und evaluierenden Stellungnahmen, die in der Online-Projektdokumentation des Humboldt Lab hinterlegt sind, begegnet eine Fülle von Aufgaben, Effekten und Wirkungen, die Kunstinstallationen und Interventionen zugetraut und zugeschrieben wurden. Beteiligt an dem Diskurs waren im Lab aktive oder zu Evaluierungen eingeladene Kulturanthropologen aus Museen und Universitäten, Kulturwissenschafter, Kunsthistoriker und Designer, aber kaum Künstler. Künstlerstimmen sind in die Projektdokumentation kaum eingeflossen, was verwundern kann bei einem Lab, das programmatisch zwischen Kunst und Ethnologie neue Wege beschreiten wollte. Die Bandbreite dessen, was Gegenwartskunst in historischen Sammlungen leisten sollte, reicht von Verzauberung und Animierung bis zu Aufklärung, Dekonstruktion und Dekontaminierung. Als Aussagetypen begegnen:

- der Diskurs der Dekonstruktion: Kunst soll den herrschenden Kanon und konventionelle »Zeit- und Raumstrukturen infrage stellen« (*Humboldt Lab Dahlem Projektdokumentation*, S. 68, 306ff.); Kunstinterventionen sollen dazu beitragen, Stereotype und Vorurteile zu dekonstruieren; Gegenwartskunst soll sich mit »kontaminierten Nachlässen« kritisch auseinandersetzen (S. 112); Kunst soll Sammelkriterien unterlaufen und »hegemoniale Erzählungen« mit künstlerischer »Soft Power« durchbrechen (S. 13).
- der Diskurs der Vermittlung und Emanzipation: »künstlerische Strategien« sollen zur »Entdisziplinierung« des Museums beitragen (S. 28), Gegenwartskunst soll müde Blicke aufwecken, genaues Hinschauen bewirken, Aufmerksamkeit generieren (S. 93ff.); Sie soll alternative Perspektiven auf das museale Objekt und neue Möglichkeiten der Deutung und Vermittlung aufzeigen, z.B. durch szenische Interpretation; Kunst soll mittels Interventionen Routineunterbrechung bewirken, Erwartungshaltungen unterlaufen und Betrachter zu eigener Positionierung anregen, Kunst und künstlerische Strategien sollen Kontrapunkte zu klassischer Didaktik setzen (S. 85).

- der Diskurs interkultureller Vermittlung und Friedensförderung: Gegenwartskunst ist auch gefragt als interkulturelle Vermittlerin, um einen »Bogen« zu schlagen zwischen Zeiten und Räumen,[1] um »Augenhöhe« mit nicht-westlicher Kunst herzustellen (S. 128), ohne die »Illusion einer gleichberechtigten, von kontextuellen Asymmetrien freien Annäherung« zu vermitteln (S. 94). Gegenwartskunst soll eine Brücke zu ›Anderen‹ schlagen wie auch durch eigenes Anderssein »irritieren«, beispielsweise durch »bewusst eingefügte Verfremdungseffekte« (S. 185); Kunst soll einen »gänzlich anderen Blick« eröffnen und »andere gesellschaftliche Ästhetiken« vermitteln (S. 38, 234, 306ff.); sie soll sich auch mit Traditionen auseinandersetzen und diese künstlerisch fortschreiben (S. 306ff.).
- der Diskurs der Szenografie und Kundenorientierung: Kunst soll Betrachter sinnlich überwältigen; sie soll überraschen und einen »neuen Fundus« an Ideen einbringen (S. 38); Kunst soll animierend wirken, z.B. mittels Interventionen »verlebendigende Effekte« für Dauerausstellungen erzeugen (S. 306ff.); Kunst soll neue Erzählweisen einbringen; sie soll »ständige Lockerung« bewirken und »produktive Reibungen und Kooperationen« auslösen wie auch Flexibilisierung begünstigen.[2] Gleichzeitig soll Kunst aber auch entschleunigen und eine »Art Bremsspur« darstellen (S. 51).

In der Zusammenschau ergibt sich ein paradoxes Bild: Gegenwartskunst soll in historischen Museen für sinnliche Erlebnisse sorgen und zugleich kritische Distanz aufbauen, sie soll Teil von immersiven Ausstellungsdesigns sein und zugleich kritische Inhalte bieten, sie soll Teil kuratorischer Strategien ethnologischer Museen sein und gleichzeitig offenes Experiment, sie soll eine Einübung in Ambiguitätstoleranz bieten und gleichzeitig für mehr Transparenz sorgen, sie soll kontextualisieren, kommentieren, kritisieren, ironisieren und gleichzeitig ›mehr Augenhöhe‹ herstellen, zu indigenen Gemeinschaften wie auch zum kulturtouristischen Publikum, sie soll forschen und gleichzeitig das ›Andere‹ der Forschung repräsentieren. Die intendierten Kunstwirkungen erscheinen paradox strukturiert wie die Kunst, die im Humboldt Lab als subjektiv, sinnlich, poetisch, einfühlsam und theoriefern, aber auch als theorieaffin, kritisch, dekonstruierend und entmythologisierend charakterisiert wurde. Zur Beschreibung von Kunst und Kunstwirkungen wurden verschiedene Stereotype der Kunstkritik bemüht.

Der Katalog der Effekte, die Kunst und künstlerischen Strategien im Kontext nicht-westlicher Sammlungen in Expertenrunden zugeschrieben wurden, deckt sich weitgehend mit komplexen Anforderungen der ›Critical Museology‹, der an Repräsentationskritik und Identitätspolitik orientierten postkolonialen

1 | M. Heller, *Inhaltskonzept. Agora und Humboldt Forum*, S. 13.

2 | M. Heller, »Suche nach den verpassten Chancen«, in: *Prinzip Labor*, S. 31.

Neuausrichtung der Disziplin, aber auch der ›Performative Museology‹ und dem ›Sensory Turn‹ wurde Genüge getan. Im Lab sollte Kunst schier Magisches bewirken, Animierung und gleichzeitig Dekontaminierung kolonial-belasteter Sammlungen – und implizit die Auflösung einer Art von institutioneller Verhexung.

Gegen Ende der Lab-Zeit ging es auf dem Symposium »Historische Sammlungen und Gegenwartskunst. Eine Diskussion kuratorischer Strategien« (2015) auch um einen Abgleich unterschiedlicher Vorstellungen und Konzepte von Kunst und Ästhetik. In Expertendiskussionen wurde Gegenwartskunst als Medium in Betracht gezogen, das ›konventionelle institutionelle Strukturen‹ infrage stellen kann.[3] Eine grundsätzliche Verständigung über Gegenwartskunst und selbst den Begriff ›Gegenwart‹ aber erwies sich aufgrund »unterschiedlicher disziplinärer, diskursiver, historischer und institutioneller Ausgangsbedingungen« und unterschiedlicher »Erwartungen an zeitgenössische Kunst« (Birgit Hopfener) als ausgesprochen schwierig.[4]

In den Augen der Kustodin Uta Rahman-Steinert ergibt sich gerade durch »zwangsläufig individuelle und von museumstheoretischen Diskussionen unbeschwerte« Ansätze von Künstlern Vermittlungspotenzial, das dem Publikum helfen kann, »einen persönlichen Zugang zu entwickeln, der jenseits didaktisch geführter Konzepte liegt.«[5] Die Anthropologen Richard und Sally Price, die das Humboldt Lab um eine evaluierende Stellungnahme (»Position«) zu den »Springer«-Interventionen gebeten hat, überzeugte Gegenwartskunst vor allem dann, wenn sie nicht allzu intellektuell erschien. Zum »Springer«-Beitrag von Theo Eshetu in Gestalt einer Discokugel in der Südseeabteilung bemerkten Richard und Sally Price: »Von den drei Springer-Installationen schien uns diese am ehesten ein ›zeitgenössisches Kunstwerk‹ und als solches weniger intellektuell zu sein. Uns erinnerten die optischen Reflexionen an das Himmelszelt, an die unzähligen Sterne, die die Inselbewohner des Pazifiks nutzten […]«[6]

Als Disziplin mit größeren Freiheiten wurde Kunst von Ethnologen ihr größerer Spielraum (die ›Freiheit‹ der Kunst) zugutegehalten; Spielraum aufgrund der Freiheit der Kunst von akademischen und institutionellen Vorgaben (Kunst kann sagen, was Ethnologie nicht zu sagen wagt); aufgrund (angeblicher) Theorieferne wurde Kunst eine intrinsische Nähe zum Publikum und besonderes

3 | B. Hopfener, »Historische Sammlungen und Gegenwartskunst. Konferenzbericht«, in: *Humboldt Lab Dahlem Projektdokumentation*, S. 306.

4 | Ebd.

5 | U. Rahman-Steinert, »Korea ausstellen/Projektbeschreibung. Die Sammlungssituation als Chance«, in: *Humboldt Lab Dahlem Projektdokumentation*, S. 250.

6 | S. Price und R. Price, »Springer/Positionen. Die drei Springer (Probebühne 1)«, in: *Humboldt Lab Dahlem Projektdokumentation*, S. 59.

Vermittlungspotenzial zugeschrieben. Widersprüche ergaben sich daraus, dass Gegenwartskunst gleichzeitig im Verdacht stand, schwer konsumierbar oder sogar unverständlich und für die Vermittlung ethnologischer ›Botschaften‹ unbrauchbar oder sogar hinderlich zu sein.[7] Zweifel gab es auch, ob Kunst und Ästhetik nicht gleichermaßen reduktive ›westliche‹ Kategorien seien und infolgedessen ungeeignet für einen postkolonialen Ausstellungsrahmen.

Eine neue Aufgeschlossenheit für Kunst und Ästhetik und die intensivierte Zusammenarbeit mit Künstlern und Szenografen im Humboldt Lab ging aufseiten mancher Wissenschaftler der Museen einher mit grundlegender Ästhetikskepsis. Diese richtete sich nicht nur gegen künstlerische und szenografische Zugänge, sondern auch gegen eine Konvention der ethnografischen Disziplin selbst: das Ausstellen von ›Artefakten‹ *als Kunst*.[8] Die Frage, was Künstler im Kontext der historischen Museen bewirken können/sollen und ob Kunstinterventionen in Sammlungen mit zum weitaus überwiegenden Teil Gebrauchsgegenständen und rituellen Objekten überhaupt sinnvoll sind, blieb umstritten. Es begegnete ein Spektrum von: Gegenwartskunst sei

- nicht unbedingt erforderlich oder sogar irritierend (Klaas Ruitenbeek)[9]
- »sehr selbstverständlich, die Frage ist nur ›wie‹?« (Viola König)[10]
- notwendig, und zwar allein schon, um festgefahrene Denkweisen von Wissenschaftlern zu ›lockern‹ (Martin Heller).[11]

---

7 | S. Macdonald, »Probleme mit der Ethnologie«, in: *Prinzip Labor*, S. 224.

8 | »Unbehagen in der Ästhetik« (Jacques Rancière) empfinden heute auch viele Künstler. Der Begriff ›Ästhetik‹ erfuhr infolge der Hyperästhetisierung durch Werbung und Design eine Entwertung und ist für viele Künstler so uninteressant geworden wie der Begriff ›Kreativität‹, der entwertet erscheint durch die Ausschlachtung durch die ›Kreativindustrie‹ und disruptive Unternehmerkultur.

9 | Der letzte Direktor des Museums für Asiatische Kunst gestand beim Symposium »Historische Sammlungen und Gegenwartskunst« nicht ohne Selbstironie, wie lästig Gegenwartskunst im wohlgeordneten historischen Museumskosmos mitunter fallen kann, »[...] z.B. das Teehaus von Ai Weiwei, das ist ja ein bedeutendes Objekt, auch groß, aber warum steht es dort, das ist auch für mich nicht so klar. Ich kann sagen, Tee ist etwas typisch Chinesisches. Es steht neben dem Kaiserthron. [...] Der Kaiser trank auch Tee, aber das ist ein bisschen artifiziell, es leuchtet nicht ganz ein, das müssen wir im Humboldt Forum besser machen.« K. Ruitenbeek, »Zeitgenössische Kunst in Dahlem und der Planungsstand im Humboldt-Forum«, in: »Historische Sammlungen und Gegenwartskunst«, 2015 in Berlin (unpubl. Konferenzbeitrag; Audiodatei).

10 | V. König, in: »Historische Sammlungen und Gegenwartskunst«, 2015 in Berlin (unpubl. Konferenzbeitrag; Audiodatei).

11 | M. Heller, »Suche nach den verpassten Chancen«, S. 31., in: *Prinzip Labor*, S.31.

Der spätere Humboldt-Forum-Sammlungsleiter Lars-Christian Koch, der beim Lab-Projekt »Musik sehen« mitwirkte, blieb nicht nur hinsichtlich eines ›Mehrwerts‹ der Kunst für die historische Sammlungspräsentation und -vermittlung skeptisch, sondern warnte vor einer Verwandlung der Museen in Kunstinstallationen: »Wir haben als ethnologisches Museum einen Vermittlungsauftrag. Wir sind kein Kunstmuseum. Wenn wir ernsthaft vermitteln wollen, [...] dann ist die Frage eher, wie viel an Kunst oder künstlerischer Gestaltung wir brauchen, damit die Vermittlung optimiert wird.«[12]

Im Humboldt Lab liefen unterschiedliche Diskurse parallel und z.T. quer: zum einen der Diskurs der ›Critical Museology‹ mit den Schlüsselmotiven der Öffnung der Museen für Selbstkritik, kritischen Hinterfragung von Semantiken (›Writing Culture Critique‹) wie auch einer ›post-repräsentativen‹ Wende des Ausstellungswesens. Auf der anderen Seite stand ebenfalls ein Duktus der kritischen Hinterfragung, allerdings eher bezogen auf Hindernisse für Innovation und Flexibilisierung. Es ging um ›ambitionierte Popularität‹ (Martin Heller), um attraktivere, unterhaltsamere, publikumswirksamere Inszenierungen von Objekten und die populärwissenschaftliche Vermittlung aktueller Inhalte für ein breites, globales, kulturtouristisches Publikum.

Während Wissenschaftler aus Museen und Universitäten das Lab tendenziell als Plattform nutzten für repräsentationskritische Selbstvergewisserungen,[13] ging es Martin Heller ausdrücklich um einen von ihm als notwendig bezeichneten Umbau der staatlichen Museumsinstitution von ›Bildungsauftrag‹ auf Infotainmentmodus bei ›laufendem Betrieb‹.[14] Freie Kunst wurde als ungewöhnliches Vermittlungsinstrument in den Dienst genommen, darüber hinaus aber auch als Mittel des Lab, um ›flexiblere‹ Denkweisen und Arbeitsformen in die Staatlichen Museen einzubringen. Man kann hier vielleicht von *Angewandter Gegenwartskunst* sprechen.

Als grundsätzliche Fragwürdigkeit der Indienstnahme von Kunst als kuratorische Allzweckwaffe erscheint, dass nicht nur bei symbolischen Operationen der Dekonstruktion einseitiger Wahrheitsansprüche (z.B. Eurozentrismen), falscher Binarismen oder fragwürdiger Hierarchisierungen (von Objekten, Kulturen, Sprachen etc.) künstlerisch-ästhetische Ambiguitätseffekte und Deutungsoffenheit in Anschlag gebracht werden können, sondern auch, wo historische Analyse und moralische Positionierung der Institutionen gefragt wären. Und dass, wo Künstler analysieren, aufdecken und an Tabus rütteln, dieses relativ einfach als ›Ästhetik‹ und ›subjektive Sicht‹ entschärft

12 | L.-C. Koch, S. Naumann, S. Bhagwati, E. Moltrecht, »Musik sehen/Positionen. Künstlerische Strategien für eine Rauminszenierung (Gespräch, Probebühne 1)«, in: *Humboldt Lab Dahlem Projektdokumentation*, S. 41.

13 | Zitiert nach J. Baur, *Museumsanalyse*, S. 220.

14 | M. Heller, »Suche nach den verpassten Chancen«, S. 31.

werden kann. In einem solchen Rahmen können kritisch und politisch gemeinte Interventionen Probleme, die mit den Institutionen und Sammlungen zusammenhängen, tatsächlich verschleiern helfen.

Aus der Untersuchung des Humboldt Lab ergibt sich ein gemischter Befund: In Projektskizzen und evaluierenden Texten von Anthropologen und Kunsthistorikern ist eine hohe Bereitschaft zu erkennen, Kunstbeiträgen kritisch hinterfragende oder dekonstruierende Wirkmacht zuzuschreiben, und zwar relativ unabhängig von künstlerischen Intentionen und behandelten Fragen. Kunstbeiträge, die eine echte Herausforderung für Routinen der historischen Museen darstellten, wurden im Lab-Archiv nur mit dürren Worten oder gar nicht bedacht (siehe Fallbeispiele in Kapitel IV). Hybridisierungen von Kunst und Wissenschaft, die ein tatsächliches Aufbrechen von Hierarchien und Arbeitsstrukturen bedeuteten, stießen insbesondere bei Fachwissenschaftlern auf Skepsis.

Ich habe mich gefragt, wie die teils hypertrophen Zuschreibungen an Gegenwartskunst in interdisziplinären Expertenrunden zu erklären sind, insbesondere das angebliche Potenzial der Kunst, Repräsentationsschieflagen kolonialer Nachfolgeinstitutionen zurechtzurücken. Das Sprechen über Kunst im Ethnologiemuseumsrahmen erinnert teilweise an die Marketingsprache von Kunstmuseen und Galerien, wo ebenfalls ein bloßes Antippen von Themen durch Künstler bereits ein gewichtiges ›Hinterfragen‹, ›Dekonstruieren‹, ›Entlarven‹ oder ›Dekolonisieren‹ sein soll. Der Eindruck ist nicht ganz von der Hand zu weisen, dass auf der Grundlage des »rather lofty critical discourse« (Rule/Levine)[15] der internationalen Kunstvermittlungs- und Vermarktungsszene eine selbstkritische Wende von Institutionen mit Image-Defiziten behauptet werden sollte. Kritik auf einer derartigen Grundlage muss freilich oberflächlich bleiben.

15 | Alix Rule und David Levine haben zur verselbstständigten Kunst-Sprache und ihren lexikalischen, semantischen und syntaktischen Eigenheiten 2012 im Kunstmagazin *Triple Canopy* eine Analyse veröffentlicht: »International Art English. On the rise – and the space – of the art-world press release«. Stilprägend für den merkwürdigen ›Artspeak‹ sind laut Rule/Levine Medien wie das 1976 gegründete Magazin *October* gewesen, wo sich formalistische Ansätze von Clement Greenberg mit kontinentaler Philosophie verbunden hätten. Die Autoren verweisen auf die *October*-Redakteurin Rosalind Krauss, die Texte von Roland Barthes, Jean Baudrillard und Gilles Deleuze ins Englische übersetzte. Eine Dekade später habe *Artforum* genauso geklungen. ›Artspeak‹ sei das Ergebnis zahlreicher Übersetzungen, Rückübersetzungen und Abschleifungen – und alles in allem ein »rather lofty critical discourse«. A. Rule und D. Levine, »International Art English. On the Rise – and the Space – of the Art-World Press Release«, in: *Triple Canopy* (Juli 2012).

III.2 Kunst schafft ›Arte-Fakten‹

Martin Heller band bildende Künstler ausdrücklich auch wegen ihrer ›forschenden Haltung‹ in die Laborarbeit ein, weil sie von »jenen Fragen fasziniert sind, die auch die Museumsverantwortlichen leiten«.[16] Die erklärte Intention war die Entwicklung von »Forschungsvorhaben zwischen Wissenschaft und Kunst«.[17] In transdisziplinären Experimenten sollte ermittelt werden

»[...] ob es möglich ist, einen neuen Typus von im weitesten Sinne künstlerischen Angeboten zu schaffen, der den Bedingungen des Sehens, Denkens und Verstehens im 21. Jahrhundert ebenso gerecht wird, wie den mittlerweile selbstverständlichen, aber selten genug eingelösten Herausforderungen, vor die eine globalisierte Welt jede kulturelle Einrichtung stellt.«[18]

Zeitgleich interessierte sich die Berlin-Brandenburgische Akademie der Wissenschaften schwerpunktmäßig für das Thema des Wissens- und Methodentransfers zwischen Kunst und Forschung, woraus die Publikation *ArteFakte. Wissen ist Kunst – Kunst ist Wissen* erwuchs.[19] Der Band, mitherausgegeben vom Präsidenten der Stiftung Preußischer Kulturbesitz, Hermann Parzinger, in der Zeit, als das Humboldt Lab mit Experimenten an der Schnittstelle von Ethnologie und Kunst begann, ist aus einem Themenschwerpunkt 2011/12 der Wissenschaftsakademie hervorgegangen. Er versammelt Beiträge u.a. von Bruno Latour (»Some Experiments in Art and Politics«), Hans-Jörg Rheinberger (»Experimentalanordnungen in Wissenschaft und Kunst«) und Clémentine Deliss (»Entre-Pologiste. Das ethnografische Museum als Experimentierfeld«). In dem Buch wird eine allgemeine Zunahme von Transferprozessen zwischen Wissenschaft und Kunst konstatiert, die mit der Hinterfragung tradierter Rollenbilder und Selbstzuweisungen einhergehen und neue Fragestellungen und Freiräume zwischen Wissenschaft und Kunst eröffnen.[20]

16 | M. Heller, *Inhaltskonzept. Agora und Humboldt Forum*, S. 13.

17 | »Natürlich wird sich die Vision des Berliner Modells in der Gesamtheit des Humboldt-Forums erst über die innovative Gestaltung der Museumsausstellungen, die inspirierte Planung konkreter Veranstaltungen und die Entwicklung erster Forschungsvorhaben zwischen Wissenschaft und Kunst umsetzen lassen.« Ebd. S. 26.

18 | M. Heller, »Das Humboldt-Forum. Ein deutsches Weltprojekt«, in: *DAMn_magazine 32* (2012), S. 54-60. S. 54.

19 | H. Parzinger, S. Aue und G. Stock (Hg.), *ArteFakte. Wissen ist Kunst – Kunst ist Wissen. Reflexionen und Praktiken wissenschaftlich-künstlerischer Begegnungen*, Bielefeld: transcript 2014

20 | Ebd. S. 11.

Als herausragendes Beispiel für künstlerisch-wissenschaftliche Grenzgänge und das Betreten epistemologisch ungesicherten Terrains im Humboldt Lab erscheint das Projekt »Mensch – Objekt – Jaguar« (Probebühne 3, 2013/2014). Es handelt sich hierbei um den Versuch einer visuellen Übersetzung von Viveiros de Castros ›Perspektivismus‹-Konzept durch die Ethnologin Andrea Scholz (damals Volontärin im Ethnologischen Museum) und den kolumbianischen Künstler Sebastián Mejia (Absolvent der Hochschule für Bildende Künste Dresden). Nicht nur formal verschmolzen hier künstlerische und kuratorische Perspektiven, sondern das Thema war auch noch schamanischer Rollentausch, vordergründig zwischen Mensch und Tier, darüber hinaus aber auch zwischen Künstler und Ethnologin.

Für den Ethnologen Mark Münzel waren es gerade die verminderten Wahrheitsansprüche von Kunst, die das hybride Projekt attraktiv machten. In einer im Lab-Archiv hinterlegten evaluierenden Stellungnahme (›Position‹) zu dem Experiment schrieb Münzel unter der Überschrift »Ein Experiment gegen die Sicherheit abgeschlossenen Wissens«, dem »Missverständnis«, Museen seien Orte gesicherter Wahrheit, sei das von einer Museumsethnologin und einem Künstler erarbeitete Projekt »[...] geschickt und innovativ durch die Gestaltung einer wissenschaftlichen Ausstellung als künstlerische Installation [begegnet]. Denn von einem individuellen Arrangement, einem Experiment erwartet das Publikum nicht die endliche Wahrheit.«[21]

In einer evaluierenden Stellungnahme für das Lab schrieb die Kunsthistorikerin Viola Vahrson, Kunst-Ethnologie-Kooperationen würden besonders dann glücken, wenn Künstler ›Autorschafts- und Werkkonzepte‹ öffnen und Kuratoren gemeinsam mit Künstlern die ästhetischen Dimensionen wissenschaftlichen Denkens und Handelns erschließen. Die Etablierung künstlerischer Forschung als eigenständige Wissensform kann laut Vahrson der Museumspraxis als Vorbild dienen. Erfinderische, experimentelle, poetische und ästhetische Methoden sollten neben wissenschaftlichen Erkenntnissen und Arbeitsweisen »deutlicher als bisher zu Handlungsgebieten kuratorischer Praxis erklärt werden.«[22]

Mit dem Lab-Projekt »Verzauberung/Beauty Parlour« wagte sich die Sozial- und Kulturanthropologin Paola Ivanov ins Grenzgebiet von Kunst und Szenografie vor. Gemeinsam mit dem Szenografen Dominic Huber (blendwerk GmbH) entwickelte die Kuratorin der Sammlung Afrika des Ethnologischen Museums eine zwischen Dokumentation und Fiktion angesiedelte, multisen-

---

21 | M. Münzel, »Mensch – Objekt – Jaguar/Positionen. Ein Experiment gegen die Sicherheit abgeschlossenen Wissens (Probebühne 3)«, in: *Humboldt Lab Dahlem Projektdokumentation*, S. 105.

22 | V. Vahrson, »Experimentelle Formen kuratorischer Praxis in ethnologischen Sammlungen (Probebühne 3)«, in: *Humboldt Lab Dahlem Projektdokumentation*, S. 106.

sorische, begehbare Rauminstallation: ein fingierter Schönheitssalon zur Illustration von Ivanovs anthropologischen Forschungen zur Swahili-Ästhetik. Die Installation enthält verschiedene Objekte, darunter auch Originale aus den ethnografischen Sammlungen, ein Video und ein ungewohntes, schweres Parfum.

Die Verunsicherung der Grenze zwischen Dokumentation und Fiktion in dem Beitrag, den Ivanov als ›hyperrealistisch‹ charakterisierte, hätte als die vielfach geforderte Hinterfragung herkömmlicher musealer Repräsentation und Abkehr von der autoritären Sprecherposition im Museum begrüßt werden können, doch genau die Uneindeutigkeit zwischen Kunst und Wissenschaft sorgte für Irritation bei Forscherkollegen. Als multisensorischer Erlebnisraum konnte »Verzauberung/Beauty Parlour« als aktuelles Beispiel für ›Sensory Museology‹ (David Howes)[23] betrachtet werden, doch die Repräsentation einer besonderen ›Swahili-Ästhetik‹ durch die Afrika-Kuratorin wurde, obwohl es sich um ein fiktives Arrangement handelte, von Kollegen in der Nachbereitung als ›essenzialistisch‹ kritisiert.[24] Auf dem Symposium »Historische Sammlungen und Gegenwartskunst« 2015 räumte die Urheberin als »Schwäche« des Schönheitssalons selbst ein, dass »normale BesucherInnen« fälschlicherweise glauben konnten, dass es sich um eine authentische Repräsentation handelte und nicht um eine fiktive Installation. Museumsbesucher hätten die Installation womöglich sogar fundamental missverstanden, »als eine weitere Konstruktion des Fremden und Anderen zur Bestärkung des Eigenen.«[25] Hier zeigte sich eine tief sitzende Sorge vor der Reproduktion jedweder Stereotypisierung als stets mitlaufende Selbstrestriktion bei Gestaltungsherausforderungen.

Der Sozial- und Kulturanthropologe Steffen Köhn stellte in einem evaluierenden Text, der in der Online-Projektdokumentation des Humboldt Lab hinterlegt ist, eine Äquivalenzkette aus Wissenschaft, Rigidität und Hermetik her und grenzte davon das Lab-Projekt zur Swahili-Schönheit als mutiges, innovatives, szenografisch geglücktes Ausstellungsexperiment positiv ab. Köhn notierte unter der auf Gernot Böhme Bezug nehmenden Überschrift »Ästhetik der Atmosphären«, das Projekt »Verzauberung/Beauty Parlour« habe die »rigide bewachte Grenze« von Kunst und Wissenschaft »leichtfüßig« überschritten und die Schaffung eines immersiven, theatral-szenografischen Erlebnisraums

23 | D. Howes, »Introduction to Sensory Museology«, in: *The Senses and Society*, New York: Routledge 2014, S. 259-267.

24 | M. Schulze, »Für immer Krise?« in: *Humboldt Lab Dahlem Projektdokumentation*, S. 301f.

25 | Ebd. Obwohl im Kollegenkreis umstritten, zählte das Projekt von Paola Ivanov zu den wenigen Lab-Beiträgen, die vorübergehend in die Ausstellungsplanung des Humboldt Forums übernommen wurden.

gewagt.[26] Während es im wissenschaftlichen Ausstellungsparadigma »nicht vorgesehen« sei, dass die Sammlungsobjekte »konkrete Bilder oder Stimmungen evozieren«, sei hier die Ästhetik der Swahili-Kultur als multisensorische ästhetische Erfahrung »inszeniert« worden, indem Objekte aus der ethnografischen Sammlung und zeitgenössische Alltagsgegenstände, Video, Sound, ein dramaturgisches Lichtkonzept und Gerüche »ein fast schon synästhetisches Verhältnis« eingegangen seien.[27]

Die genannten Beispiele zeigen, in welcher Weise unter Laborbedingungen Grenzen von Wissenschaft, Kunst, Design und als Kunstform aufgefasster Szenografie diffundierten. Genau hier entfaltete das Humboldt Lab innovatives Potenzial und besonders hier zeigten sich gravierende Spannungen (siehe Kapitel V).

III.3 Insourcing der ›Source Communities‹

Ein relativ junges Phänomen, das parallel aufgetaucht ist mit einer Zunahme von Restitutions- und Repatriierungsforderungen bzw. der Erwartung solcher Anfragen, ist die strategische Kooperation mit Vertretern der Herkunftsgesellschaften von gesammelten Objekten, im ethnologischen Museumsjargon als ›Source Communities‹ gekennzeichnet. Das Humboldt Lab bot hierfür frühe Beispiele.

Der Ausdruck ›Source Community‹ steht im Zusammenhang mit dem Modell des Museums als Kontaktzone (›contact zone‹). Diesen Begriff aus der Linguistik übertrug der Anthropologe James Clifford in den 1990er Jahren auf das Museumsfeld.[28] Cliffords Modell des Museums als Kontaktzone ist analog zum Internet ein Raum des vielfältigen Austausches, der Netzwerke und Aushandlungen. In der Linguistik sind ›contact languages‹ Sprachen, die sich unter asymmetrischen Machtverhältnissen herausgebildet haben, wenn beispielsweise Kolonisatoren mit so genannten ›Eingeborenen‹ oder ›Ureinwohnern‹ Handel trieben. Zur Verständigung wurden Pidginsprachen und im längeren Verlauf Kreolsprachen geprägt. Die Übertragung des Begriffs der Kontaktzone auf den Museumsbereich evoziert, dass die Sprache für das miteinander und über Objekte sprechen erst gemeinsam entwickelt und der Herrschaftsdiskurs über ›Andere‹ ersetzt werden muss um gewissermaßen ein museologisches Pidgin zur provisorischen Verständigung. Die Übertragung des Begriffs ›Kontaktzone‹ auf Ethnolgiemuseen ist nicht ohne Ironie, denn

26 | S. Köhn, »Ästhetik der Atmosphären«, in: *Humboldt Lab Dahlem Projektdokumentation*, S. 234.

27 | Ebd.

28 | J. Clifford, »Museums as Contact Zones«, 1997, S. 188-219.

Pidgin-Sprachen und Pidgin-Gesellschaften bildeten sich entlang kolonialer ›Frontiers‹ und sie wurden lange Zeit aus westlicher Forscherperspektive als chaotisch, barbarisch und unstrukturiert beschrieben.[29]

In kulturpolitischen und -diplomatischen Narrativen werden Einrichtungen wie das Berliner Humboldt Forum oder auch die Goethe-Institute legitimiert als friedensfördernde Orte der ›Begegnung der Kulturen‹ und des ›Dialogs‹. Im Hintergrund steht oft eine wenig harmonische Situation oder sogar ein ›Clash‹ von Kulturen oder Religionen. Eine Herausforderung für post-ethnografische Museen liegt darin, unterschiedliche Stimmen und Idiome zu repräsentieren, ohne Unterschiede und Asymmetrien zu überspielen. Um nicht länger den Eindruck zu vermitteln, die Öffentlichkeit erbauen oder von einer gesicherten Warte aus erziehen zu wollen, wird inzwischen auf ›multiperspektivische‹ Konzepte gesetzt: man ist offen für alternative Perspektiven und Interpretationen und begreift sich als eine Art von öffentlichem Forum oder Gesellschaftslabor.

Das Humboldt Lab konzentrierte sich ab der Probebühne 4 (Herbst 2014) schwerpunktmäßig auf Kooperationen mit Vertretern von so genannten ›Source Communities‹ und lieferte frühe Beispiele für einen kuratorischen Trend in westlichen Ethnologiemuseen, den ich als *Insourcing* der ›*Source Communities*‹ bezeichnen möchte. Ich möchte drei Ausstellungsprototypen hervorheben, in denen nicht-westliche Künstler Perspektiven von Herkunftsgesellschaften einbrachten. Erstens die Selbstausstellung des pakistanischen Miniaturmalers Waseem Ahmed, der im Rahmen des Lab sieben Wochen als Artist in Residence im Ethnologischen Museum in Berlin arbeitete und auf eigenen Wunsch dort in einem mit orientalischen Teppichen und Kissen ausstaffierten Raum sein Atelier aufschlug. Zweitens das Ausstellungsprojekt von Yuken Teruya, einem aus Okinawa (Japan) stammenden und in New York lebenden Künstler, dem die überwiegend aus Textilien bestehende, umfangreiche Okinawa-Sammlung des Ethnologischen Museums zur Interpretation überantwortet wurde.[30] Teruyas Lab-Beitrag bestand aus der komplexen Verschachtelung von künstlerischen und kuratorischen Strategien, eigenen und fremden Beiträgen, historischen und gegenwärtigen Themen, Dokumentation und künstlerischem Kommentar. Und drittens »Korea ausstellen«. Hier sollten Künstler aus Korea die Räume mit historischen Objekten aus Korea

29 | Mary Louise Pratt schrieb: »Like the societies of the contact zones, such languages are commonly regarded as chaotic, barbarous and lacking of structure. [...] ›Contact zone‹ in my discussion is often synonymous with ›colonial frontier‹. [...] grounded within a European expansive perspective.« M.L. Pratt, *Imperial Eyes. Travel Writing and Transculturation*. London: Routledge 1992, S. 8.

30 | A. Hofmann, »Yuken Teruya: On Okinawa/Projektbeschreibung«, in: *Humboldt Lab Dahlem Projektdokumentation*, S. 163ff.

atmosphärisch inszenieren und gleichzeitig Einblicke in die vitale Kunstszene ihres Landes geben. Das neben koreanischen Künstlern auch eine koreanische Co-Kuratorin einbezogen wurde, bezeichnete der Kunsthistoriker und Sinologe Stephan von der Schulenburg in einer evaluierenden Stellungnahme für das Lab als »geschickten Schachzug«.[31]

Yuken Teruya bekam als Vertreter einer so genannten ›Source Community‹ laut dem Museumskurator Alexander Hofmann die Berliner Okinawa-Sammlung ausdrücklich vor dem Hintergrund »des euro-amerikanischen Kolonialismus und Imperialismus« sowie des »Pauschalverdachts einer unrechtmäßigen Aneignung« von Sammlungsstücken überantwortet.[32] Die Begriffswahl ›Pauschalverdacht‹ verrät, dass es in dem Projekt mit dem nicht-westlichen Künstler nicht nur um spannende Perspektiven aus Okinawa, sondern auch um Entkräftigung von als überzogen (›zu pauschal‹) bewerteten Vorwürfen unrechtmäßiger Aneignung von Besitztümern in der Sammlungsgeschichte des Museums ging. Die Beschaffungsumstände wurden von dem Kurator in vorsichtiger Wortwahl als »nicht unproblematisch« bezeichnet.[33]

In der Projektbeschreibung zu Waseem Ahmed von Martina Stoye, Mitarbeiterin des Museums für Asiatische Kunst, wird die lokale und globale Ausrichtung eines nicht-westlichen Künstlers betont: Der Absolvent des National College of Arts in Lahore sei ein »herausragender Vertreter« des Contemporary-Miniature-Painting, »einer gesellschaftskritischen Bewegung in der zeitgenössischen Miniaturmalerei Pakistans«, und beherrsche »nicht nur die traditionellen südasiatischen Maltechniken meisterhaft«, sondern werde auch »vom postmodernen Diskurs und aktuellen gesellschaftlichen Themen bewegt«.[34] Seine Bilder würden »subtil Missbrauch, religiöse Indoktrination und fundamentalistische Gewalt« thematisieren. Teilnehmer eines Workshops von Waseem Ahmed im Rahmen des Lab seien »zutiefst beeindruckt« gewesen

31 | S. von der Schulenburg, »Korea ausstellen, Kunst befragen – ein gelungenes Experiment«, in: *Humboldt Lab Dahlem Projektdokumentation*, S. 254.

32 | A. Hofmann, »Yuken Teruya: On Okinawa/Projektbeschreibung«, in: Humboldt Lab Dahlem Projektdokumentation, S. 163.

33 | »Obgleich die Erwerbung durch die Berliner Museen gegen den stattlichen Preis von 5843 Goldmark juristisch unzweifelhaft ist, scheint die Existenz der Objekte in Berlin vor dem Hintergrund der bewegten Geschichte Okinawas im 20. Jahrhundert zumindest nicht unproblematisch«, heißt es in der Projektbeschreibung. Es handle sich bei der Okinawa-Sammlung um hunderte Objekte, die auf der Basis von Vorgaben aus Berlin zwischen 1881 und 1884 durch Vertreter der japanischen Besatzungsmacht ›zusammengetragen‹ worden seien. Ebd.

34 | M. Stoye, »Waseem Ahmed – Dahlem Karkhana/Projektbeschreibung«, in: *Humboldt Lab Dahlem Projektdokumentation*, S. 185.

von seiner »kontemplative[n] Ruhe und geduldigsten Etüden [mit] dem Eichhörnchenhaarpinsel«.[35]

In den archivierten Lab-Unterlagen finden Kooperationen mit Künstlern aus Herkunftsgesellschaften der Objekte überwiegend positive Bewertung und werden als zukunftsweisend für das Humboldt Forum beschrieben. Hinweise auf eine kritische Hinterfragung dieser kuratorischen Strategie finden sich nicht. Die unterschiedlichen Formen der Inklusion nicht-westlicher Künstler wurden im Zusammenhang eines experimentellen, partizipativen und dekolonialen Aufbrechens der Museumsarbeit diskutiert und explizit auch in Verbindung mit ›Aushandlungsprozessen‹. In der kuratorischen Terminologie hieß es, ›Deutungshoheit‹ werde ›hinterfragt‹, mit nicht-westlichen Akteuren ›geteilt‹ oder auch ›abgegeben‹.[36] Impliziert wurde, dass nicht-westliche Kulturen sich durch Künstler in den Museen gewissermaßen selbst repräsentieren und Künstler ›bessere‹ Kuratoren ihrer Kulturen seien. Allerdings erhielten Künstler aus so genannten ›Source Communities‹ nicht Carte blanche, sondern sie wurden von Mitarbeitern der Museen wissenschaftlich und kuratorisch betreut.

Hinter der Rede vom ›Abgeben‹ oder ›Teilen‹ von Deutungsmacht steht die Vorstellung einer dominanten musealen Sprecherposition (Mieke Bals ›expository agent‹), die es zu schwächen oder aufzulösen gilt, um Mehrstimmigkeit (›Multiperspektivität‹) zu erzielen. Die Inklusion bislang ausgeschlossener Stimmen kann den Eindruck erwecken, dass der ›expository agent‹ Deutungsmacht tatsächlich abgibt.

Nach der Kulturanthropologin Andrea Scholz hatte die Zusammenarbeit mit Yuken Teruya »eindeutig Vorbildcharakter«, weil hier sowohl auf ästhetische wie auch auf inhaltliche Charakteristika der Sammlung geblickt worden sei.[37] Waseem Ahmeds Auftritt im Ethnologiemuseum wurde von der Kuratorin Martina Stoye, als geglückter Dialog von Kunst und Anthropologie, inno-

35 | Ebd. Über den außereuropäischen Umweg gelangt interessanterweise Wertschätzung für vormoderne Traditionen und für handwerkliches Können zurück in den Museumsdiskurs, auf das westliche Kunstavantgarden des 20. Jahrhunderts demonstrativ keinen Wert gelegt hatten.

36 | V. Rodatus und M. von Oswald, »Objektbiografien/Projektbeschreibung. Erprobte Methoden, neue Kollaborationen und veränderte Blickrichtungen«, in: *Humboldt Lab Dahlem Projektdokumentation*, S. 218; A. Wegner, »Springer/Projektbeschreibung. Spielerische Experimente in der Programmarbeit«, in: *Humboldt Lab Dahlem Projektdokumentation*, S. 56; U. Rahman-Steinert, »Korea ausstellen/Projektbeschreibung. Die Sammlungssituation als Chance«, in: *Humboldt Lab Dahlem Projektdokumentation*, S. 249.

37 | A. Scholz, »Das Humboldt Lab – Experimentelle Freiräume auf dem Weg zum Humboldt-Forum«, in: Kraus/Noack, *Quo vadis, Völkerkundemuseum?* S. 285ff.

vatives Artist-in-Residence-Projekt und Demonstration »lebendiger Gegenwart und Vitalität einer tot geglaubten Meisterschaft« charakterisiert. Martin Heller sagte 2015 auf der Konferenz »Historische Sammlungen und Gegenwartskunst«: »Sehr viele, fast alle Labprojekte sind inspirierend für das Humboldt Forum« und verwies insbesondere auf den Beitrag von Waseem Ahmed als einen Typ von Projekten, »die im Humboldt Forum weitergehen« werden. Allerdings sprach Heller im selben Atemzug von einer ›One-Man-Völkerschau‹ und verriet zumindest in der Wortwahl auch ein Fragezeichen. Ein komisches Gefühl konnte einen durchaus beschleichen, wenn man den Pakistani an manchen Tagen in einheimischer Tracht im Völkerkundemuseum sitzen und arbeiten sah.[38]

Lab-Projekte mit nicht-westlichen Künstlern aus so genannten ›Source Communities‹ wurden besonders nachdrücklich von Museumsmitarbeitern nicht nur als willkommene Ergänzung bestehender Perspektiven bewertet, sondern ausdrücklich auch als Lösung von Repräsentationsschieflagen der Museen. Der Museumsdirektor und Sinologe Klaas Ruitenbeek benannte in einer Diskussion, die in der Abschlusspublikation des Lab abgedruckt ist, als ›Mehrwert‹ der Inklusion von Künstlern aus so genannten ›Source Communities‹ unumwunden eine Entlastung der Museumsverantwortlichen: »Für mich lag das Spezifische und Schöne bei Ahmed und Yuken [...] vor allem darin, dass ich mich nicht um repräsentationskritische Ansätze zu kümmern brauchte.«[39]

Um Repräsentationskritik nicht zu kümmern brauchen? Wenn Regionalmuseen Gegenwartskunst berücksichtigen, erscheint dies sinnvoll, naheliegend und interessant. Wenn Protagonisten aus diesen Regionen ihre gegenwärtige Kultur in westlichen Museen in einer Weise vorstellen, die aus westlicher Sicht klischeehaft erscheinen kann, gilt es, entweder die Vorstellung der Klischeehaftigkeit zu korrigieren oder in Betracht zu ziehen, dass Übernahmen des fremden Blicks als eigene kulturelle Identität stattgefunden haben (z.B. ›Re-Orientalismus‹) und/oder eine strategische Umwertung vorliegt. Wenn jedoch nicht-westliche Künstler eingeladen werden, um ureigene Repräsentationsprobleme der Museen in einer Weise zu lösen, die westlichen und weißen Museumsverantwortlichen ein entlastendes Gefühl vermittelt, ist das kaum etwas anderes als eine Instrumentalisierung nicht-westlicher Künstler im Dienste von Institutionen, die Scheinlösungen der Option vorziehen, die Museumsleitung nicht-westlichen Experten zu überlassen. Letzteres würde die Repräsentationsproblematik schlagartig lösen und wäre ein überzeugender Beleg institutioneller Selbstkritik.

38 | Martin Heller in der Abschlussdiskussion der Konferenz: »Historische Sammlungen und Gegenwartskunst«, 2015 in Berlin (unpubl. Konferenzbeitrag; Audiodatei).

39 | I. Albers und L. Förster, »Deutungshoheit abgeben. Das Humboldt Lab im kritischen Diskurs«, in: Humboldt Lab Dahlem (Hg.), *Prinzip Labor* (2015), S. 35-43, S. 39.

Institutionskritik als Ironie innerhalb der Institutionen

Der amerikanische Kulturkritiker Hal Foster hat schon in den 1990er Jahren im Aufsatz »Artist as Ethnographer?« auf Kritik-Importe (›pseudo-ethnographic critique‹) als Ironie innerhalb der Institutionen hingewiesen.[40] Künstler werden zu orts- und institutionsbezogenen ›Forschungen‹, ›Recherchen‹ und ›Interventionen‹ eingeladen. Institutionen lassen sich durch bestellte Kritiker (›comissioned‹ oder ›franchised‹) gewissermaßen kritisch impfen.

»Just as appropriation art became an aesthetic genre, new site-specific work threatens to become a museum category, one in which the institution imports critique for purposes of inoculation (against an immanent critique, one undertaken by the institution, within the institution). This is an irony inside the institution; other ironies arise as site-specific work is sponsored outside the institution, often in collaboration with local groups. Here, values like authenticity, originality, and singularity, banished under critical taboo from postmodernist art, return as properties of the site, neighborhood, or community engaged by the artist. [...] the show becomes the spectacle where cultural capital collects.«[41]

Criticality auf Bestellung stellt Künstler an einen ›unmöglichen Ort‹. Das bemerkte schon Walter Benjamin 1934 in seinem Aufsatz »Der Autor als Produzent«. Bei Benjamin war der ›unmögliche Ort‹ für den intellektuellen Klassenkämpfer neben dem Proletariat auf der Seite des Mäzens.[42] Der postmoderne Kritikkünstler betreibt nach Hal Foster ebenfalls kulturelle Patronage, allerdings nicht als Anwalt des sozialen ›Anderen‹, sondern des kulturellen und ethnischen ›Anderen‹.[43] In Ethnologiemuseen erscheint die Ironie, von der

---

40 | H. Foster, »The Artist as Ethnographer?«, in: Ders., *The Return of the Real, The Avant-garde at the End of the Century*, Cambridge: MIT Press 1996, S. 302-309. S. 302-309.

41 | Ebd. S. 306.

42 | W. Benjamin, »Der Autor als Produzent«, in: Tiedemann/Schweppenhäuser (Hg.), *Walter Benjamin Gesammelte Schriften*, Bd. II (2), Frankfurt a.M.: Suhrkamp 1980, S. 683-704, hier S. 691. Simon Sheikh schlägt in seinen von Hito Steyerl übersetzten »Notizen zur Institutionskritik« als Reaktion die paradoxe Figur einer ›Institutionskritik der Institutionskritik‹ vor, eine Kritik an institutionalisierter Kritik. S. Sheikh, »Notizen zur Institutionskritik«, in: *eipcp Journal* 1 (2006); eipcp.net/transversal/0106/sheikh/de (03.05.2019).

43 | H. Foster, »The Artist as Ethnographer?«, S. 302. Der Anthropologe Goerge E. Marcus merkte an: »Foster claimed that the cultural or ethnic other had replaced the working class as those in whose name the artist struggles. What had been the site of Ethnographic fieldwork becomes the site of artistic transformation and also a potential

Foster spricht, sogar noch gesteigert, weil sich hier gewissermaßen die Ethnografie durch Pseudo-Ethnografie ›hinterfragen‹ lässt. Für die strategische Einbettung von Künstlern und Kuratoren aus so genannten[44] ›Source Communities‹, für die das Humboldt Lab frühe Beispiele lieferte, passt Fosters ›Patronage‹-Befund allerdings nicht. Es fehlt hier nämlich die Mittlerfigur, der Künstler-als-Fürsprecher der ›Anderen‹, die Künstler sind hier vielmehr die ›Anderen‹, und bereits der Import der ›Source Community‹-Stimmen ist die institutionskritische Intervention, unabhängig davon, was die importierten Stimmen sagen.

Insourcing der ›Source Communities‹ führt nicht nur zu theoretischen Widersprüchen, sondern auch zu praktischen Schwierigkeiten: Wer eignet sich als Repräsentant der ›Anderen‹? Wie viel Ausdrucksfreiheit möchte man den kulturell ›Anderen‹ zugestehen? Dieses Problem taucht besonders dann auf, wenn sich diejenigen, die traditionellerweise als ›vormodern‹, ›exotisch‹ oder ›primitiv‹ charakterisiert wurden, selbst exotisierend oder orientalisierend dar- und ausstellen. Als Problem erscheint hier tatsächlich das ›Andere‹ des ›Anderen‹, das quer steht zu kuratorischen Konzepten des ›Anderen‹ ohne ›Andersheit‹.[45] Damit Sichtbarkeit nicht nur simuliert wird, sondern interkulturelle

site of political transformation. The classic Malinowskian mise-en-scène of anthropology defines a place of marginality and alterity, which, for the identity politics following the Writing Culture critique, became the figural and actual locale of the subversion of dominant culture.« G.E. Marcus, »Affinities. Fieldwork in Anthropology Today and the Ethnographic in Artwork«, in: Schneider/Wright (Hg.), *Between Art and Anthropology*, Oxford: Berg Publishers 2010, S. 83-94.

44 | Das Thema der Auslagerung von Kritikaufgaben ethnologischer Museen an Kunst als Medium mit weitreichender Freiheit und verminderten Wahrheitsansprüchen wurde in einer Lab-Diskussion von einem Unternehmer angerissen: dem Komplexitäts- und Veränderungsmanager Harald Katzmaier (FASresearch). Dieser erkundigte sich nach dem Grund des ›Outsourcing‹ von Kritikaufgaben an Künstler und vermutete Angst der Museen vor Verantwortungs- und Risikoübernahme. A. Wegner, F. von Bose, J. Steiner, H. Katzmair, »Produktivkraft durch Differenz«, in: Prinzip Labor, S. 45-54, hier S. 48.

45 | Slavoj Žižek schrieb 2014 unter der Überschrift »A Cup of Decaf Reality«: »On today's market, we find a whole series of products deprived of their malignant property: coffee without caffeine, cream without fat, beer without alcohol ... And the list goes on: what about virtual sex as sex without sex, the Colin Powell doctrine of warfare with no casualties (on our side, of course) as warfare without warfare, the contemporary redefinition of politics as the art of expert administration as politics without politics, up to today's tolerant liberal multiculturalism as an experience of other deprived of its otherness (the idealized other who dances fascinating dances and has an ecologically sound holistic approach to reality, while features like wife beating remain out of sight)? [...] Everything is permitted, you can enjoy everything, BUT deprived of its substance which

Interaktion und Transformation tatsächlich geschehen können, reicht es nach Nora Sternfeld (»Um die Spielregeln spielen! Partizipation im post-repräsentativen Museum«, 2012) nicht aus, einstmals beforschte Kulturen einzuladen, um ›mitzuspielen‹, sondern sie müssen die Spielregeln tatsächlich mitbestimmen, auch wenn das zu Ergebnissen führen kann, die den einladenden Institutionen vielleicht nicht gefallen.[46] Solche Reibungen ließen sich im Humboldt Lab insbesondere bei dem Beitrag von Mathilde ter Heijne (»Pulling Matter from Unknown Sources«) beobachten (siehe Kapitel IV.2).

Für die weitreichende Einbettung von Künstlern in ›kuratorische Strategien‹ der Museen möchte ich in Anlehnung an ›Embedded Journalism‹ den Begriff *Embedded Criticality* vorschlagen. T.C. Williams spricht von ›identity epistemology‹ oder ›knowing-through-being‹.[47] Im Fall des ›Source-Community‹-Kuratierens könnte man von *Curating Through Being* oder *essenzialistischem Kuratieren* sprechen. Versuche der Museen, grundlegende epistemologische Probleme der ethnologischen Sammlungen durch Verantwortungsverlagerung auf nicht-westliche Künstler oder Künstler mit nicht-westlichem Migrationshintergrund zu verschieben, führen mitunter tiefer in Probleme hinein. Wenn das Kriterium der geografischen oder ethnischen Herkunft ausschlaggebend dafür ist, einen Künstler ins Museum einzuladen, und gleichzeitig betont wird, dass es um das Auflösen von kulturellen oder ethnischen Zuschreibungen und Essenzialisierungen gehen soll, liegt ein Widerspruch vor. Dieser blieb im Humboldt Lab unaufgelöst. Sieht man sich an, welche Künstler vom Humboldt Lab eingeladen worden sind, fällt auf, dass diese grob zwei kuratorischen Typen zuordenbar sind: Kuratieren *nach Haltung* (repräsentations-

makes it dangerous.« S. Žižek, »A Cup of Decaf Reality«, in: *Lacan Blog*, 2004; www.lacan.com/zizekdecaf.htm 2004; *www.lacan.com/zizekdecaf.htm* 2004 (03.05.2019).

46 | Nora Sternfeld unterscheidet zwischen Transformation und systemerhaltendem ›Transformismus‹, einem Begriff aus der politischen Theorie Antonio Gramscis, und beobachtet einen Doublebind, wenn neue Zielgruppen aus den Rändern einerseits eingeladen werden, um mitzumachen, und andererseits als Objekte der Repräsentation zur Verfügung stehen sollen. Das Ziel des Transformismus besteht laut Sternfeld darin, »[...] Kritik zu integrieren, ohne dass die Verhältnisse und Strukturen von Macht und Ausschluss selbst ins Spiel kommen müssen.« N. Sternfeld, »Plädoyer. Um die Spielregeln spielen! Partizipation im post-repräsentativen Museum«, in: S. Gesser (Hg.), *Das partizipative Museum. Zwischen Teilhabe und User Generated Content. Neue Anforderungen an kulturhistorische Ausstellungen*, Bielefeld: transcript: 2012, S. 119-126, hier S. 120, 121.

47 | »Such logic extends a disturbing trend in left-of-center public thinking: identity epistemology, or knowing-through-being, somewhere along the line became identity ethics, or morality-through-being.« https://www.nytimes.com/2017/10/06/opinion/ta-nehisi-coates-whiteness-power.html (03.05.2019).

kritisch, postkolonialistisch, identitätspolitisch) und Kuratieren *nach Herkunft*. Fasst man diese Typen als Typ A und Typ B, so geht es bei Typ A primär um eine zeitgemäße und kritische Auseinandersetzung mit den Sammlungen und mit Aufgabenstellungen. Postkoloniale Haltung, Orientierung am postmodern-künstlerischen Ansatz, Kenntnis repräsentations- und identitätspolitischer Diskurse und die Bearbeitung von Themen wie Identität, Rassismus, Religion, Migration etc. scheinen den Ausschlag zu geben, Herkunft und kultureller Hintergrund (zumeist westlich) nebenrangig zu sein. Beim Typ B wird die Herkunft aus so genannten ›Source Communities‹ betont. Künstler aus nicht-westlichen Herkunftskulturen der gesammelten Objekte sollen ebenfalls ethnografische Sammelbestände mit künstlerischen Mitteln vermitteln, allerdings in quasi natürlicher Stellvertreterposition. Vertreter der einstmals Ethnografierten werden ebenfalls aufgerufen, die Sammlungen zu kommentieren, zu hinterfragen und zu kuratieren. Die ›Intervention‹ besteht hier allerdings bereits in der puren Tatsache der Ermöglichung der Artikulation solcher Perspektiven, die in der Vergangenheit höchstens als ethnografisches Material interessiert hatten.

III.4 Kunst mit Traditionsmarkern

Der Blick von Ethnologiemuseen fällt zunehmend sowohl auf moderne als auch auf zeitgenössische Kunst der Sammelräume, die die Museen repräsentieren. Der Fokus liegt auch deswegen auf Kunst der Moderne und Gegenwart, weil Tribal-Art-Märkte ausgetrocknet sind und die Preise für öffentliche Museen vielfach unerschwinglich sind. Kustoden halten vermehrt nach Kunst Ausschau, die sich thematisch, formal oder aufgrund verwendeter Materialien und Techniken in eine Linie zu historischen Museumssammlungen bringen lässt. Das ist bei postmodernen Stilmixen aus lokalen und globalen, modernen und vormodernen Elementen der Fall. Da man verständlicherweise weder touristische ›Airport Art‹ in die Sammlungen aufnehmen möchte, noch eine einseitige Verankerung in regionalen oder nationalen Stilen anstrebt, um nicht in den Verdacht zu geraten, an der ›Erfindung‹ von Tradition mitzuwirken, in einer Linie mit Nationalisten oder Fundamentalisten, ist postmoderne Zitatekunst, die mit Vergangenheitsmarkern spielt, naheliegend. Wenn vorausgesetzt wird, dass die Welt durchmodernisiert ist, kann postmoderner Stilmix ironischerweise sogar ›authentisch‹ erscheinen. In Anlehnung an ›Global Contemporary Art‹ wird bezogen auf Kunst mit lokaler und globaler Ausrichtung gelegentlich von ›Glocal Contemporary Art‹ gesprochen.[48]

48 | Den Ausdruck ›Glokalisierung‹ prägte der englische Soziologe Roland Robertson zur Beschreibung eines doppelseitigen Phänomens der Globalisierung bei gleichzeiti-

Für Kunst mit Traditions- und Identitätsmarkern haben sich eigene Nischenmärkte herausgebildet, im mittleren und fernen Osten, in Afrika, Australien wie auch in Lateinamerika. Gefragt ist z.B. die ›nigerianische Bildhauerin‹, die die Öko-Krise im Niger-Delta mit einheimischen Mythen verbindet; der ›saudische Künstler‹, der mit Neuen Medien ›traditionelle‹ arabische Motive behandelt; oder eben der ›pakistanische Miniaturmaler‹, der sich mit religiösem Fanatismus, postmodernem Diskurs und dem ›Eichhörnchenhaarpinsel‹ auskennt. Eine analoge Tendenz bezogen auf westliche Künstler sehe ich nicht.

Exkurs: Die Museumsinsel wird modern

Auf der Museumsinsel in Berlin kündigt sich eine interessante Konkurrenzsituation an. Nicht nur die Sammlungen im Humboldt Forum erhalten zeitgenössische Akzente,[49] sondern auch das Museum für Islamische Kunst im Pergamonmuseum möchte mittels Gegenwartskunst an die Gegenwart anschließen. Die Institution ist weit stärker als früher aufgeschlossen für zeitgenössische Kunst aus ihrem riesigen Sammelgebiet und für ›andere Modernen‹. Stefan Weber, der Direktor des Museums, plant in der James-Simon-Galerie, dem neuen Eingangsgebäude der Museumsinsel, regelmäßige Sonderausstellungen mit Protagonisten der Gegenwartskunst und Vertretern der künstlerischen Moderne aus islamisch geprägten Kulturen.

ger Bekräftigung des Partikularen. Es geht um die Bestimmung der Dialektik des Zusammenwirkens von globalen und lokalen Einflüssen. Homogenisierung von Bildern, Waren, Haltungen vornehmlich als West-Importe provozieren Abgrenzungstendenzen. Umso ähnlicher Kulturangebote weltweit werden, desto emphatischer wird regionale oder auch nationale Kultur (wieder-)entdeckt. Lokale Bezüge erfahren in Prozessen der ›Relokalisierung‹ eine Aufwertung, oft auch Romantisierung, und dienen der Identitätswahrung.

49 | Die kamerunische Künstlerin Justine Gaga soll im Afrika-Bereich mit Stelen aus beschrifteten Gaszylindern als Hinweise auf neokoloniale Ökonomien präsent sein. Die Mexikanerin Mariana Castillo Deball wurde von Viola König noch aus dem Lab-Impuls heraus beauftragt, eine große Wand zu gestalten. Sie entwickelte eine elf Meter hohe Reproduktion einer aztekischen Tributliste, die Alexander von Humboldt nach Berlin gebracht hatte. In dem Dokument sind Gold-Tributzahlungen an aztekische Herrscher verzeichnet, die in der Kolonialzeit signifikant anstiegen. Nachdem der Entwurf bereits erworben war, strich Neil MacGregor das Auftragswerk überraschend aus den Planungen. Nach seinem Weggang wurde die Stornierung ebenso überraschend wieder rückgängig gemacht. Das »Teehaus« von Ai Weiwei und Antonio Oles großformatige »Township Wall« in der Eröffnungspräsentation waren bereits Teil der Dahlemer Schausammlung.

»Was wir als Regionalmuseum über einen bestimmten Kulturraum gerne abbilden würden, ist, wie sich dieser Raum in seinen künstlerischen Praktiken verändert hat. Für uns ist es gar nicht so wichtig, dass das Einzelkunstwerk das wichtigste Kunstwerk ist und die größte Qualität hat, sondern für uns ist es ein Beleg künstlerischer und ästhetischer Praktiken, die sich in der Moderne wandeln.«[50]

Weber hält nichts davon, globale Künstler in regionale Identitätsrahmen oder Lesarten der Tradition zwängen zu wollen, das wäre eine ›Vergewaltigung‹, so als würde man sagen, jeder, der getauft ist, müsse ins Vatikan-Museum.

»Einen Joseph Beuys würde man auch nicht in ein Mittelaltermuseum hineinsetzen, um zu sagen, da gibt es Zusammenhänge, sondern wir haben ja die Möglichkeit, zeitgenössische Kunst aus unseren Gesellschaften heute ganz frei zu betrachten, und zwar als nonverbale Verarbeitung der eigenen Gegenwart, nicht der eigenen Vergangenheit.«[51]

Künstler, die gezielt mit Traditionsmarkern arbeiten seien für Regionalmuseen allerdings interessant. Beispielsweise widmete das Museum für Islamische Kunst dem afghanischen Künstler Aatifi, der in Grafiken auf traditionelle Kalligrafie Bezug nimmt, eine Austellung. Für ihn macht es natürlich Sinn zu sagen, ich gehe ins Museum für Islamische Kunst, und das haben wir auch so aufgenommen.«[52] Nicht nur sammlungslogische Gründe spielen für den Direktor des Museums für Islamische Kunst bei der Auswahl von Künstlern eine Rolle, sondern auch das Bemühen, nicht in Konkurrenz zu anderen Kunstmuseen der Stadt zu geraten, z.B. dem Hamburger Bahnhof, der sich als Museum für Gegenwartskunst ebenfalls zunehmend für ›andere Modernen‹ und nicht-westliche Ästhetiken öffnet. Ein Beispiel bot 2018 die von der Kulturstiftung des Bundes geförderte Ausstellung »Hello World. Revision einer Sammlung«. Im Hamburger Bahnhof liegt der Fokus auf Künstlern, die als Teil einer globalen Kunstwelt angesehen werden und nicht als Stellvertreter einer Kulturregion. Da auch Global Art in postmoderner Zitatemanier mit Traditionsmarkern spielt, ist eine genaue Grenzziehung in der Praxis allerdings schwierig. Das räumt auch Stefan Weber ein.

Die Unübersichtlichkeit des globalen Gegenwartskunstphänomens, in dem sich gegenstrebige Tendenzen der Globalisierung und Relokalisierung bemerkbar machen und Märkte immer stärker ausdifferenzieren, forderte das

50 | Interview mit Stefan Weber am 04.05.2016.

51 | Ebd. Bei der Vorbereitung des Humboldt Forums wurde in einem Modul zu ›Okzidentalismus‹, der Okzident-Begeisterung islamischer Herrscher, mit der Kategorie ›islamische Gegenwartskunst‹ gearbeitet. Unberücksichtigt blieb in dem Modul zunächst das Thema ›Orientalismus‹; es war Neil MacGregor, der einforderte, beides zu behandeln.

52 | Ebd.

Humboldt Lab in besonderer Weise heraus. Die unterschiedlichen ›Rankings‹ von Künstlern seien neben den unterschiedlichen Gründen, die Künstler am Lab teilnehmen ließen, eine stetige Herausforderung gewesen, sagte Martin Heller im Interview.[53]

Mit der Verschiebung und Auffächerung von Kunstdeutungszentren in den zurückliegenden Jahrzehnten haben sich auch Kriterien der Auswahl, Interpretation und Bewertung von Kunst amplifiziert. Die seit dem 19. Jahrhundert eingespielte Tektonik der dualen Kunstwelt (›The west and the rest‹) erscheint, wenn nicht erschüttert, so doch rissig. Manche Kunstpraxen orientieren sich weiter an westlichen Museums- und Marktstandards, andere platzieren sich gegen oder neben globalen Standards durch Orientierung an anderen Modernen (Interlocal Art oder Translocal Art) oder auch an lokalen, nationalen oder minoritären Ästhetiken. Glocal Art orientiert sich sowohl an Regionalität als auch an Global Art. Interlocal Art dagegen grenzt sich von Global Art und Glocal Art bewusst ab.[54]

Verschiebungen und Neujustierungen ließen sich an den vergangenen documentas paradigmatisch ablesen: Die postkoloniale documenta 11 im Jahr 2002 setzte weitreichende Deterritorialisierungen und Dezentrierungen voraus. An die Stelle des als naiv verabschiedeten, weil den eigenen kulturellen Standpunkt nicht ausreichend mitreflektierenden Multikulturalismuskonzepts trat das Hybriditätskonzept (Édouard Glissant, Homi K. Bhabha), das von vielfältigen Vermischungs- und Kreolisierungsvorgängen ausgeht. Die documenta-Künstler lebten ›zwischen‹ den Welten, als Migranten und Multiflyer, die über ein kulturelles Doppel- oder Mehrfachwissen verfügen. Die nachfolgenden documentas 12 und 13 stellten sich ebenfalls in den Dienst der Verabschiedung von Machtzentren und des westlich dominierten Kunstkanons. Immer mehr ›unbekannte Namen‹ wurden inkludiert, die ›Ränder‹ ins ›Zentrum‹ eingeladen, wobei immer weniger deutlich von Zentren gesprochen werden konnte. Einer marginalisierten kulturellen Gruppe anzugehören, ob

53 | Interview mit Martin Heller am 27.11.2017.

54 | Der Begriff ›Global Art‹ steht in Zusammenhang mit der so genannten ›Globalisierung der Kunst‹, dem Biennalismus nach 1989 und der Etablierung neuer High-End-Märkte außerhalb Europas. Kunst im globalen Maßstab impliziert nach Hans Belting keine wie auch immer geartete »inhärente ästhetische Qualität«, die sie identifizierbar machen würde, auch kein »globales Konzept«. Global Art erschöpft sich nach ihm aber auch nicht im puren Kunstmarktphänomen. »Rather than representing a new context, it indicates the loss of context or focus and includes its own contradiction by implying the counter movement of regionalism and tribalization, whether national, cultural or religious. It clearly differs from modernity whose self-appointed universalism was based on a hegemonial notion of art.« H. Belting, »Contemporary Art as Global Art. A Critical Estimate«, in: *xzine*, Research House for Asian Art (RHAA), Chicago 2012, S. 2.

ethnisch, religiös oder geschlechtlich, erleichterte trotz Übereinkunft darüber, dass Identitäten multipel und fließend sind, den Eintritt in die globale Kunstwelt und ins Biennalen-System. Die transhumanistische documenta 13 dehnte den Rahmen auf nicht-menschliche ›Aktanten‹ aus, z.B. Tiere, Pflanzen oder Atome als kreative ›Entitäten‹. Die post-westliche documenta 14 im Jahr 2017, die sich durch Aufspaltung in einen Athener und in einen Kasseler Ableger selbst deterritorialisierte, verhalf einer nunmehr als die documenta dominierend wahrnehmbaren Anzahl marginaler Ästhetiken zu Sichtbarkeit und wurde von Kritikern z.T. mit Irritation als indigene Weltkunstschau wahrgenommen mit einem fatalen ›Drang ins Ethnologische‹ (Hanno Rauterberg).[55]

In dem Moment, in dem die amplifizierte Kategorie Gegenwartskunst in den kontaminierten Ethnologiemuseumsrahmen gelangt, verschärfen sich Frage- und Problemstellungen sowohl der Kunst als auch der Ethnologie. Es geht um die Fragen, ob nur nicht-westliche Künstler einbezogen werden sollen; ob auch westliche Künstler dabei sein dürfen; ob nicht-westliche Künstler einen Bezug zu den ausgestellten Kulturen haben sollen; ob sie als deren Stellvertreter oder Verlängerung in die Gegenwart angesehen werden können; ob Traditionsbezug auch bei westlichen Künstlern eine Rolle spielt; ob man auf Vertreter einer globalen Kunst setzen soll, deren Spezifikum gerade das Unspezifische und kulturell nicht Zuordenbare ist; ob Global Art erlaubt ist oder tabu, da das Genre vom westlichen Kunstmarkt beeinflusst ist;[56] ob es populäre Kunst sein soll; wie kitschig diese sein darf; ob man Wert auf Kunst legt, die sich in postmoderner Zitatemanier spielerisch-ironisch auf Tradition bezieht; ob man auch lokale Ästhetiken akzeptiert, die fundamentalistisch an vormoderne Kulturen anschließen oder nationalistisch ausgerichtet sind; von welchem Standpunkt aus ›andere Modernen‹ bewertet werden; wie man mit institutionskritischer Kunst oder Aktivismus umgehen soll; wie viel ethnologischen Sachverstand und Interesse für historische Museumssammlungen Künstler mitbringen sollen; wie weit die Kunstfreiheit gehen soll; ob Künstler und Kuratoren, die man sich wünscht, für den ethnologischen Museumsrahmen überhaupt gewonnen werden können.

Und was macht die Kategorie Gegenwartskunst mit historischen Sammlungen?

»[...] Der Raum der Kollektion, in dem das Neue mit dem Alten auf der gleichen Wertebene situiert wird, verliert seinen früheren hierarchischen Charakter. Er wird dehierarchi-

55 | H. Rauterberg, »Documenta in Athen: Alles so schön zwittrig hier«, in: *Die Zeit*, 07.04.2017.

56 | B. Hopfener, »Historische Sammlungen und Gegenwartskunst. Konferenzbericht«, in: *Humboldt Lab Dahlem Projektdokumentation*, S. 307.

siert, neutralisiert, dekonstruiert, homogenisiert und dementsprechend auch unqualifizierbar, unbeschreibbar gemacht. [...]«[57]

57 | B. Groys, *Logik der Sammlung*, München: Carl Hanser Verlag 1997, S. 42.

IV. Drei Grenzgänge als Fallbeispiele

An ihren Grenzen wird die Beschaffenheit von Systemen erkennbar. Jedes System erzeugt nach Ernesto Laclau Differenzierungen, produziert aber auch einen ›konstitutiven Ausschluss‹,[1] den Antagonisten, das nicht Integrierbare. Im Folgenden sollen drei Fallbeispielanalysen aufzeigen, welche Spielräume sich für Künstler in der ersten Hälfte der 2010er Jahre in den Staatlichen Museen auf einmal öffneten und an welche Grenzen sie stießen. Jedes der drei Beispiele forderte das Humboldt Lab und die Museen auf seine Weise heraus. Dabei zeigte sich, dass Kriterien des Gelingens und Scheiterns im Lab und in den Museen nicht immer deckungsgleich waren. Zhao Zhaos ikonoklastische Auseinandersetzung mit einem zentralen Ausstellungsstück des Humboldt Forums, einem Kaiserthron aus der Kangxi-Ära, lässt sich als grundsätzliche Auseinandersetzung mit Zusammenhängen von Privilegierung und Zerstörung, Kontextualisierung und Dekontextualisierung lesen. Fragen nach der Provenienz von Objekten (Kauf, Konfiszierung, Kriegsbeute?) und der Legitimität von Museumsbesitz sind lange Zeit tabuisiert worden. Die erhabene museale Aura blendet Gewaltaspekte (kriegerische Umstände der Objektbeschaffung, zerstörerische Marktdynamiken) vornehm aus. Der Pekinger Künstler stellte diese Realität mit einem blutroten Sturzbach vor Augen. Gleichzeitig erfüllte er geradezu plakativ den Auftrag des Humboldt Lab, für historische Objekte visuell aufregende Szenografien zu entwerfen.

Mathilde ter Heijnes Experiment zwischen Kunst, Anthropologie und Religion war Versuch und Selbstversuch zugleich. Ihr Beitrag, eine Gemeinschaftsproduktion mit einem in Berlin lebenden afrikanischen Priester, forderte das museale Selbstverständnis als säkular-aufklärerischer Ort heraus. Im Zentrum stand ein Altar aus dem afrikanisch-schamanischen Zusammenhang, der nicht Ausstellungsstück war, sondern Voodoo verkörperte. Die Installation stand im Kontrast zur musealen Präsentation stillgelegter Relikte von (in der Museumslogik) nicht mehr aktuellen, nicht mehr als lebendig erachteten oder ausgestorbenen Kulturen. Ter Heijne erfüllte, ja übererfüllte die

1 | E. Laclau, *Emanzipation und Differenz*, Wien: Turia + Kant 2017.

Forderung des Humboldt Lab, historische Sammlungen (und das Museumspersonal) zu ›animieren‹, ›aktivieren‹ und ›dynamisieren‹.

Das Kollektiv Politique Culinaire drehte den experimentellen Spieß im Lab um: Hier waren die Künstler die Labormeister. Ihr Psychoexperiment einer Reinszenierung des Abschlussbanketts der Berliner Afrika-Konferenz, nunmehr auch mit afrikanischen Gästen, setzte bei der erklärten Gastgeberrolle der Stiftung Preußischer Kulturbesitz an, die ›die Welt‹ ins Humboldt Forum einlädt, und geriet zum Stresstest für das Humboldt Lab, das Ethnologische Museum und die Stiftung Preußischer Kulturbesitz. Politique Culinaire wollte nach eigenen Angaben herausfinden, wie ernst gemeint die proklamierte Gastfreundschaft der Preußenstiftung ist. Mit dem Projekt durchkreuzte das Kollektiv nicht nur Erwartungshaltungen im Museum, sondern auch der postkolonialen Community – und bildete gewissermaßen eine künstlerische Querfront.

IV.1 Zhao Zhaos Objektinszenierung »Waterfall«

Das Experiment »Spiel der Throne«[2] gehört zu den frühen Projekten des Humboldt Lab. Es bestand aus einer parallelen Versuchsanordnung: Drei Künstler und ein Industriedesigner erhielten den Auftrag, ein Thronensemble aus der Kangxi-Ära (1662-1722) für das Humboldt Forum mit künstlerischen Mitteln ›zu inszenieren‹. Es handelt sich um ein Hauptwerk der Berliner Sammlungen. Taoistisch inspirierte Darstellungen von Landschaften und Unsterblichen des ›Westlichen Paradieses‹ entrücken den chinesischen Thron aus mit Perlmuttintarsien reich verziertem Palisanderholz in Gefilde, die Normalsterblichen verwehrt sind.[3] Der Palast, in dem der Thron stand, existiert nicht mehr. Mit dem Bemühen, Objekte stärker zu kontextualisieren, taucht das Problem ortsferner Objekte (›displaced objects‹) auf. Die Lücke des fehlenden Kontexts sollte mit »Spiel der Throne« gewissermaßen szenografisch ausgefüllt werden. Die Ideen von Künstlern sollten erklärtermaßen Anregungen für die Präsentation des historischen Exponats in einem 560 Quadratmeter großen und acht Meter hohen Thronsaal im Humboldt Forum liefern. Da das Original weder berührt noch stark angeleuchtet noch bewegt werden durfte, behalf sich das

2 | Probebühne 2, Juni bis Oktober 2013.

3 | Das Bildprogramm des Thronensembles speist sich aus spirituellen Mythen und Motiven von Unsterblichkeit, die die Kaiser als ›Himmelssöhne‹ mit göttlichem Mandat versahen. Das ›Westliche Paradies‹ verweist auf die Zeit buddhistischer Mission in China. Der ›Westen‹ war die Gegend, die den Buddhismus hervorgebracht hatte. W. Weisse, *Theologie im Plural. Eine akademische Herausforderung*, Berlin: Waxmann Verlag, 2009, S. 22.

Lab mit maßstabgetreuen Modellen, die die Künstler stellvertretend inszenierten. Die Modelle wurden den Künstlern Simon Starling, Kirstine Roepstorff und Zhao Zhao sowie dem Industriedesigner Konstantin Grcic zur Bearbeitung zur Verfügung gestellt. Grcic für die künstlerische Stuhlinszenierung zu verpflichten, verriet insofern Humor, als dessen Kreation ›Chair One‹, die postmoderne Variante des legendären ›Diamond Chair‹, als smarte Designikone in Kunstgalerien und Sammlervillen zu finden ist. Die Präsentation fand auf einer als White Cube gestalteten Sonderausstellungsfläche der Dahlemer Museen statt. Kuratiert wurde das Projekt von Angela Rosenberg.

Der Projekttitel »Spiel der Throne« ist eine Anspielung auf eine der kommerziell erfolgreichsten US-Fantasyserien: »Game of Thrones« (Serienstart war 2011), basierend auf der Romanreihe *A Song of Ice and Fire* (deutsch: *Das Lied von Eis und Feuer*) von George R.R. Martin. Die Serienstaffeln wurden in über 170 Ländern ausgestrahlt und brachen weltweit Einschalt- und Streamingrekorde. Es lohnt, hier einen Moment zu verweilen: Während in Museen die Sensibilität für ethnische, rassische, Gender- und andere Stereotypisierungen wächst, lebt das populäre Fantasygenre weiterhin genau davon. Im Mittelpunkt des Abenteuers steht ein eiserner Thron, der metonymisch für imperiale Autorität steht. Die Gesellschaft, säkularisiert, aufgeklärt, karriere- und machtorientiert, ist unverkennbar an westliche Gesellschaften der Gegenwart angelehnt. Das erzählerische Zentrum von »Game of Thrones« bildet der Kontinent ›Westero‹, wo sieben Königreiche, angesiedelt in einem fiktiven Mittelalter, um Macht und Vorherrschaft kämpfen. Die Peripherie dieser Welt erinnert an Schauerromane oder Reiseberichte aus der Kolonialzeit. An den Rändern konzentriert sich das Mythische, Exotische, Abgründige, Absonderliche, Irrationale, Gefährliche, Okkulte. Dort herrschen ethnische Vielfalt, wildes Brauchtum und absonderliche Riten. ›Westero‹ schützt sich gegen die Bedrohung des Außerhalb mit einer berghohen Mauer. Gleich hinter der Mauer leben ›Wildlinge‹ in einem Urwald. Weit im Osten liegt ›Essos‹, die an Asienbilder angelehnte Heimat von Nachfahren uralter, technisch hochstehender, in ›Westero‹ aber kaum bekannter Zivilisationen. Religiöser Fanatismus breitet sich im Serienverlauf immer weiter aus. Weiße Ritter der sich überlegen wähnenden ›Westero‹-Zivilisation kämpfen in idealisierter Kreuzfahrermanier für die Rettung ihrer Welt. Bis hin zur auffälligen und kritisierten Besetzung von Bösewichten mit schwarzen Darstellern folgt die Serie Ethnoklischees. Aus religionswissenschaftlicher Perspektive interessant erscheint, dass die Handlung von der Angst vor dem Eindringen des konstruierten ›Anderen‹ und verdrängter Schatten als vermeintliche Ursachen einer apokalyptischen Eiszeit (»Winter is coming«) vorangetrieben wird.

Zhao Zhao, geboren 1982 in Xinjiang, ging mit einer bühnenhaften Installation als einziger Teilnehmer auf die populärkulturell-cineastische Anspielung des Titels ein. Er übergoss die Thronattrappe mit einem Sturzbach roten Wachses und schuf ein Standbild, das Assoziationen an Splatterfilme weckt. Der Pekinger Künstler, der dem Ai-Weiwei-Kreis entstammt, schuf eine spektakuläre künstlerische Szenografie, die das musealisierte Herrschermobiliar in das Assoziationsfeld von Dominanzgesten, Eroberungszügen, Palastplünderungen, Kolonialkriegen und Machtspielen tauchte.[4] In formaler Hinsicht erscheint das »Waterfall« betitelte plastische Werk an das ›Action Painting‹ in den USA der 1950er und 1960er Jahre angelehnt. Bildmaterial dokumentiert den vom Künstler lässig ausgeführten Schüttvorgang. Die Technik lässt sich als ›Dripping‹ oder ›All-over-Painting‹ beschreiben, die Kunstaktion als symbolischer Anschlag auf das auratische Museumsobjekt, den Originalthron, oder seine Musealisierung interpretieren.

Abb. 4: Zhao Zhao, »Waterfall«, Humboldt Lab Dahlem 2013

Als Akt zivilen Ungehorsams passt der künstlerische Anschlag auf das Museumsobjekt ins westliche Avantgarde-schema und damit ins radikal-moderne

4 | Zhao Zhaos Betrachtung des Machtmöbels als potenzielles Kinorequisit korrespondiert nicht nur mit westlichen, sondern auch mit fernöstlichen populären Filmproduktionen. Im chinesischen Fernsehen laufen beinahe allabendlich historische Serien. Oft sind sie in der idealisierten Kangxi-Ära angesiedelt, die das heutige chinesische Publikum nicht nur in eine prunkvolle Vergangenheit, ein ›goldenes Zeitalter‹ eintauchen lässt, sondern in der es auch eigene Ansprüche auf Wohlleben und Luxus gespiegelt sieht.

Repertoire. Ausgeführt von einem Chinesen, löst die symbolische Kunstzerstörung indes auch Assoziationen an die, ebenfalls radikal-moderne, chinesische Kulturrevolution aus, die, jedenfalls im Westen, kaum als avantgardistische Heldentat angesehen wird, was einen ambivalenten Deutungsraum öffnet. Eine machtkritische Lesart wäre, die rote Farbe als Fingerzeig darauf zu lesen, dass die kommunistische Einheitspartei in feudalistisch-zentralistische Machtstrukturen gleichsam eingeflossen ist, ohne eine tatsächliche revolutionäre Veränderung zu vollziehen, und der Staatskommunismus gewissermaßen wie eine Kruste über bewahrten Zentralgewaltstrukturen liegt. Tatsächlich begegnet man in informellen Gesprächen in China diesem Motiv recht häufig. Der Anblick des rot besudelten Throns konnte im Kontext der Staatlichen Museen zu Berlin aber auch diese Assoziation wecken: Klebt etwa Blut an dem Museumsexponat?[5] Die martialische Thron-›Inszenierung‹ durch Zhao Zhao ließ auch darüber nachdenken, was chinesische Besucher beim Anblick des Kaiserthrons im Humboldt Forum empfinden mögen. Stolz auf das hervorragende chinesische Kunsthandwerk? Wehmut über den massenhaften Ausverkauf nationalen Kulturgutes Ende des 19. Jahrhunderts?[6]

Zhao Zhao stellte seine Perspektive auf den chinesischen Thron in einem chinesischsprachigen Blog zur Diskussion. Einige Passagen konnte man im Ausstellungsraum in englischer Übersetzung lesen. Im Internet entspann sich eine lebhafte Diskussion. Unter den Kommentatoren waren auch solche, die Zhao Zhaos Umgang mit einem nationalen Schatz aus Chinas Vergangenheit fragwürdig und respektlos fanden.

Die anderen Präsentationen von »Spiel der Throne« boten kaum Stoff für Kontroversen, sondern unterschiedliche szenografisch-atmosphärische Zugänge zu dem Museumsexponat. Kirstine Roepstorff arbeitete Licht- und

5 | Die Zhao-Zhao-Aktion erfolgte im Jahr der Grundsteinlegung des Berliner Schlosses, als das Vorhaben der Staatlichen Museen, die Sammlungen aus der Kolonialzeit in die rekonstruierte Residenz eines Herrscherhauses zu überführen, das selber in ›Colonial Affairs‹ verwickelt war und zeitweise im transatlantischen Sklavenhandel mitmischte, zunehmend schärferer Kritik ausgesetzt war. Es war auch das Jahr, in dem das Kampagnenbündnis No Humboldt 21 mit der Forderung eines ›Moratoriums‹ an die Öffentlichkeit trat. Es forderte einen Baustopp, bis die Provenienzen der Exponate im Humboldt Forum geklärt sind.

6 | Der Niedergang Chinas im 19. Jahrhundert als Folge u.a. der ›Ungleichen Verträge‹ mit Westmächten brachte es mit sich, dass sich chinesische Kulturschätze heute in großen Teilen außer Landes befinden. Auf die Plünderung des Pekinger Sommerpalastes 1860 durch britische und französische Truppen im Zuge der Opiumkriege wies Ai Weiwei 2014 in seiner großen Berliner Ausstellung »Evidence« im Martin-Gropius-Bau mit vergoldeten Repliken der Figuren des chinesischen Zodiak aus dem Palastgarten hin. Zwischen 2000 und 2007 gelangten fünf Originale zurück nach China.

Schattenaspekte des Herrschermobiliars heraus, Simon Starling tastete mit der Videokamera die aufwendig gestaltete Oberfläche des historischen Prunkmöbels ab. Eine strukturelle Durchdringung leistete Konstantin Grcic, der vom chinesischen Winkelhakenmuster auf dem Thronensemble eine verwinkelte Dramaturgie der Barriere zwischen Machthabern und Bürgern oder Museumsstück und Betrachtern ableitete und diese mit Gittern, wie man sie aus Abfertigungshallen von Flughäfen kennt, physisch erfahrbar umsetzte.

Kuratorische Rahmung

Die Rahmung von Zhao Zhaos Beitrag durch die freischaffende Kuratorin Angela Rosenberg bestand aus wenigen Sätzen, die in verschiedenen Kontexten und Drucksachen formelhaft wiederholt wurden:

> »Die inhaltliche, formale und mediale Vielfalt im künstlerischen Werk Zhao Zhaos ist Ausdruck einer kritischen Haltung zur chinesischen Politik. Um konstruierte Bedeutungen infrage zu stellen, fordert er die gesellschaftliche Wirklichkeit und ihre ideologischen Konventionen ebenso heraus wie kulturelle Stereotypen und die Dominanz bestimmter, meist europäischer Kategorien der Kunstgeschichte. In Zhao Zhaos Installation ›Wasserfall‹ versank der kaiserliche Thron in einem Sturzbach von rotem Wachs, der zu pittoresken Formen erstarrt war. Während der Künstler die vermeintlich kunstvolle Form des Throns mit einer physische Gewalt suggerierenden Geste den Blicken des Betrachters entzog, machte er gleichzeitig seine eigene und die Auseinandersetzung seiner künstlerischen Umgebung mit diesem Relikt der chinesischen Monarchie transparent.«[7]

Auf welche ›meist europäischen Kategorien‹ der Kunstgeschichte spielt der Kuratorentext an? Warum ist die Form des Throns ›vermeintlich kunstvoll‹? Wieso soll die Vielfalt der ausgewählten künstlerischen Mittel Ausdruck einer kritischen Haltung zur chinesischen Politik sein? Kuratorische Statements halten einfacher logischer Prüfung oft nicht stand, was nicht heißt, dass sie unbrauchbar sind. Ihre Funktion im Kunstkontext entfalten derartige Texte häufig gerade durch semantische Unschärfe, die analog zur Struktur von Kunstwerken weit gespannte Deutungsmöglichkeiten erlaubt.[8]

---

7 | A. Rosenberg, »Spiel der Throne/Projektbeschreibung (Probebühne 2)«, in: *Humboldt Lab Dahlem Projektdokumentation*, S. 68.

8 | Merkmale kuratorischer Prosa sind: Mischungen aus Deskription und Interpretation, die semantisch nicht als solche gekennzeichnet sind, elliptischer Stil, unvermittelter Wechsel von symbolischer und realer Ebene, Nebeneinander von künstlerisch-formaler Beschreibung und politischer Aussage, mitunter in ein und demselben Satz, Häufung rhetorischer Stilmittel wie Antithese, Synekdoche, Oxymoron, Polysemie oder Paradoxie, signalhafte Wendungen wie ›kritische Haltung‹ oder ›infrage stellen‹, gewisse Theo-

Zu der Social-Media-Komponente heißt es in der Projektbeschreibung der Kuratorin, es habe sich um einen demokratischen Austausch gehandelt, »in deutlichem Gegensatz zu der wie eingefroren wirkenden Bewegung des roten Wachses«. Dadurch sei einerseits auf die kaiserliche Vergangenheit und deren gewaltsame Strukturen verwiesen worden und andererseits »auf die Stagnation demokratischer Bemühungen des aktuellen chinesischen Regimes«.[9] In der Konferenz »Historische Sammlungen und Gegenwartskunst. Eine Diskussion kuratorischer Strategien« (2015) erklärte Rosenberg, den Projekten von »Spiel der Throne« habe eine klare Aufgabenstellung zugrunde gelegen, nämlich das »Potenzial szenischer Interpretation im Museum zu untersuchen und mittels konkreter Eingriffe in bestehende Sammlungen zu alternativen Sichtweisen zu gelangen«. Es habe sich um ein kreatives Experiment mit offenem Ausgang gehandelt, nicht um einen Entwurfswettbewerb für das Humboldt Forum.

Aussagen des Künstlers und Evaluierung durch das Lab

Als der Pekinger Künstler Zhao Zhao beauftragt wurde, den historischen Kaiserthron aus der Kangxi-Ära künstlerisch zu ›inszenieren‹, überraschte er die Lab-Verantwortlichen mit der spontanen Aussage, er würde den Thron am liebsten zerhacken. Die drastische Wortwahl schien zu imponieren, denn Martin Heller und Angela Rosenberg erzählten die Anekdote immer wieder, u.a. in Zeitungs- und Radiointerviews.[10] In einem EMail-Austausch 2017 sprach ich den Künstler darauf an.[11] Zhao Zhao erklärte ausweichend, dem spontanen Zerstörungsimpuls sei die rasche Einsicht gefolgt, dass geschichtlich gesehen

rievorlieben und ein spezielles Set an Autoritäten, auf die direkt oder indirekt Bezug genommen wird.

9 | A. Rosenberg, »*Spiel der Throne/Projektbeschreibung (Probebühne 2)*«, in: *Humboldt Lab Dahlem Projektdokumentation*, S. 68.

10 | Im Interview mit dem Deutschlandfunk am 04.08.2015 sagte Martin Heller: »Zu Beginn wollte er ein Beil zur Hand nehmen und diesen Kaiserthron auch zertrümmern, als erste Reaktion, und das ist ja genau das Interessante, wenn man mit zeitgenössischen Künstlerinnen und Künstlern arbeitet, weil die eine ganz andere Zugangsweise mitbringen zu den Objekten, durchaus auch eine engere Beziehung haben, weil sie gewohnt sind, mit materieller Kultur umzugehen, aber da kommen dann auch Dinge, Ideen auf den Tisch, die natürlich durchaus jetzt nicht im Sinne der musealen Erhaltung oder Konservierung sind, sondern die plötzlich eine ganz andere Energie freisetzen.« K. Fischer, »Humboldt Lab. Eine Probebühne für Andersdenkende. Martin Heller im Gespräch«, in: *Deutschlandfunk*, 04.08.2015.

11 | Das EMail-Interview mit Zhao Zhao am 15.02.2017 erfolgte in chinesischer Sprache; Übersetzung: Zhang Xin Zhang und Johannes Fiederling. Den Kontakt zu dem Künstler vermittelte dankenswerterweise der Galerist Alexander Ochs.

der Modus der Zerstörung nichts Neues sei,[12] sondern vielmehr der historische Normalfall.

»In der chinesischen Geschichte wurden alle möglichen ›Herrschaftssitze‹ oder Religionen wieder und wieder vernichtet. Paläste, Bildnisse Buddhas, wieder und wieder zerstört und danach wieder und wieder neu errichtet. In unendlicher Menge und Zahl, zertrümmert, verbrannt, vergraben. Aber in der heute herrschenden Marktwirtschaft in China werden diese kulturellen Relikte erneut ausgebuddelt und als Kulturobjekte verkauft, werden zu Waren auf dem Antiquitätenmarkt.«[13]

Die naheliegende Frage nach der Provenienz des kaiserlichen Throns war in der Präsentation von »Spiel der Throne« ausgeklammert worden, dafür hatte es auf einer Schautafel im Eingangsbereich der Sonderausstellung eine Aufschlüsselung des Bildprogramms gegeben. Zhao Zhao interessierte die Provenienz sehr wohl. Gleich zu Beginn unseres EMail-Austausches referierte er die dürftigen Details, die offiziell bekannt sind: Gegen Ende des 19. Jahrhunderts wurde das Thron-Ensemble von einem deutschen Sammler gekauft, in den 1970er Jahren gelangten der Thron und der dazugehörige Wandschirm als Schenkung ins Museum für Asiatische Kunst in Berlin. Auf die poststrukturalistisch inspirierten Formulierungen der Kuratorin vom ›Infragestellen konstruierter Bedeutungen‹ ging der Künstler nicht ein. Politische Deutungen hakte er mit einem vorsichtigen Satz ab: »Es kann Assoziationen zu historischen diktatorischen Regimen wecken.« Ausgesprochen distanziert äußerte sich Zhao Zhao zu seiner Mitarbeit im Humboldt Lab. Er habe schlicht einen ›Job‹ erledigt. Die Aufgabenstellung verstand er so:

»Es stellt ein Museum mit altertümlicher Kunst aus Asien vor eine schwere Aufgabe, im Publikum eine ähnliche Begeisterung für seine ›musterhaften Stücke‹ zu wecken, die es beim Anblick einer Historienshow bzw. eines historischen Reenactment hätte. Das Museum musste mittels zeitgenössischer Kunst Lebensenergie freisetzen. Es ging darum, ein neues Werk zu schaffen, dass in Beziehung zu einer früheren Kultur tritt. Und ich habe Bindungen zu dieser früheren Kultur. Mein Ausstellungsprojekt bestand darin, dafür zu sorgen, dass man den Drachenthron nicht mehr sieht – ich begrub ihn unter rotem Wachs. Nach der Ausstellung hätte sich sein ursprünglicher Zustand wiederherstellen lassen.«[14]

12 | Beispiele künstlerischer Zerstörung bot z.B. Ai Weiwei mit Vasenzertrümmerungen. Hinterher waren diese noch wertvoller.

13 | EMail-Interview mit Zhao Zhao am 15. Februar 2017.

14 | Ebd.

Die Evaluierung des Lab-Projekts »Spiel der Throne« ergab noch während der Ausstellungslaufzeit die Unrealisierbarkeit aller vorgeschlagenen Lösungen. Als Begründung wurden technische Schwierigkeiten und fehlender Platz angeführt. In der Abschlusspublikation *Prinzip Labor* heißt es, die »inhaltliche und formale Offenheit« der Kunst- und Designbeiträge habe zu »alternativen Sichtweisen und atmosphärischer Aufladung« geführt. Für eine »unmittelbare Übernahme ins Humboldt-Forum« aber käme keiner der vier Beiträge infrage, denn »[...] sie wären den Anforderungen einer Dauerausstellung, welche die Sicherheit und ungehinderte Wahrnehmung der Gegenstände garantieren muss – und in die auch weitere Objekte einzubeziehen sind –, nur bedingt gerecht geworden.«[15] Eine merkwürdig biedere Erklärung. Der Kunsthistoriker Jörn Schafaff, der vom Lab zu einer Kommentierung (›Position‹) von »Spiel der Throne« eingeladen wurde, urteilte:

»Zusammengenommen zeigen die vier Szenarien vor allem eins: die Relativität einer jeden musealen Präsentation. [...] Die gleich mehrfachen Abstraktionsmaßnahmen, welche die Szenarien von einem konkreten Wirklichkeitsbezug entfernen, scheinen auf die Gefahr hinzudeuten, dass der Versuch, das museale Displacement mit szenografischen Mitteln zu überbrücken, stets die kulturellen, sozialen und politischen Implikationen des Sammelns, Ordnens und Präsentierens zu verschleiern droht.«[16]

Der Direktor des Museums für Asiatische Kunst, Klaas Ruitenbeek, der auch in der Lab-Leitung saß, reiste schließlich nach Hangzhou und verpflichtete den international renommierten Architekten Wang Shu für die Thronsaalgestaltung im Humboldt Forum. Wang Shu war vom Humboldt Lab als Wunschkandidat Ruitenbeeks zu »Spiel der Throne« eingeladen worden, hatte aber nicht zugesagt. Im Symposium »Historische Sammlungen und Gegenwartskunst. Eine Diskussion kuratorischer Strategien« erklärte Ruitenbeek rückblickend:

»In diesem Denkprozess, wo ›Spiel der Throne‹ entstand, sind wir auch dazu gekommen, einen größeren Raum einem berühmten [...] chinesischen Architekten zu übergeben, als eine große Kunstinstallation. [...] Diese Entscheidung [...] ist sicher auch politisch. Wir zeigen [...] Kunst aus der Zeit, als China eine Großmacht war [...] in einer Zeit jetzt, wo China wieder eine Großmacht ist. Aber die Objekte, die da gezeigt werden aus dem 17. und 18. Jahrhundert, die sind ja in einer Zeit nach Deutschland gebracht worden, als China keine Großmacht war und wo eben für Chinesen schmerzhafte Assoziationen da sind. Und natürlich sagen wir das nicht so ganz explizit [...], aber dass wir das jetzt so

15 | Humboldt Lab Dahlem (Hg.), *Prinzip Labor*, S. 103.

16 | J. Schafaff, »Spiel der Throne/Positionen. Modell von/Modell für: Zur Funktionalität der Ausstellung (Probebühne 2)«, in: *Humboldt Lab Dahlem Projektdokumentation*, S. 70.

machen mit diesem Künstler Wang Shu, der natürlich in China großes Ansehen genießt, dass er diese Objekte, die den Stolz Chinas repräsentieren, aber eben auch eine Zeit, worauf sie nicht stolz sind, dass er die jetzt zeigt, das ist auch eine Art Triumph.«[17]

Was für ein Triumph soll das sein? Zhao Zhaos Inszenierung des chinesischen Herrscherthrons ist ein Schlüsselwerk des Humboldt Lab. Es wurde verabsäumt, die Arbeit für das Humboldt Forum zu sichern. Inzwischen befindet sich das Werk in privaten Händen.[18] Der Pekinger Künstler eröffnete mit seinem Beitrag zu »Spiel der Throne« ein komplexes und vielfältiges Assoziationsfeld, das auch eine dekoloniale Lesart einschloss. In der Verbindung von rot verschmiertem Herrschersitz und dem Werktitel »Waterfall« addiert sich Gewaltmetaphorik zu beständigen (Blut-)Strömen und Turbulenzen. Die Assoziation blutbefleckten Museumsguts drängt sich fast körperlich auf. Dass schließlich der Pritzker-Preisträger Wang Shu und nicht Zhao Zhao den Zuschlag für die Thronsaalgestaltung im Humboldt Forum erhielt, scheint weniger Vorbehalten gegenüber dem anspielungsreichen Werk geschuldet gewesen zu sein, »Waterfall« erfuhr museumintern viel Zustimmung, sondern grundsätzlichen Schwierigkeiten des Humboldt Lab, mit seinen Ideen und Vorschlägen die Gestaltung des Humboldt Forums zu beeinflussen.

17 | K. Ruitenbeek, »Zeitgenössische Kunst in Dahlem und der Planungsstand im Humboldt-Forum«, in: »Historische Sammlungen und Gegenwartskunst«, 2015 in Berlin (unpubl. Konferenzbeitrag; Audiodatei).

18 | »Waterfall« gehört inzwischen zur Sammlung des Investmentfonds Tiroche DeLeon Collection. »The dynamism of this democratic exchange contrasts sharply with the frozen movement of the red wax; on the one hand, it refers to the imperial past and its violent structures, on the other, to the stagnation of democratic efforts of the current Chinese regime. This is what makes the piece a perfect fit for the Tiroche DeLeon Collection that acquires seminal works of artists from developing markets, imbued with local tradition and meaning.« www.tirochedeleon.com/item/605697 (03.05.2019).

IV.2 Mathilde ter Heijnes »Pulling Matter from Unknown Sources«

Toulabo-Anekdote[19]

Im Sommer 2015 erhielt das Ethnologische Museum in Berlin Besuch. Ein Gott aus der Berliner Nachbarschaft, sowohl weiblich als auch männlich, mit afrikanischem Migrationshintergrund, kam auf Einladung des Humboldt Lab zu seinen älteren Verwandten in die Afrika-Abteilung. Der Donnergott Hevièsso erschien als Toulabo, so heißt sein männlicher Anteil, und ließ sich zwischen Museumsobjekten, die aufgrund ihres Alters und ihrer Seltenheit einen hohen Status genießen, auf einem bescheidenen Schemel nieder, mit einem blutroten Lappen als Unterlage. Den Museumsausflug verdankte die Altarfigur einer niederländischen Kunstprofessorin, die sich dafür interessiert, wie Figuren im schamanischen Ritualzusammenhang eine Aufladung und Verlebendigung erfahren können, und einem Voodoo-Priester aus Berlin-Weißensee. Die beiden bauten im Ethnologischen Museum innerhalb der Ausstellung »Kunst aus Afrika« mit Flachbildschirmen eine Art ›Cordon sanitaire‹ um die mit einem kleinen Spielzeuggewehr bewaffnete Altarskulptur: zum Schutz des Gottes wie der Besucher. Das Götterbild wurde im Museum zuvor verschiedenen Prozeduren unterzogen. Die Ethnologen des Hauses steckten den Toulabo zur Begrüßung in eine Tiefgefrieranlage.[20] Die Tiefgefrieranlage gab beim Versuch, die Gottheit zu entwesen, d.h. von möglichen Keimen und sonstigen Flüchen zu reinigen, prompt den Geist auf. Der Geist der Figur schien stark genug zu sein, um sich gegen solche Behandlungen zu wehren. Danach ging es in die Stickstoffkammer, was dem Toulabo merklich zusetzte. Mit Palmöl und Blut durfte die Figur im Museum nicht besprengt werden, aus konservatorischen Gründen, wie es hieß, obwohl das für ihr Dasein essenziell zu sein scheint. Nach dem Museumsausflug versorgte die Künstlerin die Sakralfigur in ihrem Berliner Atelier wieder mit den gewohnten Begießungen und Besprechungen. Die Gottheit, erzählte sie, habe nach ihrem Museumsausflug eine Weile verkümmert ausgesehen.

19 | Notiert 2017 nach einem Gespräch mit der Künstlerin.

20 | Der Kunsthistoriker Carl Einstein hat in den 1920er Jahren das ganze Berliner Völkerkundemuseum als eine »Kühlkammer weißer Wißgier« empfunden. C. Einstein, »Das Berliner Völkerkunde-Museum. Anläßlich der Neuordnung«, in: *Der Querschnitt* 8 (1926), S. 588-592, hier S. 590.

Abb. 5: Mathilde ter Heijne, Messanh Amedegnato und der Toulabo 2014 im Atelier der Künstlerin in Berlin

An einem grauen Februartag 2017 begegnete ich dem Toulabo, der Götterfigur aus dem Lab-Projekt »Pulling Matter from Unknown Sources«, in Mathilde ter Heijnes Atelier in Berlin-Wedding wieder.[21] In dem hellen, zweckmäßig eingerichteten Studio in einem sechsgeschossigen Industriebau aus den 1950er Jahren steht nichts Überflüssiges herum. Im hinteren Bereich des Atelierraums dreht die Künstlerin eine Transportkiste auf Rädern herum. In ihrem Inneren wird der transportable Altar mit der zirka 85 Zentimeter hohen Kultfigur aus Holz sichtbar. Nüchternes Tageslicht fällt auf die Statue. Spuren von Palmöl und Blut bedecken den Kopf und haben auch das kleine Gewehr verklebt. An diesem Vormittag entfaltet die Figur keine besondere Präsenz. Die Künstlerin besprengt die Altarplastik mit Wasser und ein paar Schnapsspritzern und reicht mir beiläufig ein Gläschen. Ich solle ein paar Tropfen trinken, der Alkohol übermittle das Geistige. Mit ein paar Tropfen Schnaps erweise man der Gottheit Referenz, sagte sie. Es gehe auch darum, mit der Gottheit hie und da zu sprechen. Die Künstlerin hat in Togo als Vodounon, Dienerin des Voodoo-Kults, gelernt, wie man den Altar lebendig hält und vollzieht die nötigen Akte mit Gesten, die Respekt und Gewohnheit verraten.

21 | Mathilde ter Heijne ist eine niederländische Video-, Konzept- und Installationskünstlerin, die als Professorin für Visuelle Kunst, Performance und Installation an der Kunsthochschule Kassel lehrte, bevor sie als Professorin für Zeitbezogene Medien und Performance an die Universität der Künste Berlin wechselte.

Werkansatz und Installation im Humboldt Lab

Mathilde ter Heijnes Beitrag für das Humboldt Lab bestand aus einer Videoinstallation um einen Altar mit der beschriebenen sakralen Figur herum. Der Beitrag wurde als Teil der Interventionsreihe »Springer, nochmals«[22] gezeigt. In der Präsentation waren Materialien und Bilder zu sehen, die zu einem mehrschichtigen und fortlaufenden Kunst- und Forschungsprojekt mit dem Titel »Pulling Matter from Unknown Sources« gehören. Ter Heijne spricht von einem seit 2012 fortlaufenden Rechercheprojekt, bei dem die Verbindung zwischen Mensch, Gemeinschaft, Material und Geist zentral sei.[23] Den Anstoß für das Projekt gab Messanh Amedegnato, ein Freund aus der Berliner Nachbarschaft, der im Jahr 2014 in Agouegan-Aného in Togo zum Hohepriester der Gottheit des Donners, Hevièsso, geweiht wurde und den Namen Togbe Hounon Hounougbo Bahousou erhielt. Die Künstlerin war daran interessiert, wie in den Zeremonien und Ritualen rund um Messanhs Einweihung und spirituelle Praxis in Togo und danach in Berlin kulturelle Bedeutungen wechseln. Dem Priester sei es um Entstigmatisierung des afrikanischen Schamanismus gegangen; das Ethnologiemuseum sei ihm hierfür als ein geeigneter Rahmen erschienen.[24] In Berlin und Togo interviewte ter Heijne Togbe Hounon und die Priesterin Mami Da Povi. Die Fragen drehten sich und die Bedeutung von gewissen Zutaten in Zeremonien, die (orale) Wissensweitergabe, nicht-geschlechtsspezifische Gottheiten und Restitution spiritueller Objekte. Während des Projekts wurde ter Heijnes Berliner Studio Heimat für den transportablen Altar der Hevièsso-Gottheit Toulabo und Drehpunkt für Aktivitäten des Berliner Zweigs der Union des Cultes Traditionnels du Togo (UCTT). Was aus der »künstlerisch-schamanischen« Kooperation entsprungen ist, bezeichnet ter Heijne als »lebendige hybride Praxis«.[25]

Die Titelgebung »Pulling Matter from Unknown Sources«[26] ist eine Anspielung auf die Ökofeministin und Physikerin Karen Barad, die 2003 den Essay »Posthumanist Performativity. Towards an Understanding of How Matter Comes to Matter« veröffentlichte. Barad versucht in dem Essay über den ›Linguistic Turn‹ und ›Cultural Turn‹ hinauszudenken.

---

22 | Probebühne 7, Juni bis Oktober 2015.

23 | http://de.terheijne.net/projects/ (03.05.2019).

24 | Interview mit Mathilde ter Heijne am 17.02.2017. »Voodoo is not about superstition«, sagt der Priester in einem Interview, das Teil der Videoinstallation ist.

25 | Diese Praxis hat ter Heijne später weiterentwickelt. Ein Schwerpunkt sind Experimente, um herauszufinden, wie und an wen in Afrika restituiert werden kann und »wie mit Energien umgegangen werden kann«; Interview Juni 2019.

26 | Das englische ›matter‹ drückt zum einen Materialität aus, zum anderen verweist es auf Tatsachen: ›What's the matter?‹

»Language has been granted too much power. The linguistic turn, the semiotic turn, the interpretational turn, the cultural turn: it seems that at every turn lately every ›thing‹ – even materiality – is turned into a matter of language or some other form of cultural representation. Language matters. Discourse matters. Culture matters. There is an important sense in which the only thing that does not seem to matter anymore is matter. [...]«[27]

Mathilde ter Heijne bewegt sich mit ihrem Projekt in einem aktuellen Theoriefeld, in dem sich Anthropologie, Psychologie, Poststrukturalismus, Ökofeminismus und Physik treffen und dass unter den Stichworten ›New Materialism‹, ›Material Turn‹ oder ›Ontological Turn‹ diskutiert wird. Ein breiteres Publikum kam 2012 im Rahmen der ökofeministischen documenta 13 der amerikanisch-italienischen Kunsthistorikerin Carolyn Christov-Bakargiev mit der Thematik von ›Quasi-Objekten‹ und ›mehrdeutigen Entitäten‹ in Berührung.[28] Im Humboldt Lab setzte sich noch ein weiteres Projekt mit der Aufladung von Materie auseinander: »Mensch – Objekt – Jaguar«. In der Gemeinschaftsproduktion der Ethnologin Andrea Scholz und des kolumbianischen Künstlers Sebastián Mejía von 2014 ging es explizit um eine Visualisierung der Theorien des ›Ontologischen Perspektiventausches‹ des brasilianischen Anthropologen Viveiros de Castro mit künstlerischen Mitteln. Der Titel zeigte an, dass dem ›Objekt‹, ein schamanischer Transformationshocker in Jaguarform aus den Berliner Sammlungen, eine Mittelstellung zwischen Mensch und Tier zukommt, und dass es als eigenständiger ›Akteur‹ oder ›Medium‹ eine Vermittlerrolle einnimmt. Mittels ›Closed-Circuit-Stream‹ wurde eine Art von medial vermittelter schamanischer Transformation evoziert: Besucher wurden

27 | K. Barad, »Posthumanist Performativity. Toward an Understanding of How Matter Comes to Matter«, in: *Signs. Journal of Women in Culture and Society* 28/3 (Spring 2003), S. 801-831, hier S. 801.

28 | In Interviews bezeichnete Christov-Bakargiev Kunstwerke als ›mehrdeutige Entitäten‹ und ›Quasi-Objekte‹, deren Eigenschaften sowohl Erdung als auch Beziehung ermöglichen, untereinander und mit denen, die mit ihnen interagieren. Schon im Vorfeld der documenta 13 hatte die Kunsthistorikerin mit Aussagen über ›denkende Erdbeeren‹ und ›intelligente Fußbälle‹ auf sich aufmerksam gemacht. Bei Kritikern stieß sie teilweise auf vollkommenes Unverständnis und wurde als ›Lady Gaga der Kunst‹ belächelt. Im Kasseler Fridericianum ließ Christov-Bakargiev ein Labor einrichten, in dem der Wiener Quantenphysiker Anton Zeilinger und seine Studenten documenta-Besuchern das ›Double-Slit-Experiment‹ vorführten, bei dem physikalische Teilchen verrückt spielen, sich offenbar verabreden, über weite Strecken hinweg, und zu bemerken scheinen, wenn sie beobachtet werden. Ein Zeilinger-Student aus Wien erklärte documenta-Besuchern, dass es in der Quantenphysik ähnlich wie in der Kunst sei: »Es gibt wunderbare Theorien, letztlich aber ist alles eine Frage der Interpretation«.

gefilmt und konnten sich selbst auf Projektionsflächen gewissermaßen mit Raubtieraugen als Beute wahrnehmen.[29] Eine vergleichbar aktive Stellung wie der Schamanenhocker in »Mensch – Objekt – Jaguar« nahm in ter Heijnes Arbeit »Pulling Matter from Unknown Sources« die hölzerne Voodoo-Figur ein. Im Zentrum von ter Heijnes Interesse bei »Pulling Matter from Unknown Sources« stand die Frage,

»[...] wie das Materielle einen Mehrwert bekommen kann, der nicht Kapital, Prestige oder in einer anderen Form symbolisch ist, aber der es trotzdem sozusagen auflädt. Ich versuche ›matter‹ aus Traditionen zu ziehen, die seit Jahrtausenden existieren und die ich gerne kennenlernen möchte. Hinzu kommen meine eigenen Quellen. So entsteht ein hybrides Material und eine geteilte Inhaltsübertragung, also nicht einseitig wie in der klassischen Ethnologie, sondern von beiden Seiten.«[30]

Zum Verhältnis von Kunst und Wissenschaft in ihrer künstlerischen Praxis sagt ter Heijne:

»Ich konstruiere natürlich meine Projekte, allerdings nicht innerhalb einer Wissenschaft, sondern innerhalb des experimentellen Freiraums Kunst. Bei dem beschriebenen Projekt möchte ich, dass Gegenstände nicht nur als Gegenstände innerhalb einer europäischen Sicht aufgefasst werden, sondern als Teil einer lebendigen hybriden Praxis, die sich in ihnen materialisiert.«[31]

Objekte wie die hölzerne Altarfigur sieht ter Heijne als soziale Medien bzw. soziale Objekte. Teil ihres künstlerisch-anthropologischen Experiments ist das Bemühen um Begegnungen, die »möglichst unverzerrt« sind durch Machtasymmetrien und Missverständnisse.[32] Ihre privilegierte Position habe sie dazu veranlasst, ihren »Zugang zu Ressourcen« zu teilen und abzuwarten, was von ihr verlangt werde.

»Als weiße westliche Frau und Kunstprofessorin habe ich Zugang zur togolesischen Voodoo-Gemeinde erhalten, weil ich einen Teil meiner Macht bewusst geopfert habe. Ich

29 | Im Online-Projektarchiv ist »Mensch – Objekt – Jaguar« als »komplexe multimediale Inszenierung, die die indigene Welterfahrung im Amazonastiefland mit wissenschaftlichen und künstlerischen Mitteln thematisiert« charakterisiert und als »wissenschaftliche Ausstellung als künstlerische Installation«. M. Münzel, »Mensch – Objekt – Jaguar/ Positionen. Ein Experiment gegen die Sicherheit abgeschlossenen Wissens (Probebühne 3)«, in: *Humboldt Lab Dahlem Projektdokumentation*, S. 105.

30 | Interview mit Mathilde ter Heijne am 17.02.2017.

31 | Ebd.

32 | Ebd.

habe mir gesagt, dass es eine Ehre ist, Teil der Gemeinschaft zu sein. Wenn ich mir meiner eigenen Privilegien und Macht nicht bewusst gewesen wäre, hätte ich gesagt, ich gehe jetzt nach Togo für ein künstlerisches Projekt. Dann wäre das aber etwas anderes gewesen. Dann wäre ich gegangen, um etwas zu bekommen. Das wollte ich nicht. Ich wollte eine Verletzlichkeit zulassen und mich auf die Situation, die Menschen vor Ort und darauf, was sie wollen, einlassen.«[33]

Abb. 6: Mathilde ter Heijne, »Pulling Matter from Unknown Sources«, Humboldt Lab Dahlem 2015, Installationsansicht.

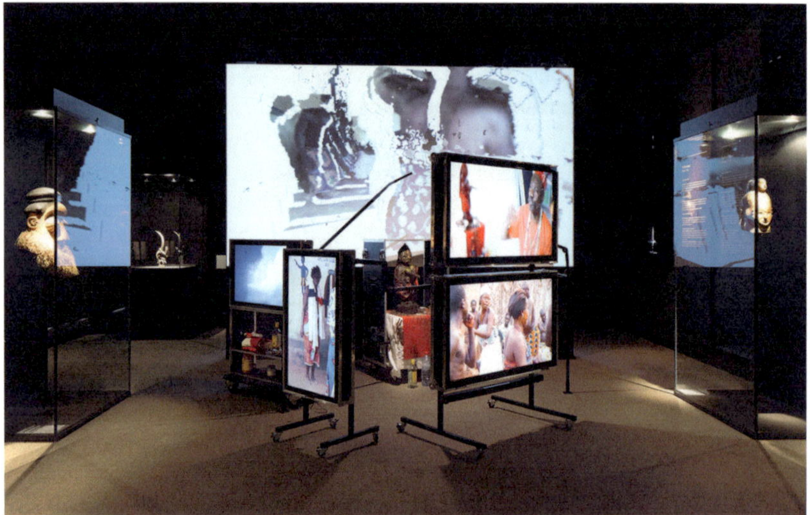

Als partizipativer Kunstbeitrag weist »Pulling Matter from Unknown Sources« eine Nähe zur ›Action Anthropology‹ auf. Der Kulturanthropologe Sol Tax hatte bereits in den 1950er Jahren im Rahmen von Feldforschungsprojekten partizipative Ansätze mit dem Ziel entwickelt, die distanzierte Beobachterposition mit dem Parteiergreifen einzutauschen. Ter Heijne geht noch einen Schritt weiter. Ihr Ansatz stellt eine Radikalisierung der ›Action Anthropology‹ durch das Maß des Sich-Einlassens dar[34]. Die Künstlerin ist nicht nur teilnehmende und involvierte Beobachterin, sondern initiierte Beobachterin. Für Mathilde ter Heijne trifft zu, was Lucy R. Lippard in ihrem Essay »Farther Afield« anerkennend über Kunstaktivisten sagt: Sie gehen weiter hinein ins Feld: »Rather

---

33 | Ebd.

34 | Ein prominentes Beispiel einer initiierten Künstlerin ist die Österreicherin Susanne Wenger, die in Nigeria den Status einer Yoruba-Priesterin erlangte. Beispiele für initiierte Ethnologen sind Frank Hamilton Cushing oder Gladys A. Reichard.

than historians and anthropologists, the models for my own neo-anthro work are mostly those artists who are going farther afield with fewer guidelines, and fewer precedents.«[35]

Mathilde ter Heijne stellte fest, dass der Prozess ihres Eintritts in eine Voodoo-Gemeinschaft eine Eigendynamik entfaltete, deren Heftigkeit sie überraschte. Im Zuge der »tiefen Verbindung zwischen dem Material und meinem Geist entstand so etwas wie eine Verpflichtung [...] zu unterstützen.«[36] Das Interesse für ›matter‹ und das Bemühen, sich sowohl mit Materie als auch mit Gemeinschaften in tiefer Weise zu verbinden, schließt in ter Heijnes Arbeit das Interesse an symbolischen Operationen, Identitätsfragen und Repräsentation keineswegs aus. Als Motivation ihrer inzwischen mehrjährigen Kollaboration mit dem Voodoo-Priester aus Berlin nennt sie das Bemühen, die Wahrnehmung von Voodoo aus der Vorurteilsverhaftung herauszulösen. Tatsächlich ist kaum eine spirituelle Tradition stigmatisierter als die synkretistische, von der Sklavereigeschichte beeinflusste, den Plot unzähliger Horrorfilme abgebende Voodoo-Praxis.[37] Es gehe, sagt die Künstlerin, um die Auflösung negativer Zuschreibungen des ›Abergläubischen‹ und der ›Götzenanbetung‹. Nach ter Heijnes Wahrnehmung sind sich die Mitwirkenden von Voodoo-Ritualen, ganz entgegen klischeehafter Vorstellungen von ›Fetischkult‹, des Kunstruktionscharakters ihrer Götter weitgehend bewusst. Prozesse der spirituellen Aufladung verliefen im Voodoo bewusster und transparenter als beispielsweise im Fetischismus der zeitgenössischen Kunst- und des Kunstmarktwesens.[38] »Die Institution Museum ist im 19. Jahrhundert entstanden und war etwas Aufklärerisches. Problematisch finde ich es, wenn Kunst von der Kunstwelt und vom Markt quasi-religiös aufgeladen wird und dabei aus dem Blick gerät, dass sie Moden unterliegt, ihre Hohepriester hat und von Machtstrukturen komplett durchzogen ist.«[39]

Die visuelle Vermittlung des Work in progress innerhalb des Humboldt Lab erfolgte in Form einer Multimedia-Installation, zusammengesetzt aus

---

35 | L.R. Lippard, »Farther Afield«, in: Schneider/Wright, *Between Art and Anthropology* (2010), S. 23-33, hier S. 24.

36 | Interview mit Mathilde ter Heijne am 17.02.2017.

37 | Der kolonial gefärbte Begriff ›Fetisch‹ bezeichnete im ethnologisch-religionswissenschaftlichen Diskurs Kultgegenstände so genannter ›primitiver‹ Kulturen. Er diente, was weniger bekannt ist, überdies als implizite protestantische Spitze gegen katholischen Frömmigkeitskult; siehe H. Böhme, »Das Fetischismus-Konzept von Marx und sein Kontext«, in: V. Gerhardt (Hg.), *Marxismus. Versuch einer Bilanz*, Magdeburg: Scriptum Verlag 2001, S. 289-319.

38 | Interview mit Mathilde ter Heijne am 17.02.2017.

39 | Ebd.

dem Altar mit der Toulabo-Figur und einem Kreis aus fünf Bildschirmen.[40] Auf den Bildschirmen waren experimentelle Filmaufnahmen zu sehen, Bilder von Voodoo-Zeremonien in Afrika, die ter Heijne mit Spezialkameras (Kinect Camera, Biofeedback-Aura-Kamera, GoPro-Kamera) multiperspektivisch einfangen ließ, während sie selbst aktive Teilnehmerin der Rituale war. Sogar die Perspektive einer Opferziege wurde festgehalten. Das Tier hatte eine GoPro-Kamera um den Hals hängen. Es sei nicht um Dokumentation eines Rituals gegangen, sondern um eine Vermittlung des immersiven Erlebens des Rituals: »Der Geist des Rituals, der Gottheit ist überall«.[41] Die Aufnahmen weisen aufgrund der Spezialkameras streckenweise einen hohen Abstraktionsgrad auf. Darstellungen drastischer Körperlichkeit – schwitzende Menschen, Tänzer in Trance, die Schächtung des Opfertieres – wechseln sich ab mit schematischen Bildern. Ganze Partien erscheinen ausgeblendet, Assoziationen des Verschmelzens von sichtbarer und unsichtbarer Welt, Welt der Lebenden und der Toten stellen sich bei der Betrachtung der Szenen ein.

Kuratorischer und institutioneller Rahmen

Verantwortlich für die Intervention war, wie bei »Spiel der Throne«, Angela Rosenberg. Die freischaffende Kuratorin testete konsequent Möglichkeiten innerhalb des Humboldt Lab und der Staatlichen Museen aus. In der Projektbeschreibung steht, ter Heijnes Videosequenzen hätten Voodoo als ›lebendige‹ Praxis vorgestellt.[42] Zeitgenössische Kunst besitzt in den Augen Rosenbergs Potenziale des ›Aktivierens‹, ›Dynamisierens‹ und der ›Verlebendigung‹ historischer Sammlungen.[43] In der Lab-Konferenz »Historische Sammlungen und Gegenwartskunst« konkretisierte die Kuratorin, dass sich die Künstlerin

40 | Tobias Wendl spricht bezogen auf Hybridisierungen von Ritualen durch technische visuelle Medien, beispielsweise die Integration von Videos in Begräbniszeremonien, von Ritualen ›zweiter Ordnung‹. Siehe: T. Wendl, »Zur Synthese ethnologischer und kunsthistorischer Zugänge am Beispiel der Kunst Afrikas«, in: *kritische berichte* (2012, H. 2), S. 87-96, hier S. 92.

41 | Interview mit Mathilde ter Heijne am 17.02.2017.

42 | A. Rosenberg, »Springer, nochmals/Projektbeschreibung. Kunst als Link zur globalen Gegenwart«, in: *Humboldt Lab Dahlem Projektdokumentation*, S. 279.

43 | »Diese Aktivierung entspricht meines Erachtens einer der wichtigsten Aufgaben und Herausforderungen des Museums heute. Neben dem Sammeln, Forschen und Bewahren ermöglicht die künstlerische Auseinandersetzung mit den Sammlungsobjekten eine Dynamisierung, um vor allem die wissenschaftlichen Diskurse innerhalb der Museumspräsentation inhaltlich und formal zu ergänzen«, erklärte die Kuratorin; A. Rosenberg, »Projekte im Humboldt Lab«, in: »Historische Sammlungen und Gegenwartskunst«, 2015 in Berlin (unpubl. Konferenzbeitrag; Audiodatei).

»selbstbewusst« zwischen »bisweilen verstaubt wirkenden Dokumentarfilmen« im ethnologischen Museum verortet habe.«[44] Etwas unsicher, und offenbar auf Kritik Bezug nehmend, fuhr Rosenberg in ihrem Redebeitrag auf der Konferenz fort, sich mit dem Projekt »möglicherweise auf Glatteis« begeben zu haben, obwohl der Austausch »sehr gleichberechtigt« gewesen sei.[45]

Im Saaltext wurde der Beitrag Mathilde ter Heijnes als »Übersetzung« der kulturellen Praxis der westafrikanischen Voodoo-Religion in eine künstlerische Form bezeichnet. Voodoo, hieß es, sei »beseelt« von »Geistern, Metamaterie und Ritualen«. Kurze Erwähnung fand, dass es sich um eine Kooperation mit einem Berliner Voodoo-Priester handle, die Künstlerin selbst eine »Priesterin in Ausbildung« sei und ihre Videoarbeit Zeremonien in Benin und Togo zeige. Die Arbeit, war zu lesen, stehe »im Dialog« mit den historischen Dokumentarfilmen und Masken in der Dauerpräsentation »Kunst aus Afrika«.[46]

Mathilde ter Heijne war mit der Präsentation im Ethnologischen Museum und mit der Kommunikation des Humboldt Lab ausgesprochen unglücklich. Der Saaltext sei vollkommen ›belanglos‹ ausgefallen und ihrem Kunstansatz überhaupt nicht gerecht geworden, sagte sie im Interview Anfang 2017. Ter Heijne ging es ausdrücklich nicht um einen ›Dialog‹ mit der bestehenden Situation im Museum, wie es im Wandtext hieß, sondern um den Dialog mit afrikanisch-stämmigen Mitbürgern und darum, ein Kontrastprogramm zum Museumsstandard zu initiieren. Der Altar war von der Künstlerin als deutlicher Gegensatz gedacht »zu den anderen Objekten des Museums, die tot sind und nur wegen formaler Eigenschaften und sonstiger europäischer, wissenschaftlicher Interessen im Museum sind«.[47] Intendiert war, etwas ontologisch Anderes zu zeigen.

Der erhoffte Austausch mit den Ethnologen des Museums sei gänzlich ausgeblieben. Die Experten hätten keine Zeit gehabt. Zur Peinlichkeit sei der Eröffnungstag geraten. Obwohl mit der Kuratorin abgesprochen gewesen sei, dass eine afrikanische Percussiongruppe auftreten und der Priester den Altar einweihen dürfe, habe es am Eröffnungstag plötzlich geheißen, dass das nicht gehe, da das Ethnologische Museum keine Klischees bedienen wolle.

44 | Ebd.

45 | Ebd.

46 | »Mit ihrem Fokus auf zeitgenössischen, performativen Aspekten afrikanischer Kultur wird ›Pulling Matter from Unknown Sources‹ im Bereich ›Performance‹ der Ausstellung ›Kunst aus Afrika‹ und im Dialog mit den dort ausgestellten historischen Dokumentarfilmen und Masken gezeigt. Der Altar wird auch während der Ausstellung rituell betreut«, hieß es im Saaltext.

47 | Interview mit Mathilde ter Heijne am 17.02.2017.

»Der schwarze Mann sollte nicht auftreten, weil das Ethnologische Museum Angst hatte, den schwarzen Mann als Voodoo-Priester auszustellen. Dabei hat der Priester selbst gesagt, dass ihm die Teilnahme wichtig ist. Eine Diskussion war nicht möglich. Das Museum verweigerte dem eigentlichen Autor – als Vertreter einer togolesischen Gemeinschaft in Berlin – aufzutreten. Wir wurden wie Paria behandelt. Letztendlich wird nur so getan, als ob man offen wäre, aber wenn es darauf ankommt, verweigert man sich den Leuten, um die es geht, und den Gemeinschaften, die man angeblich binden möchte, und um deren Hintergrund und kulturelles Erbe es sich handelt.«[48]

Nach Wahrnehmung der Künstlerin fehlte im Ethnologischen Museum gegenüber der togolesischen Gemeinschaft »jegliche menschliche Haltung und Kommunikation«. Aus vorauseilender Angst, etwas politisch Unkorrektes zu machen, sei seitens des Ethnologischen Museums »komplett zugemacht worden«.

Für eine Absage der Präsentation war es am Tag der Pressekonferenz offenbar zu spät. Schließlich wurde der Altar doch eröffnet und es wurde auch Musik gemacht. Die Musikgruppe von Messanh Amedegnato zog trommelnd durch die Afrika-Abteilung, nicht aber, wie zunächst geplant, durch das gesamte Museum, und weihte den Altar mit der Figur des Toulabo ein. Die Stimmung zwischen der afrikanischen Gemeinschaft um Messanh Amedegnato, zu der Botschaftsangehörige zählen, und Angestellten des Ethnologischen Museums muss man sich als unterkühlt vorstellen. Dabei waren sich alle Seiten im Prinzip einig, dass eine Kontextualisierung nur durch die Einbezie-

48 | Ebd. Nur wenige Schritte von ter Heijnes Ritualinstallation entfernt, im Bereich für afrikanische Gegenwartskunst, befand sich bis zur Schließung des Dahlemer Museumsstandortes Anfang 2017 eine Ijele-Kultfigur, die 2008 beim Berliner Karneval der Kulturen mitgelaufen war. Mit der Ausstellung der Figur demonstrierte das Ethnologiemuseum Interesse für aktuell in Berlin lebende Afrikaner – es sind rund 20.000 – und hybride kulturelle Praktiken. Lisa Knüpfer untersuchte am Beispiel der Kooperation des nigerianisch-deutschen Ikuku-Vereins und des Ethnologischen Museums konflikthafte Aushandlungsprozesse und ungleiche Beteiligungsstrukturen. Nach ihrer Wahrnehmung stieß das Projekt an die Grenzen der institutionellen, historisch gewachsenen Museumsordnung und perpetuierte unter dem partizipativen Label eines Community-Projekts (neo)koloniale Herrschaftsformen. L. Knüpfer, »›Contact Zones‹ im Museum. Aushandlungsprozesse zwischen Ikuku Berlin und dem Ethnologischen Museum Berlin«, in: Von Bose et al. (Hg.), *MuseumX. Zur Neuvermessung eines mehrdimensionalen Raumes*, Berlin: Panama Verlag 2012, S. 101-113, hier S. 91. Das Museumspublikum bekam nichts von derartigen Spannungen mit. Der Wandtext zitierte Ahmed Yerìma, Generaldirektor des nigerianischen Nationaltheaters, der das Projekt als Beitrag einer Öffnung und Stimulierung interkultureller Beziehungen lobte.

hung der Gemeinschaften der Ursprungsländer im Hier und Jetzt gelingen könne und unter der Berücksichtigung kultureller Vermischung.

Ihre Erfahrungen im Lab und im Ethnologischen Museum bestärkten die Künstlerin in der Überzeugung, dass Objekte aus dem ethnologischen Kontext ›erlöst‹ werden müssten, um überhaupt noch zeigbar zu sein. »Was ich merkwürdig finde: Die Ethnologen erhoffen sich von der Kunst offenbar die Lösung ihrer Problematiken. Meiner Ansicht nach sind diese aber nicht zu lösen, weil die Ethnologie aus einem Herrschaftsgedanken geboren ist.«[49] Wirkliche Störungen des *Status quo* würden massiv abgewehrt. »Ich fürchte, ich habe eine substanzielle Diskussion zu führen versucht, ohne richtig dafür ausgestattet zu sein. Möglicherweise aber ist eine substanzielle Diskussion in diesem Rahmen auch gar nicht möglich, weil es so eine Verstrickung ist, so ein Wespennest.«[50]

Ihre Rolle sah die Künstlerin so: »Ich habe meine Aufgabe als ›facilitator‹ gesehen, als diejenige, die das ermöglicht, mittels der Kunst, meines Körpers, meiner Seele, meiner Vision, meines Idealismus als Künstlerin und auch mittels meiner Zugänge zu Geld.«[51] In der Praxis sei es jedoch sehr viel schwieriger gewesen, mit den Strukturen des Humboldt Lab und der Staatlichen Museen zurecht zu kommen als sich in die Welt des afrikanischen Voodoo einzufinden.

»Die Beziehungen zwischen den Leuten waren so verhärtet und zwischen dem Lab und dem Museum lief alles doppelt. Ich konnte da nicht durchblicken. Es herrschte eine extreme Spannung zwischen dem Humboldt Lab und den Kuratoren des Ethnologischen Museums. Das waren nicht Räder, die ineinander gehen, sondern es waren quasi zwei verschiedene Welten, die aufeinanderprallten. Die Strategie des Museums bestand nach meiner Wahrnehmung darin, dem Lab möglichst viele Steine in den Weg zu legen und gleichzeitig so zu tun, als würde man versuchen, etwas aufzumachen, obwohl das überhaupt nicht geschah.«[52]

Viola König strich auf Nachfrage fehlende Transparenz der Künstlerin als Hauptproblem heraus. Die Kuratoren seien über Details nicht informiert worden. Es seien nicht zu verantwortende Dinge im Ethnologiemuseum gezeigt und gemacht worden. Als Reaktion auf die Präsentation seien »heftige Beschwerdebriefe« eingegangen, von Tierschutz- und Kinderschutzseite. »Und raten Sie mal, wer die Briefe dann beantworten musste? Der zuständige Ku-

49 | Interview mit Mathilde ter Heijne am 17.02.2017.

50 | Ebd.

51 | Ebd.

52 | Ebd.

rator des Museums.«[53] Agnes Wegner sagte im Interview, die Kuratoren des Afrika-Bereichs hätten ausdrücklich zugestimmt, dass ter Heijnes Intervention zu Voodoo in der Ausstellung »Kunst aus Afrika« stattfinden könne. Die Ethnologen seien davon angetan gewesen, dass eine Künstlerin mit einem Voodoo-Priester aus ihrer Berliner Nachbarschaft kollaboriert. Alles sei einvernehmlich gelaufen, bis es am Tag der Pressekonferenz geheißen habe: »Das geht gar nicht«. Die Ablehnung der Präsentation durch die Kuratoren des Ethnologischen Museums habe wahrscheinlich mit den aufgenommenen Bildern zu tun gehabt, den Tänzern mit nackten schwitzenden Oberkörpern, einer Schächtung, Blut. Die Videoaufnahmen des Voodoo-Zeremoniells seien als inakzeptabel angesehen worden, weil nach Ansicht der Museumskuratoren darin, wie in historischen ethnologischen Filmen, Fremdsein ausgestellt worden sei.[54] Aus Wegners Sicht endete die Diskussion mit den Museumsverantwortlichen an einem Punkt, an dem es eigentlich

> »[...] richtig spannend und brisant hätte werden können, denn wir hatten es mit einer Berliner Diasporagemeinde zu tun, die den Bedarf hatte, ihre gegenwärtige Kultur im Museum so zu zeigen, wie sie das auch lebt. Es stellte sich die Frage, wer nun eigentlich über die Art der Repräsentation entscheidet. Wir sind an diesem Punkt dann leider stecken geblieben.«[55]

Der Künstler und Kurator Christoph Rupert Balzar hat den Beitrag von Mathilde ter Heijne im Kontext des Umgangs mit spirituellen Objekten im Humboldt Forum untersucht. Er streicht heraus, dass einige der aufgetretenen Schwierigkeiten mit der territorialen Besetzung der Museumsflächen zu tun hatten. Ter Heijnes Ritualinstallation wurde im Westafrika gewidmeten Dauerausstellungsbereich des Ethnologischen Museums gezeigt und die Kuratoren konnten argumentieren, dass eine Intervention zu Voodoo dort den Eindruck erwecken könne, Westafrika oder sogar ganz Afrika werde von Voodoo als einer vermeintlich primitiven Praxis beherrscht, wo doch in Wirklichkeit Christentum und Islam vorherrschend seien. Deswegen der Vorwurf, durch die Künstlerin sei ein stereotypes Afrikabild reproduziert worden.[56] Die Künstlerin konnte dagegenhalten, dass sich gerade die Weigerung, eine hybride Praxis einer Diaspora-Community und einer Künstlerin zu akzeptieren, von einem Festhalten an historischen Vorstellungen des ›Anderen‹ zeuge.[57]

53 | Interview mit Viola König am 08.01.2018.

54 | Interview mit Agnes Wegner am 05.02.2018.

55 | Ebd.

56 | C. Balzar, »Heiligtümer im Humboldt Forum«, in: A.-M. Bonnet und Floorplan (Hg.), *Whose Heritage?*, München: autopress 2017, S. 38-58; hier S. 52.

57 | Ebd.

Hybride künstlerische Praxis als Herausforderung

Mathilde ter Heijne verband in ihrem zwischen Kunst, Wissenschaft und Religion angesiedelten Lab-Projekt eine Altarfigur mit sozialplastischem Experimentieren und Selbstexperiment. Um den Altar herum versuchte die Künstlerin so etwas wie eine spirituelle Versammlung zu initiieren. Die Mitarbeiter des Museums, seine Besucher, das Humboldt Lab und Berlins Afrika-Community, insbesondere die Gruppe um den Voodoo-Priester Messanh Amedegnato, sollten gewissermaßen um den Geist einer migrantischen Gottheit herum versammelt werden. Der Geist sollte nicht nur auf Menschen ausstrahlen, sondern auch auf die schon vor langer Zeit aus dem rituellen Zusammenhang herausgelösten und aus spiritueller Sicht verkümmerten historischen Objekte aus dem traditionalen Afrika, die in der Schau »Kunst aus Afrika« mit kunsthistorischer Terminologie der europäischen Moderne als Belege für ›abstrakte‹, ›minimalistische‹, ›expressionistische‹ oder ›realistische‹ ästhetische Formfindung einer vielfältigen afrikanischen Kunstlandschaft ausgewiesen waren.

Aktive Altäre ins Museum zu holen und die gängige Museumspraxis mit Ritualinstallationen zu durchkreuzen, ist eine postmoderne kuratorische Strategie. Diese Praxis lässt sich als Hinterfragung und Herausforderung des westlich zentrierten, in der Aufklärungszeit wurzelnden Museumsverständnisses als säkularem Raum und der ästhetischen Repräsentation von Objekten betrachten, die im Leben ausgedient haben.[58] Mit der rituellen Reanimierung von Museumsgegenständen wird in Museen rückgängig gemacht, was eigentlich Voraussetzung der Archivierung und Ästhetisierung war: die Defunktionalisierung von Gegenständen. Ter Heijne initiierte eine Art ästhetisch-religiöse Verschärfung im säkularen Museumsraum, indem sie mit demjenigen, was sie als ›lebendige hybride Praxis‹ bezeichnet, mehr anbot als ästhetisches ›Als-ob‹. Die Künstlerin erfüllte wohl am entschiedensten die Vorgabe des Humboldt Lab nach Verlebendigung der Sammlungen. Mit ihrer hybriden künstlerischen Praxis und einer sakralen Figur, die sie in Voodoo-Ritualen als lebendig erlebte (»Das ist wirklich lebendig. Man merkt das bei den Ritua-

58 | Für die Ausstellung »Altäre – Kunst zum Niederknien« (2001/2002) hatte Jean-Hubert Martin 68 zeitgenössische Altäre aus 34 Ländern ins Museum Kunstpalast in Düsseldorf geholt. Zur Eröffnung kamen Priester und Künstler aus verschiedenen Kontinenten. Die Anthropologen Richard und Sally Price schreiben in ihrem evaluierenden Text zu dem Lab-Projekt »Purnakumbha« (hier wurde ein hinduistischer Altar im Museum aufgebaut) zur Inbetriebnahme von Altären in Museen: »In Frankreich würde man das missbilligen (weil es das Prinzip der laïcité verletzt), aber aus unserer Sicht ist das ein wichtiger Schritt«, da eine doppelte Betrachtung, ästhetisch und sakral, ermöglicht werde. S. Price und R. Price, »Springer/Positionen. Die drei Springer (Probebühne 1)«, in: *Humboldt Lab Dahlem Projektdokumentation*, S. 59.

len. Es ist nicht bedrohlich wie im Klischeebild von Voodoo, sondern einfach präsent.«),[59] durchkreuzte ter Heijne die ästhetisierende Präsentationsweise von »Kunst aus Afrika«, einer Ausstellung im Ethnologischen Museum in Dahlem, die auf Valorisierung und Entstigmatisierung qua Ausstellung von Objekten aus rituellen und lebensweltlichen Zusammenhängen *als Kunst* aufgebaut war. Ausgerechnet eine Künstlerin erinnerte an die rituell-magische Dimension der Objekte aus dem spirituellen Kontext und infizierte gewissermaßen die säkulare, aufklärerische Institution Museum damit. Der Donnergott Toulabo aus ter Heijnes Atelier war aufgrund seines Mangels an ästhetischer Distanziertheit ein problematischer Gast und Einwanderer im Museum. Noch schwieriger jedoch fiel die Akzeptanz der Anwesenheit eines schwarzen Priesters.

Pseudo-Inbetriebnahme, Pseudo-Animierung, Pseudo-Beseelung und Pseudo-Aktivierung von Objekten im Kontext der so genannten ›Eventisierung‹ der Museen stellte ter Heijne mit »Pulling Matter from Unknown Sources« einen tatsächlich gelebten und also lebendigen Austausch zwischen Kunst und Kult jenseits reduktiver Ästhetisierung entgegen – und stieß damit im Ethnologiemuseum an empfindliche Grenzen. Mathilde ter Heijne berührte mit ihrem Beitrag gleichzeitig bestimmte Aporien einer postmodern-poststrukturalistisch gewendeten Kritik gegenüber der westlichen Moderne, Aporien, die in Zusammenhang mit der Repräsentation von ›Andersheit‹ entstehen und die selbst dann auftreten, wenn die Repräsentation der ›Anderen‹ den ›Anderen‹ überlassen wird. In der Weigerung des Museums, die Voodoo-Gemeinde in der von ihr gewünschten und gelebten Form auftreten zu lassen, zeigte sich, dass es offensichtlich gewünschte und unerwünschte ›Andersheiten‹ gibt. Die Aporie liegt hier darin, ›Andersheit‹ akzeptieren und unter dem Schlagwort der ›Diversity‹ als gleichrangige ›Andersheit‹ wertschätzen zu wollen und ›Andersheit‹ gleichzeitig auszuschließen, dann nämlich, wenn sie zu sehr an jene ›Andersheit‹ erinnert, die die Moderne konstruiert hatte: exotisierend, primitivierend oder orientalisierend. Diese ›Andersheit‹ steht unter starken Tabublockaden, weil der Postkolonialismus und eigentlich die ganze Nachkriegsmoderne sich gegen diese Konstruktionen der ›Anderen‹ als Ausdruck von Rassismus gewendet hat. Um Rassismus ging es auch in dem von der Künstlerin ins Rollen gebrachten Prozess, oder genauer: um Angst der Institution Ethnologiemuseum vor dem Rassismusvorwurf. Diese Angst rückte immer mehr ins Zentrum und verunmöglichte – fatalerweise – zunehmend den zwischenmenschlichen Austausch. Hier zeigte sich am deutlichsten von allen Lab-Projekten, wie sehr mit dem Humboldt Forum Museumspolitik zu einer über die Museen hinausreichenden, transinstitutionellen Angelegenheit geworden ist. Die feministische Künstlerin interpretierte Reaktionen der Mu-

59 | Interview mit Mathilde ter Heijne am 17.02.2017.

seumsverantwortlichen als ›mangelnde Offenheit‹ und Folge ›hierarchischer Strukturen‹. Das Problem lässt sich jedoch nicht auf die Museen beschränken. Am Humboldt Forum werden Fragen nach deutscher Kolonialvergangenheit, Imperialismus, Rassismus und politisch korrekten Positionen offiziell verhandelt.[60] Die Sorge des ethnologischen Museums, im Fall der Voodoo-Gruppe falsche Schritte zu setzen, war nicht unbegründet. Man denke an eine mögliche Schlagzeile wie: »Ethnologiemuseum stellt Voodoo-Priester als One-Man-Völkerschau aus«. Eine experimentell und künstlerisch gedachte Intervention kann im Handumdrehen Auslöser von Schlagzeilen, Skandalisierungen und Shitstorms werden.[61] Im Fall der Voodoo-Gemeinde verhinderte forcierte Political Correctness als extreme Sorge, Gefühle zu verletzten, nicht nur die Begegnung mit ›Anderen‹, sondern führte zu der merkwürdigen paternalistischen Geste, die ›Anderen‹ davor bewahren zu wollen, ihre aktuell gelebte Kultur im Museum zu zeigen, weil diese in den Augen westlicher Betrachter Klischees des Exotischen wachrufen könnte. Es tauchte also die Frage auf, wer darüber entscheidet, wie anders die ›Anderen‹ sein dürfen.

Interessant an dem Fallbeispiel ist auch, dass ausgerechnet ein Projekt Konflikte mit der Museumsethnologie heraufbeschworen hat, das den Versuch einer Künstlerin darstellte, an aktuelle Diskurse der Material Culture Studies anzuknüpfen. Mit Stichworten wie ›Ontological Turn‹, ›Material Turn‹ oder ›post-repräsentatives‹ Ausstellen verbinden sich Versuche, über den ›Writing Culture Criticism‹ und die Verengung auf Fragen der Identitätspolitik hinauszugelangen und materielle Hinterlassenschaften epistemologisch neu aufzuladen. Mit der ontologischen Wende geht eine Rückbesinnung der Anthropologie auf materielle, affektive und sensorische Aspekte einher. Der ontologische Ansatz geht insofern über die Cultural Studies hinaus, als Differenz und Alterität zwar weiter radikalisiert, zugleich aber auf das außer-humane Feld ausgeweitet werden (›Posthumanismus‹). Auch Objekten oder Naturphänomenen wird in neueren Theoriebildungen eine Art von Bewusstsein und

60 | Gegen die Verengung der Problematik auf Strukturen der Museumsinstitutionen spricht auch, dass eine vergleichbare ›Ritualinstallation‹ des Humboldt Lab zwei Jahre früher, »Springer: Purnakumbha«, bei Museumsverantwortlichen keine vergleichbaren Ängste ausgelöst hatte. Auch hier hatte es sich um eine hybride Praxis gehandelt, auch hier hatte ein Tempelpriester im Museum einen Altar betreut. Es herrscht aber offenbar keine Sorge, einen Hinduisten ›auszustellen‹.

61 | Ein Beispiel für eine Shitstorm-Dynamik bot die Aufregung um das Lab-Projekt »Reisebericht«, in dem sich die anarchistische Puppentheatergruppe Das Helmi mit dem norwegischen Kapitän und Entdecker Johan Adrian Jacobsen satirisch auseinandersetzte. Hier wurde die Empörung über angebliches ›Racial Stereotyping‹ von einem Altkurator des Ethnologischen Museums in die Welt getragen. H. Jähner, »Umstrittene Ausstellung. Nackte Wilde im Humboldt Lab«, in: *Berliner Zeitung*, Berlin, 13.10.2014.

individueller Wirkmacht (›Agency‹, ›soziales Leben der Dinge‹) zuerkannt.[62] Damit entstehen neue (oder alte?) Schnittflächen zwischen Kunst und Anthropologie. Durch die Hintertür wird hereingelassen – und das mag beunruhigend erscheinen –, was im Zuge diverser Kritizismen besonders sorgsam ausgeschlossen worden ist: Essenzialismen, Primitivismen, Exotismen. Tatsächlich besteht Verwechslungsgefahr der ›post-repräsentativen‹ Richtung mit der alten Anthropologie, wäre da nicht das ›post-repräsentative‹ Bewusstsein und die transhumanistische Ausweitung, die ›Agency‹ von Wäldern, Flüssen oder eben auch Schamanenhockern und kleinen hölzernen Donnergöttern.[63] Ein Zeichen von Verknotungen und der Unmöglichkeit der Bewältigung ist es, wenn Probleme externalisiert und in Form von Vorwürfen nach außen projiziert werden. Anstatt tiefer liegende Fragen und Probleme zu ergründen, wurde der Lab-Künstlerin vorgeworfen, sie sei intransparent, zeige zu krasse Bilder und bediene Stereotype.[64] Ein Verdienst von Mathilde ter Heijne besteht

---

62 | Die Sozialanthropologin Sharon Macdonald erklärt: »Der Fokus richtet sich [...] auf Indigenität - nicht nur als politische Bewegung (obwohl dies auch ein wichtiger Aspekt ist), sondern vor allem auch im Hinblick auf möglicherweise extrem unterschiedliche Ontologien.« S. Macdonald, »Probleme mit der Ethnologie«, in: *Prinzip Labor*, S. 119-120. Zum *Ontological Turn* siehe z.B.: S. Woolgar und J. Lezaun, »The Wrong Bin Bag. A Turn to Ontology in Science and Technology Studies«, in: *Social Studies of Science* 43/3 (2013), S. 231-340; E.V. de Castro, »Exchanging Perspectives. The Transformation of Objects into Subjects in Amerindian Ontologies«, in: *Common Knowledge* 10 (2004), S. 463-484.

63 | Siehe A. Gell, *Art and Agency. An Anthropological Theory*, Oxford: Clarendon Press: 1998; S. Macdonald, »Probleme mit der Ethnologie«, S. 221f. Nach Aushandlungen mit Vertretern der Ye'kwana, einem indigenen Volk im Amazonasgebiet, wird der Transformationshocker, der im Rahmen des Humboldt Lab noch offen gezeigt wurde, im Humboldt Forum in einer Vitrine mit Sichtschutz präsent sein.

64 | Udo Kittelmann hatte sich als Leiter der Berliner Nationalgalerie einige Monate davor über Sorgen, Stereotype zu reproduzieren, hinweggesetzt, als er 2014 an einem Novembertag im Morgengrauen zu einer Ausstellungseröffnung der besonderen Art einlud. Eine Gruppe von Maori sprach vor der Alten Nationalgalerie Segenswünsche. Mit gefiederten Lendenschurzen liefen die Gäste aus Neuseeland barfuß ins Museum. Sie tanzten die Marmortreppen hinauf, stießen Laute aus und streckten nach Maori-Brauch die Zungen heraus. Auf diese Weise weihten sie eine Ausstellung mit Ahnenporträts ein (»Die Maori Portraits«, 20.11.2014 bis 12.04.2015). Die Gemälde von Gottfried Lindauer aus dem 19. Jahrhundert stellen, wie es in der Ankündigung hieß, ein »postkoloniales Paradox« dar. Dieselben Bilder, die weiße Sammler Exotica-Kollektionen einverleibten, werden von Maori als würdevolle Darstellung ihrer Vorfahren angesehen. Einige der mitgereisten Community-Vertreter wurden durch die Zeremonie, die ungewohnt, aber nicht unangemessen erschien, zu Tränen gerührt.

darin, mit ihrem hybriden Projekt gemeinsam mit dem Voodoo-Priester einige neuralgische Punkte berührt und Aporien aufgezeigt zu haben.

IV.3 Das ausgebliebene Afrika-Bankett

Am 16. November 2014 sollte im Ethnologischen Museum ein großes Festessen stattfinden. Die ›Dinner Performance‹ des Kollektivs Politique Culinaire sollte den krönenden Abschluss eines Performance- und Reenactment-Schwerpunktes mit dem Titel »Aneignungen« bilden, wo es dezidiert auch um eine kritische Auseinandersetzung mit kolonialen Altlasten gehen sollte.[65] In den Lab-Unterlagen findet sich aber lediglich ein Satz des Kurators Florian Malzacher: »Zu einem späteren Zeitpunkt im Jahr 2015 wird die Künstlergruppe Politique Culinaire das Verbrechen der so genannten ›Kongokonferenz‹ oder ›Berliner Konferenz‹ von 1884/85 im Rahmen der Umwidmung eines historischen Festessens auf die Tagesordnung bringen.« Dazu wurde offenbar zu einem späteren Zeitpunkt als redaktionelle Fußnote ein knapper Vermerk gestellt: »Aus verschiedenen Gründen konnte der Beitrag von Politique Culinaire für das Humboldt Lab nicht realisiert werden (A. d. Red.).«[66] Ausgeblendet findet sich ein Prozess, der über Monate hinweg von den Verantwortlichen des Ethnologiemuseums zunächst ignoriert worden war, dann aber zunehmend für Irritation sorgte und am Schluss die Wellen im Humboldt Lab, den Museen und der Stiftung Preußischer Kulturbesitz hochgehen ließ. Das Kollektiv aus jungen Künstlern, Theoretikern und Kuratoren hatte mit seinem geplanten und geplatzten Afrika-Bankett eine Dynamik in Gang gesetzt, die am Schluss in eine enge Abfolge von Diskussionen und Krisensitzungen mündete. Schließlich schaltete sich der Präsident der Stiftung Preußischer Kulturbesitz, Hermann Parzinger, persönlich ein. Zehn Tage vor dem angekündigten kulinarischen Ereignis verschickte das Humboldt Lab per EMail überraschend Absagen an die prominenten Gäste des geplanten Afrika-Banketts. Das Reenactment eines kolonialen Festessens fiel sang- und klanglos unter den Tisch. Der einzige explizit institutionskritische Kunstbeitrag und das einzige Lab-Projekt mit Beteiligung von Völkerrechtlern (geladen als Gäste) konnte nicht stattfinden. Ein Grund für mich, der Angelegenheit nachzugehen und das fehlende Quellenmaterial zu rekonstruieren. Was plante Politique Culinaire? Woran schieden sich die Geister? Wer war für die Absage – Politique Culinaire sagt ›Kunstzensur‹ – verantwortlich?

65 | »Aneignungen« war Teil der Probebühne 4 (September 2014 bis Februar 2015).

66 | F. Malzacher, »Aneignungen/Projektbeschreibung. Choreografien von Nähe und Ferne von Florian Malzacher (Probebühne 4)«, in: *Humboldt Lab Dahlem Projektdokumentation*, S. 113.

Projektidee- und Vorbereitung[67]

Anlässlich der 130. Wiederkehr des einschneidenden historischen Ereignisses der kolonialen Aufteilung Afrikas wurden in Berlin von verschiedenen Einrichtungen Veranstaltungen vorbereitet.[68] Auch das Humboldt Lab griff das Thema auf. Der Kurator Florian Malzacher suchte nach Performern. Das Kollektiv Politique Culinaire (Franziska Pierwoss, Sandra Teitge, Max Benkendorff, Albrecht Pischel) formierte sich 2014 mit der Idee einer Wiederaufführung des Afrika-Banketts im Rahmen des Humboldt Lab.[69] Das Kollektiv setzte nach eigenen Angaben beim ›Dialog der Kulturen‹ an, den das Humboldt Forum laut offizieller Rhetorik nachhaltig befördern will, und bei der pauschalen Einladung an die Welt, nach Berlin zu kommen, um etwas über ihre kulturellen Wurzeln zu lernen. Politique Culinaire wollte herausfinden, wie weit diese Gastfreundschaft geht, wie verbindlich und ernst gemeint – oder mit Jacques Derrida gesprochen – wie ›radikal‹ sie ist.[70] Als Caterer (Motto: »Vom Curating zum Catering«) wollte sich Politique Culinaire bei dem ungewöhnlichen Museumsexperiment bewusst im Hintergrund halten, lediglich ein bestimmtes Ambiente, eine Atmosphäre bereitstellten, in der dann die Stiftung Preußischer Kulturbesitz und das Ethnologische Museum als Gastgeber an einem Abend 130 Jahre nach der Berliner Afrika-Konferenz, »so entspannt wie vor diesem Hintergrund möglich« (Benkendorff) in den »Kulissen des Ethnologischen Museums« Gelegenheit zum interkulturellen Dialog erhalten sollten.[71]

---

67 | Skizziert nach einem Gespräch mit Franziska Pierwoss und Max Benkendorff von Politique Culinaire am 09.11.2016 in Berlin. Detailinformationen dieses Abschnitts sind diesem Gespräch entnommen.

68 | Z.B. von der Berliner Volksbühne (»Afrika-Konferenz: 130 Jahre Berlinisierung eines Kontinents und Einübung ins Verbrechen« am 28. Februar 2015), dem Hebbel-Theater und dem Deutschen Historischen Museum.

69 | Sandra Teitge ist Kuratorin, Max Benkendorff Künstler und Kurator, Albrecht Pischel und Franziska Pierwoss sind Künstler. Alle vier befassen sich mit der politischen Dimension des Kulinarischen und arbeiten zu politischen Dinners als Randaspekten so genannter ›historischer Ereignisse‹.

70 | Jacques Derrida sprach in einer Vorlesungsserie in den 1990er Jahren in Paris von ›radikaler Gastfreundschaft‹: 1995/1996: »Questions de responsabilité V: hostilité/hospitalité« und 1996/97: Questions de responsabilité VI: hospitalité«. Im Vorfeld der Eröffnung des Humboldt Forums sprachen deutsche Außen- und Kulturpolitiker auf Auslandsreisen umfassende Einladungen aus.

71 | Die Idee, zentrale Fragestellungen kolonialer Museen über das Thema des Speisens zu verhandeln, hatte einen Vorläufer z.B. in der Ausstellung »Musée cannibale« von 2002 im Musée d'ethnographie in Neuchâtel, wo es um den kulturellen Kannibalismus

Politique Culinaire plante, an dem Abend die zwölfgängige Speisenfolge von Bismarcks Konferenzdinner im Berliner Ethnologischen Museum als Reenactment aufzutischen: Les huires (Austern), Le potager tortue (Schildkrötensuppe), Les Soufflés de gelinotte (Haselhuhn-Soufflé), Le Sauman à l'Anglaise (Lachs auf englische Art), Le cimier de chevreuil (Rehrücken), Sauce poivrale (Pfeffersauce), Les homards au gratin (Hummergratin), Les paté de foie gras (Leberpastete), Les poulardes roties (Gebratenes Masthühnchen), Compotte, Les Lardons à l'Espagnole (Spanischer Speck), Les Gateaux d'Abricots (Aprikosenkuchen), La Mousse aux avelines (Haselnuss-Mousse) und als Abschluss eine exotisch dekorierte Afrika-Bombe.[72] Die historische Menüfolge des ›Afrika Diners‹ (so heißt das Originaldinner in den historischen Unterlagen) sollte ähnlich einer Partitur mit dem Humboldt Lab/Ethnologischen Museum als Gastgeber und mit Gästen interpretiert werden, die biografisch oder berufsbedingt Bezüge zur Kongokonferenz oder ihren Auswirkungen haben oder haben könnten. Den Speisenden sollte die mimetische Einverleibung und Verdauung historisch-kritisch rekonstruierter Kolonialspeisen und gleichzeitig die Reflexion und Diskussion der neokolonialen Gegenwart abverlangt werden. Der Tisch sollte diesmal paritätisch mit Vertretern aus Europa und Afrika besetzt sein. Als Maître de Cuisine konnte die Gruppe Matthias Krüger gewinnen, den Küchenchef des Auswärtigen Amtes.

Kolonialküche ist deftig, überreich an Zucker (von den Überseeplantagen), Salz und Alkohol – mitunter in ein und demselben Gericht. Sie liegt schwer im Magen, besonders, wenn man nicht daran gewöhnt ist. Den Geschmack kolonialer Küche beschreibt Franziska Pierwoss so: »Es schmeckt schon nach einer anderen Zeit. In den Speisen ist sehr viel Madeira drin, sehr viel Zucker und Salz plus Sahne. Die Schildkrötensuppe wurde damals in kleinen Tässchen serviert, wie Mokka. Generell war das Essen sehr schwer.«[73] Der Abend sollte laut Politique Culinaire zeigen, wie heutige Repräsentanten aus Kultur, Wirtschaft und Diplomatie diese Küche digestieren und welche Gespräche sich am Tisch unter dem Einfluss des ungewohnten Essens entfalten. Ihr politisch-kulinarisches Experiment bezeichnet die Gruppe als »Reenactment eines histori-

der Museen ging, das Sichornähren von ›Anderen‹. Das Katalogcover zierte ein Hackebeil in einer afrikanischen Skulptur.

72 | In den Akten des Bundesarchivs entdeckte das Kollektiv die französischsprachige Menükarte und das ›Placement‹ eines Festbanketts, das der Fürst von Bismarck und seine Gattin am 19. Januar 1885, einem Montag, gegeben haben und das wahrscheinlich das Abschlussbankett einer langen Reihe festlicher Ereignisse im Rahmen der Afrika-Konferenz in Berlin gewesen ist, die sich über drei Monate hingezogen hat. Das rückseitige Blatt der historischen Menükarte ist, reichlich geschmacklos, illustriert mit einem kleinen Mohr, der einen Speer und eine Landkarte von Afrika hält.

73 | Interview mit Politique Culinaire am 09.11.2016.

schen Dinners« oder »Liveact zur Gegenwart und politischen Dimension des Kolonialismus«. Das angewandte Verfahren beschreibt die Gruppe als ›kritische Rekonstruktion‹. Formal spielte der Realitätsaspekt der Formate Performance, Reenactment oder Liveact eine Rolle, wie auch das Ephemere des künstlerischen Materials (Speisen, Begegnungen, Gespräche, Erinnerungen) und Fragen ihrer Dokumentation (›Speisen als Dokument‹). Gegenstand von künstlerischer Recherche und Forschung war die ›Grammatik von Kolonialküche‹ und die ›Semiotik von Speisen‹, die Politique Culinaire als Repräsentationen von Klasse und Rasse, Zeit und Macht interessieren. Mit dem Decken der Festtafel, einer festgelegten Sitzordnung und kurzen, anregenden Tischreden zu Schlüsselthemen wollte die Gruppe einen Rahmen für ein engagiertes Tischgespräch bereitstellen.

Das Künstlerkollektiv bereitete sorgfältig formulierte Einladungskarten vor. Darauf wurde in vornehm geschwungenen Coventry-Lettern in die Vergangenheit eingeladen: »Politique Culinaire beehren sich zum Dinner am Montag, den 19. Januar 1885 um 18 Uhr ganz ergebenst einzuladen«. Als Termin war Sonntag, der 16. November 2014, um 19.30 Uhr im Ethnologischen Museum Dahlem in der Lansstraße 8 angesetzt. Es wurde festliche Kleidung erbeten. Als Absender war eine EMailadresse angegeben: humboldt-lab@smb-spk-berlin.de. Die Einladung zu einem Festessen des Jahres 1885 durch Politique Culinaire war dazu angetan, Interesse zu wecken, aber auch Irritation auszulösen. Manche der Eingeladenen werden sich gefragt haben, ob eine Einladung in die Vergangenheit ernst gemeint sein konnte. Rund 100 Gäste standen auf der Wunschliste von Politique Culinaire. Ziel war es, maximal 60 Personen aus Kultur, Wissenschaft, Politik, Recht und Wirtschaft am Tisch zu versammeln. Die bunte Zusammensetzung sollte die Verflochtenheit von Geschichte erfahrbar machen. Adressaten waren Botschafter, Handelsexperten, Völkerrechtler, Weltbankvertreter, Museumsdirektoren, Hochschulprofessoren, DAAD-Stipendiaten, Kuratoren und Flüchtlingsaktivisten.[74]

Georg Nolte, UN-Experte für Völkerrecht und Professor an der Humboldt Universität, gehörte zu den ersten, die die Einladung zu der Dinner-Performance annahmen. Den Völkerrechtler wollte Politique Culinaire um eine Auf-

74 | Angefragt wurden ein von der Otto-von-Bismarck-Stiftung vermittelter Graf von Bismarck, der Leiter der Afrikaabteilung im Auswärtigen Amt Georg Schmidt, Bernd Scherer vom Haus der Kulturen der Welt, der Anthropologe Johannes Fabian, der Kunsthistoriker und Ethnologe Tobias Wendl (FU Berlin), der Architekt Diébédo Francis Kéré, Aino Laberenz, die Witwe von Christoph Schlingensief, der Stadtschloss-Lobbyist Wilhelm von Boddien, der Investor und ehemalige Pizza-Fabrikant Ernst Freiberger. Auch ein Vertreter vom Afrikaverein der Deutschen Wirtschaft wurde eingeladen und ein Nachkomme des ehemaligen Gouverneurs von Deutsch-Südwestafrika, der dem Freundeskreis des Ethnologischen Museums vorsitzt: Olof von Lindequist.

schlüsselung der Rolle von Handelswegen und -interessen in der Kolonialpolitik bitten sowie um die Klärung der Frage, ob es im 19. Jahrhundert rechtlich gesehen bereits so etwas wie eine Institution Europa gegeben habe, über die heute Verantwortung übernommen werden könne; dem Kollektiv war aufgefallen, dass regelmäßig von ›Europa‹ gesprochen wird, wenn Großbritannien, Frankreich, Belgien oder Deutschland gemeint sind. Vom Anthropologen Johannes Fabian erhoffte sich Politique Culinaire Aufschlüsse über die Übertragbarkeit des lateinischen Vertragsrechts und der Idee eines ewigen Vertrags auf Gesellschaften, deren Vertragspraxis ein performativ-theatraler Charakter eingeschrieben ist, in denen Verträge in performativen Zeremonien periodisch bestätigt werden und in deren Geschichte die Idee eines ewigen Vertrags nicht existiert. Auch sollte erörtert werden, ob ein künstlerisches Reenactment zwischen unterschiedlichen Vertragskulturen vermitteln könne, als eine Art erneuerter Vertrag, diesmal mit paritätischer Besetzung.

Ein Gesprächsschwerpunkt sollte auch die Rekonstruktion des Stadtschlosses als Joint Venture von Politik und Investoren sein. Politique Culinaire wollte deswegen neben Vertretern des Humboldt Forums auch Architekten, Investoren und Real-Estate-Manager zu Tisch bitten, die in der Jury für die Gestaltung der historischen Mitte Berlins für die Schlossrekonstruktion gestimmt hatten. Das Thema Essen als künstlerisches Dokument sollte ein weiteres Gesprächsthema sein. Es sollte um die Substanz Essen in Hinblick auf Gegenwärtigkeit und Archivierbarkeit gehen und um die Bereitschaft der Museen, ephemere Werke der Kunst aufzunehmen. Das Kollektiv hoffte, dass auch sein Bankett ins Archiv Eingang finden würde, auch wenn Museen in der europäischen Art eher »auf der Idee von Objekten als Waren aufbauen, wie sie sich auch im Kolonialismus manifestierte« (Benkendorff).

Museumsmitarbeiter erhielten bereits einige Monate vor dem geplanten Afrika-Bankett einen kleinen Vorgeschmack davon, was Politique Culinaire zubereitete. Am 23. Mai 2014 lud das Kollektiv museumsintern zu einem ›Testessen‹ ein. Auf dem Speiseplan stand Samoa-Bombe auf bismarcksche Art. Eisbomben, hat Politique Culinaire recherchiert, wurden in der Kolonialzeit als krönender Abschluss exotischer Bankette serviert. Es gab Afrika-Bombe, Togo-Bombe mit Konfekt an der Seite, Kongo-Bombe oder Samoa-Bombe.

In einem historischen Buch zu Festbanketten fand Politique Culinaire Menükarten von Festessen, die im Zoologischen Garten in Berlin von einem Großindustriellen in den späten 1880er Jahren gegeben wurden. Pierwoss sagt: »Im Berliner Zoo liefen die Völkerschauen mit Menschen aus Samoa und beim Industriellen-Dinner gab es Zebraschwanzsuppe und so weiter, einmal komplett durch die Exotik, und zum Schluss Samoa-Bombe.«[75]

75 | Interview mit Politique Culinaire am 09.11.2016.

Abb. 7: Max Benkendorff, Franziska Pierwoss und Albrecht Pischel servieren die Samoa-Bombe bismarckscher Art; Testessen im Ethnologischen Museum, Berlin, 23. Mai 2014

Politique Culinaire rekonstruierte die Samoa-Bombe bismarckscher Art in Ermangelung eines historischen Rezepts in Anlehnung an andere koloniale Bombenrezepte.

»Wir haben mit einer Schicht Kokosnuss und einer Schicht Vanille mit in Marillenlikör getränkten Pumpernickelstückchen und einem Kern aus Aprikosenfrüchten die Samoa-Bombe rekonstruiert. Wir haben Bismarcks Lieblingsgeschmack berücksichtigt – sein Leibkoch hat für ihn Vanille und Aprikose in verschiedenster Form serviert – wie auch Produkte, die typisch waren für Samoa. Samoa stand damals in Deutschland für Kokosnuss und Vanille. Die Tahiti-Vanille wurde ebenfalls in Samoa angepflanzt.«[76]

Die Stimmung beim Testessen im Museum beschreibt die Künstlerin so:

»Als wir Museumsmitarbeitern die Samoa-Bombe servierten, sagten einige Leute schon vorab, sie könnten das nicht essen. Es wurde darüber gesprochen, welche Rolle man bei

76 | Ebd.

so einem Essen einnimmt und ob man sich, indem man sich an so einen Tisch setzt und Essen zu sich nimmt, irgendwie schuldig macht. Es herrschte ein regelrechter Widerwillen, die Speisen in sich eindringen zu lassen, so als wäre das Essen eine Art Wiederholung der Schuld.«[77]

Ein Afrika-Kurator habe die Samoische Eisbombe gar nicht angefasst.

»Es herrschte beinahe die Sorge, zum Grafen von Bismarck zu werden, der Afrika erneut aufteilt. Es gab tatsächlich die Diskussion, welches Essen angebracht wäre. Wir sagten, dass wir es komisch fänden, dass Brühe gegessen werden müsse, um die Kongovergangenheit zu diskutieren, weil das dann eine büßerische religiöse Dimension bekommen würde, im Sinne von: Wir fasten, damit wir die koloniale Vergangenheit diskutieren können. Wir dürfen auf keinen Fall feiern. Einen ganz banalen Auslöser hatte die Debatte dadurch, dass die Bundeskulturstiftung keine Luxusessen fördern darf.«[78]

Eine Reihe prominenter Gäste hatte offenbar keine größeren Berührungsängste. In telefonischen Vorgesprächen klärte das Kollektiv die Eingeladenen über den groben Ablauf auf. Zusagen für das große Bankett im November kamen nach Angaben von Politique Culinaire von Georg Nolte, Adetoun Kueppers-Adebisi vom Kampagnenbündnis No Humboldt 21, Napuli Paul Langa (die Geflüchtete, die aus Protest gegen die Räumung des Berliner Oranienplatzes tagelang auf einem Baum ausgeharrt hatte; ihr Bild ging 2014 durch die Medien), einem Nachkommen der Woermann-Reederei, dem äthiopischen Prinzen Asfa-Wossen Asserate, dem Charité-Herzspezialisten Charles Yankah, der afrikanischen Jungunternehmerin Tayo Akinyemi, der Historikerin und Poetin Katharina Oguntoye, dem Münchner Arzt Werner Höfner von Cap Anamur, der kongolesischen Botschafterin Kamanga Clementine Shakembo, dem Vorsitzenden des Freundeskreises des Ethnologischen Museums Olof von Lindequist und dem Kurator Simon Njami. Ein Einladungsschreiben erhielt auch der Kurator und ehemalige documenta-Leiter Okwui Enwezor. Er sagte ab, drückte laut Politique Culinaire aber seine Freude über die Einladung aus. Als das Humboldt Lab den Einladungsprozess überraschend stoppte, waren nach Angaben des Kollektivs etwa 40 Einladungen verschickt worden. Das Humboldt Lab habe zwölf Absagen versandt.

---

77 | Ebd. Agnes Wegner erinnert sich so an das Testessen: Die Kuratoren in Dahlem hätten in etwa gesagt, guten Sekt und Eisbombe bräuchten sie nicht als Erinnerung an die Kolonialzeit und ihre diesbezügliche Verantwortung für die Museumssammlungen, denn in der Auseinandersetzung mit der Geschichte, mit der sie sich als Kuratoren beschäftigen, seien sie sich der Thematik und ihrer Brisanz stets bewusst. Interview mit Agnes Wegner am 05.02.2018.

78 | Max Benkendorff im Interview am 09.11.2016.

Zumindest von einem Gast ist bekannt, dass er an dem Winterabend, einem Sonntag, verwundert und verärgert vor den verschlossenen Türen der verdunkelten Museen in Dahlem stand: Georg Schmidt. Ausgerechnet dem Afrika-Beauftragten des Auswärtigen Amtes hatte das Lab offenbar abzusagen versäumt. Frank-Walter Steinmeier hatte Schmidt persönlich zu dem Bankett geschickt, nachdem das Kollektiv den damaligen Außenminister am Rande einer öffentlichen Veranstaltung angesprochen hatte.

Den Künstlern gegenüber hieß es zunächst, dass Bankett werde lediglich verschoben.[79] Die Performance-Veranstaltung von Malzacher ging Ende 2014 geräuschlos über die Bühne. Eine bereits formulierte Pressemeldung hatte Politique Culinaire nicht abgeschickt. Im März 2015 wurde Politique Culinaire gänzlich ausgeladen.[80] Dem Kollektiv wurde vom Lab nach Monaten gemeinsamer Vorbereitung die Entscheidung per EMail mitgeteilt, dass an eine Durchführung des Dinners nicht mehr gedacht werde. Als Grund wurden nun »massive inhaltliche Vorbehalte« von vielen »Kollegen aus den Museen« angeführt. Das Lab verwies auf »vielfältige Erfahrungen mit künstlerischen Produktionen« und darauf, dass auch »andere Projekte explizit politische Fragen gestellt« hätten, beim Projekt von Politique Culinaire jedoch:

»[...] von beiden Seiten die nötige Kooperationsbereitschaft fehlt. [...] Wenn ein Projektteam eine Strategie wählt, die in einem sensiblen Setting auf das Einverständnis zahlreicher und qualifizierter externer Mitwirkender angewiesen ist, kann so eine Veranstaltung nur durchgeführt werden, wenn dieses Einverständnis auch besteht. Das ist hier nicht der Fall, zumal schon in der Konzeptphase fundierte Vorbehalte artikuliert wurden.«[81]

Einige Monate später, im März 2015, erschien in der Tageszeitung *Die Welt* ein Artikel von Kolja Reichert mit der süffisanten Überschrift: »Guten Appetit, heute wird Afrika aufgeteilt!«. Der Autor berichtete von der Verschiebung

79 | Am 12.11.2014 mailte das Humboldt Lab an Politique Culinaire unter dem Betreff »Verschiebung Diner Politique Culinaire«: »Liebe Politique Culinaire, wir bedauern unsere Entscheidung, das Dinner zu verschieben insofern, als dass diese zu einiger Irritation – nicht zuletzt der Organisationsdynamiken – geführt hat. Dafür möchten wir unsere Entschuldigung ausdrücken. Trotzdem halten wir die Entscheidung weiterhin für richtig, da sich bei der Durchführung des Dinners zahlreiche Überschneidungen mit der Arbeit der Museen und dem Protokoll der SMB/SPK ergeben, die unbedingt zu beachten sind. Gerne möchten wir in diesem Sinne mit Ihnen zusammenarbeiten und einvernehmlich einen neuen Termin in 2015 finden.« Unterzeichner: Martin Heller, Agnes Wegner.

80 | EMail des Humboldt Lab an Politique Culinaire, 23.03.2015.

81 | Ebd.

des Dinners auf unabsehbare Zeit als einer »kolonialen Posse«.[82] Danach war nichts mehr zu hören.

Kuratorische Rahmung und Gründe des Prozess-Scheiterns

Verantwortlich für das »Aneignungen«-Projekt, dessen Abschluss das Reenactment von Politique Culinaire bilden sollte, war Florian Malzacher. Er ist Kurator für zeitgenössische performative Künste, Dramaturg, Autor (er veröffentlichte Bücher u.a. zu Theatergruppen wie Forced Entertainment oder Rimini Protokoll) und Experte für künstlerischen Aktivismus. Malzacher lud eine Reihe von Künstlern zu seinem Performance-Schwerpunkt ein, darunter Yael Bartana, Ulf Aminde und Alexandra Pirici. Die unterschiedlichen künstlerischen Beiträge – ohne Politique Culinaire – wurden am 16. November 2014 als ›Parcours‹ durch die Dahlemer Museen präsentiert.[83] In der ›Projektskizze‹ schreibt der Kurator, Ziel sei es gewesen, Schwierigkeiten in Hinblick auf die »Aneignung von – dem Westen – fremdem Wissen und fremden Kulturen« zu ermitteln. Dabei sollte es explizit auch um die Auseinandersetzung mit ethischen und politischen Belastungen der kolonialen Sammlungen wie auch mit der Interpretations- und Rezeptionsgeschichte durch theatralische und performative Kunst gehen. Bereits in der Vorbereitungsphase war für den Kurator allerdings fraglich, »ob es überhaupt möglich ist, im Kontext des Humboldt

82 | Kolja Reichert schrieb: »Der Konflikt verengte sich auf Formulierungen. Das Museum kritisierte koloniale Beiklänge im Einladungstext. Die Künstler erklärten, der Jargon sei einer Image-Broschüre des Humboldt-Forums entlehnt. Dürfe man den Briefkopf der Staatlichen Museen verwenden? Das Museum verneinte. Und geriet durch die Absage doch in die Gastgeberrolle. [...] Der Leitspruch des Humboldt-Forums wurde zur Drohung. Es war, als hätte sich das Museum einen Virus eingefangen. [...] Je länger die Gästeliste wurde, je prominenter die Teilnehmer und je vielfältiger ihre Zusammensetzung, desto mehr ging das Museum auf Abstand. Schließlich wollte niemand aus der Leitung am Tisch sitzen.« K. Reichert, »Guten Appetit, heute wird Afrika aufgeteilt!«, in: *Die Welt*, 02.03.2015.

83 | Ulf Aminde und Shi-Wei Lu zeigten »performing labour contracts, made in Taiwan«, eine ›Lecture Performance‹ im Saal des chinesischen Kaiserthrons aus der Kangxi-Ära, in der es um Arbeitsbedingungen in asiatischen Elektronikkonzernen wie BenQ und Foxconn ging, die an der Herstellung von Apple-Produkten beteiligt sind. Yael Bartana steuerte eine filmische Auseinandersetzung mit synkretistischen Ritualen bei: »Pardes (Orchard)«. Kader Attia zeigte in der Dauerausstellung »Kunst aus Afrika« mit Spiegelsplittern beklebte Dogon-Masken (»Mirror Mask«). Ebenfalls Teil des »Aneignungen«-Projekts war die Installation »Wie noch nie/Wie nie wieder« von Ant Hampton und Britt Hatzius im Mesoamerika-Saal: eine Konfrontation mesoamerikanischer Figuren mit 3D-Doppelgängern als Auseinandersetzung mit Fragen von Authentizität und Kopie.

Lab und des Ethnologischen Museums künstlerisch verantwortungsvoll zu arbeiten« und ob »kritisch hinterfragende Positionen« von innen heraus produktiv formuliert werden können oder sie im Gegenteil »ausschließlich der institutionellen Legitimation« dienen.[84] Zum Projektscheitern erklärte Florian Malzacher 2017 in einem EMail-Austausch:

»Ich finde es nach wie vor sehr schade, dass das Afrika Diner nicht stattgefunden hat – nur ist mir wichtig, zu sagen, dass es zu einfach wäre, das Scheitern als Zensur von einer Seite abzutun. Denn es gab mindestens genauso starke Vorbehalte wie seitens des Ethnologischen Museums auch von postkolonial-aktivistischer Seite. Und die beiden Seiten waren in sich durchaus auch konträr. Ich betone das, weil das ja der Kern des Projektes war, genau diese Gemengelage aufzuzeigen.«[85]

Das Projekt sei darauf angelegt gewesen, »auf einem schmalen Grat zu wandern«. Politique Culinaire habe in der Einladung keine eindeutige Bewertung der historischen Ereignisse vornehmen wollen, weil sich sonst verschiedene mögliche Teilnehmer vielleicht nicht darauf eingelassen hätten. Es sei aber deutlich geworden, dass es »ohne eine eindeutige Verurteilung der Verbrechen der Kolonialzeit zumindest im Konzept nicht geht«.[86] Im Laufe des Vorbereitungsprozesses sei zunehmend klargeworden, dass es »von der Museumsseite unüberwindbare Vorbehalte geben könnte«. Die Position des Ethnologischen Museums, eher als die des Humboldt Lab, das das Projekt unterstützt habe, aber immer betont habe, es würde nichts gegen den Willen des Museums machen, sei ambivalent gewesen. Auf keinen Fall habe sich das Ethnologische Museum an etwas beteiligen wollen, das wie eine Verharmlosung der Kolonialzeit aussehen konnte. Das sei auch die offizielle Begründung der Absage gewesen. Gleichzeitig sei es gegen eine aus Museumsperspektive vereinfachte oder falsche Sicht auf die Afrika-Konferenz gewesen.[87]

Nach der Wahrnehmung der Lab-Geschäftsführerin Agnes Wegner ergaben sich Schwierigkeiten u.a. aus der Art der Kommunikation. Politique Culinaire sei »sofort in die Konfrontation« mit den Dahlemer Kuratoren gegangen. Als »zu starke und sehr vereinfachende Zuschreibung« sei von der Museumsseite die Verbindung von einstigem Völkerkundemuseum und Berliner Afri-

84 | F. Malzacher, »Aneignungen/Projektbeschreibung. Choreografien von Nähe und Ferne«, in: *Humboldt Lab Dahlem Projektdokumentation*, S. 112.

85 | EMail von Florian Malzacher, 28.07.2017.

86 | Benkendorff erklärte im Interview: »Wir haben die Einladung relativ ambivalent gelassen, um die Situation nicht mit vorformulierten Inhalten einzuengen und Leute nicht durch Zuschreibungen von Gut und Böse abzuschrecken. Wir wollten, dass ein Gesamtbild entsteht und gleichzeitig einzelne Biografien Konturen annehmen.«

87 | Zit. aus einer EMail von Florian Malzacher vom 28.07.2017.

ka-Konferenz angesehen worden, die Politique Culinaire herzustellen versuchte.[88] Der Hauptkonfliktpunkt aber sei die Frage nach der Gastgeberrolle gewesen, das Beharren von Politique Culinaire auf der Idee, das Ethnologische Museum und die Stiftung Preußischer Kulturbesitz sollten die Gastgeber sein. »Sie wollten nicht Gastgeber eines Kolonialdinners sein, denn sie wären automatisch in die Rolle historischer Stellvertreter geraten.«[89] Das Projekt sei abgesagt worden, weil weder die Verantwortlichen des Museums noch Hermann Parzinger teilnehmen und Statistenrollen spielen wollten in einem Stück, dass sie nicht kontrollieren konnten. Auch ein Versuch, das Dinner in den postkolonialen Kunstort Savvy Contemporary in Berlin zu verlegen, sei gescheitert.

Nach Martin Heller bestand der »Webfehler« des Projekts darin, »[...] dass Künstler nicht verlangen können, dass alle mitspielen, wenn sie den Nimbus, den Rahmen und die Funktion brauchen, um das Projekt überhaupt starten zu lassen«.[90] Hätten die Verantwortlichen der Stiftung Preußischer Kulturbesitz und der Staatlichen Museen allerdings an dem Dinner teilgenommen, neben Vertretern aus der Politik, hätte »vielleicht eine total intensive Angelegenheit« daraus werden können. »Es fehlte aber vielleicht die Risikobereitschaft, sich in eine völlig offene Konstellation mit einem derart beladenen Thema wie dem Kolonialismus zu begeben.«[91]

Viola König sagte 2018 im Interview: »Es ist am Konzept gescheitert.« Wäre das Dinner tatsächlich im Ethnologischen Museum realisiert worden, wäre eine Schuldrolle einer Institution zugeschrieben worden, die an der Aufteilung Afrikas nicht schuld sei.[92]

> »Wenn schon der Koch vom Auswärtigen Amt kocht, hätte man es auch im Regierungszentrum stattfinden lassen sollen. Dort hätte es hingehört. [...] Ich glaube, wir als Museum, nicht die Künstler, hätten hinterher Krach bekommen, wenn die Leute nämlich gemerkt hätten, und es waren sehr bekannte Namen, wofür sie hier eigentlich hergehalten haben.«[93]

Max Benkendorff von Politique Culinaire kommentierte rückblickend:

---

88 | Politique Culinaire hatte herausfinden wollen, ob es am Rande der Afrika-Konferenz Geschäftsessen auch mit Mitgliedern der Berliner Gesellschaft für Anthropologie, Ethnologie und Urgeschichte gegeben hat, die mit ersten Sammelbeständen die Grundlagen für das spätere Völkerkundemuseum legten. Interview mit Politique Culinaire am 09.11.2016.

89 | Interview mit Agnes Wegner am 05.02.2018.

90 | Interview mit Martin Heller am 27.11.2017.

91 | Ebd.

92 | Interview mit Viola König am 08.01.2018.

93 | Ebd.

»Wir bespielten eine Randzone. Im Grunde ging es nur um Schildkrötensuppe und Rehrücken, alles andere war Fiktion. Der Rahmen aber rückte ins Zentrum – und das ganze Spiel kam in Gang. In jedem anderen Kontext wäre die Menüfolge, die wir servieren wollten, unverfänglich gewesen. Durch den Bezugsrahmen Kongokonferenz aber war das anders. Die Leute haben es aufgeladen – und die Leerstelle ist real geworden.«[94]

Es hätten sich immer mehr Türen geschlossen. Als das Kollektiv im Archiv des Museums nach den alten Briefköpfen aus dem 19. Jahrhundert suchte, da es die aktuellen nicht verwenden durfte, sei kurz davor eine Order eingegangen, die die Aushändigung der Briefköpfe an die Künstler untersagt habe. Franziska Pierwoss sagte, am Anfang habe »große Lust« bestanden, mit dem Humboldt Lab und den Afrika-Kuratoren etwas Interessantes und Sinnvolles zu machen. »Als dann die Diskussion losging, wer einlädt, was auf dem Brief steht, wer unterschreibt und so weiter, hat uns das fast noch inspiriert, in dieser Hinsicht genauer hinzuschauen. Je länger wir aber versucht haben, in den Strukturen sowohl des Ethnologischen Museums als auch des Humboldt Lab zu arbeiten, desto mehr durften wir feststellen, wie kompliziert das war.«[95]

Als eine »Riesenleerstelle in der institutionellen Grammatik« erlebten die Künstler im Verlauf des Prozesses das Humboldt Lab, in dem sich unterschiedliche Zuständigkeiten überlappten.[96] Max Benkendorff sagte: »Mit unserem Einladungsprozess versuchten wir diese Struktur aufzumachen, um die eigentlichen Akteure immer mehr zu involvieren. Dabei stellte sich immer deutlicher heraus, dass das Humboldt Lab innerhalb des Museums überhaupt keine Verfügungsmacht hatte. [...] Das Humboldt Lab musste selbst gegen die Institutionen arbeiten.« Franziska Pierwoss resümierte: »Das Lab war eine Illusion.«[97]

Unverdauliche Kolonialküche

Politique Culinaire nahm den expliziten Wunsch des Humboldt Lab nach Aktualisierung, Verlebendigung und Versinnlichung historischer Sammlungen ernst und wollte gleichzeitig testen, wie weit beim Humboldt Forum die Gastfreundschaft tatsächlich geht. Besonderes Unbehagen scheint ausgelöst zu haben, dass zur Abwechslung nicht Künstler, sondern die Kuratoren, das Ethnologiemuseum und die Preußenstiftung ›mitspielen‹ sollten, dass also Künstler das ›Setting‹ und die Regeln vorgaben. Dadurch kam es zu einer Inversion der Hierarchien. Hier waren die Künstler Labormeister und die Museums-

94 | Interview mit Politique Culinaire am 09.11.2016.

95 | Ebd.

96 | Ebd.

97 | Ebd.

kuratoren und Museumsmanager Versuchspersonen. Einzig Politique Culinaire wurde radikal ausgeschlossen. Das Reenactment konnte nicht einmal im experimentellen Lab-Rahmen gezeigt werden und wurde auch im Archiv ausgeblendet. Mit seinem geplanten ›Liveact‹ verursachte das Kollektiv gleich auf mehreren Ebenen Probleme: der Ebene der Institutionen, der Frage der Verantwortlichkeit und der Kolonialismusfrage. Die Dimensionen hingen insofern zusammen, als die institutionelle Frage (wer einlädt, wer verantwortlich zeichnet, wer die Regeln vorgibt, wer ihnen folgt etc.) nahtlos in die rechtliche und politische Dimension mündet. Eine zentrale Frage war tatsächlich rechtlicher Natur: Wer tritt die Nachfolge der damaligen Afrika-Konferenz bzw. des veranstalteten Gastmahls an? An dieser Stelle zeigte sich die Macht der Institution. Zunächst verborgene Strukturen, etwa der Weisungsgebundenheit (am Ende war Hermann Parzinger der Lab-Verantwortliche), wie auch Tabus (konkrete Verbindungslinien zwischen dem Ethnologischen Museum und der Kolonialgeschichte durften nicht gezogen werden) wurden im Prozessverlauf mehr und mehr aufgedeckt. Das Künstlerkollektiv implizierte, dass es Verantwortliche geben müsse und alle waren daraufhin bemüht, Abgrenzung zu demonstrieren, niemand wollte eine problematische Nachfolge antreten, die heiße Kartoffel wurde herumgereicht, niemand war bereit, auch nur in eine vage Linie zum Kolonialismus oder auch nur zum Völkerkundemuseum zu geraten. Alle indes betonten, wie wichtig die Aufarbeitung der Kolonialvergangenheit grundsätzlich sei. Das Lab und die Stiftung Preußischer Kulturbesitz übernahmen am Ende, indem sie Absagen verschickten, aber doch die Gastgeberrolle für das Afrika-Bankett.

Ein grundsätzlicher Kritikpunkt am Humboldt Lab lautete, wirkliche Institutionskritik habe darin keinen Platz gehabt. Die Ethnologin Andrea Scholz, die selbst im Humboldt Lab als Kuratorin mitgewirkt hatte, konstatierte in ihrem Beitrag im Band *Quo vadis, Völkerkundemuseum?* eine komplette Abwesenheit »radikaler, sich abgrenzender Institutionskritik« im Lab.[98] In der Online-Projektdokumentation des Lab taucht der Ausdruck ›Institutionskritik‹ kaum auf. In einem Bericht der vom Lab bestellten Konferenzbeobachterin Birgit Hopfener heißt es knapp, »institutionskritische Interventionen« seien in der Konferenz »Historische Sammlungen und Gegenwartskunst« (2015) als wichtiges kuratorisches Instrument erachtet worden, »um europäische Narrative zu stören«, aber auch kritisch bewertet worden, da sie der institutionellen Logik unmöglich entkommen könnten.[99] Politique Culinaire bot Institutions-

98 | A. Scholz, »Das Humboldt Lab – Experimentelle Freiräume auf dem Weg zum Humboldt-Forum«, in: Kraus/Noack (Hg.), *Quo vadis, Völkerkundemuseum?*, S. 290.

99 | B. Hopfener, »Historische Sammlungen und Gegenwartskunst. Konferenzbericht«, in: *Humboldt Lab Dahlem Projektdokumentation*, S. 308.

kritik. Die Absage des Afrika-Banketts durch das Lab zeigte, dass Institutionskritik in dem gegebenen Rahmen nicht möglich war.

Eine bekannte Abwehrstrategie gegen Institutionskritik besteht darin, den Werken den Kunstcharakter abzusprechen. Politique Culinaire wurde nach eigenen Angaben vom Lab und vom Ethnologischen Museum vor die Wahl gestellt, seine dekoloniale Dinner-Performance entweder unmissverständlich als Kunst und Theater zu deklarieren oder ausgeladen zu werden. Das ist besonders vor dem Hintergrund interessant, dass an vielen anderen Stellen im Lab Hybridisierungen von Kunst und Nicht-Kunst ausdrücklich ermutigt wurden und Ambivalenzeffekte erwünscht waren.

Probleme waren aber auch in dem Beitrag von Politique Culinaire angelegt. Die Umkehrung der Asymmetrie (in der Afrika-Konferenz Ende des 19. Jahrhunderts bestimmten Europäer über Afrikaner) blieb immer noch eine Asymmetrie; die postkoloniale Seite konnte argumentieren, hier eigneten sich Künstler eine hierarchische Position an und betrieben ›Cultural Appropriation‹; hier führten Weiße ein Experiment mit Schwarzen und Weißen durch, noch dazu im Ethnologischen Museum, einem Raubkunstdepot. Politique Culinaire konnte sich umgekehrt einer Art von invertiertem Rassismus ausgesetzt fühlen, wenn von postkolonialen Kritikern impliziert wurde, geschichtliche Revision sei eigentlich nur aus nicht-weißer Perspektive glaubwürdig. Wie andere Beispiele institutionskritischer Kunst, z.B. Hans Haackes Arbeit »Shapolsky et al. Manhattan Real Estate Holdings, a Real-Time Social System, as of May 1, 1971«, provozierte auch Politique Culinaire mit seinem Werk Ängste, Ärger und Ablehnung. Im Fall Haackes sagte seinerzeit das New Yorker Guggenheim Museum die Ausstellung ab und entließ den Kurator Edward Frey, der sich mit Haacke solidarisiert hatte. Haacke wurde vom Museumsdirektor schriftlich über die Grenzen der Kunstfreiheit belehrt, dass obwohl

> »[...] art may have social and political *consequences*, [...] these, we believe, are furthered by indirection and by the generalized, examplary force that works of art may exert upon the environment, not, as you proposed, by using political means to achieve political ends, no matter how desirable these may appear to be in themselves.«[100]

Eine Solidarisierung mit Politique Culinaire im Lab blieb aus. Das Kollektiv blieb dabei, sein Afrika-Bankett ›in den Kulissen des ethnologischen Museums‹ nicht als Kunst und Theater zu konzipieren, sondern als ›Liveact‹. Mit Theater hätte das Ethnologische Museum leben können, meinte Franziska Pierwoss. »Es war wirklich eine große Enttäuschung, dass es kein Theater-

100 | T.M. Messer, »Thomas M. Messers Letter to Hans Haacke, Mar. 19«, in: P. Townsend (Hg.), *Studio International. Gurgles Around the Guggenheim*, London: The Studio Trust 1971, S. 249.

stück ist«.[101] Politique Culinaire forderte die Institutionen heraus: durch offene Prozesshaftigkeit und die Berührung tatsächlicher Tabuthemen. Es wurde deutlich, dass kritische Hinterfragung gefragt ist, allerdings selektiv. Die Labormetapher funktionierte nur, solange die Experimentalbedingungen in den Händen der Institutionen blieben und solange das ästhetische Framing intakt war, das ›Als-ob‹. Eine Stärke und gleichzeitig Schwäche von ›Kunst als Catering‹ besteht im Umstand des Sich-nicht-eindeutig-auf-Kunst-Festlegens. Selbst die exquisitesten Catering-Dienstleister kann man abbestellen, ohne als Kunstzensor zu gelten. Sowohl bei der Intervention von Mathilde ter Heijne als auch beim Experiment des Kollektivs Politique Culinaire ließ sich beobachten, dass die gestufte Verantwortung der Institutionen tendenziell in Konflikt mit der künstlerischen Freiheit gerät, die Institutionen aber gleichzeitig ein Interesse haben, Freiheit und Offenheit abzubilden.

Schlussfolgerungen aus Kunstexperimenten

Im Kontext der Krise der Ethnologiemuseen, die eine doppelte Krise ist, der Repräsentation und der Legitimität, probieren Institutionen neue Formen des Umgangs mit nicht-westlichen Kulturgütern aus. Als mögliche ›Krisenhelfer‹ sind in den letzten 15 bis 20 Jahren auch postmoderne und postkoloniale Künstler sowohl aus Europa als auch aus den Herkunftsregionen der gesammelten Objekte verstärkt ins Blickfeld gerückt. Potenziale werden insbesondere so genannten ›Interventionen‹ eingeräumt, punktuelle Unterbrechungen von Sammlungslogiken oder kritisch hinterfragende Eingriffe in Schauräume. Kunstimporte werden vielfach als wichtig und notwendig erachtet, um Museen und ihre Sammlungen zu aktualisieren und zu dekolonisieren. Gleichzeitig ist das Thema mit viel Unsicherheit verbunden, auch weil die Strategie in den zurückliegenden Jahren scharf kritisiert wurde. Ich möchte abschließend sieben Punkte anführen, die sich m.E. aus den Museumsexperimenten in Berlin und Frankfurt für die Kooperation von Künstlern und ethnologischen Museen ableiten lassen.

1. Alles steht und fällt mit der *Transparenz und Aufrichtigkeit*. Solange verborgene ›Giftschränke‹ in Museen vermutet werden können,[102] Depotzugänge limitiert werden und sich ›Possessivcharakter von Museumsdirektoren‹ (Michael Naumann),[103] den man aus der NS-Raubkunstproblematik kennt,

101 | Interview mit Franziska Pierwoss am 09.11.2017.

102 | So werden museumsintern Schränke mit problematischem Inhalt bezeichnet: Gegenstände mit dubioser Herkunft, Fälschungen, kompromittierende Dokumente.

103 | Michael Naumann hat 2013 in seiner Zeit als Staatsminister für Kultur und Medien in Hinblick auf NS-Raubkunst festgestellt: »Schauen Sie sich doch an, mit

auch bezogen auf koloniales Raubgut offenbart, fehlt – strenggenommen – jegliche Voraussetzung für sinnvolles künstlerisches Arbeiten. Im Umkehrschluss heißt das: Museen, die Künstlern den Freiraum bieten, der unabdingbar ist, sind selbstkritische und offene Institutionen.

2. Bei *Interventionen als Teil kuratorischer Strategien* ist künstlerische Freiheit von vornherein eingeschränkt. Künstlerische Kritik läuft in einem solchen Rahmen tendenziell Gefahr, dem ethischen Marketing von Institutionen zuzuarbeiten und das Immunsystem der Einrichtungen zu stärken;[104] in der Konsequenz entstehen häufig starre Monumente.[105] Manche Künstler lassen sich Autonomie der Kunst vertraglich zusichern.
3. Projekte mit Künstlern sind m.E. besonders dann relevant, wenn sie bei Fragen ansetzen, die aus *Schnittstellen* erwachsen (Stichwort ›Ethnographic Turn‹). Künstler bedienen sich seit den 1980er und 1990er Jahren exzessiv der Ethnomethodologie (Feldforschung, teilnehmende Beobachtung, Dokumentation) und widmen sich in jüngerer Zeit verstärkt auch anthropologischen Fragestellungen (›Ontological Turn‹, ›Material Turn‹, ›Anthropozän‹). Einige Künstler haben sich auf kulturelle Übersetzungen, Intersektionalität oder explizit das Feld ethnografischer Bedeutungsproduktion spezialisiert. Mit ›assoziativer Recherche‹ (Lisl Ponger) stellen sich Künstler selbstbewusst neben wissenschaftliche Forschung oder auch quer dazu.[106] Problematisch ist es, wenn künstlerische Forschung als Ergänzung oder Substituierung wissenschaftlicher Forschung missverstanden wird.

---

welch peinlicher Verbissenheit in manchen Museen gegen Restitutionsansprüche gekämpft wurde. Ich will damit nur andeuten, dass es einen Possessivcharakter von Museumsdirektoren gibt, die sich um ihre Kunstschätze kümmern, als ob es ihre eigenen wären. Das gehört offenbar mit zur Berufspsyche!«; B. Sonna, »Eine närrische Geschichte. Interview mit Michael Naumann«, in: *art Das Kunstmagazin* (2013); www.art-magazin.de/szene/7706-rtkl-michael-naumann-interview-eine-naerrische-geschichte (01.05.2016; später aus dem Netz genommen.)

104 | Das ›negative Rückkopplung‹ (Norbert Wiener) zum selbstkorrigierenden und stabilisierenden Verhalten von Systemen zählt, ist eine Grundeinsicht der Kybernetik.

105 | Im Foyer des neu gestalteten Zentralafrikamuseums in Tervuren werden allegorische Figuren aus der Entstehungszeit des Museums, die Belgien als Zivilisationsbringer glorifizieren, nun kontrastiert durch eine kopfförmige Skulptur aus Edelholz und Bronze des kongolesischen Bildhauers Aimé Mpane. Im zentralen Treppenhaus des Humboldt Forums fungiert ein Kunst-am-Bau-Beitrag als Erinnerungszeichen an die Opfer und Verbrechen des Kolonialismus: Sunkoo Kangs »Statue of Limitations« in Form von Trauerbeflaggung aus schwarz patinierter Bronze.

106 | Z.B. Lisl Pongers geschichts- und institutionskritische Recherchearbeit »The Master Narrative und Don Durito in 10 Kapiteln« für das Weltmuseum Wien; https://vimeo.com/user24353939 (03.05.2019)

4. Grundvoraussetzung für künstlerisches Arbeiten ist, neben der Aufgeschlossenheit der Kultureinrichtungen für Experimente mit offenem Ausgang, ein *Klima des Vertrauens*. Ein solches bleibt gerade in einem vielfach belasteten Feld wie dem ethnologischer Sammlungen vermutlich ein unerfüllbares Desiderat, aber es ist wichtig zu erkennen, dass ohne ein Minimum an Vertrauen (der Institution gegenüber den Künstlern, der Künstler gegenüber der Institution, der Politik gegenüber beiden), die Grundlage für eine produktive Zusammenarbeit zwischen Museen und Künstlern fehlt.
5. Bei *transkulturellen Kooperationspartnerschaften* reicht es nicht aus, die andere Seite ›mitspielen‹ zu lassen, sondern sie muss auch die Spielregeln mitbestimmen können, selbst dann, wenn es Institutionen nicht gefällt, was oder wie sich die ›Anderen‹ präsentieren (Nora Sternfeld hat das hervorgehoben, Mathilde ter Heijne im Humboldt Lab ein Beispiel geliefert).
6. Eine wichtige Voraussetzung für erfolgreiche Projekte mit Künstlern ist die *Klärung der Verantwortungsfrage* innerhalb der Institutionen. Im Humboldt Lab zeigte sich die Schwierigkeit, dass die gestufte Verantwortung von Institutionen tendenziell in Konflikt mit der künstlerischen Freiheit gerät. Im Humboldt Forum ist Verantwortung noch stärker gestaffelt und auf noch mehr Institutionen und Abteilungen verteilt. Es wird voraussichtlich noch schwieriger sein, Räume für mutige Projekte und Prozesse zu öffnen.
7. Schließlich ist eine *aufgeschlossene Öffentlichkeit* nötig, die nicht in ständiger Skandalisierungsbereitschaft verharrt, Experimente im Keim erstickt (»Nackte Wilde im Humboldt Lab«)[107] und dazu beiträgt, dass Institutionen in Verteidigungshaltung verharren. Wissenschaftlich instruierte Institutionen müssen nicht nur von der öffentlichen Meinung kontrolliert werden, sondern müssen auch in der Lage sein, diese produktiv herauszufordern und zu ihrer Fortbildung beizutragen. Das können sie am ehesten als starke Wissenschaftseinrichtungen.

Thomas Hirschhorn zufolge besteht die Aufgabe der Kunst darin, kritische Körper zu bilden, die sich nicht nur in kritischem Zustand befinden, sondern die auch kritisieren und die zu kritisieren sind. Hirschhorn spricht vom kritischen Kunstwerk als einem ›critical corpse‹; die Betonung liegt auf ›corpse‹, Leichnam. Durch seine kritische Beschaffenheit und Lage unterscheide sich das kritische Kunstwerk von einem journalistischen Leitartikel oder einem Bericht von Human Rights Watch. Kunst ist für Hirschhorn ein ›critical labo-

107 | Siehe: H. Jähner, »Umstrittene Ausstellung. Nackte Wilde im Humboldt Lab«, in: *Berliner Zeitung*, 13.10.2014.

ratory«[108] und die genuine Aufgabe von Künstlern ist es, ›Verantwortung‹ zu beweisen und ›Courage‹.[109]

Für Joulia Strauss geht die Agenda der Kunst in der heutigen Welt darüber hinaus. Sie sieht so genannte kritische Kunst als ein Attribut der ›Bourgeoisie‹. Für Strauss besteht das »Wagnis der Kunst in sozialplastischen Erfindungen von Gemeinschaften, die nicht die bestehenden Weltordnungen kritisieren, sondern diese – und sei es auch nur mikropolitisch, aber dafür im Exzess – mit dem Aufblitzen einer ›enlightened society‹ in den Schatten stellen«. Selbstbestimmung, Überschreitung disziplinärer Grenzen, Verantwortung für eine ethische Ökonomie, nicht zuletzt die eigene, und »Förderung des Lebenden, dem Anthropozän zum Trotz«, nennt die Gründerin der Avtonomi Akadimia als Inspirationsquellen ihrer Kunst.[110]

Mit der ausführlichen Rekonstruktion und Bergung von drei zentralen Kunstbeispielen aus dem Humboldt Lab – Mathilde ter Heijnes »Pulling Matter from Unknown Sources«, Politique Culinaires geplantes Reenactament von Bismarcks Afrika-Bankett und Zhao Zhaos »Waterfall« –, die nicht die Aufmerksamkeit erhalten haben, die sie verdienen, verband sich die Intention, aufzuzeigen, welche wichtigen und herausfordernden Prozesse Künstler in den Staatlichen Museen in Gang gesetzt haben. Es ging in den Projekten sowohl darum, ein nicht-verobjektivierendes Verständnis so genannter ›Objekte‹ in ethnografischen Sammlungen zu gewinnen als auch eine gemeinsame, hybride Sprache zu finden und einen respektvollen, aber angstlosen Umgang. Hier in Zukunft anzusetzen, erscheint lohnenswert.

108 | Zit. nach persönlicher Mitschrift beim Symposium »Was ist Kritik?« im Februar 2016 im Neuen Berliner Kunstverein (n.b.k.); siehe auch: L. Lee und H. Foster (Hg.), *Critical Laboratory. The Writings of Thomas Hirschhorn* (=OCTOBER Books), Cambridge MA: The MIT Press 2013.

109 | »I realized that to be an artist is not a question of form or of content, it's a question of responsibility. The decision to be an artist is a decision for the absolute and for eternity. That has nothing to do with romanticism or idealism, it's a question of courage.« A.M. Gingeras, »Quality, No! Energy, Yes! Thomas Hirschhorn on Why Confrontation Is Key When Making Art for the Public«, in: *Artspace* (November 2016).

110 | EMail-Austausch mit Joulia Strauss (Athen, Berlin) am 10. Mai 2019. Mit der von ihr gegründeten Avtonomi Akadimia war Joulia Strauss 2017 Teil des »Parliament of Bodies« der documenta 14 in Athen und Kassel.

IV.4 Embedded Criticality

Gegen die kuratorische Mode der Kunstimporte in ethnologischen Museen war bereits in der Anfangsphase des Berliner Humboldt Lab und des Frankfurter Weltkulturen Labors scharfe Kritik formuliert worden.[111] Ein Verdacht lautet, historische Museen wollten sich durch zeitgenössische Kunstimporte gewissermaßen ein schickes ›Facelift‹ verpassen, um weniger alt und hässlich auszusehen, hässlich auch im moralischen Sinn. Ein weiterer Einwand lautet: Importe postkolonialer Kunst würden Museen davon entbinden, sich selbst um Aufarbeitung ihrer Altlasten zu kümmern. Einige prägnante Einwände versammelte 2013 mit Blick auf das Weltkulturen Labor und auch auf das Humboldt Forum der weiter oben bereits erwähnte *Texte zur Kunst*-Band zum Thema »Globalismus«. Die Kunsthistorikerin Susanne Leeb wandte unter der Überschrift »Asynchrone Objekte« ein, Institutionen versuchten mit der gesellschaftlich begehrten und global verbreiteten Kategorie Gegenwartskunst die eigene Unzeitgemäßheit und Obsoletheit zu überspielen.[112] Mittels zeitgenössischer Kunst werde versucht, Sinn aus etwas zu schlagen, »das entweder extrem fragwürdig und problematisch ist oder dessen ehemalige Bedeutung für einen westlichen Kontext abhandengekommen ist.«[113] Mit Blick auf die Frankfurter Ausstellung »Objekt Atlas« stellte Leeb fest, dass historische Sammlungen durch Gegenwartskunst zwar aufgeladen würden, jedoch in der bekannten Art des Warenfetischismus und dem schon von Carl Einstein kritisierten bürgerlichen Besitzstandsdenken.[114] Das Problem der kolonialen

111 | Die Zeitschrift für Ethnologie veröffentlichte 2012 (Bd. 137, H. 2) mehrere Beiträge zu dem Frankfurter Experiment: B. Hauser-Schäublin: »Neu eröffnete Völkerkundemuseen. Gewohntes, neue Ausrichtungen und Irrungen« (S. 241-252); C. Deimel: »Die Welt als Supermarkt. Bemerkungen zum Konzept einer neuen Dauerausstellung im Weltkulturen-Museum in Frankfurt a.M.. Zur Ausstellung ›Objekt Atlas‹« (S. 252-257) und H. Jebens, »Der Anfang einer neuen Ära? Zur Ausstellung ›Objekt Atlas‹ im Frankfurter Museum der Weltkulturen« (S. 257-263).

112 | I. Graw (Hg.), *Texte zur Kunst* 91, *Globalismus, Globalism* (September 2013).

113 | S. Leeb, »Asynchrone Objekte«, in: I. Graw (Hg.), *Texte zur Kunst* 91, *Globalismus, Globalism* (September 2013), S. 55.

114 | »Antje Majewski wählte prähistorische Steine aus Papua-Neuguinea und transformierte sie qua Malerei in abstrakte, intensiv farbige und schöne Formen [...], um, so Deliss, die ›untergründige gefühlsgeladene, psychische Ebene uralter Objekte‹ in eine zeitgenössische Bildsprache zu übersetzen. Woher man diese Ebene kennen könne, wird nicht erklärt.« Ebd. S. 51. C. Einstein hatte 1919 notiert: »Das europäische Kunstwerk dient dem Schutz und der Stabilisierung der Besitzbürger. Diese Kunst etabliert die Fiktion einer ästhetischen Revolte, die es den Bürgern erlaubt, auf harmlose Weise einen Wunsch nach Veränderung auf rein geistiger Ebene abzureagieren.« Zit. nach ebd.

Objekte und damit die historische, museale Verantwortung für Geschichte an Künstler zu delegieren, funktionalisiere »ein Stück weit diese Illegitimität« und versuche, sich »eine gewisse Unangreifbarkeit qua Kunst« zu verleihen.[115]

Im selben *Texte zur Kunst*-Band erteilte der Kunsthistoriker und Diaspora-Forscher Sylvester Ogbechie dem Flirt zwischen Künstlern und Ethnologiemuseen eine postkoloniale Generalabsage. Künstler, die mit westlichen Museen bei der Neupräsentation ihrer »auf unrechtmäßigem Wege erlangten Güter« zusammenarbeiteten, setzten sich »dem Verdacht der Mittäter-/innenschaft« aus; Museen sind für Ogbechie nicht dekolonisierbar, weil sie »vielleicht die etabliertesten und hartnäckigsten Beispiele für die Macht des Westens« seien.[116] Der Kurator Bonaventure Soh Bejeng Ndikung, der das Humboldt Lab beraten hat und sich insbesondere mit dem Projekt von Politique Culinaire schwergetan hat, stellte 2016 in einem Interview für *Die Zeit* mit Blick auf das Humboldt Forum fest, Objekte, »die vor allem während der Kolonialzeit gekauft, geklaut, verschenkt wurden« müssten »radikal geprüft und wenn möglich zurückgeschickt werden.«[117] Wenn Auflösung der Sammlungen die Lösung und einzig wahre ›Dekolonisierung‹ ist, erübrigen sich freilich symbolische Operationen.

Die Sozial- und Kulturanthropologin Sharon Macdonald formulierte als Gastautorin in der Abschlusspublikation des Humboldt Lab *(Prinzip Labor)* unter der Überschrift »Probleme mit der Ethnologie« auch ihre Probleme mit Kunst. Sie konstatierte mit Blick auf das Humboldt Lab Tendenzen der »Verantwortungsverlagerung« auf Künstler, Kritikaufgaben seien auf Kunst abgewälzt worden.[118] Die Anthropologin hob hervor, dass Kunst vielfach mit der »Erzeugung von Provokation und Verstörung« in Zusammenhang gesehen werde, doch bestehende Annahmen der Ethnologie »zu erschüttern«, sei die genuine Aufgabe »professioneller« Anthropologen. Künstler als Kritiker der Museen ins Haus zu holen, bezeichnete Macdonald als bequemes Ausweichmanöver

---

S. 59. (C. Einstein, »Über primitive Kunst«, in: Ders., *Werke*, Bd. 2 (1919-1928), Berlin 1981, S. 19-20, hier S. 20).

115 | S. Leeb, »Asynchrone Objekte«, in: I. Graw (Hg.), *Texte zur Kunst 91*, Globalismus, Globalism (September 2013), S. 55.

116 | S.O. Ogbechie, »Respondenz zu Susanne Leeb: Zeitgenössische Kunst, ethnologische Museen und relationale Politik«, in: *Texte zur Kunst* 91, *Globalismus, Globalism* (September 2013), S. 73-81, hier S. 73.

117 | W. Bloch, »So etwas wie Unterwerfung. Was soll das Humboldt-Forum? Ein Gespräch mit dem Wissenschaftler und documenta-Kurator Bonaventure Ndikung«, in: *Die Zeit*, 07.01.2016, S. 48. Bonaventure Soh Bejeng Ndikung war 2017 Curator at Large der documenta 14 und betreibt in Berlin den Kunstort Savvy Contemporary; https://www.savvy-contemporary.com/ (03.05.2019).

118 | S. Macdonald, »Probleme mit der Ethnologie«, S. 226.

von Kollegen an Museen, die eine Provokation »inszenieren« wollten, die Kollision mit dem »institutionellen und disziplinären Auftrag« indes scheuten; am Ende zeichne nicht der Kurator, sondern der Künstler verantwortlich – und der sei eben frei.[119] Kunst könne, resümiert Macdonald, eine »wichtige Quelle für Experimente« sein, sie sei aber kaum geeignet, um in Museen notwendige Revisionen vorzunehmen.[120]

Die Ethnologin Larissa Förster äußerte in einer Lab-Diskussion grundlegende Zweifel an Kunstinterventionen. Zwar würden zeitgenössische künstlerische Ansätze oft »gewagtere Hypothesen« bieten, jedoch häufig oberflächlich ausfallen.

»Viele Objekte bedürften einer Expertise, die auf mehr als einem vierwöchigen Aufenthalt in einem europäischen ethnologischen Museum beruht. Zeitgenössische künstlerische Ansätze greifen daher oft zu kurz – man erwartet Unmögliches von KünstlerInnen. Wir würden uns auch nicht damit begnügen, Sammlungen europäischer Kunst und Kultur vor allem durch Ausstellungsinterventionen zeitgenössischer KünstlerInnen interpretieren zu lassen!«[121]

Die Qualität künstlerischer Forschung wurde in Expertenrunden generell angezweifelt. Hybride aus Kunst und Wissenschaft, wie sie das Humboldt Lab forcierte, wurden skeptisch gesehen. Macdonald etwa stellte mit Blick auf das Kooperationsprojekt einer Ethnologin und eines Künstlers »Mensch – Objekt – Jaguar« fest, »sorgfältiges Design kann sicher dazu beitragen«, das Repräsentationsdilemma zu entschärfen, gleichzeitig aber würden Besucher dazu verleitet, Ausstellungen »eher wie eine Kunstinstallation zu betrachten«. Dadurch drohe »die ethnologische ›Botschaft‹ und ihr verstörendes Potenzial abgeschwächt oder verzerrt« zu werden.[122] Auffallend an Äußerungen von Sozial- und Kulturanthropologen ist die umstandslose Gleichsetzung von Kunst und Design. Das Humboldt Lab hat Museumsethnologen eine neue Aufgeschlossenheit gegenüber Gegenwartskunst und eine möglicherweise gar nicht vorhandene Kunstkompetenz abverlangt. Gleichzeitig waren Wissenschaftler damit konfrontiert, dass (forschende) Künstler gewissermaßen eine Art von Kolonisierung ihres ureigensten ›Feldes‹ und ›ihrer Sammlungen‹ betrieben. Die Entgrenzung von Kunst in Richtung Design wie auch die Unterstützung der forschenden Ambitionen von Künstlern führten im Humboldt Lab zu verstärkten Bemühungen um Positionsbestimmungen, Grenzziehungen und

119 | Ebd. S. 226.

120 | Ebd.

121 | I. Albers, L. Förster, V. König, K. Ruitenbeek, »Deutungshoheit abgeben. Das Humboldt Lab im kritischen Diskurs«, in: *Prinzip Labor,* S. 35-43, hier S. 36-37.

122 | S. Macdonald, »Probleme mit der Ethnologie«, in: *Prinzip Labor,* S. 223, 224.

Revierabsicherungen aufseiten der Wissenschaftler. Während der engere Lab-Kreis um Martin Heller Kunst in Richtung Design wie auch Forschung erweiterte und Grenzauflösungen anregte, zeigte sich auf der Ethnologenseite ein Bestreben, Kunst auf Design- und Illustrationsaufgaben zu reduzieren oder zumindest ins Reservat klassischer und romantischer Ästhetik (als Ausdruck des Subjektiven, Gefühlten, Poetischen etc.) einzuhegen.

Das Humboldt Lab eröffnete zeitgenössischen Künstlern im Ethnologischen Museum und im Museum für Asiatische Kunst ein interessantes Betätigungsfeld. Um ein einfaches Terrain aber handelte es sich nicht. Gegenwartskunst war als ungewohnte Perspektive auf historische Sammlungen, postkoloniale Stimme und alternative Gestalterin gefragt. Gleichzeitig waren Artikulationsmöglichkeiten in den Museen begrenzt. Als individuell agierende, externe Akteure hatten es Künstler tendenziell schwer, sich in den Institutionen Raum und Respekt zu verschaffen. Kunst lief Gefahr, als das subjektive, chaotische, wilde ›Andere‹ rationaler Wissenschaft abgetan,[123] oder als eine Art von sonderpädagogischer Vermittlung missverstanden zu werden, ungeachtet dessen, dass Kunst ihrerseits (hochgradig) vermittlungsbedürftig ist. Forschende Künstler hatten es schwer, von Museumskuratoren als Co-Forscher und Co-Kuratoren akzeptiert zu werden. Ihre Beiträge liefen Gefahr, als Billigsurrogate und ›Forschung Light‹ abgetan zu werden. Mit der größeren Nähe wuchs offenbar auch die Fächerkonkurrenz. Ein Doublebind lag darin, dass Künstler gleichzeitig mit hypertrophen Erwartungen konfrontiert wurden.

Künstlerstimmen haben so gut wie keinen Eingang ins Lab-Archiv gefunden. Selbst beim einschlägigen Symposium »Historische Sammlungen und Gegenwartskunst. Eine Diskussion kuratorischer Strategien« im Sommer 2015 diskutierten Kulturanthropologen und Kunsthistoriker aus Universitäten und Museen weitgehend unter sich. Franziska Pierwoss von Politique Culinaire sagte über die Tagung:

»Die Art der Einbindung von Kunst ist manchmal merkwürdig. Wir haben uns mit dem Humboldt Lab intensiv auseinandergesetzt und auch Veranstaltungen besucht, auf denen sich Museumsethnologen aus ganz Europa darüber unterhalten haben, wie man zeitgenössische Kunst einbinden kann. Diese Leute gehen tatsächlich davon aus, dass man zeitgenössische Kunst als ein Instrument zur Vermittlung anwenden könnte. Da denke ich mir: Was für ein grundsätzliches Missverständnis! Man muss natürlich ganz

123 | Der nigerianisch-amerikanische Künstler, Kulturwissenschaftler und Kurator Olu Oguibe riet Künstlerkollegen schon vor Jahren kategorisch davon ab, mit Ethnologiemuseen zusammenzuarbeiten. Seine Begründung: »because they are primitivising us!«. T. Fillitz, »Challenging The Global Art World. Anthropological Perspectives on Global Art«, in: *AAS Working Papers in Social Anthropology* 14 (2010), S. 1-10, hier S. 1.

im Gegenteil diese zeitgenössische Kunst vermitteln, um überhaupt irgendwohin zu kommen.«[124]

Nach der Wahrnehmung der Künstlerin werden auf einer oberflächlichen Ebene »Kritiksurrogate« eingekauft, »[...] aber längerfristige Projekte und intensive Einlassungsmöglichkeiten bleiben aus. Grundsätzlich aber glaube ich weiterhin, dass es für Künstler vollkommen möglich ist, Dinge wirklich zu bewegen und nicht nur, aber sicherlich auch durch das Infragestellen von Kontexten.«[125] Max Benkendorff resümierte:

»Die Gegenwartskunst bekommt die komische Aufgabe, als Ornament, moralische Bestätigung und Fortsetzung der Pädagogik mit anderen Mitteln zu fungieren. Sie schafft die Möglichkeit, dass komplexere Diskussionen an die künstlerischen Positionen outgesourct werden. Man will aber vorher wissen, was kommt. In dem Moment, wo etwas Unvorhersehbares passiert, wird komplett sanktioniert.«[126]

Mathilde ter Heijne stellte als Besucherin der Konferenz kaum Berührungspunkte zwischen den Fragestellungen, die internationale Anthropologen mit Blick auf Gegenwartskunst und Ethnologie zu interessieren scheinen, und ihrem eigenen anthropologischen Interesse als bildende Künstlerin fest.

»Es wird weiterhin höchst problematisch bleiben, mein Projekt auszustellen, während irgendwelche formalen Umsetzungen mit ethnologischen Objekten, z.B. Schattenrisse, natürlich keinerlei Probleme verursachen. Es ist ja so herrlich mit der bildenden Kunst, dass sie so formal sein kann und so schön. Freilich gehen solche formal-schönen Arbeiten vollkommen vorbei an jeglicher substanziellen Diskussion.«[127]

Einzig die österreichische Künstlerin Lisl Ponger war als Vortragende zu der Konferenz eingeladen worden, in der es um historische Sammlungen und Gegenwartskunst ging. Ponger war am Humboldt Lab nicht beteiligt. Die Künstlerin, die sich laut Selbstauskunft für »Stereotype, Rassismen und Blickkonstruktionen an der Schnittstelle von Kunst, Kunstgeschichte und vor allem Ethnologie« interessiert, überraschte die internationalen Konferenzteilnehmer in Berlin mit einer ironischen Doppelconférence. Sie trat in der Doppelrolle als resolute Chefkuratorin ihres fiktiven »Museums für fremde und vertraute Kulturen« (MuKul) auf, einem mobilen ›mock museum‹, in dem sie ethnografisches Ausstellen imitiert, sowie als Künstlerin Lisl Ponger, die mit ethno-

124 | Franziska Pierwoss im Interview am 09.11.2016.

125 | Ebd.

126 | Interview mit Max Benkendorff am 09.11.2016.

127 | Interview mit Mathilde ter Heijne am 17.02.2017.

logischen Museen kooperiert. Die Künstlerin Ponger erklärte der Chefkuratorin Ponger, die Zusammenarbeit mit ethnologischen Museen sei immer eine

»[…] Gratwanderung zwischen Kritik und Komplizenschaft mit diesem kolonialen Unternehmen. Die Frage ist, wie und ob man sich von diesem mächtigen Diskurs des Museums abgrenzen kann, denn natürlich ist die koloniale Vergangenheit sehr oft in die Architektur, aber immer in die Sammlungen der Museen eingeschrieben und dagegen kann auch die Kunst nicht an[kommen], aber ich habe beschlossen, es ist besser grandios zu scheitern, als es nicht zu probieren.«[128]

Ponger bereitete damals ihren Beitrag für die Eröffnungsausstellung des Weltmuseum Wien vor. Bei den Verhandlungen habe sie darauf gepocht, dass die ›Autonomie der Kunst‹ vertraglich zugesichert wird, damit das Museum keine Möglichkeit erhält, in das künstlerische Konzept einzugreifen. »Das bedeutet für mich, dass ich strukturelle Kritik an dem kolonialen Unternehmen Ethnologiemuseum üben kann, da kein Rahmen vorgegeben ist, innerhalb dessen ich mich bewegen muss, z.B. [in Form von] Interventionen in Sammlungen.«[129] Die Chefkuratorin Ponger hakte nach: »Wird sich nicht trotzdem das Museum ihre Kritik auf seine Fahnen schreiben und sich durch ihre Kunst dabei als kritisches Museum darstellen?« Die Künstlerin Ponger antwortete trocken: »Ja, natürlich, so könnte das sein.« Ob sie Interventionen in Museen ablehnen würde, wollte die Chefkuratorin noch von der Künstlerin wissen: »Ja, würde ich auf jeden Fall ablehnen.«[130] Durch den mit Kulturanthropologen und Kunsthistorikern gefüllten Tagungsraum ging ein verblüfftes Raunen.

Ponger sprach 2015 auf der Konferenz auch die Auffälligkeit des ethnisch oder geografisch passgenauen Kuratierens an, die Tendenz, »passend zu den Sammlungen der ethnologischen Museen, außer-europäische zeitgenössische Kunst auszustellen bzw. Künstler einzuladen, dort etwas zu installieren«, in der Erwartung, zeitgenössische Kunst würde die ethnologischen Museen »retten«. Die Chefkuratorin Ponger: »Sie wollen jetzt aber nicht sagen, dass Künstler aus den ehemaligen Kolonien jetzt die ethnologischen Museen retten sollen?«[131]

In ihrer zweieinhalb Jahre später in Wien eröffneten Installation »The Master Narrative und Don Durito« im Weltmuseum Wien demonstrierte Ponger, was ihre Eingriffe von kuratierten künstlerischen Interventionen, die sie ablehnt, unterscheidet: Mit einer räumlich deutlich abgegrenzten Galerie inner-

128 | L. Ponger, »Teilnehmende Beobachterin, eine Befragung«, in: »Historische Sammlungen und Gegenwartskunst«, 2015 in Berlin (unpubl. Konferenzbeitrag; Audiodatei).

129 | Ebd.

130 | Ebd.

131 | Ebd.

halb des Museums, einem schwarzen, sarkophagartigen Raumkeil, schräg eingeführt in die weiße Marmorempore der zentralen Halle des imperialistischen Prunkbaus am Wiener Heldenplatz, setzte sie ein deutliches Signal, dass sie sich gegenüber ihrer Umgebung abschirmen und sich schräg zur Ideologie des Hauses stellen möchte. Gleichzeitig bleibt sie ›Embedded Artist‹. Der gesamte Beitrag Pongers ist von der Ambivalenz der Offenlegung und Ironisierung der eigenen Position geprägt.[132] Die Offenlegung der eigenen Abhängigkeiten kann als Aufklärung, aber auch als Immunisierungsstrategie gegen Kritik durch Antizipation von Kritik gesehen werden.[133]

Künstler wie Lisl Ponger wiederholen im Ethnologiemuseumsrahmen im Prinzip, was Vertreter künstlerischer Institutionskritik wie Hans Haacke, Andrea Fraser, Fred Wilson, Renée Green oder Adrian Piper in bereits historisch gewordenen Werken in Kunstmuseen und Kunstvereinen in Angriff genommen haben, nämlich kritisch kommentierend oder auch ironisch hinzudeuten auf Fragwürdigkeiten der Repräsentation, verdeckte Hierarchien und Ausschlüsse des Systems.[134] Schon in den 1990er Jahren zeigte sich als Problem die relativ einfache Vereinnahmbarkeit der künstlerischen Kritik durch Institutionen, die sich ›Criticality‹ auf die Fahnen schreiben, ohne tatsächlich Verantwortung zu übernehmen.

In der Online-Projektdokumentation des Lab sind lauter Stimmen versammelt, aus den Museen wie auch von externen Beobachtern und Beratern, die

132 | Diese Ambivalenz wird dadurch erhöht, dass sich die Präsentation auch als ein kommerzieller Showroom (von Pongers Wiener Galerie) in einem öffentlichen Museum betrachten lässt.

133 | J. Di Blasi, »Blick ins Weltmuseum. Das relaunchte Wiener Völkerkundemuseum gibt einen Vorgeschmack auf das Berliner Humboldt Forum«, in: M. Zillinger, L. Förster, V. Rodatus et al. (Hg.), *Wie weiter mit Humboldts Erbe? Ethnographische Sammlungen neu denken,* [Blog-Eintrag vom 12.12.2017]. https://blog.uni-koeln.de/gssc-humboldt/blick-ins-weltmuseum/ (deutsche und englische Fassung; zuletzt aufgerufen 03.05.2019).

134 | ›Institutional Critique‹ etablierte sich in der Kunst, parallel zu progressiven und emanzipatorischen Museumskonzepten, als Instrumentarium zur Kritik von Institutionen und gesellschaftspolitischen Rahmenbedingungen. In einer ersten Welle in den späten 1960er und frühen 1970er Jahren nahmen Künstler Institutionen der Kunst ins Visier, und dehnten in einer zweiten Welle, beginnend in den 1980er Jahren und parallel zu Aufbrüchen der ›Critical Museology‹ und des ›New Historicism‹, die kritische Inspektion auf die Rolle des Künstlersubjekts und auf außerkünstlerische Felder aus. Nachdem Institutionskritik in den 1990er Jahren den Kunstdiskurs beherrscht hatte, schien sie um 2000 herum wie weggefegt, um zehn Jahre später im Kontext der Occupy-Bewegung und von Forderungen nach Dekolonisierung mächtig zurückzukehren. Inzwischen treten Institutionen selbst institutionskritisch auf.

eine postkoloniale Reformierung der historischen Museumseinrichtungen als dringend notwendig, ja überfällig erachten. Das hohe Maß an Übereinstimmung lässt fragen, ob mit Lab-Interventionen symbolisch gegen Bastionen gekämpft wurde, die bereits gefallen waren. Oder, wenn sie nicht gefallen waren, ob das Humboldt Lab und seine Künstler im Museumsrahmen nicht letztlich doch, wie Kritiker meinten, den *Status quo* festigten. In jedem Fall setzt sich importierte und institutionell eingebettete künstlerische Kritik dem Verdacht der Pseudokritik aus.[135]

Beim Humboldt Lab war, insbesondere in der Anfangsphase, durchaus nicht klar, ob es nicht vielleicht doch ein experimenteller Freiraum sein könnte. Das Lab vermochte das Interesse von Künstlern zu wecken. Gleichwohl blieb es in der Künstlerschaft umstritten, ob eine Teilnahme an dem Experiment ratsam oder aber kontraproduktiv und sogar schädlich für die Karriere sei. Ähnlich dachten manche Forscher. Eine Kulturwissenschaftlerin sagte mir im Hintergrundgespräch, sie würde ihre Mitarbeit am Humboldt Lab im Lebenslauf nicht anführen aus Sorge um ihre Glaubwürdigkeit als kritische Wissenschaftlerin. Florian Malzacher notierte in seiner Projektskizze zu »Aneignungen«, die »unsichere Lage« der Staatlichen Museen während der Umzugssituation ins Humboldt Forum habe ein Zeitfenster geöffnet, in dem auf einmal etwas Anderes möglich schien; die ›hegemoniale Erzählung‹ der Museen in Dahlem sei ›porös‹ gewesen.[136] Das Humboldt Lab sei exakt in einem ›Dazwischen‹ angesiedelt gewesen und deshalb ein problematischer, aber oft auch produktiver Raum gewesen. Kunst habe in Zwischenräumen ihre paradoxe Stärke, nämlich eine Stärke der Fragilität entfalten können.[137] Der Ausblick des Kurators auf das Humboldt Forum aber fiel düster aus:

---

135 | Ursula Helg stellte fest, dass Künstlern in Ethnologiemuseen ironischerweise eine ähnliche Rolle zufalle wie nicht-westlichen Kulturen, mit deren Objekten sich die Museen beschäftigen: die von Exoten. »Die Kunst soll uns überraschen, provozieren, unser eingefahrenes Denken mobilisieren, es neu beleben, gleichzeitig aber bleibt sie das Andere. Sie darf unsere Ordnungen gerne hinterfragen und auf den Kopf stellen, umstoßen im Sinn einer grundsätzlichen Umformung dieser Strukturen [...] lässt man sich diese Ordnungen aber offensichtlich nicht«, fasste die Kunsthistorikerin Eindrücke aus der Abschlussausstellung »Prinzip Labor« zusammen. U. Helg, »Künstlerische Forschung oder romantisches Gesamtkunstwerk? Das ›post-ethnografische‹ Weltkulturen-museum in Frankfurt a.M.«, in: »Historische Sammlungen und Gegenwartskunst«, 2015 in Berlin (unpubl. Konferenzbeitrag; Audiodatei).

136 | F. Malzacher, »Aneignungen/Projektbeschreibung«, in: *Humboldt Lab Dahlem Projektdokumentation*, S. 113.

137 | Ebd.

»Hinter den sandsteinverkleideten Betonmauern des Humboldt-Forums im neuen Berliner Stadtschloss wird solche Soft Power der Kunst keine Wirkung mehr haben – eine Soft Hegemony, die alle Kritik gekonnt integriert und zugleich ihre Stellung in Zement gießt, kann wirkliche Irritation nicht gebrauchen.«[138]

Die Kontrastierung von beweglicher, wendiger, sensibler, sympathisch-›softer‹ Gegenwartskunst und betoniertem, vernageltem Institutionsbollwerk hat rhetorisch ihren Reiz. Die Metaphorik legt nahe, dass, würde die ›Soft Power‹ der Kunst nur lange genug einwirken, der Stein vom steten Tropfen bezwungen werden könnte. Weniger sympathisch erscheint Fluiditätsmetaphorik, wenn sie im Kontext so genannter Change Prozesse begegnet, tiefgreifender Umstrukturierungen vor dem Hintergrund disruptiver Veränderungen und Umbauten vermeintlich veralteter Strukturen in flexible, marktförmige Konfigurationen.

Offene Fragen und erste Thesen

Die bisherigen Ausführungen haben gezeigt, woher das Humboldt Lab kam, welches Selbstverständnis es hatte, welche Experimente es durchführte und wie es mit Künstlern kooperierte. Einige grundsätzliche Fragen aber ließen sich aus der Untersuchung der Projekte und aus der Binnenperspektive des Lab-Archivs nicht klären: Wieso tauchte das Humboldt Lab so spät auf, im Endspurt eines langwierigen Planungsprozesses des Humboldt Forums? Wieso agierte es in Dahlem, am Stadtrand, und nicht im Stadtzentrum, wo es weit mehr öffentliche Aufmerksamkeit und Werbewirkung für das neue Forum hätte erzielen können? Wieso gab es die auffällige Doppelgleisigkeit zweier parallel mit szenografischen Fragen des Humboldt Forums beschäftigter Experten: Ralph Appelbaum und Martin Heller? Welche Agenda verfolgte die Stiftung Preußischer Kulturbesitz mit dem Lab? Ich möchte an dieser Stelle einen Perspektivwechsel vornehmen und aus größerer Distanz auf das Innovations-Lab blicken, um zu ermitteln, welche Rolle es im größeren Ganzen eines komplexen und komplizierten Geflechts von am Humboldt Forum beteiligten Institutionen und Akteuren gespielt hat. Provisorische Thesen lauten:

1. Das Humboldt Lab ist in der Umbruchphase des Ethnologischen Museums und des Museums für Asiatische Kunst mehr gewesen als ein Format für innovative Ausstellungsgestaltung zwischen Kunst und Ethnologie. Das Lab war vielmehr auch Instrument laufender Change Prozesse und Künstler im Lab spielten Rollen von ›Agents of Change‹, wissentlich oder unwissentlich.

138 | Ebd.

2. Im Lab ging es nicht nur um ergebnisoffenes Experimentieren, wie es die Lab-Metapher und die Rede vom ›Spielbein‹ nahelegte, vielmehr scheinen gewisse Grundlinien und Zielrichtungen von Anfang an festgestanden zu haben. Der ›Change‹ war sogar schon erfolgt, durch die Auftragsvergabe der Flächengestaltung an die Appelbaum-Szenografen, das wissenschaftliche Personal in Dahlem war aber offenbar noch nicht dort, wo die Managementebene es haben wollte; auch diese Lesart spräche für Change Prozesse.
3. Am Beispiel des Humboldt Lab und seinen hybriden Projekten lässt sich eine Komplizenschaft von postmodernen und poststrukturalistischen Verflüssigungen von Identitäten und (neoliberaler) Flexibilisierung von Institutionen (z.B. durch ›Projekt Outsourcing‹, Aufweichen von Zuständigkeiten, Verantwortungsübertragung an ›alternative Experten‹) paradigmatisch studieren.
4. Im Lab zeichnete sich eine neue Konkurrenzsituation zwischen dem ›Regime‹ Wissenschaft und der expandierenden Szenografiedomäne ab, die das traditionelle Verständnis des Museums als Einrichtung mit öffentlichem Bildungsauftrag erschüttert.

V. Das Humboldt Lab als ›Taskforce‹ in Change-Prozessen

»Wir haben die Erfahrung gemacht, dass diese Gemengelage, dieses Aufeinanderprallen höchst produktiv sein kann.«

Martin Heller[1]

»Wir erfinden uns immer wieder neu.«

Zalando[2]

Im vorhergehenden Teil der Studie lag der Fokus auf Binnenperspektiven des Museumslabors. Es zeigte sich, dass in transdisziplinären Diskussionen das Medium Gegenwartskunst als multiple Problemlöserin der Museen in Betracht gezogen wurde. In den Museen gingen große Erwartungen einher mit grundlegenden Zweifeln, ob Gegenwartskunst überhaupt als alternative Vermittlerin der Museen tauge. Während im engeren Kreis des Humboldt Lab mit dem Medium Kunst zuvorderst pragmatische Ziele der ›Auflockerung‹ akademischer Zugangsweisen verfolgt wurden, ging es der wissenschaftlichen Seite stärker um symbolische Auswege aus der ›Krise der ethnografischen Repräsentation‹ mithilfe von Interventionen zeitgenössischer Kunst und der Inklusion von Perspektiven so genannter ›Source Communities‹. Nunmehr möchte ich mich der Frage zuwenden, welche Rolle das Humboldt Lab im größeren institutionellen

---

1 | M. Heller, Eröffnungsrede, in: »Historische Sammlungen und Gegenwartskunst«, 2015 in Berlin (unpubl. Konferenzbeitrag; Audiodatei).

2 | »Zalando hat eine Kultur entwickelt, die in keine vorgefertigten Muster passt, mit Traditionen bricht und oft neue Wege den etablierten vorzieht. Dazu gehört auch, dass wir unseren eigenen Weg immer wieder hinterfragen und uns neu erfinden. [...] Wir denken nicht in Schubladen, brechen mit Traditionen und betreten lieber unerschlossene Territorien als bei alt eingesessenen Herangehensweisen zu bleiben. [...] Am Wandel wachsen wir, streben immer nach dem Besten, stets mit dem Ziel, Europas beste Online-Shopping Erfahrung zu bieten.« www.zalando.de/stipendium/ (03.05.2019).

und kulturpolitischen Gefüge gespielt hat und untersuchen, inwieweit es sich als Fallbeispiel für großräumigere Umbrüche in der Museumskultur eignet.

Das Ethnologische Museum und das Museum für Asiatische Kunst befanden sich während der Lab-Phase nicht nur in einer gravierenden Umbruchsituation, sondern in einer Phase der Selbstauflösung und, wie von Florian Malzacher beschrieben, weitgehenden ›Porosität‹. Der Umzug ins Humboldt Forum und die bevorstehende Zusammenlegung zweier zuvor getrennter Direktionen wühlten die Museen auf. Zweifel am Gelingen des Großprojekts Humboldt Forum als einem Weltkulturenmuseum in königlich-barocker Hülle waren um 2010 herum nicht nur außerhalb, sondern offenbar auch in der Stiftung Preußischer Kulturbesitz gewachsen. Zunehmend scheint ein Klima entstanden zu sein, in dem die Zeichen auf ›Change‹ gestellt wurden, d.h. auf radikalere und tiefergreifendere Umstrukturierungen, als sie Institutionen von innen heraus normalerweise bewerkstelligen können.

Welche Funktion hatte das Lab im schwierigen Humboldt-Forum-Planungs- und Gestaltungsprozess? War es ein Versuch Martin Hellers, als Agora-Beauftragter ein ›Spielbein‹ in die Appelbaum-Szenografie und Planungssitzungen hineinzubekommen? Sollte es die laufenden Appelbaum-Planungen mit kuratorischen und künstlerischen Experimenten unterstützen? Oder experimentierte das Lab bereits für die Zeit nach der Eröffnung des Humboldt Forums und der Schlüsselübergabe durch die von der Baustiftung beauftragen amerikanischen Generalgestalter? Vorweg: Die Quellen enthalten keinen Metadiskurs über das Lab. Martin Heller und sein Team waren zwar weitgehend um transparente Kommunikation bemüht und hoben sich darin von der herrschenden Informationspolitik der Staatlichen Museen ab. Sie veröffentlichten umfangreiches Quellenmaterial im Internet, auch Hintergrundinformationen, auch kritische Stimmen zum Humboldt Forum, allerdings nicht zum Lab selbst. Entweder war die Programmatik und Funktion für alle Beteiligten so transparent, dass diese nicht eigens thematisiert werden musste, oder es gab ›Hidden Agendas‹.

Auf die Frage, ob er sich in seiner Tätigkeit für das Humboldt Forum auch als Change Manager betrachtet habe, antwortete Martin Heller Ende 2017 im Interview: »Natürlich, das sind sie notgedrungen, wenn sie sagen, dass eine Institution wie die Dahlemer Museen beteiligt wird an einem Projekt wie dem Humboldt Forum. Sie können da gar nicht anders, als ein Stück Change Management zu betreiben.«[3] Im Archiv des Lab taucht der Begriff jedoch nicht auf. Der Aspekt des Humboldt Lab als Instrument von Veränderungsmanagement ist in der bisherigen Forschungsliteratur unbehandelt geblieben. Spezifische Spannungen, die in Gesprächen mit Beteiligten deutlich wurden und die zwischen den Zeilen gelegentlich als eine Art stummer Widerstand der

3 | Interview mit Martin Heller am 27.11.2017.

Stammbelegschaften gegen Lab-Innovationen durchscheinen, ließen mich frühzeitig diese Spur aufnehmen.

Der Ausdruck ›Change Management‹ ist ein Sammelbegriff für Ansätze des strategisch-planerischen Umgangs mit Veränderungen als Reaktion auf bestehende oder zu erwartende Umbrüche. Frühe Grundlagen bilden organisationstheoretische Ansätze der Soziologie, Anthropologie und Psychologie der 1930er bis 1950er Jahre (Fritz Jules Roethlisberger, George Elton Mayo). Der Sozialpsychologe Kurt Lewin unterschied in seiner ›Feldtheorie‹ verschiedene Phasen des Veränderungsmanagements. Ab der Jahrtausendwende erschien die wirtschaftsdarwinistische Strategie der Veränderungssteuerung auf einmal als quasi alternativlos. Im deutschen Sprachraum bürgerte sich das unschöne Kofferwort ›Change Prozesse‹ ein.[4]

Kerstin Stolzenberg und Krischan Eberle definieren Change Management als »[...] Planung und Durchführung aller Aktivitäten, welche die betroffenen Führungskräfte und Mitarbeiter auf die zukünftige Situation vorbereiten und ihnen möglichst eine optimale Umsetzung der veränderten Anforderungen ermöglicht.«[5] Nach einem Handbuch, das die Deutsche Gesellschaft für Personalführung (DGPF) 2011 herausgegeben hat, besteht die Aufgabe des Change Management darin, sicherzustellen, dass Mitarbeiter »sowohl bereit als auch fähig« sind, die »notwendigen neuen Kompetenzen und Verhaltensweisen anzunehmen« und diejenigen loszulassen, die in den neuen Strukturen »nicht mehr notwendig« sind. Dafür brauche es Personalmanager.[6] Nach Amaldo Cacaci ist das Charakteristikum von Change Management, dass in kontinuierlichen Prozessen der Mensch »als zentrales Subjekt des Wandels« im Mittelpunkt des Interesses steht und weniger Systeme oder Arbeitsprozesse. Eine wichtige Rolle in gesteuerten Veränderungsprozessen spiele der Umgang mit »Ängsten, welche Widerstände bedingen«, mit »Résistance« aus dem institutionellen Untergrund, mit Kämpfen an unklaren Fronten, in denen sich oft

4 | Zu dem Thema ist in den vergangenen 30 Jahren eine Flut von Publikationen erschienen, viele haben Anleitungscharakter, z.B.: K. Stolzenberg, H. Krischan, *Change Management. Veränderungsprozesse erfolgreich gestalten. Mitarbeiter mobilisieren*, Berlin: Springer 2013; oder U. Wehrlin, *Hochschul-Change-Management. Veränderungsprozesse, Change Management, Organisationsentwicklung, Professionalisierung des Hochschulmanagements*, München: AVM 2011.

5 | K. Stolzenberg, H. Krischan, *Change Management. Veränderungsprozesse erfolgreich gestalten. Mitarbeiter mobilisieren*, 2013, S. 6.

6 | P. Fassbender, *Herausforderung Change Management. Mit professioneller Personalarbeit Veränderungen zum Erfolg bringen*, hg. v. Deutsche Gesellschaft für Personalführung, Bielefeld: Bertelsmann Verlag 2011, S. 14 u. 15.

auch ein gewisser Fanatismus bemerkbar mache.[7] Als häufigster Grund für das Scheitern von Veränderungsprozessen wird in der Forschungsliteratur Widerstand von Belegschaften angeführt.

Obwohl die Managementmethode in immer mehr Arbeitsfeldern zur Anwendung kommt und keineswegs nur Führungsetagen betroffen sind, ist das Wissen darüber nach wie vor erstaunlich gering. Viele können mit dem Begriff nichts anfangen. Manche stecken mitten in gesteuerten Veränderungsprozessen und sind entweder selbst unter Veränderungsdruck geraten oder dienen als Instrumente des ›Change‹, ohne sich dessen klar bewusst zu sein. Das hängt z.T. damit zusammen, dass es sich um Top-down gesteuerte Maßnahmen handelt, die semi- bis intransparent abgewickelt werden. In der Frühphase begegnen häufig Appelle an den Teamgeist der betroffenen Belegschaften, in späteren Phasen kommt eine verstärkte Konkurrenz zwischen Mitarbeitern zum Tragen, die den Wandel befördern, und Kollegen, die das nicht wollen oder können. In der ›Tough-Decision-Making-Phase‹ nimmt die Managementebene einschneidende Veränderungen vor.

Zur Durchführung von Veränderungsprozessen werden häufig eigens Change Manager angeworben, die mit Manager- oder Beraterverträgen ausgestattet Arbeitsprozesse an Kriterien von Effizienzsteigerung, Flexibilisierung und Aktualität neu ausrichten sollen. Als Erstes wird häufig eine ›Unternehmensphilosophie‹ formuliert, im weiteren Verlauf werden ›Taskforces‹ gebildet, Mitarbeiter gecoacht, Strukturen ›aufgebrochen‹, Unternehmensteile ausgelagert oder Belegschaften ausgewechselt. Statt um bewahrende, geht es um verändernde Szenarien, um ›prozessorientierte Organisation‹, ›Synergien‹, ›Ablaufoptimierung‹. Als ›Bremser‹, ›Blockierer‹ oder ›Lähmschicht‹ gelten im Jargon der Change Manager unzureichend willige, fähige, ›kreative‹ oder schlicht ältere Mitarbeiter. Durch Change Management ausgelöste Verunsicherung wird ihrerseits gemanagt: durch ›Survivor Guilt Management‹. Change Manager werden zunehmend auch zur Reformierung öffentlicher Einrichtungen eingesetzt: Ämter, Universitäten, Bibliotheken, Museen.[8]

Im Zuge der Neudefinition und -regelung von Aufgabenfeldern kann zuvor hochgeschätzte Expertise plötzlich als überholt und unbrauchbar gelten, während andere Bereiche aus Change Prozessen gestärkt hervorgehen. Gründe für

---

7 | A. Cacaci, *Change Management – Widerstand gegen Wandel. Plädoyer für ein System der Prävention* (=Internationalisierung und Management), Wiesbaden: Deutscher Universitätsverlag 2006, S. 43 u. 46.

8 | F. Schäfer, *Change Management für den Öffentlichen Dienst*, Hamburg: Murmann Verlag 2005. Laufende Veränderungsprozesse in den Staatlichen Museen zu Berlin lassen sich z.B. an Protesten des Betriebsrats gegen die Zunahme kürzest befristeter Arbeitsverträge und die damit einhergehende verstärkte Fluktuation und Mühe des Einarbeitens ablesen.

den Bedeutungszuwachs des Veränderungsmanagements lassen sich in einer Zunahme von Komplexität, Flexibilisierung und Unsicherheit in unterschiedlichen Feldern, wirtschaftlichen Booms oder auch Krisen sowie technologischen Umbrüchen finden. Beim Statistikinstrument Google Ngram Viewer lässt sich nachverfolgen, dass die Häufigkeit der Verwendung der Ausdrücke ›Digital Revolution‹ und ›Change Management‹ seit Beginn der 1990er Jahre einen sprunghaften Anstieg erfuhr. Zur selben Zeit wurden die so genannten ›Creative Industries‹ zu einem beachteten Wirtschaftsfaktor und die Figur des hyperflexiblen, sich selbst managenden, global reisenden Künstlers wurde zum ›Role Model‹ der Kreativindustrie (v)erklärt.[9]

Mit Flexibilisierungsprozessen zutiefst verbunden erscheint das Modell der Labs. Labs tauchen exakt dort auf, wo es um Szenarien der Veränderung geht. Labs stehen prototypisch für post-digitale Innovationen, Durchdringung von kultureller und ökonomischer Sphäre, Vermischung privater und öffentlicher Infrastrukturen, kostengünstige Auslagerung von Aufgaben an private Dienstleister und Freischaffende. Als Fusionen von Künstleratelier und Wissenschaftslabor sind Labs die prototypischen Kreativschmieden der Post-Internet-Welt und zugleich Symptom von Verflüssigungen in einer globalen Gegenwart, die der Soziologe und Philosoph Zygmunt Baumann als ›Liquid Modernity‹ beschrieben hat[10] Im Lab-Modus wird der beständige ›Flow‹ (nach

9 | In den vergangenen 40 Jahren war ein ›Aufstieg der kreativen Klasse‹ (Richard Florida) zu beobachten. In Berlin erzielt der Kultur- und Kreativsektor (Design, Mode, Kunst, Medien) inzwischen so viel Umsatz wie die Baubranche. Künstlerisch-kreative Arbeit wird als moderne, zeitgemäße Arbeitsform gepriesen, Kreativen paradigmatische Kulturbedeutung im neuen Kapitalismus zugeschrieben. Nach empirischen Untersuchungen der Hamburger Soziologin Alexandra Manske zu Arbeitsbedingungen und dem Selbstverständnis der Berufstätigen im Kreativsektor wagten in den vergangenen Jahrzehnten vermehrt Kinder aus mittleren Gesellschaftsschichten den Einstieg in die Design-, Mode- und Medienbranche; die Sonderfigur Künstler stamme indes weiterhin überwiegend aus oberen sozialen Schichten. Rund 50 Prozent der Künstler und Kreativen übten keine existenzsichernde Arbeit aus. Nach Angela MacRobby sind gerade jüngere Kreative bereit, ›by thin air‹ und nach der Devise ›live dangerously‹ zu leben; damit befördern sie laut der Goldsmith-College-Professorin neoliberale Deregulierung und eine postindustrielle Ökonomie, in der Menschen sich ihre Jobs selbst kreieren und erhalten müssen. Zit. aus persönlicher Mitschrift einer Buchpräsentation der Autorinnen am 06.01.2016 in Berlin; pro-qm.de/angela-mcrobbie-alexandra-manske-be-creative-kapit; Siehe: A. Manske, *Kapitalistische Geister in der Kultur- und Kreativwirtschaft. Kreative zwischen wirtschaftlichem Zwang und künstlerischem Drang*, Bielefeld: transcript Verlag 2015; A. McRobbie, *Be Creative. Making a Living in the New Culture Industries*, Cambridge: Polity Press 2015.

10 | Z. Bauman, *Liquid Modernity*, Cambridge: Polity Press 2000.

Mihály Csíkszentmihályi ein tranceartiger Ausnahmezustand)[11] zur Alltagsroutine, ›Self-Management‹ zum Arbeitsstil erhoben,[12] der Bruch mit vorliegenden Mustern (›Disruption‹) zum vorrangigen Innovationsprinzip erklärt und kritische Hinterfragung als ein zusätzliches Mittel im globalen Wettbewerb angesehen.[13]

Das Humboldt Lab wurde zu einem Zeitpunkt eingerichtet, als die Staatlichen Museen zu Berlin in einem tiefgreifenden Veränderungsprozess begriffen waren. Die Begeisterung über das modische Lab-Format hatte zu dieser Zeit ihren Zenit bereits überschritten. Sie war in dem Maß abgekühlt, in dem als Schattenseite kollaborativ-cross-disziplinärer Arbeitsprozesse Entgrenzung der Arbeit, Deregulierung, strukturelle Überforderung von Menschen und noch stärkere Prekarisierung sichtbar wurden, gerade auch im Kultursektor. In wohl keinem anderen Feld existiert eine so große Ressource hoch qualifizierter und hoch motivierter Freischaffender wie im Bereich der Kunst, Kultur- und Geisteswissenschaften, und in kaum einem anderen Feld ist die Bereitschaft zur Selbstausbeutung derart ausgeprägt und verinnerlicht.

---

11 | M. Csíkszentmihályi, *Flow*, Stuttgart: Klett-Cotta 2008.

12 | Nach Ansicht der Soziologen Pongratz/Voß ist der Typus des mit seiner Arbeitskraft wie ein Unternehmer umgehenden Erwerbstätigen eine Leitfigur im globalen Kapitalismus geworden; Stichworte lauten ›Selbst-Ökonomisierung‹ und ›Selbst-Rationalisierung‹; abgeleitet ist die Typenbeschreibung aus Beobachtungen von Entgrenzungsprozessen im Bereich der Arbeitskraft. Siehe: H.J. Pongratz und G.G. Voß, *Arbeitskraftunternehmer. Erwerbsorientierungen in entgrenzten Arbeitsformen,* Berlin: edition sigma 2003.

13 | Einen Eindruck von Idealprofilen in der neuen Arbeitswelt der ›Digital Natives‹ vermitteln Stellenannoncen des privaten u-Instituts, das im Rahmen des Kompetenzzentrums Kultur- und Kreativwirtschaft des Bundes in Berlin Start-up-Unternehmen berät. Es sucht trendsensible Mitarbeiter mit »nachgewiesenen Fähigkeiten« in »Interdisziplinarität, Out-of-the-Box-Denken, Managing Uncertainty, unternehmerische Netzwerkbildung sowie Organisations- & Improvisationstalent.« Das Studium im Bereich Wirtschaft, Entrepreneurship, Jura, Ingenieurswissenschaften, Kommunikation oder sonstigen Geisteswissenschaften ist »eigentlich (fast) egal«. Für Aspiranten dürfen folgende Begriffe aber »keine Fremdwörter und nicht nur Buzzwords« sein: »Cross Innovation, Fab Lab, Innovation Lab, Creative Hub, Datatelling, Storytelling, Cross Media, Crowdfunding, Social Innovation, Creative Leadership, Game Thinking, Neue Arbeitsformen, Open Governance, Open Innovation, Rapid Prototyping, Service Design, Social Entrepreneurship, Upcycling, Smart Cities, Crowdsourcing, Spillover, Virtual Reality, Internet of Things, Coworking, Makerspace, Design-Thinking, Microfactory, Company builder, Zukunft der Arbeit, Creative Impact, Start-up und Skalierung«. http://u-institut.de/jobs/ (03.05.2019).

Betrachtet man näher, was die Methode des Humboldt Lab gegenüber herkömmlicher Museumsarbeit auszeichnete, so war es zum einen ein wesentlich erweitertes Designverständnis und zum anderen die strategische Zusammenarbeit mit freischaffenden Kulturarbeitern, darunter Künstler und Designbüros. Die konzeptionelle Zusammenarbeit mit freischaffenden Kulturarbeitern und privatwirtschaftlichen Szenografieunternehmen war ein weitgehendes Novum in den Staatlichen Museen zu Berlin. Spieledesigner entwickelten im Lab-Auftrag in einem mehrmonatigen Arbeitsprozess und mit einem dezentralen Team über Kontinente hinweg mit einem Budget von 30.000 Euro ein Computerspiel und zusätzlich noch ein interaktives Augmented-Reality-Tool. Ein anspruchsvoller Kunstbeitrag einer Hochschulprofessorin ließ sich bereits für 2500 Euro einkaufen, mehrmonatige Arbeit eines vierköpfigen Performancekunstkollektivs schlug mit einer Pauschale von insgesamt 1000 Euro pro Kopf zu Buche.[14]

Enge Kooperation mit Künstlern ist das Markenzeichen von Heller Enterprises. Dafür ist der Ausstellungsmacher und Unternehmer gefragt und geschätzt. In historische Ausstellungsparcours bindet er Kunstperspektiven punktuell »im Sinn eines Kommentars, einer Ironisierung oder einer Vertiefung« ein;[15] z.B. in der Sonderausstellung im Naturhistorischen Museum in Bern »Weltuntergang – Ende ohne Ende«.[16] In der Ausstellung steht eine an Schreckensszenarien von Francisco de Goya angelehnte Miniaturhölle der Chapman-Brüder in Dialog mit einem mittelalterlichen Flügelaltar mit apokalyptischen Motiven; das historische und das zeitgenössische Werk erhellen sich wechselseitig, ohne dass Erklärungen nötig wären. Im Berliner Lab ging Heller insofern über dieses kuratorische Schema hinaus, als künstlerische Interventionen hier nicht nur an ein Museumspublikum adressiert waren, das neue Perspektiven auf alte Sammlungen erhalten sollte, sondern diese auch im Sinne einer ästhetischen Schulung von Museumsbeamten gedacht waren. Im Rückblick erklärte Martin Heller, der Standort Dahlem sei bewusst gewählt worden, weil es sich beim Lab primär um ein ›Trainingsfeld‹ für das dortige wissenschaftliche Personal gehandelt habe.[17] Ein solches ›Trainingsfeld‹ zu eröffnen, habe am Beginn seiner und Hortensia Völckers' Überlegungen gestanden. Es sei wesentlich um einen Input an Ideen und Anregungen gegangen, um Museumsethnologen vor Ort in die Lage zu versetzen, in Sitzungen mit den professionellen Szenografen des Appelbaum-Büros bereits

14 | »Berliner Künstler sind froh, wenn es überhaupt ein Honorar gibt«, erklärte mir eine junge Künstlerin im Hintergrundgespräch. Im Verhältnis zum sonstigen Museumsbudget sei zeitgenössische Kunst »natürlich gar nicht so teuer«.

15 | Interview mit Martin Heller am 27.11.2017.

16 | Geplante Laufzeit der Ausstellung in Bern bis November 2022.

17 | Interview mit Martin Heller am 27.11.2017.

»[...] mit einer Art Erzählung oder einem Plot, der schon szenografische Grundelemente enthält, hineinzugehen, gemäß einer kuratorischen Perspektive des 21. Jahrhunderts. Die Grundidee des Lab im Kontext des Humboldt Forums war eine, die durchaus nicht von Anfang an auf Gegenliebe gestoßen ist. Sie bestand darin, eine Art Trainingsfeld zu eröffnen, angesichts der Tatsache, dass eine Gruppe von unzureichend organisierten Wissenschaftlern die hinreißende Chance hatte, 20.000 Quadratmeter Ausstellungsfläche neu zu strukturieren. Es ging darum, Wissenschaftlern, die selten an Umsetzungsfragen interessiert sind, und das betrifft nicht nur Ethnologen, genügend Anregungen zu bieten, damit sie einerseits selbst auf andere Ideen kommen und sich der Schwierigkeiten dessen, was Repräsentation heute außerhalb ihrer Definition des Begriffs heißen könnte, bewusst werden, und andererseits bei der Zusammenarbeit mit einer Gruppe von professionellen Szenografen, mit denen sie arbeiten müssen, dürfen, können, mit Appelbaum & Associates, überhaupt die richtigen Fragen zu stellen.«[18]

Viola König sprach im Rückblick vom Humboldt Lab ausdrücklich als einem ›Coaching‹-Instrument für Museumskuratoren.[19] Begreift man die Lab-Aktivitäten Martin Hellers als damaligem ›Freelance-Beauftragten‹ (Agnes Wegner) des Humboldt Forums als Coaching, so lassen sich hybride Lab-Projekte zwischen kommerzieller Szenografie, freier Kunst und Wissenschaft als Spezialtraining im Zusammenhang mit laufenden Change Prozessen begreifen (ohne unmittelbaren Ergebnisdruck), bei dem das Museumspersonal neue Denk- und Arbeitsweisen einüben konnte und bestehende Überzeugungen und Zuständigkeiten auf den Prüfstand gestellt wurden. Das Pensum für Fachwissenschaftler ließe sich so umreißen: Ausstellungen kreativer, unterhaltsamer und nutzerzentriert gestalten, neue Technologien einbeziehen, vertraut werden mit Strategien aus dem Werbungs- und Marketingbereich, antizipiertes Publikumsinteresse anstatt Sammlungslogik oder eigene Forschungsinteressen zum Ausgangspunkt von Ausstellungen nehmen, eigene Talente und Begrenzungen erkennen, ›Deutungsmacht‹ und Aufgaben gegebenenfalls abgeben, auch an Freischaffende oder ›alternative Experten‹. Aus Lab-Sicht: Netzwerke knüpfen, Personal für das Humboldt Forum mit Blick auf die Zeit nach Appelbaum vorselektieren.

Dass das Lab als vier Millionen Euro teurer Coach für Museumskuratoren dienen sollte, war während der Laufzeit des Experiments durchaus nicht für jedermann ersichtlich, vielleicht nicht einmal für alle Beteiligten. Aus dem Agora-Konzeptpapier war dies nicht herauslesbar gewesen. Dass ein Schwer-

18 | Ebd. Siehe auch M. Heller, »Suche nach den verpassten Chancen«, in: *Prinzip Labor*, S. 58.

19 | Vgl. V. König, »Das Humboldt Forum – Versuch einer Kritik der Kritik«, in: Bredekamp/Schuster (Hg.), *Das Humboldt Forum. Die Wiedergewinnung der Idee*, Berlin: Wagenbach 2016, S. 220-241; hier S. 230, 236.

punkt auf ästhetischem Training und weniger auf kreativen Ergebnissen lag, mag erklären, weshalb sich die im Lab-Modus erarbeiteten Ausstellungsprototypen im Lab-Archiv nur spärlich dokumentiert finden. Merkwürdig erscheint, dass mit den Museumsdirektoren Viola König und Klaas Ruitenbeek zwei erfahrene Ausstellungsmacher und Kuratoren in der Lab-Leitung saßen, die die bisherigen Humboldt-Forum-Planungen wesentlich bestimmt und dirigiert hatten. Coachten sie sich nun selbst?

V.1 Kritisch-ästhetisches Coaching & Consulting

Als Missing Link zwischen neuen Formen von *Kunst als Dienstleistung,* z.B. Coaching anstelle von Werkherstellung, und Veränderungsmanagement, erscheint, was der 1971 geborene österreichische Künstler und Theoretiker Ruediger John als ›Transferkunst‹ oder ›Systemic Art‹ bezeichnet, praktiziert und als ›situativ‹, ›installativ‹, ›interventionistisch‹, ›rechercheorientiert‹ und ›publikationsorientiert‹ näher charakterisiert. Hier tritt ein Verständnis von künstlerischer Arbeit als Dienstleistung in postindustriellen Gesellschaften und ›Soft Power‹ in Change Prozessen offen zutage, das im Humboldt Lab eher verdeckt mitlief. Transferkünstler können nach John als Katalysatoren gesellschaftlichen, ökonomischen oder wissenschaftlichen Prozessen Dynamik verleihen und ihnen je nach Bedarf kritische, innovative, ethische, ästhetische oder nachhaltige Impulse geben. Insbesondere künstlerische Forschung kann nach John »wesentlich zur Vermittlung und Aneignung von innovativer Welterfahrung beitragen«, da sie nicht an »konventionelle Paradigmen der Wissenschaftlichkeit« gebunden ist, sondern »ohne dogmatischen Methodenzwang« agieren kann, »ohne Rücksicht auf die Definitionsmacht von Spezialisten in unterschiedlichsten Lebensbereichen«.[20]

In einem Essay mit dem Titel »Extended Cognitive Ability Through Cultural Contextualization. The Artist as Coach and Consultant in Corporations« verbindet John, der seit 1997 auch selbst Unternehmen berät, seine ästhetisch-reflexive Methode explizit mit Projekt- und Prozessmanagement in Wirtschaftsunternehmen. Die Dienstleistung des Transferkünstlers als Coach in als ›micro-societies‹ aufgefassten Unternehmen besteht in der Analyse der Unternehmensstruktur und Symbolisierungen (›branding‹ und ›wording‹) und in der strukturellen Transformation. Das ästhetisch-reflexive Coaching setzt bei den Einstellungen (›mindsets‹) und den kulturellen Konstruktionen (›cultural constructions‹) an. »›Critical-aesthetic Coaching‹, as a form of Sys-

20 | K. Heid und R. John, »Was ist Transferkunst? What is Transfer Art? Ein Terminus für transdisziplinäres, künstlerisches Arbeiten«, in: *JUNI kunst zeit schrift* (2003). http://artrelated.net/ruediger_john/transferkunst.html (03.05.2019).

temic Art, relativizes cultural and social criteria and critically associates them with those of the respective corporation, making use of aesthetic approaches.«[21] Was Unternehmen von Künstlern in ästhetischen Coaching-Prozessen lernen könnten, sei:

»[...] consciously dealing with fuzziness (›diffusion‹), strategies of misappropriation, deconstruction and infiltration, the fictionalization of reality (and vice versa), and the re-evaluation and dramatization as well as the revision of one's own work in a new context, research, exploration and wandering about.«[22]

Ziel des ›sozio-ästhetischen‹ oder ›kritisch-ästhetischen‹ Coaching nach John ist es, Unternehmen dabei zu unterstützen, aus Routinen auszubrechen und das Corporate Standing durch Bezugnahme auf gesellschaftliche Werte zu festigen und abzusichern.[23] Der Transferkünstler hilft, die »corporate cultural responsibility« überzeugend darzustellen. Ein gefestigtes Image gemäß der ästhetisch-reflexiven Methode wird erzielt durch »permanent reflection and contextualization of the corporation's own actions according to social and cultural criteria«.[24] Der Künstler in solchen Prozessen ist

»[...] not a moralistic, warning figure, but rather introduces attitudes and action patterns specific to art, whereby complexity can be presented as primary experience and a capability to differentiate can be created. He or she is thus not a producer or supplier of tangible works of art, but rather an interventionistic advisor.«[25]

Ruediger John verbindet als Theoretiker und als künstlerischer Transferdienstleister in einem atemberaubenden Spagat Aspekte von ›Critical Art‹, ›Relational Art‹, ›Design Thinking‹, Systemtheorie, Coaching durch Kreative, Innovationsmanagement und Veränderungsmanagement. Der Transferkünstler nach Ruediger John ist Systemerneuerer, Markenentwickler, Kommunikationsfachmann und Ethikdienstleister in Personalunion. In Johns Sicht auf Kunst und künstlerische Haltung (›attitude‹) kreuzen sich schier naturwüchsig Kunst-

21 | R. John, »Extended Cognitive Ability Through Cultural Contextualization. The Artist as Coach and Consultant in Corporations – Criteria and Dispositions of a Critical-Aesthetic Practice«; http://artrelated.net/ruediger_john/corporate-cultural-responsibility.html. (03.05.2019)

22 | Ebd.

23 | »›Critical-aesthetic Coaching and Consulting‹ is an approach to escape from usual modes of thinking and working that are limited by subject/discipline orientation and to indicate culturally connotated references to society and values.« Ebd.

24 | Ebd.

25 | Ebd.

avantgarde und Ökonomieavantgarde. Genau deren Wesensverwandtschaft und Intimbeziehung ist laut John »one of the greatest taboos in the system of art«.[26]

Gerade im kontaminierten Rahmen ethnologischer Museen kann kritisch-ästhetisches Coaching naheliegend erscheinen, sofern ein ökonomieorientiertes Museumsmodell zugrunde gelegt und Marketing- und Kommunikationsaspekten zentrale Bedeutung eingeräumt wird. An Einstellungen (›mindsets‹) zu arbeiten, kann in diesem Kontext das Umschalten auf postkoloniale Museumsarbeit ebenso bedeuten wie die schwerpunktmäßige Ausrichtung auf Publikumsnähe und Unterhaltungsangebote (›Infotainment‹). Was Martin Heller 2013 ›Berliner Modell‹ nannte, fußt ausdrücklich auf der »Überwindung von Disziplinen und Formatgrenzen«.[27] In der Abschlusspublikation des Humboldt Lab machte der Kulturunternehmer deutlich, dass er »fundamentale Neubestimmungen« zwischen »Fachwissenschaft, Populärkultur, Vermittlung, Szenografie, Medien und Architektur« als notwendig und überfällig erachtet.[28] Als bereits vollzogen und offenbar irreversibel betrachtete der Lab-Manager den Wandel von »elitären Bildungseinrichtungen« zu »kulturellen Unterhaltungsangeboten«.[29] Damit verbunden sah er die Notwendigkeit einer Loslösung von »Inhalten im mehr oder weniger strikten wissenschaftlichen Sinne« zugunsten einer »zwangsläufigen Dimension des Veranschaulichens und Zeigens, die wesentlich mit Fragen von Ästhetik und mit Techniken der Repräsentation zu tun hat«.[30]

Das Humboldt Lab lässt sich m.E. als Versuch einer Kompromisslösung begreifen, da postkoloniale Ansätze zwar berücksichtigt wurden, insbesondere bei Kunstprojekten, aber nicht Teil des ›Markenkerns‹ waren und auch nicht zentrale Überzeugungen der involvierten Akteure zu spiegeln schienen. Vielleicht kann man sagen, es ging um *postkoloniales Infotainment*. Im Zentrum der Lab-Arbeit standen Gestaltungs- und Vermittlungsfragen. Die Überschriften der Abschlusspublikation *Prinzip Labor* sprechen Bände: »Wahrnehmung gestalten«, »Deutungshoheit abgeben« und »Produktivkraft durch Differenz«.[31] Thematisiert werden »Potenziale der Szenografie«, Interventionen zur »Infra-

26 | Ebd.

27 | M. Heller, *Inhaltskonzept. Agora und Humboldt Forum*, S. 25.

28 | M. Heller, »Suche nach den verpassten Chancen«, in: *Prinzip Labor*, S. 31.

29 | Ebd.

30 | Ebd.

31 | D. Weitz, T. Ventimiglia, S. Kaegi, M. Heller, »Wahrnehmung gestalten. Zum Potenzial der Szenografie«, in: *Prinzip Labor*, S. 55-66. I. Albers, L. Förster, V. König, K. Ruitenbeek, »Deutungshoheit abgeben. Das Humboldt Lab im kritischen Diskurs«, in: *Prinzip Labor*, S. 35-43.

gestellung« bestehender Strukturen und »Arbeitsprozesse«,[32] »Transfer« zwischen Kunst und Wissenschaft, das Lab als »Möglichkeitsraum« und – weniger freundlich – »Infiltration« in bestehende Strukturen.[33] Mit dem Humboldt Lab reklamierte der Kulturunternehmer ein Denken quer zu Disziplinen und Routinen, effizientes Arbeiten unter erhöhtem Druck (»Es arbeitet schnell, effizient und anwendungsorientiert«)[34] und Prozesse offenen Experimentierens, in denen Mut zum Risiko gefordert und Fehler ausdrücklich erlaubt waren; Scheitern als »Privileg«,[35] frei nach der Devise ›live dangerously‹ und ›failure sucks, but instructs‹ aus der Lab- und Start-up-Kultur. In der Abschlusspublikation nannte Martin Heller als angestrebtes Ziel der Lab-Arbeit »gedankliche Lockerung«.[36] Hierzu hätten Kooperationen mit zeitgenössischen Künstlern wesentlich beigetragen.[37] Künstler seien im Lab in unterschiedlichen Rollen eingebunden gewesen:

»[...] als solche, die die freieren szenografischen Ideen liefern, als das übliche Szenografen machen können; als Menschen, die produktiv mit Inhalten umgehen und die dadurch etwas in Bewegung setzen, z.B. ein Nachdenken über ethnologische Fragestellungen, gerade weil sie sich nicht in dem Sinne korrekt verhalten, wie das Ethnologen und Ethnologinnen tun; oder dann vielleicht auch als Komplizen, mit denen man kreativ anders nachdenken kann als mit Wissenschaftlern.«[38]

32 | Ebd. S. 55.

33 | A. Wegner, F. von Bose, J. Steiner, H. Katzmair, »Produktivkraft durch Differenz«, in: *Prinzip Labor*, S. 45-54, hier S. 47. In der Abschlusspublikation *Prinzip Labor* kommen diverse Veränderungsexperten zu Wort, z.B. der Unternehmer Harald Katzmaier, Gründer und Direktor von FASresearch. Das Motto des Strategie-Dienstleisters lautet: »From Networks to Strategy: We apply the science of networks and resilience to empower organizations and decision makers to navigate through the complexities and unpredictabilities of a world in transformation.« www.fas-research.com/ (03.05.2019). Vom Lab hinzugezogen wurde auch der Schweizer Ausstellungsmacher Juri Steiner, der laut Lab-Auskunft Ausstellungskonzepte »zwischen Repräsentation und Laborsituation« entwickelt und gemeinsam mit verschiedenen Kunst- und Kulturinstitutionen daran arbeitet, »verfestigte Strukturen aufzulösen und neue Wege für Kunst und Öffentlichkeit zu finden«. I. Albers, L. Förster, V. König, K. Ruitenbeek, »Deutungshoheit abgeben. Das Humboldt Lab im kritischen Diskurs«, in: *Prinzip Labor*, S. 44.

34 | M. Heller, *Inhaltskonzept. Agora und Humboldt Forum*, S. 30.

35 | M. Heller, »Suche nach den verpassten Chancen«, in: *Prinzip Labor*, S. 28, 30.

36 | Ebd.

37 | Ebd.

38 | Interview mit Martin Heller am 27.11.2017.

Hans Belting hat 2012 auf einen auffälligen Rollentausch von Ethnologen und Kuratoren hingewiesen: »The roles of ethnographers and art curators seem to be exchanged. The former increasingly curate contemporary art, and the latter are studying art with a cultural geography that had been for a long time the discussion of ethnography.«[39] Das Rollenspiel in hybriden Lab-Formaten war noch weitaus vielfältiger: Künstler und Kuratoren erarbeiteten in dem ›Trainingsfeld‹ nicht nur in enger Kooperation Projekte, sondern Kunst und Wissenschaft tauchten als ›Strategien‹ auch losgelöst von künstlerischen und wissenschaftlichen Akteuren auf; Kulturwissenschaftler wandten künstlerische Strategien an (»Museum der Gefäße«); Anthropologen versuchten sich als Multimedia-Künstler (»Verzauberung/Beauty Parlour«); Künstler kuratierten Ausstellungen (»Yuken Teruya: On Okinawa«), forschten anthropologisch (»Pulling Matter from Unknown Sources«), bekamen kuratorische »Hoheit übertragen«, während das wissenschaftliche Museumspersonal »Abgeben von institutioneller Bedeutungshoheit« (Agnes Wegner) einübte.[40]

Fachbereiche zu lockern oder aufzulösen ist eine typische Prozedur in Frühphasen von Change Prozessen. Im Humboldt Lab wurde zwischen Wissenschaftlern und Kuratoren eine funktionale Trennung eingeführt, genauso wie es Sharon Macdonald in den 1990er Jahren beim neoliberalen Umbau des Londoner Science Museum beobachtet hatte.[41] Funktionale Trennung wurde deutlich gerade auch in engen Kooperationen von Künstlern, Designern und Fachwissenschaftlern der Museen. Wissenschaftler mussten ›Deutungshoheit abgeben‹, sie ›durften‹ aber, ästhetisch betreut von professionellen Szenografen und Künstlern, im Humboldt Lab Ausstellungen kuratieren. Für manche Dahlemer Kuratoren bot das Lab die ersten gestalterischen Ausdrucksmöglichkeiten seit langer Zeit. Für das Humboldt Forum designten zeitgleich aber die Profis von Appelbaum & Associates, denen Ethnologen und Kunsthistoriker aus den Museen gleichsam als wissenschaftliche Berater zuarbeiteten.

V.2 Design Thinking versus wissenschaftliche Wahrheitsfindung

Als erklärte ›Probebühne‹ für das Humboldt Forum und ›Forschungsvorhaben‹ über das Ausstellen wurden im Humboldt Lab in cross-disziplinären Arbeitskonstellationen Ausstellungen »gleichsam in Skizzenform erdacht und

---

39 | H. Belting, »Contemporary Art as Global Art. A Critical Estimate« in: *xzine*, 2012.

40 | A. Wegner, »Springer/Projektbeschreibung. Spielerische Experimente in der Programmarbeit (Probebühne 1)«, in: *Humboldt Lab Dahlem Projektdokumentation*, S. 56.

41 | S. Macdonald, *Behind the Scenes of the Science Museum*, Oxford: Berg Publishers 2002, S. 35.

realisiert« (Martin Heller).[42] Modell- und Prototypenerzeugung gingen einher mit ›Round Tables‹, wo auf einer Metaebene Lab-Projekte evaluiert, übergreifende Fragen formuliert und im Austausch mit den museumsverantwortlichen Kuratoren und den parallel arbeitenden Appelbaum-Szenografen, (wenn diese Zeit fanden), Folgethemen identifiziert wurden. Teams aus Wissenschaftlern, Szenografen, Designern, Ausstellungsarchitekten und (forschenden) Künstlern widmeten sich im Lab gemeinsam transdisziplinären Frage- und Problemstellungen, die sich aus der Praxis ergaben (Planungsprozess zu ›Modulen‹ des Humboldt Forums), wie auch aus Aktualitätsanforderungen, und suchten kollaborativ, aber auch konfrontativ nach innovativen Entwurfs- und Visualisierungslösungen.

Einen Eindruck von der Kollision unterschiedlicher Wissenskulturen, aber auch von Bemühungen von Museumsmitarbeitern, mit dem Lab-Stil mitzuhalten, vermittelt ein in der Online-Projektdokumentation unter der Überschrift »Die hohe Qualität des Prozesses« hinterlegtes, transkribiertes Gespräch, das im Juli 2014 geführt wurde. Vordergründig geht es in der internen Diskussion um die Evaluierung des Lab-Projekts »Bedeutungen schichten«, dessen Thema verdichtete Wissensvermittlung anhand ausgewählter Objekte aus der Sammlung war, aufbauend auf das ›Mehr-Sinn-Prinzip‹ konstruktivistischer Pädagogik und auf prozesshaftes Lernen. Martin Heller wollte wissen, was die Museumskuratoren aus dem Projekt »gelernt« hätten.[43]

Die auf buddhistische Gandhara-Kunst spezialisierte Kunsthistorikerin und Museumsmitarbeiterin Martina Stoye sagte, sie sei zum allerersten Mal darauf gestoßen worden, Krishna-Darstellungen aus dem 19. Jahrhundert aus der Museumssammlung zusammen zu denken mit Beatles-Songs. »Ich hab' das zuerst entsetzt von mir gewiesen, auch im Gedanken an die Fachkollegen.« Dann habe sie aber herausgefunden, dass zur Ankaufszeit eines Krishna-Bildes durch das Museum die Beatles und Hare-Krishna *en vogue* gewesen seien und die Idee einer Zusammenschau vielleicht doch schlüssig sein konnte. Sie habe gemerkt, »wie sehr man – aus einer archäologischen Disziplin kommend – sich bei den Fragestellungen immer wieder allein auf den Gleisen des Fachdiskurses bewegt.«[44] Bei aller Aufgeschlossenheit ließ die Forscherin aber auch Unbehagen erkennen. Sie zeige lieber »fertig recherchierte« Themen. »Was heißt fertig recherchieren? Ich behaupte einfach, dass es das gar nicht gibt«, warf daraufhin der Architekt Andreas Heller (Andreas Heller Architects & Designers, Hamburg; Motto: »stones 'n' stories«) ein und diagnostizierte in Museen eine generelle »Angst vor dem Kontrollverlust!«. Nicht nur Wis-

42 | Interview mit Martin Heller am 27.11.2017.

43 | M. Gaida, M. Stoye, A. Heller, M. Heller, »Bedeutungen schichten/Positionen. Die hohe Qualität des Prozesses«, in: *Humboldt Lab Dahlem Projektdokumentation*, S. 9.

44 | Ebd.

senschaftler, sondern »das ganze museale System« leidet nach Einschätzung des Architekten unter diesem Syndrom.[45] Der kurze Dialog erscheint symptomatisch für das Aufeinanderprallen zweier Logiken im Lab: wissenschaftlich abgesicherte ›Wahrheit‹ und kreatives ›Wissen‹ oder ›Know-how‹.

Strukturell betrachtet lässt sich das Humboldt Lab mit Rolfe Bart als ›kreatives Labor‹ und mit Susan Leigh Star und James R. Griesemer als ›Boundary Object‹ näher bestimmen. Das in den 1980er Jahren entwickelte soziologische Modell der ›Boundary Objects‹ eignet sich besonders zur Erfassung von Prozessen in Konstellationen, in denen eine Vielfalt von Interessen aufeinandertreffen und ausgehandelt werden.[46] Grenz- oder Schwellenobjekte erscheinen funktional, d.h. kommunikations- und allianzstiftend, wenn sie aufgrund eines ausreichenden Abstraktionsgrades Anknüpfungsmöglichkeiten für unterschiedliche Akteure und Interessen anbieten. Die gute Nachricht von Leigh Star/Griesemer lautet: »Consensus is not necessary for cooperation«.[47]

Das Humboldt Lab agierte in einem Feld, das sich mit Florian Hoof (»Ist jetzt alles ›Netzwerk‹?«) als ›messy territory‹ kennzeichnen lässt, wo sich »alltägliche Notwendigkeiten, heterogene Praktiken pragmatischer Problemlösungen mit weit weniger formalisierten Ansätzen der ›angewandten Forschung‹« kreuzen.[48] Für ein derartiges Feld gilt, dass Kooperation und Kommunikation »zunächst einmal unwahrscheinlich« sind, durch das Bereitstellen einer innovationsfreundlichen Umgebung und Atmosphäre, »die eine Kompatibilität zwischen den unterschiedlichen Interessen ermöglicht«, aber gefördert und ermutigt werden kann.[49]

Die Lab-Geschäftsführerin Agnes Wegner sagte im Interview zur Situation im Humboldt Lab:

---

45 | Ebd. S. 10.

46 | Leigh Star/Griesemer entwickelten das Analysewerkzeug mit Blick auf die Begeisterung, Geschick und Zufällen geschuldete Entstehung eines historischen Museums: das 1908 gegründete Berkeley's Museum of Vertebrate Zoology, wo Amateure (über ganz Kalifornien verteilte naturinteressierte Sammler) und eine findige Museumsleitung (Joseph Grinnel), die die Politik einzubinden, Gelder zu mobilisieren, nationale Interessen zu wecken und dem Projekt wissenschaftliche Autorität zu verleihen verstand, die Institution gemeinsam aufbauten.

47 | S.L. Star und J.R. Griesemer, »Institutional Ecology, ›Translations‹ and Boundary Objects. Amateurs and Professionals in Berkeley's Museum of Vertebrate Zoology, 1907-39«, in: S. Sismondo (Hg.), *Social Studies of Science*, New York: Sage Publications 1989, S. 387-420, hier S. 388.

48 | F. Hoof, »Ist jetzt alles ›Netzwerk‹? Mediale ›Schwellen- und Grenzobjekte‹«, in: *Jenseits des Labors*, S. 45-62, hier S. 49.

49 | Ebd. S. 49, 53.

»Wenn man Persönlichkeiten mit so verschiedenen Kompetenzen hat wie Martin Heller als Freelance-Beauftragten und Viola König und Klaas Ruitenbeek als Museumsdirektoren, die in ein derartiges Projekt hineingehen, so haben die zuerst überhaupt gar keinen Grund zusammenzuarbeiten. Sie mussten in ihre gemeinsame Leitungsfunktion erst hineinwachsen. Das hat dem Lab die Arbeit am Anfang erschwert. Die Zeit des Kennen- und Vertrauenlernens ist in Projektplänen nie mit vorgesehen.«[50]

In ›kreativen Laboren‹ geht es primär um die Erarbeitung von Entwurfswissen in Prozessen des Skizzierens, Entwerfens, Modellbauens; es ist die Domäne des Designs. In seinem Aufsatz »Das Wissen kreativer Laboratorien« beschreibt Bart Studios von Designern, Architekten und Werbeagenturen als »Dispositive« mit weit reichender »epistemischer Freiheit«.[51] In diesen Dispositiven werde in der Regel nicht das Ziel verfolgt, wissenschaftliche Erkenntnisse hervorzubringen, sondern es gehe darum, in kreativen Experimentierstätten kulturelles Material und Wissen zu transformieren.[52] In Akten des Entwerfens und der Wissensgenerierung und Veränderung von Wissen produzieren kreative Labore aber auch selbst »kulturelles Wissen«, und zwar Entwurfswissen.[53]

Entwurfswissen ist nach Bart eine Wissensform, die sich nicht nach der Leitdifferenz ›Wahrheit‹ ausrichtet, es gehe nicht um »Erzeugung von Wahrheitsaussagen«, sondern um schöpferische Hervorbringungen »als Dienstleistungen«: Anstelle der Produktion von Wahrheitsaussagen stehe im Zentrum des Schaffens die Entwicklung von »Entwurfslösungen«.[54]

Eine erstaunlich große Rolle spiele in kreativen Laboren »persuasives Wissen«; Bart konstatiert eine »überraschende Nähe zur klassischen Rhetorik«.[55] Ein Spezifikum von Designprozessen in ›kreativen Laboren‹ sei, dass Entwurfsprobleme in der Regel zunächst eher vage definiert sind. Probleme werden hypothetisch angenommen und treten oft erst im Entwurfsprozess schärfer hervor; in einer Dialektik aus Problemen und Lösungen entwickelt sich Entwurfswissen und schreibt sich rekursiv fort. »Die Tätigkeit des Dar-

50 | Interview mit Agnes Wegner am 05.02.2018.

51 | R. Bart, »Das Wissen kreativer Laboratorien«, in: *Jenseits des Labors*, S. 87-110, hier S. 87.

52 | Ebd.

53 | Ebd. S. 88-89.

54 | Ebd. S. 89; »Der Entwurfsvorgang ist die Kernoperation kreativer Laboratorien. Dabei umfasst das Entwerfen nicht nur die Entwicklung von Transformationen lebensweltlicher Zusammenhänge (Lösungen), um Situationen und Artefakte (Probleme) zu transformieren beziehungsweise zu verbessern, sondern auch einen entwurfsspezifischen Wissensgebrauch.« Ebd. S. 95.

55 | Ebd. S. 100-101.

stellens wird selbst zur Quelle neuer Einfälle.«[56] In den Entwurfsprozess spielen nicht rationale Elemente (z.B. ›Machbarkeit‹) und Zufälle hinein. Aspekte des Zufalls und des Scheiterns können wiederum Produktivfaktoren sein. Die Produkte kreativer Labore geben Aufschlüsse über die Zusammenhänge, für die sie entwickelt wurden.[57]

Zum Entwurfsprozess des Humboldt Lab in der gegebenen Konstellation gehörte es, Kommunikation zu stiften in einer Umgebung, die wie der Kultursoziologe Friedrich von Bose in seiner Ethnografie des Humboldt-Forum-Planungsprozesses beschrieben hat, vielfach von Nicht-miteinander-Reden geprägt war; sogar benachbarte Abteilungen der Staatlichen Museen hätten nicht miteinander geredet.[58]

Wissenschaftssoziologische Modelle von Bruno Latour (›Akteur-Netzwerk-Theorie‹) oder Hans-Jörg Rheinberger (›Experimentallandschaft‹) setzen ein geteiltes Interesse (›intéressement‹) aller Beteiligten voraus, die Ausrichtung von Projekten auf ein gemeinsames Erkenntnisziel, im Fall wissenschaftlicher Projekte auf Wahrheit. In Konstellationen, in denen Kommunikation »zunächst einmal unwahrscheinlich« ist, kann man mit Hoof von einem ›désintéressement‹ an Veränderung ausgehen. Nach Hoof ist das bei Projekten z.B. in der Wirtschaft der Fall, wo zwar auch Zusammenarbeit stattfindet, diese aber anders als in der Wissenschaft organisiert und in der Regel hierarchischer strukturiert ist. Während in der Wissenschaft idealerweise von gemeinsamen Zielen ausgegangen werden könne, gehe es in der industriell-wirtschaftlichen Logik vielfach um Aushandlungsprozesse unterschiedlicher Interessensgruppen. In der Wirtschaft brauche es einen auslösenden Impuls, der Umsteuerung provoziere (Joseph Schumpeters ›kreative Zerstörung‹ als inhärentes, strukturelles Moment des Kapitalismus; disruptive Verdrängung traditioneller Geschäftszweige). Wissen ist hier nicht gleich Wahrheit. »Das Wissen in der Wirtschaft zirkuliert, weil ein distinktes Erkenntnisinteresse verfolgt wird. Wissen in der Wirtschaft hat, zugespitzt formuliert, die Aufgabe, ein bestehendes Geschäftsmodell abzusichern oder zu erweitern«.[59]

Die Charakterisierung ›kreativer Laboratorien‹ durch Rolfe Bart und Florian Hoofs Beschreibung von ›Aushandlungsprozessen‹ im unordentlichen Gelände (›messy territory‹) aus *Jenseits des Labors* von 2011 hören sich fast wie eine Ankündigung des im darauffolgenden Jahr initiierten Humboldt Lab an. Auch dort betriebene ›Forschung‹ zwischen Kunst, Szenografie und Besucherevaluation erfolgte als Dienstleistung, sie war auftragsgebunden, an der Leitdifferenz ›Innovation‹ orientiert und Projekten lagen teilweise kom-

56 | Ebd. S. 92, 94.

57 | Ebd. S. 103-104.

58 | F. von Bose, *Das Humboldt-Forum. Eine Ethnografie seiner Planung*, S. 228.

59 | F. Hoof, »Ist jetzt alles ›Netzwerk‹? Mediale ›Schwellen- und Grenzobjekte‹«, S. 51.

plizierte Aushandlungen zugrunde. Der kreative Prozess schloss, jedenfalls dem Selbstverständnis des Humboldt Lab nach, die Umformung bestehender Strukturen und Arbeitsweisen der Staatlichen Museen zu Berlin mit ein.

Im Interview[60] beschrieb Martin Heller seine Tätigkeit für das Humboldt Forum insgesamt als Bemühung, eine vorherrschende eindimensionale Organisations- und Planungsstruktur in eine trianguläre Struktur zu überführen. In der vorherrschenden eindimensionalen Struktur übersetzten (nach Hellers Darstellung) Szenografen (Ralph Appelbaum & Associates) Vorplanungen von Wissenschaftlern (Ethnologen und Sinologen aus den Dahlemer Museen) in Rauminszenierungen. Das Tempo gab die Baustiftung vor, die, kaum erfahren in aktueller Ausstellungsgestaltung, frühzeitig Objektlisten von den wissenschaftlichen Kuratoren des Ethnologischen Museums und des Museums für Asiatische Kunst einforderte, nach denen Architekturen sowie die Erzählungen im Raum durch die Szenografen ausgerichtet wurden.[61]

In der triangulären Struktur hingegen dirigiert ein künstlerischer Leiter (Martin Heller) einen dynamischen Prozess, in dem Museumsabteilungen nicht nur Objektlisten liefern und Flächen besetzen, sondern in vorkuratierten Prozessen eigene Gestaltungs- und Visualisierungsideen entwickeln und mit diesen an die Szenografen herantreten, um Lösungen auszuhandeln. Der Gesamtprozess wird vom künstlerischen Leiter dirigiert, der über Gestaltungsmethoden, Koordination der Abteilungen und Institutionen, Prozessverläufe, Einbindung externer Experten, größere Linien der Ausstellungsplanung und übergreifende Narrative und Frames entscheidet. Nach Vollendung der Arbeit des externen Szenografiedienstleisters (Appelbaum & Associates) und der Schlüsselübergabe hätte die im Humboldt Lab im Kleinen eingeübte Struktur im Humboldt Forum in eine permanente Struktur überführt werden können, mit dem vormaligen Lab-Leiter als Intendanten. Das Lab wäre das Museum bzw. das Museum das Lab geworden, ausgerichtet an den Leitbegriffen ›Gegenwartsbezug‹, ›Partizipation‹, ›Diskurs‹ und ›Flexibilität‹ aus dem Agora-Papier.[62]

Der Unterschied zwischen den beiden skizzierten Organisationsmodellen ist gravierender als es auf den ersten Blick scheinen mag. Im ersten Fall liegt die Inhaltshoheit und Ausstellungsplanung theoretisch weiterhin bei den wissenschaftlichen Mitarbeitern als Kuratoren der Museen, allerdings obliegt mit der Gestaltungshoheit auch das ›Storytelling‹ den privaten Szenografiedienst-

60 | Interview mit Martin Heller am 27.11.2017.

61 | Ähnlich liefen Prozesse bei der Gestaltung des Weltmuseum Wien ab. Auch hier waren wissenschaftliche Kuratoren frühzeitig angehalten, Objektlisten an die Appelbaum-Szenografen auszuhändigen, die Objektinszenierungen vornahmen und das Storytelling und Branding entwickelten.

62 | M. Heller, *Inhaltskonzept. Agora und Humboldt Forum*, S. 9.

leistern, was in der Praxis darauf hinauslaufen kann, dass Designer die Inhalte bestimmen. Im zweiten Fall steuert eine künstlerische Leitung die Kommunikation zwischen Szenografen und Wissenschaftlern. Inhalte entstehen in einem dynamischen Gestaltungsprozess zwischen der Wissenschaft und Szenografie. Auf meine Frage, ob auch bei diesem Modell Designer Ausstellungsinhalte mitbestimmen, antwortete Martin Heller mit Ja. Bei beiden Modellen müssen Wissenschaftler ›Deutungshoheit‹ abgeben oder zumindest ›teilen‹. Ob wissenschaftliche Forschung und die genaue Objektkenntnis von Sinologen, Mesoamerikaexperten und Afrikanisten weiterhin ausschlaggebend für Ausstellungen sind (›collection-driven‹) und eine Orientierung an der Leitfigur wissenschaftliche Wahrheit erfolgt, oder aber die Kommunikations- und Vermittlungsabteilungen ins Zentrum rücken (›visitor orientation‹), hinge beim Heller-Modell von der Intendanz ab.

Voraussetzung für die Umsetzung von Hellers ›Berliner Modell‹ im Humboldt Forum wäre eine starke ›Governance‹ gewesen. Genau die aber fehlte.[63] Stattdessen befanden sich Martin Heller und sein Lab im komplexen Planungsgefüge des Humboldt Forums an einer Stelle des Organigramms, in der zwar etliche Kompetenzen zusammentrafen, Zuständigkeiten aber unklar blieben. Das Humboldt Lab schwebte in einer Art von institutionellem Niemandsland, von wo aus es kaum Einfluss nehmen konnte. Eine klare Weisungsbefugnis war in die Struktur des Lab nicht eingeschrieben, sie musste von den Lab-Verantwortlichen bei jedem Projekt neu ausgehandelt werden. Laufende Aushandlungen gab es zwischen Stabsstellen (Stabsstelle Lab und Stabsstelle Humboldt Forum mit Bettina Probst), Museumsdirektionen und Abteilungen. »Das mit der Standbein/Spielbein-Komponente war nicht so einfach«, sagte Agnes Wegner.[64] Die Museen und auch die Stabsstelle Humboldt Forum hätten das Lab durchaus nicht immer als »ihr Instrument« angesehen.[65] Letztendlich blieb es bei einem ›Soft Change‹.

Der Kulturanthropologe Friedrich von Bose hat festgestellt, dass das Humboldt Lab »als analytisches ›Fenster‹ auf Aushandlungsprozesse fungieren kann, die das Humboldt-Forum im Großen bedingen«.[66] Betrachtet man das Humboldt Lab als analytisches oder epistemisches Fenster, so werden konkurrierende Perspektiven und Interessen von Verantwortlichen aus den Museen, der Stiftung Preußischer Kulturbesitz, der Bauleitung, der Politik und der Wirtschaft wie durch ein Vergrößerungsglas sichtbar. Es wird deutlich, dass divergierende Vorstellungen von Ausstellungsgestaltung und der gesellschaftlichen Aufgabe von Museen aufeinanderprallten. Das Humboldt Lab lässt sich

63 | Martin Heller im Interview am 27.11.2017.

64 | Interview mit A. Wegner am 05.02.2018.

65 | Ebd.

66 | F. von Bose, »Paradoxien der Intervention. Das Humboldt Lab«, S. 31.

als Grenz- und grenzwertiges Objekt betrachten, in dem sich Perspektiven, Interessen und konträre Deutungsmuster kreuzten und vielfältige Spannungen zusammenliefen: zwischen ›Change‹-willigen und bewahrenden Kräften, Verteidigern von Wahrheitsprozessen und Verfechtern von Marketingprozeduren, abgesichertem Handeln und erhöhtem Risiko, Stammpersonal der Museen und freier Szene, Wissenschaftlern *als Kuratoren* und Wissenschaftlern *als Berater* der Szenografie.

Martin Heller sprach von »völlig unterschiedlichen Optiken dessen, was eine Ausstellung ist und wie sie zustande kommt«.[67] Als Beispiel für kuratorische Einfallslosigkeit der Fachwissenschaftler nannte er die Grundaufteilung der Ausstellungsflächen im Humboldt Forum entlang geopolitischer und geoethnografischer Gliederung: Afrika, Asien, Australien, Mesoamerika. Dieses Schema hatte bereits festgestanden, als die Szenografen zu arbeiten begannen. Hellers Ansicht nach standen im Humboldt Forum konkurrierende Optiken »dem Ziel einer leuchtenden, postkolonialen, interessanten, künstlerisch hoch qualifizierten und dem Publikum gerecht werdenden Ausstellung vorweg entgegen [...].«[68]

Man kann sagen: Das Humboldt Lab hat gegen Zweifel und Widerstände in den Museen gemeinsam mit Künstlern als ›Komplizen‹ des Lab (Martin Heller)[69] ›Arte-Fakten‹ geschaffen. Eine Auffälligkeit lag darin, dass Autorschaft im ›Trainingsfeld‹ des Lab von Designern, Künstlern und Ethnologen ›geteilt‹ wurde. *Wer* was gemacht, designt, entworfen hatte, war Nebensache. Künstler gaben im Lab – gewollt oder ungewollt – wissenschaftlichen Angestellten der Staatlichen Museen kritisch-ästhetischen Nachhilfeunterricht. Das kollaborativ-cross-disziplinäre Lab setzte auf künstlerische Interventionen und umschrieb seine eigene Aufgabe mit Stereotypen avantgardistischer Kunst (›Denkmuster hinterfragen‹, ›mit Sehgewohnheiten brechen‹). Lab-Metaphorik aufgreifend könnte man sagen: Das Lab fungierte als interventioneller Stachel im Fleisch des Staatlichen Museumsbetriebs. Es setzte wesentlich auf der Ebene der mentalen Einstellungen von Museumswissenschaftlern an und schrieb den Lab-Künstlern und ihren Interventionen eine Schlüsselrolle bei der »Selbsterneuerung« der Institution »bei laufendem Betrieb« zu.[70]

Ein Missverständnis ist es m.E., die Probebühne des Humboldt Lab als sympathisch-verspielte Experimentierinsel jenseits des »fragwürdigen Kriteriums des Publikumserfolgs« zugunsten »einer Kultur des Scheiterns, der

67 | Zit. nach F. von Bose, *Das Humboldt-Forum. Eine Ethnografie seiner Planung*, S. 217.

68 |Ebd.

69 | Interview mit Martin Heller am 27.11.2017.

70 | M. Heller, »Suche nach den verpassten Chancen«, in: *Prinzip Labor*, S. 31.

Unsicherheit und Fragilität« und des »wilden Denkens« anzusehen.[71] Das Berliner Museumslabor lässt sich vielmehr als Indikator für eine wachsende besucher- und rezeptionszentrierte Ausrichtung der Museumsarbeit betrachten (siehe Kapitel VII). Im Unterschied zu Regina Wonisch' Auffassung eignet sich das Humboldt Lab m.E. auch nicht als ›Best-Practice‹-Beispiel für postkoloniales Kuratieren.[72] Postkolonialismus war im Lab keine Grundhaltung, sondern eine Perspektive im multiperspektivischen Fächer. In einem Punkt aber sehe ich eine Nähe zwischen dem Gestaltungs-Lab und postkolonialen Kritikern der Museen: bei der Forderung des ›Aufbrechens‹ von Museumsroutinen und -strukturen. Am Beispiel des Humboldt Lab lässt sich belegen, dass die Museumsethnologie zunehmend von zwei Seiten unter Druck gesetzt wird: von postkolonialer Seite und, was weniger bekannt ist, von der Seite der szenografischen und künstlerischen Dienstleister, der ›Ästhetisierer‹ (M. Suhrbier).[73] Im Zuge der ›szenografischen Wende‹ ist es zu einer symbolischen – nicht pekuniären – Aufwertung von Künstlern als Museumsreformern gekommen. Mit der Betonung des Cross-disziplinären geht eine tendenzielle Abwertung fachbezogener Expertise einher, wie sie für in Abteilungen und Unterabteilungen arbeitende, forschende und denkende Kulturinstitutionen kennzeichnend ist.[74] Fachwissenschaft, gerade auch komplizierte repräsentationskritische und postkoloniale Theoriebildung, wurde im Humboldt Lab als spezialistisch und tendenziell langweilig abgetan und positiv kontrastiert mit der Beweglichkeit (Leitvokabel ›Spielbein‹) des flotten Innovations-Lab.[75] Den Stammbelegschaf-

71 | R. Wonisch, *Reflexion kolonialer Vergangenheit*, S. 33.

72 | Ebd. S. 28ff.

73 | M. Suhrbier, »Lastenverteilung. Zum Verhältnis von Museum, Universität und Kunst nach der Krise der ethnographischen Repräsentation«, in: Kraus/Noack, *Quo vadis, Völkerkundemuseum?*, S. 106.

74 | Der amerikanische Autor Tom Nichols beschreibt Zusammenhänge zwischen der fortschreitenden Unterminierung von Expertenkulturen und der universalen Zugänglichkeit zu Wissen dank der Internet-Technologie, die tendenziell jedermann das Gefühl vermittelt, tendenziell alles zu wissen. T. Nichols, *The Death of Expertise. The Campaign Against Established Knowledge and Why it Matters*, Oxford: Oxford University Press 2017. Als Pendant zur Wikipedia-Wissenskultur trifft man vermehrt auf einen Ausstellungstyp aus ergoogelten Versatzstücken: ›Wikipedia-Ausstellungen‹.

75 | In der tiefen Skepsis gegenüber Expertise und tradierten wissenschaftlichen Disziplinen und Disziplinierungen liegen Szenografie-Apologeten und Kritische Schule erstaunlich nahe beieinander, freilich bei entgegengesetzten Intentionen. Theodor W. Adorno zeichnete im berühmten Streitgespräch mit Arnold Gehlen zum Thema »Freiheit und Institution« ein pervertiertes Bild des Wissenschaftssystems. Ihm zufolge lassen sich in Universitäten und insbesondere in den so genannten Geisteswissenschaften groteske »Verselbständigungen des Ideals von strenger Wissenschaftlichkeit« in Form

ten der Dahlemer Museen verlangte das Humboldt Lab fundamentales Umlernen und ein ungewohntes Arbeitstempo ab. Das Coaching wurde von Heller als eine Art Hilfe zur Selbsthilfe für die Mitarbeiter des Ethnologischen Museums und des Museums für Asiatische Kunst dargestellt, fast in Analogie zur ›Hilfe zur Selbsthilfe‹ der internationalen ›Entwicklungskooperations‹-Politik.

Eine interessante, aber offene Frage ist, wer letztendlich das Humboldt Forum gestaltet hat. Der Kulturanthropologe Friedrich von Bose berichtet in seinem 2017 erschienenen Buch zur Humboldt-Forum-Planung von aufreibenden Bemühungen, an Planungsdetails zu gelangen. Museumsverantwortliche haben dem Feldforscher wiederholt zu verstehen gegeben, dass es zu früh sei, um Dokumente herauszugeben, da die Pläne noch nicht genügend ausgereift und intern abgestimmt seien, oder aber zu spät, da vorhandene Pläne mittlerweile veraltet seien. Aber waren die Kuratoren der Museen überhaupt die Planer der Museumsflächen? Nach der Darstellung von Martin Heller bestand der inhaltliche Beitrag der Museen aus kaum mehr als dem Bereitstellen von Objektlisten für die einzelnen Räume, nach denen Architekturen ausgerichtet wurden, und Narrative und ›Plots‹ des Humboldt Forums entstammten wesentlich dem Appelbaum-Büro. Nach der Darstellung von Viola König waren die Museumskuratoren die Autoren.[76] Während von der Museumsseite die Inhaltsplanung des Humboldt Forums um 2012/2013 herum mehr oder weniger als abgeschlossen galt, befanden sich laut Heller die Museumsflächen in dieser Zeit nach wie vor in der Vor- und Entwurfsplanung, was von extrem unterschiedlichen Perspektiven auf den Planungsprozess zeugt.[77] Laut Heller traf das Lab in Dahlem auf eine Situation, in der überhaupt erst ›Grundsatzfragen‹ gestellt und geklärt werden mussten.[78] Gleichzeitig war es für den Kulturunternehmer nicht ausgemacht, ob die Planung des Humboldt Forums überhaupt noch »weich genug« für Veränderungsimpulse des Lab war.[79]

---

von Disziplinen beobachten, die jegliche lebendige Beziehung zu Gegenständen verhinderten und Menschen in diesen Bereichen im Allgemeinen etwas völlig anderes tun und denken ließen, als sie es als freie, lebendige Menschen tun würden. »Da kann man schon sehen, dass das eine sehr dialektische Sache ist.« A. Gehlen und T.W. Adorno, *Freiheit und Institution. Ein Soziologisches Streitgespräch aus dem Jahr 1965*, Youtube 2012; https://www.youtube.com/watch?v=0o3eITHmlek (03.05.2019).

76 | Interview mit Viola König am 08.01.2018.

77 | M. Heller, »Suche nach den verpassten Chancen«, in: *Prinzip Labor*, S. 27.

78 | Interview mit Martin Heller am 27.11.2017.

79 | M. Heller, »Suche nach den verpassten Chancen«, S. 26.

V.3 Widerstand gegen Veränderungen

In den zurückliegenden Jahren ist, parallel zur Etablierung der Visual Culture Studies und Visual Anthropology an Hochschulen, die Schnittstelle zwischen den Disziplinen Kunst und Anthropologie als Bereich in den Blick genommen worden, in dem spannende Kooperationen erfolgen und von wo erneuernde Impulse ausgehen können. Einen Zwischenbericht der Kollaborationen gab 2003 die Konferenz »Fieldworks: Dialogues between Art and Anthropology« in der Tate Modern in London,[80] aus der die Publikation *Between Art and Anthropology. Contemporary Ethnographic Practice*[81] hervorging. Die Herausgeber Arnd Schneider und Christopher Wright bemerken »a new exploration of the border zones between art and anthropology«.[82] Kunst interessiere sich für Anthropologie und die »konservative Wissenschaft« der Anthropologie öffne sich zunehmend für experimentelle Formen der Kunst. »It is precisely in the area between art and anthropology that some extraordinary new work is being produced.«[83]

›Exploration‹ und ›border zones‹ klingt nach interessanten Streifzügen und aufregenden Grenzgängen in der Art von Expeditionen und Experimenten. In der praktischen Transferarbeit des Berliner Innovations-Lab sorgten Grenzgänge indes nicht nur für positive Aufregung. Im cross-disziplinären Lab-Modus begegnete eine weitgehende Entkopplung künstlerischer und wissenschaftlicher Strategien, Erfindungen und Ideen von Expertenkulturen und es diffundierten mit Zuständigkeiten auch Orientierungen. Das mag einen Teil der Beunruhigung erklären, die das Lab im traditionellen Museumsbetrieb bewirkte. Gerade ›arte-faktische‹ Experimente waren umstritten. Was von den einen als interessante Erweiterung von Spielräumen und als Innovation begrüßt wurde, konnte aus der Binnenperspektive der Museen als latente Bedrohung oder sogar Revierverletzung und Enteignung wahrgenommen werden.

Wenig Begeisterung scheint in der Stammbelegschaft der Staatlichen Museen ausgelöst zu haben, dass das Lab als Innovations-Taskforce Gegenwartskunst mehr oder weniger offen als Instrument für ›gedankliche Lockerung‹ von Wissenschaftlern in Stellung brachte. In der Praxis bewirkte, was als Lockerung intendiert war, mitunter das exakte Gegenteil: Verspannung, misstrauisches Beäugen, Abstecken und Verteidigen von Terrains, Kampf für das Fortbestehen traditioneller Disziplinen, Festhalten an bestehenden Standards. Friedrich von Bose erlebte das Humboldt Lab als »Kristallisationspunkt ganz

80 | Konferenz vom 26.-28.09.2003.

81 | A. Schneider und C. Wright, *Between Art and Anthropology. Contemporary Ethnographic Practice*, Oxford: Berg Publishers 2010.

82 | Ebd. S. 1.

83 | Ebd.

verschiedener Konflikte«, Lab-Mitwirkende seien von wissenschaftlichen Museumsmitarbeitern »als Außenseiter_innen wahrgenommen« worden. Die Nicht-Beteiligung einzelner Kuratoren an Veranstaltungen und Diskussionsrunden des Lab bezeichnete der Feldforscher als »Akt der Verweigerung« und »Abwehrstrategie«.[84]

Enorm erweiterte Begriffe von Kunst und Design stießen im Diskussionsraum des Lab relativ schroff auf enge und verengte Kunst- und Designvorstellungen; es begegnen Wertschätzung für forschende Kunst und forschendes Design, aber auch delegitimierende Semantiken von Kunst als bloßem Design oder angemaßter Forschung; oder von Wissenschaft als trocken, abgehoben, designblind und visualisierungsunfähig; Wissenschaftler kündigten an, sie würden ›Deutungshoheit‹ über die Sammlungen an Künstler abgeben, noch im selben Atemzug depotenzierten sie Kunst als intellektuell ›unbeschwert‹ und bloß ›subjektiv‹. Von denselben Künstlern erhielten die Museumswissenschaftler Coaching in selbstorganisierter, kreativer, flexibler, kollaborativer und aktualitätsbezogener Kulturarbeit.

Eine Grundspannung zwischen Kunst und Wissenschaft lässt sich so auf den Punkt bringen: Ist Kunst Ergänzung der Wissenschaft und mithin ihr ›Anderes‹ oder aber ist Kunst selber Forschung und eine Perspektive mit eigenem Recht und Wahrheitsanspruch – und tritt mithin in Konkurrenz oder sogar in ein kritisches Verhältnis zu wissenschaftlichen Zugängen?[85] Wer entscheidet über Methode, Form und Inhalt von Museumsausstellungen, wenn unter cross-disziplinären Laborbedingungen Grenzen zwischen Kunst, Szenografie und Wissenschaft und damit auch Zuständigkeiten weitgehend aufgelöst werden? Sollen sich auch Ethnologen als Künstler begreifen – im Sinne von James Cliffords Sentenz: »Is not every ethnographer something of a surrealist, a reinventer and reshuffler of realities?«[86] – und Ethnologiemuseen in Kunstmuseen und Kunstinstallationen verwandeln? An der Kunstfrage, gewissermaßen als transdisziplinärer ›Gretchenfrage‹, schieden sich die Geister. Es scheint, als wären mittels der Chiffre ›Kunst‹ laufende Umbrüche stellvertretend verhan-

---

84 | F. von Bose, *Das Humboldt-Forum. Eine Ethnografie seiner Planung*, S. 267, 272 und 277.

85 | Der französische Schriftsteller und Ethnologe Michel Leiris hat in den 1930er Jahren im Kontext der Eröffnung des früheren *Musée d'Ethnografie du Torcadéro* als *Musée de l'Homme* vor dem Auseinanderdividieren der Begriffe ›Kunst‹ und ›Wissenschaft‹ als zwei große Abstraktionen gewarnt; M. Leiris, »Du musée d'Ethnographie au musée de l'Homme«, in: *La Nouvelle Revue française* 51, 01.08.1938, 344-345. Im Lab-Modus der 2010er Jahre fusionierten Wissenschaft und Kunst scheinbar, bei näherem Hinsehen aber zeigt sich, dass sie in verschärfte Konkurrenz getreten sind.

86 | J. Clifford, *The Predicament of Culture. Twentieth-Century Ethnography, Literature, and Art*, S. 564.

delt worden. Der Begriff ›Kunst‹ taucht vielfach als Synonym für ›Design‹ oder ›Szenografie‹ auf. Im Streit darum, was ›Kunst‹ kann und nicht kann, darf und nicht darf, scheinen tieferliegende Konflikte ausgetragen worden zu sein, die mit großräumigeren Umbrüchen in der Museumslandschaft zu tun haben: der signifikant gestiegenen Bedeutung der Szenografie und des ›Stage Design‹ und in Verbindung damit dem proportionalen Machtverlust von Museumswissenschaftlern nicht nur in Gestaltungsfragen, sondern auch in Inhaltsfragen.

Differenzen zeigten sich nicht nur zwischen dem Lab und dem wissenschaftlichen Museumspersonal. Die Spannung durchzog selbst den engeren Kreis des Lab: Martin Heller und die freischaffende Kuratorin Angela Rosenberg (sie war für die interventionelle »Springer«-Reihe verantwortlich) zeigten sich 2015 auf der Tagung »Historische Sammlungen und Gegenwartskunst. Eine Diskussion kuratorischer Strategien« beide überzeugt davon, dass Interventionen zeitgenössischer Kunst »bisherige Ordnungen herausfordern und zudem einen verlebendigenden Effekt auf die Dauerausstellungen haben könnten«.[87] Aber meinten Heller und Rosenberg dieselben Strukturen und Effekte? Die Kuratorin schrieb Kunst im Duktus poststrukturalistischer, sozialkonstruktivistischer Theorie sehr allgemeine Fähigkeiten zu (Infragestellung ›konstruierter Bedeutungen‹, Herausforderung ›kultureller Stereotype‹ etc.). Martin Heller war sehr viel konkreter und pragmatischer am Aufbrechen von Strukturen innerhalb der Staatlichen Museen und der Auflösung von Beharrungsmächten interessiert, die sich nicht zuletzt gegen das kleine Reform-Lab stellten. Im engeren Team um Martin Heller scheint es stärker um eine Transformation gegangen zu sein, die Gail Anderson als Wende von »collection-driven institutions to visitor-centered museums«[88] charakterisierte und die im Fall ethnologischer Museen mit dem Schwund des Forschungsinteresses an den Sammlungen wie auch des Publikumszustroms zusammenhängt. Wissenschaftler nutzten das Humboldt Lab eher als Plattform für postkolonial-repräsentationskritische und identitätspolitische Selbstvergewisserungen, die in Ausstellungsräumen lange Zeit kaum Ausdruck finden konnten und die in den Dahlemer Museen bis zuletzt weitgehend vermisst wurden, was den Eindruck des Rückständigen, Verstaubten oder sogar Blockierten der Museen verstärken konnte.[89]

Es stand zu erwarten, dass Martin Heller später im Humboldt Forum eine Schlüsselrolle einnehmen würde, als Intendant, und dass das Lab als ›Trai-

87 | B. Hopfener, »Historische Sammlungen und Gegenwartskunst. Konferenzbericht«, in: *Humboldt Lab Dahlem Projektdokumentation*, S. 307.

88 | G. Anderson, *Reinventing the Museum. The Evolving Conversation on the Paradigm Shift*, Lanham: AltaMira Press 2004.

89 | Zitiert nach J. Baur, *Museumsanalyse. Methoden und Konturen eines neuen Forschungsfeldes*, S. 220.

ningsfeld für Wissenschaftler«[90] später das eigentliche Feld werden würde. Zunächst jedoch stand das kleine Lab im Schatten des großen Appelbaum-Büros. Das Lab mag in der gegebenen Konstellation, selbst wenn das nicht seine primäre Intention war, auch als eine Art Ventil für angestaute Emotionen im Zusammenhang mit Unsicherheiten fungiert haben, die die tiefgreifenden Umstrukturierungen der Museen mit sich brachten; für manche Museumsmitarbeiter wird sich durchaus die existenzielle Frage gestellt haben: »Was wird aus mir?« Im Humboldt Lab wurden offenbar Konflikte zwischen Wissenschaft und Szenografie im Kleinen ausgefochten, die im Großen bereits entschieden waren: zugunsten des (Appelbaum-)Designs. Eine verdeckte Agenda lag darin, dass sich das Lab nicht nur als Coach der Museumskuratoren in Dahlem betrachtete, sondern seinem Selbstverständnis nach Anregungen auch an die Adresse des internationalen Szenografieunternehmens Appelbaum aussandte, wie Ausstellungen künstlerischer, kreativer gestaltet werden können, ästhetisch weniger glatt, vielleicht auch europäischer. Martin Heller sagte im Interview: »Wir haben in diesem Change Prozess an Mentalitäten gearbeitet, wir versuchten Kuratoren und Kuratorinnen, aber auch die Gestalter zu sensibilisieren«.[91] Allerdings hätten sich praktische Schwierigkeiten ergeben:

»Um Appelbaum einzubinden, war zu wenig Geld da, weil die Szenografen von der Baustiftung extrem knappgehalten waren. Es wurden einfach Kosten minimiert. [...] Wenn wir die Ausstellungsgestalter, Appelbaum, mehr hätten ins Lab einbinden wollen, dann hätten wir es bezahlen müssen, was eine Absurdität ist, fast eine Perversion. Dann hätten wir aus den vier Millionen der Bundeskulturstiftung Geld reservieren müssen, damit wir die Ausstellungsgestalter hätten bezahlen können, dass diese am Lab intensiver teilnehmen als das im Rahmen ihres Umsetzungsauftrags der Fall war.«[92]

90 | Interview mit Martin Heller am 27.11.2017.

91 | Ebd.; vgl. auch M. Heller, »Suche nach den verpassten Chancen«, in: *Prinzip Labor*, S. 59. Das Lab eröffnete gleichzeitig dem Agora-Beauftragten die Möglichkeit, an Sitzungen der Appelbaum-Szenografen regelmäßig teilzunehmen.

92 | Interview mit Martin Heller am 27.11.2017. Tim Ventimiglia von Ralph Appelbaum Associates/malsyteufel (RAM) verwies in der Abschlusspublikation *Prinzip Labor* darauf, »dass ›Spielplätze‹ und Raum für Unvorhergesehenes« wohl nötig gewesen wären, es allerdings an Energien, Kapazitäten und Personal gemangelt habe. D. Weitz, T. Ventimiglia, S. Kaegi, M. Heller, »Wahrnehmung gestalten. Zum Potenzial der Szenografie«, in: *Prinzip Labor*, S. 59f. Der Szenograf Detlev Weitz hatte sich vom Lab insgesamt »eine stärkere Sprengwirkung erhofft«. Ebd. S. 55, 59. Der Theatermacher Stefan Kaegi machte »oft weltfremde Parallelwelten der beiden Museen« für Schwierigkeiten verantwortlich. Ebd. S. 55.

Hostile Native Complex

Dass es sich beim Lab nicht um ein von Beginn an rundweg akzeptiertes Unternehmen handelte, lässt sich u.a. daran ablesen, dass es einer rund einjährigen Aufwärmphase bedurfte, bis sich Museumsangestellte überhaupt an der Lab-Arbeit aktiv beteiligten. Man muss sich das Klima zwischen Lab-Akteuren und Museumsbeamten vor allem in den Anfangsmonaten ausgesprochen frostig vorstellen. Der innovative Anspruch des Kreativ-Lab wurde von einigen Museumskustoden pauschal in Abrede gestellt.[93] Das Innovations-Lab scheint in den Museen nicht zuvorderst als Extraservice zur Optimierung der laufenden Planungs- und Gestaltungsprozesse des Humboldt Forums angesehen worden zu sein, sondern durchaus als lästiger Störenfried oder sogar Bedrohung des *Status quo*, in jedem Fall als unmissverständliche Kritik an bisher geleisteter Arbeit der Museen. An verschiedenen Stellen der Lab-Unterlagen scheint Widerstandshaltung der Stammbelegschaft durch, die Heller in der Abschlusspublikation *Prinzip Labor* als Qualität verhinderndes Merkmal beklagte.[94] Heller wollte Museumsarbeit »jenseits der kulturwissenschaftlichen und museologischen Theorien« anregen.[95] Einige Museumsmitarbeiter hätten für die Belange der Gestaltungsarbeit durch das Lab aber »erst sensibilisiert und qualifiziert« werden müssen, »um ihre Aufgabe wahrnehmen zu können«.[96]

»Innere und äußere Skepsis gingen zuweilen unheilige Allianzen ein – dann etwa, wenn die kritische Berliner Öffentlichkeit dem Lab vorwarf, Steigbügelhalter des politisch und ideologisch ungeliebten Forums zu sein, während in Dahlem die Alltagsroutine erhebliche Widerstandskräfte entwickelte. Oder wenn, wiederum von außen wie von innen, der Vorwurf erhoben wurde, dieses oder jenes Projekt sei ja ›nichts Neues‹, obschon die Dauerausstellungen des Ethnologischen Museums wie des Museums für Asiatische

93 | M. Heller, »Suche nach den verpassten Chancen«, in: *Prinzip Labor*, S. 28.

94 | In Hellers retrospektiver Darstellung hatte es das Lab mit institutioneller Trägheit, Obstruktion und Missachtung für spezielle Anforderungen hinsichtlich der Existenz zweier unterschiedlicher Museen und ihrer Vermittlung zu tun. Jeglicher Anspruch auf Neues sei in den Staatlichen Museen aus vielfältigen Gründen und mit oft konträren Argumentationen »denunziert oder unterlaufen« worden. Die »Polyvalenz des Lab« habe sich als Nachteil erwiesen, »die Hoffnung vieler [...], das Lab könne schlagartig sämtliche Probleme des Humboldt-Forums lösen, hat sich nicht erfüllt«. M. Heller, »Wahrnehmung gestalten. Zum Potenzial der Szenografie«, Gespräch, in: *Prinzip Labor*, S. 61f.

95 | M. Heller, »Suche nach den verpassten Chancen«, in: *Prinzip Labor*, S. 31.

96 | Ebd. S. 25.

Kunst über weite Strecken den Beweis dafür lieferten, dass dieses Neue in Dahlem nur bedingt angekommen war.«[97]

Das Lab ist laut Martin Heller nach Jahren missglückter, von »Fehleinschätzungen«, »Gedankenlosigkeiten«, »Qualität verhindernden Vorstellungen« und »verpassten Chancen« gekennzeichneter Planungsarbeit für das »bedeutendste Kulturprojekt« Deutschlands aus einer »Notlage« heraus entstanden und ein »Instrument« gewesen, um »in langwierigen Prozessen für Bewegung und Engagement« zu sorgen.[98] Die Ethnologin und Lab-Mitwirkende Andrea Scholz beobachtete, dass das Lab sich seinen Platz erst »erarbeiten« musste.[99] Die Lab-Geschäftsführerin Agnes Wegner berichtet in der Abschlusspublikation von »Burgenbau« und Unwillen, »Deutungshoheiten abzugeben«.[100] Laut Wegner war es der Ethnologe Michael Kraus, der das Eis brach und mit »Fotografien berühren« Ende 2013 eine erste Brücke zwischen dem Lab und dem ethnologischen Fachpersonal baute. Ein weiteres Schlüsselprojekt sei »[Offene] Geheimnisse« im Herbst 2014 gewesen. Nach Einschätzung Wegners gab es Ende 2014 einen »[...] Peak-Moment, in dem alle auf einmal nahe beieinander waren und ein Einverständnis darüber herrschte, gemeinsam zeitgenössisch zu arbeiten. Am besten wäre es gewesen, das Lab bis zur Eröffnung des Humboldt Forums weiter laufen zu lassen. Es wäre eine Herausforderung gewesen.«[101] Die Direktorin des Ethnologischen Museums, Viola König, habe in dieser Phase auf einer Pressekonferenz gesagt, die Art, in der das Lab arbeite, als offener Prozess, müsse konstituierend für das Humboldt Forum sein.[102]

In der Abschlusspublikation *Prinzip Labor* charakterisierte König in einem resümierenden Statement das Humboldt Lab als nicht nur produktives und wegweisendes, sondern unabdingbares Transferprojekt zwischen Humboldt Forum und den beteiligten Museumssparten:

»Um Innovation für das Humboldt-Forum auch in Zukunft zu gewährleisten und sowohl in den Inhalten wie auch Formaten, Methodik und Vernetzungen aktuell bleiben zu können, sehe ich es als eine Notwendigkeit an, das Prinzip Labor zum integralen Bestandteil im Alltagsbetrieb des Humboldt-Forums werden zu lassen.«[103]

97 | Ebd. S. 28.

98 | Ebd. S. 31.

99 | A. Scholz, »Das Humboldt Lab – Experimentelle Freiräume auf dem Weg zum Humboldt-Forum«, S. 283.

100 | A. Wegner, F. von Bose, J. Steiner, H. Katzmair, »Produktivkraft durch Differenz«, in: *Prinzip Labor*, S. 48.

101 | Interview mit Agnes Wegner am 05.02.2018.

102 | Ebd.

103 | V. König, »Quo vadis ›Prinzip Labor‹?«, in: *Prinzip Labor*, S. 271-273; S. 271.

Die Annäherung zwischen dem anti- und cross-disziplinären Lab und den Museumsethnologen und Kunsthistorikern war ein dorniger und nur z.T. erfolgsgekrönter, aber soziologisch gesehen interessanter Prozess. Er verlief in Etappen und war nicht unähnlich der Annäherung fremder und latent feindlicher Stämme aus der ethnologischen Forschungsliteratur. Auf anfängliche Skepsis und Abstrafung der Fremden durch Nichtbeachtung folgte, nachdem diese weiter im Feld (den Dahlemer Museen) verharrten, vorsichtiges Beschnuppern der Eindringlinge, besseres Kennenlernen, teilweise Tolerierung und streckenweise Kooperation mit den Lab-Leuten. Während manche v.a. ältere Kustoden der Dahlemer Museen ihre Beteiligung am Lab bis zuletzt verweigerten und das Lab nicht als niedlichen ›Springer‹, sondern als eine Art Trojanisches Pferd für fremdartige Bräuche angesehen haben mögen, waren insbesondere jüngere Kuratoren und Volontäre aufgeschlossen und nahmen z.T. regen Anteil am Lab. Insgesamt lassen die Reaktionen an den ›hostile native complex‹ denken, den Niklas Luhmann beim Auftauchen eines neuen Chefs so charakterisierte:

»Wer von außen kommt, ist zunächst Fremder und muss seinen Start auf die Rolle als Fremder gründen. [...] Er bringt Einstellungen und Erwartungen mit, die nicht unter sozialer Kontrolle der Gruppe gebildet sind. Er ist relativ frei, objektiver und abstrakter ausgerichtet und nicht durch eigene Vorentscheidungen gebunden. [...] Das alles wird ihn zu Änderungen disponieren. Jedenfalls gehören Unbefangenheit und Pietätlosigkeit gegenüber lokalen Gewohnheiten zu seiner Anfangsrolle. Eine solche Einstellung wird erwartet und trotz aller Vorsicht seine Umgebung skeptisch und zurückhaltend stimmen. Sie hält sich in Verteidigungsbereitschaft.«[104]

Künstler fanden sich zwischen den Fronten wieder. Im Lab erfuhren sie eine Aufwertung, in den Museen stießen mit dem Lab auch Lab-Künstler auf eine Mischung aus Desinteresse und Feindseligkeit. Forschende Künstler befanden sich im Ethnologiemuseum tendenziell in der Position exotischer Eindringlinge, die Ordnungen stören und Forschungsdomänen ›kolonialisieren‹. Im Lab waren Künstler Stuntmen fürs Gefährliche, eine Rolle, die der Philosoph Odo Marquard in humanwissenschaftlichen interdisziplinären Gesprächen Philosophen zugeschrieben hat. Deren Aufgabe sei es, Experten »[...] zu doubeln in Situationen, die jenen Riskanzgrad erreichen, den humanwissenschaftlich interdisziplinäre Gespräche nun einmal haben«.[105]

Von Künstlern wurde im Museums-Lab erwartet, dass sie, wie die Schachfigur des Springers, unerwartete Bewegungen vollziehen und in überraschen-

104 | N. Luhmann, *Der neue Chef*, Berlin: Suhrkamp 2016, S. 28 und 29. In den USA wurde nach dem Einzug der Eisenhower-Verwaltung von einem ›hostile native complex‹ gesprochen.

105 | O. Marquard, *Apologie des Zufälligen*, Stuttgart: Reclam 1986, S. 113.

der Weise kommentierend, kritisierend oder ironisierend in bestehenden Dauerausstellungen ›intervenieren‹, ohne Präsentationen der Museen allzu sehr durcheinanderzubringen. Für Künstler erwuchsen aus der Arbeit für das von einer nur begrenzten Öffentlichkeit wahrgenommene Reform-Lab keinerlei Verbindlichkeiten für ein späteres Engagement im Humboldt Forum. Sie handelten sich vielmehr den Verdacht ein, mit ihren künstlerisch-szenografischen Entwürfen kulturelle, soziale und politische Problematiken der hinter dem Lab stehenden Museen womöglich zu verschleiern und den *Status quo* petrifizierter Staatsmuseen zu bestätigen. Hauptmotivation der Teilnahme der Künstler, mit denen ich gesprochen habe, war die Hoffnung, mit ihren Arbeiten später im Humboldt Forum eine Bühne zu erhalten. Diese Hoffnung hat sich für die Künstler-Coaches nicht erfüllt. Ihr Engagement endete mit dem Lab, während einige der beteiligten Designbüros das Humboldt Forum mitgestalten durften.[106]

Raum der Illusionen

Das Lab war als ungewöhnliches Trainingsfeld gleichzeitig auch ein Raum der Illusionen: Künstler spielten die Rolle der Institutionskritiker und erhofften sich gleichzeitig eine Beteiligung am Humboldt Forum. Das Lab betrachtete Künstler als Content-Lieferanten und Gestaltungs-Coaches mit freierem Denken und kreativeren Ideen. Wissenschaftliche Mitarbeiter behaupteten in Lab-Projekten ihre Positionen als Experten, Kuratoren und kustodische Sachwalter, während zeitgleich ihr Einfluss auf die Gestaltung des Humboldt Forums schwand, da professionelle Szenografen das Heft in der Hand hielten. Das Lab sah sich als Coach von Museumskuratoren, überdies aber auch als Impulsgeber für das amerikanische Szenografiebüro von Ralph Appelbaum, doch weder die Kuratoren der Staatlichen Museen zu Berlin noch die Profiszenografen aus den USA interessierten sich übermäßig für das kleine Humboldt Lab. Das Lab-Team experimentierte und coachte offenbar mit Blick auch schon auf die Zeit nach der Schlüsselübergabe durch Appelbaum & Associates, doch mit dem Politikwechsel – auf Bernd Neumann war Ende 2013 Monika Grütters gefolgt – sank Hellers Stern. Die im Januar 2016 gegründete Humboldt Forum Kultur GmbH knüpfte kaum an Projektideen des Humboldt Lab an. Im Rückblick lässt sich sagen: Das Humboldt Lab war im komplizierten Hum-

106 | Das Appelbaum-Design wird ergänzt durch einige aus dem Humboldt Lab bekannte Szenografie-Büros. Die Gestaltung des Service-Mobiliars (Infotresen und Leitsysteme) wurde Holzer Kobler Architekturen übertragen. Spuren des einstigen Schlosses und des Palastes der Republik bis hin zu Originalresten eines Dominikanerklosters aus dem 14. Jahrhundert im Kellergeschoss inszeniert das Berliner Büro chezweitz.

boldt-Forum-Gestaltungsprozess ein ›Spielbein‹, aber vielleicht mehr noch ein ›Spielball‹.

Vom Humboldt Lab heraus unternahm der Schweizer Kulturunternehmer Martin Heller zwischen 2012 und 2015 mit einem kleinen Team nicht nur innovative Experimente zwischen Kunst, Szenografie und Ethnologie, sondern überdies die Anstrengung, kommunikative Prozesse mit und zwischen am neuen Forum beteiligten Institutionen und Akteuren zu initiieren, externe Akteure einzubinden und ein integratives Gesamtkonzept für das als ›Centre Pompidou des 21. Jahrhunderts‹ (Hermann Parzinger) propagierte neue Forum nachzureichen. Die strukturelle Überforderung des Lab wurde von den Verantwortlichen in den Museen und in der Politik sehenden Auges in Kauf genommen. Gleichzeitig erwies sich die Organisationsstruktur des Lab – halb draußen, halb drinnen – als hinderlich für seine Arbeit. Die Politik hatte Hellers kleinem Team in Dahlem eine Weile zugetraut und zugemutet, Planungsdefizite des Humboldt Forums wettzumachen. Was herauskam, war eher ein Mosaik aus Einzelszenografien. Als gegen Ende der Lab-Laufzeit eine Leistungsschau in Dahlem eingerichtet wurde, war intern bereits klar, dass es keine Fortsetzung der Lab-Arbeit geben wird.

Abb. 8: Abschlussausstellung des Humboldt Lab Dahlem: »Prinzip Labor«, Museen Dahlem 2015

© Humboldt Lab Dahlem, Foto: Uwe Walter

Mit dem Auslaufen der Projektmittel der Bundeskulturstiftung endete nach knapp vier Jahren das Humboldt Lab und Martin Heller schied aus der Verantwortung für das Humboldt Forum aus. Die vom Lab-Team erhoffte Überführung in eine permanente Struktur als künstlerische Leitungsinstanz des Humboldt Forums blieb aus. Monika Grütters lief mit Neil MacGregor durch die Abschlussausstellung des Humboldt Lab in Dahlem. Viola König führte die hochrangige Gruppe. Im Vordergrund war auf großformatigen Projektionsflächen ein Zusammenschnitt aus Einzelinterviews mit Lab-Akteuren zu sehen, während im Hintergrund auf Tischen Experimente mit ›anderen Kulturen‹ dokumentiert waren. Dieses Arrangement konnte den Eindruck erwecken, dass die postkoloniale Perspektive hier offenbar noch nicht wirklich angekommen war.

Anfang 2016 wurde im Humboldt Forum eine andere Stabsstelle eingerichtet. Die Zuständigkeit für das Humboldt Forum war von der Kulturstaatministerin aus dem Bereich der Stiftung Preußischer Kulturbesitz herausgelöst und an eine eigene Humboldt Forum Kultur GmbH (mit Lavinia Frey als Geschäftsführerin) übertragen worden. Martin Heller wurde ersetzt durch einen anderen Veränderungsmanager: Neil MacGregor. Der Londoner Kunsthistoriker wurde – vielleicht eine Lehre aus dem Lab – mit starker ›Governance‹ ausgestattet. Er überarbeitete die Museumsflächen des Humboldt Forums insbesondere in den Eingangsbereichen, wo schon Heller beratend interveniert hatte, nach eigenen Vorstellungen. Es wurden von 2016 an noch einmal 21,9 Millionen Euro aus Bundesmitteln aufgewendet für Ausstellungsoptimierung nach Vorgaben Neil MacGregors.[107] Das ist insofern bemerkenswert, als diese Nachbesserungen nicht nur einen Vertrauensverlust gegenüber den Kuratoren des Ethnologischen Museums und des Museums für Asiatische Kunst verrieten, sondern auch gegenüber dem für die Museumsflächen des Humboldt Forums verantwortlichen amerikanischen Szenografiedienstleister. Nach Hellers Ansicht vollzog sich ein ›Rollback‹.[108]

Durch die ausgeprägte Kunstkomponente unterschied sich das Lab vom Appelbaum-Design. Die Konzentration auf zeitgenössische Kunst dürfte letztendlich auf Seiten der Politik den Eindruck verstärkt haben, das Humboldt Lab sei abgehoben, kompliziert und wenig praxistauglich. »So manches Projekt war möglicherweise für Außenstehende nicht leicht verständlich und wirkte bisweilen ›verkopft‹«, schrieb Hermann Parzinger im Grußwort der Abschlusspublikation *Prinzip Labor* dem Humboldt Lab ins Stammbuch.[109]

107 | https://www.tagesspiegel.de/berlin/berliner-stadtschloss-fuer-aenderungen-im-humboldt-forum-gibt-es-weniger-geld/23078218.html (03.05.2019).

108 | Interview mit Martin Heller am 27.11.2017.

109 | H. Parzinger, »Neues Denken und Sehen. Grußwort«, in: *Prinzip Labor*, S. 13-16; S. 14.

Anfang 2016 sagte Parzinger auf Nachfrage, zeitgenössische Kunst werde ein Bestandteil des Humboldt Forums sein,

»[...] aber man muss noch einmal genau überlegen, wie man zeitgenössische Kunst einbezieht. Ich glaube, zu sagen, wir haben historische Sammlungen und jetzt brauchen wir den Brückenschlag zur Gegenwart und stellen deswegen ein zeitgenössisches Kunstwerk hin, wäre zu einfach. Das mag in einem Fall der richtige Weg sein, in einem anderen aber wird man auch kulturhistorische, sozialgeschichtliche oder ökologische Entwicklungen der Gegenwart aufzeigen müssen, um so eine Brücke zu unserer Zeit zu schlagen.«[110]

Fortwirken des Lab-Impulses

Das sichtbarste Erbe des Humboldt Lab im Humboldt Forum ist – paradoxerweise – Freiraum. Der Lab-Initiator Martin Heller hat ihn herausgebrochen aus einer modularen Struktur totaler Flächenbesetzung und maximaler Präsenz der Abteilungen und Unterabteilungen der Museen mit jeweils einer Höchstzahl von Objekten aus den Sammlungen. Dass freie Flächen erkämpft werden mussten, erscheint gerade bei Museen mit Sammlungen aus der Kolonialära ironisch. Wieder einmal war die Welt in Windeseile aufgeteilt, und zwar entlang geopolitischer und geoethnografischer Gliederungen (analog zu den Fachbereichen der Museen). Die gewonnenen Freiflächen waren gedacht als freie Experimentierinseln, gewissermaßen als ins Humboldt Forum übertragenes Lab. Hier hätte sich die Gestaltungselite aus Szenografie-, Design- und Medienkünstlern ebenso ausdrücken können wie die postkoloniale Künstler- und Kuratorenschaft. Anfang 2016 bemühten sich die Wissenschaftler der Staatlichen Museen noch intensiv um die Einbeziehung kritischer Kuratoren und Künstler ins Humboldt Forum, so wie das Humboldt Lab es angeregt hatte. Es herrschte jedoch bereits Skepsis, ob Protagonisten aus dem Kunstfeld von Rang und Namen tatsächlich für den Rahmen gewonnen werden können. Offensichtlich gestalteten sich Verhandlungen mit postkolonialen Künstlern, insbesondere aus ehemaligen Kolonien, schwierig.[111] Der 2015 hinzugezogene Gründungsdirektor Neil MacGregor vergrößerte die freien Flächen zusätzlich, kehrte jedoch zum konservativen Konzept kuratierter Dauer-, Wechsel- und Sonderausstellungen zurück.

110 | Interview mit Hermann Parzinger am 26.04.2016.

111 | Bereits in der Mitte der 2010er Jahre war z.B. ein Beitrag der Kameruner Künstlerin Justine Gaga für das Humboldt Forum im Gespräch und es liefen Verhandlungen. 2018 waren die Vertragsaushandlungen zwischen dem Humboldt Forum und der Künstlerin, deren Familie im antikolonialen Widerstand gelitten hat, immer noch nicht abgeschlossen.

Auffallenderweise fanden Lab-Projekte in der Humboldt-Forum-Planung eher Niederschlag, wenn sie von Museumsmitarbeitern verantwortet oder mitverantwortet wurden, Ideen Freischaffender wurden kaum berücksichtigt. Eingeplant wurden z.B. der Schönheitssalon zur Swahili-Ästhetik (»Beauty Parlour«) der Afrika-Kuratorin Paola Ivanov und eine Ausstellung zum Entdeckungsreisenden Johan Adrian Jacobsen von Viola König, die allerdings von der Lab-Fassung abwich. MacGregor strich später beides. Der britische Kunsthistoriker fügte anstelle der Problematisierung von Sammlerfiguren am Beispiel Jacobsens eine Präsentation zu Native Americans ein, die stärker ins vertraute Bild ethnologischer Ausstellungen passt. Nach dem Ausscheiden von Martin Heller und dem Wegfall des Humboldt Lab trat bei einigen durchaus so etwas wie Phantomschmerz auf. Vermisst wurde ein Raum für freie kuratorische Experimente.

Impulse aus dem Lab wirken fort in einem anderen Lab mit verwechselbarem Namen: dem »Humboldt-Labor«. Die Genese des Schaufensters der Humboldt Universität im Humboldt Forum verlief parallel zum Humboldt Lab. Schlagworte lauten auch hier ›offen‹, ›aktuell‹, ›interaktiv‹, ›visionär‹. Auf etwa 1000 Quadratmetern im 1. Obergeschoss des Humboldt Forums soll eine »lebendige Ideenwerkstatt« entstehen, ein »lebendiger Ort des Wissens und der Wissenschaften« und »interdisziplinärer Ausstellungsraum«, in dem Experten und Laien anhand von Ausstellungen, Workshops, wissenschaftlichen Experimenten, Vorlesungen, Diskussionsreihen, Performances, Medieninstallationen und Forschungsstationen Einblicke in die »Vielfalt und Relevanz von Wissenschaft« und Ausblicke auf »Wissensformate der Zukunft« erhalten sollen.[112]

Der Kurator des Schaufensters der Universität, Friedrich von Bose, ist als Feldforscher und teilnehmender Beobachter in Martin Hellers Humboldt Lab unterwegs gewesen. Der dort »so erfolgreich zur Anwendung gekommene experimentelle Ansatz« sollte nach von Boses Überzeugung »nicht einfach in die Geschichte der langen Planung fürs Humboldt Forum verbannt werden«, vielmehr könne das Arbeiten »in derart breiten interdisziplinären Konstellationen« und der explorative Zugang für die weitere Planung des Humboldt Forums »auch über 2019 hinaus – ja, für jede Museumsplanung! – nur fruchtbar sein«. Daher ruft von Bose: »Forever Lab!«[113] Der Lab-Impuls wirkte außerdem in einem unmittelbaren Nachfolgeprojekt des Humboldt Lab Dahlem weiter: dem Humboldt Lab Tanzania. (Siehe Kapitel VII.2)

---

112 | https://www.interdisciplinary-laboratory.hu-berlin.de/de/content/humboldt-lab/ (03.05.2019). Das Humboldt-Labor ist organisatorisch am Hermann von Helmholtz-Zentrum für Kulturtechnik der Humboldt-Universität zu Berlin angesiedelt.

113 | F. von Bose, »Die Schönheit des Vorübergehenden. Für mehr ›Konzept‹, Experiment und Fragilität im Museum«, in: Blog: *Wie weiter mit Humboldts Erbe. Ethnographische Sammlungen neu denken*, hg. v. A. Brus, L. Förster, V. Rodatus et al., Universität zu Köln, Köln 2018.

VI. Symptome struktureller Umbrüche

VI.1 ›Regime Change‹ im Völkerkundemuseum

»Man sollte Trallala-Ausstellungen machen über die Kultur der Fremden.«[1]

Viola König

Ziel postkolonialer Kulturanalysen ist das Ermitteln von Stereotypen, das Aufdecken dominanter Diskurse, das Entlarven von Konstruktionen, die sich als ›Wahrheit‹ ausgeben, die Entmystifikation des Glaubens »an die Wahrheit des durch Fiktion dargestellten Wissens« (Mieke Bal).[2] Eine Grundannahme besteht darin, dass die Autorität des Museums als Wissens- und Deutungsmacht auf der habituellen Verbergung des Konstruktionscharakters der Bedeutungsproduktion und der ideologischen Sprecherinstanz beruht; Bals anonym bleibender ›expository agent‹. »The hand of the maker obscures itself«.[3] Bei Revisionen der ethnologischen Museumspraxis auf poststrukturalistisch-soziolinguistischer Grundlage stehen institutionelle und gesellschaftliche Kommunikationsprozesse und Systeme der Signifikation im Fokus.[4] In der Praxis wird jedoch nicht einem anonymen ›expository agent‹, sondern realen Kustoden Abgabe von Deutungshoheit und Öffnung der Depots abverlangt. Be-

1 | Interview mit Viola König am 08.01.2018.

2 | Zitiert nach: J. Baur, *Museumsanalyse*, S. 116. Eine Strukturähnlichkeit, die hier nur angedeutet werden kann, besteht zum modernen Säkularisierungsprogramm, der Entmystifizierung von Religionen.

3 | M. Bal, »On Show. Inside the Ethnographic Museum«, in: *Looking In. The Art of Viewing*; with an introduction by Norman Bryson, Amsterdam: G & B Arts International 2001, S. 117-160, S. 154.

4 | Bal unterscheidet in ihrer museologischen Kommunikationstheorie Modi der Wissensproduktion von Museen: der auf Überredung zielende ›truth-speak‹, der ›scientific discourse‹ und der ›educational discourse‹. Sie bilden zusammen den ›expository discourse‹ oder ›museum discourse‹. Ebd.

troffenen fällt das besonders dann nicht leicht, wenn Angst vor Verlust der erarbeiteten Position mitschwingt.

In Berlin setzten nach Aussagen von Viola König Öffnungsprozesse relativ spät ein, in deutlicher Form erst mit dem Umzugsbeschluss ins Humboldt Forum um das Jahr 2000 herum. Ihre eigene Berufung 2001 als Direktorin des Ethnologischen Museums habe bereits im Zeichen der Neuordnung der Institution gestanden. Insbesondere »Altkuratoren« sei es schwergefallen, neue Direktiven zu akzeptieren.[5] Die Kuratoren hätten beim damaligen Generaldirektor Peter-Klaus Schuster Beschwerde gegen ihre neue Chefin eingelegt und zunächst Gehör gefunden, die Depothoheit sei »verteidigt« worden.[6] Die Ausgangslage für die Planungen der Museumsflächen im Humboldt Forum war laut König kompliziert und widersprüchlich. Die »politische Leitlinie«, ausgegeben von Klaus-Dieter Lehmann, der von 1998 bis 2008 Präsident der Stiftung Preußischer Kulturbesitz war, habe ›Dialog der Welt‹ gelautet. Peter-Klaus Schuster, von 1999 bis 2008 Generaldirektor der Staatlichen Museen und Königs unmittelbarer Vorgesetzter, habe ein Kunstmuseum vor Augen gehabt. Die Altkuratoren in Dahlem hätten die Bastion der Ethnologie verteidigt. Sie selbst habe, von Mehrspartenhäusern in Bremen und Hannover kommend, die Naturkunde mit hereinnehmen wollen, wie es später Neil MacGregor durchsetzte; damals sei das aber nicht »erwünscht« gewesen.[7]

Eine intellektuelle Öffnung erfolgte nicht erst 2012 mit dem Humboldt Lab, wie manche meinen. Bereits 2002 wurde von Viola König und dem deutsch-iranischen Islamwissenschaftler Navid Kermani vor dem Hintergrund der Neuordnung der Museen das »Museumsforum« im Berliner Wissenschaftskolleg initiiert, wo sich auch Horst Bredekamp, Siegfried Zielinski und Hans Belting einbrachten.[8] Von 2002 bis 2005 wurden internationale Vortragende, darunter Sarat Maharaj, Co-Kurator der documenta 12, der Historiker Orhan Silie oder der Anthropologe Ziba Mir-Hosseini, für Vorträge nach Berlin geholt. Im Museumsforum wurden Leitfragen für das Humboldt Forum vorformuliert und erste Orientierungspunkte gesetzt. Eine Art Fazit aus den unterschiedlichen Vorträgen und Diskussionen lautet:

»Über der Dekonstruktion kulturalistischer Mythen und der Selbstkritik kolonialer Formen der Appropriation außer-europäischer Kulturen darf nicht vergessen werden, dass die materiellen Zeugen anderer Kulturen ihre eigene Widerständigkeit und ihren

5 | Interview mit Viola König am 08.01.2018.

6 | Ebd.

7 | Ebd.

8 | Beraterfunktion hatten Mamadou Diawara (University of Georgia, Athens/USA), Gertrud Platz (Antiken-Sammlung Berlin), Martin Roth (Staatliche Kunstsammlung Dresden) und Sanjay Subrahmanyam (St. Cross College, Oxford).

Eigensinn haben. Die Wende hin zu einer kritischen Aufarbeitung etwa des europäischen Orientalismus und Exotismus würde steril, wenn sie dazu beitragen würde, die beunruhigende Präsenz der Dinge und ihrer spezifischen Kontexte zu verdrängen, die zu konservieren, zu erforschen und auszustellen die Aufgabe der Museen ist – und deren Studium wiederum Aufgabe der Kulturwissenschaftler ist.«[9]

Erst 2011 wurde ein umfangreiches Advisory Board für das Humboldt Forum eingerichtet, dem auch Neil MacGregor angehörte, der ab 2016 mit Parzinger und Bredekamp die Gründungsintendanz des Humboldt Forums bildete.

Die Dahlemer Museen waren seit dem politischen Beschluss der Verlegung der Sammlungen um das Jahr 2000 herum immer mehr in den Windschatten der Aufmerksamkeit geraten und hatten zuletzt ein eher tristes Bild abgegeben, das Vorurteile stagnierender und reformunwilliger Museumsethnologie zu bestätigen schien.[10] Das immer virulenter gewordene Thema der kritischen Aufarbeitung der Kolonialgeschichte bildete sich in den Ausstellungsflächen in Dahlem unzureichend ab. Der Lab-Initiator Heller nutzte das veraltete Erscheinungsbild der Museen als Argument für ein Innovationslabor als Trainingsmaßnahme für Museumswissenschaftler. Doch auch im Humboldt Lab stand das Kolonialismusthema nicht im Zentrum. Es gab einzelne Projekte wie z.B. »Objektbiografien« zu ausgewählten Sammlungsstücken mit fragwürdiger Provenienz oder »(K)ein Platz an der Sonne« für die so genannten ›Juniorflächen‹ des Humboldt Forums.[11]

9 | Das Museumsforum war ein gemeinsames Projekt des Wissenschaftskollegs zu Berlin, der Stiftung Preußischer Kulturbesitz, des Hauses der Kulturen der Welt und des Deutschen Museumsbundes. https://www.wiko-berlin.de/institution/projekte-kooperationen/projekte/archiv/arbeitskreis-moderne-und-islam/museumsforum-praesentation-aussereuropaeischer-kulturen-in-den-metropolen/museumsforum-ausfuehrliche-darstellung/ (03.05.2019).

10 | Laut veröffentlichter Zahlen der Stiftung Preußischer Kulturbesitz fanden im Jahr 2013 nur noch rund 119.000 Besucher den Weg in die Museen in Dahlem (Ethnologisches Museum, Museum für Asiatische Kunst und Museum Europäischer Kulturen mit den Volkskundesammlungen), im Folgejahr waren es 112.000, im Jahr 2015, vielleicht auch wegen der Lab-Aktivitäten, etwas mehr: 117.000. Im Jahr 1989 waren noch 569.000 Besucher gezählt worden. www.preussischer-kulturbesitz.de/fileadmin/.../150128_JPK_02_Anhang-Zahlen.pdf (03.05.2019).

11 | In der Projektdokumentation findet sich nur eine Handvoll Erwähnungen des Begriffs ›Provenienz‹, weitgehend vermieden wird der Ausdruck ›Restitution‹. Der Begriff ›Kolonialismus‹ kommt in dem rund 100.000 Wörter umfassenden Textkorpus nur rund ein Dutzendmal vor. Der Begriff ›Rassenkunde‹ taucht in der Projektdokumentation ein einziges Mal auf, als Hinweis auf das Fehlen des Themas.

Was sind die Gründe für die lang anhaltende Dethematisierung der Kolonialismusfrage? Während im angelsächsischen Raum im Zuge der ›Writing Culture Critique‹ bereits in den 1980er Jahren ein Umdenken eingeleitet worden war, spielte das Kolonialismusthema in Deutschland bis vor kurzer Zeit keine große Rolle, nicht einmal in Museen mit kolonialen Sammlungen. Viola König nimmt dafür die Politik mit in die Verantwortung. Die »politische Grundstimmung der öffentlich Verantwortlichen« habe eine kritische Auseinandersetzung mit dem Kolonialismusthema an Museen in Deutschland und insbesondere auch in Berlin unterbunden.[12]

»Einige meiner Vorgänger wollten das schon machen. Herbert Ganslmayr schrieb schon 1984: ›Nofretete will nach Hause‹. Heute will man nicht wahrhaben, was zumindest einige Kuratoren und Direktoren bereits versuchten. Noch in den 1970er und 1980er Jahren herrschte aber ein enormer politischer Druck.«

Im Niedersächsischen Landesmuseum Hannover sei jegliche politische Äußerung in Ausstellungen untersagt worden, etwa die Thematisierung des Kolonialismus oder die Bezugnahme auf aktuelle politische Ereignisse in den Ländern, die Thema von Ausstellungen waren. Lediglich in Frankfurt und Köln und teilweise in Hamburg seien Spielräume etwas größer gewesen. »In Berlin ließ man vorsichtshalber junge Forscher gar nicht erst an die Archive.«[13] Priorität habe in Deutschland die Aufarbeitung des NS-Themas gehabt, das Kolonialismusthema sei

»[...] politisch nicht erwünscht gewesen. Meine Kollegen in Berlin wollten sich nicht damit auseinandersetzen, weil sie keinen politischen Ärger haben wollten. Man hat weder Geld bekommen noch Genehmigungen. Es gab die Androhung von Abmahnungen und Disziplinarverfahren. Man sollte Trallala-Ausstellungen machen, über die Kultur der Fremden, gern auch Blockbuster: Maya, Inka, Azteken, und vor allem Kunst – aus China, aus Afrika, aus der Südsee. Gerade die einst rebellierfreudige 1968er Generation entpuppte sich als unkritisch, sobald es um heikle politische Themen ging.«[14]

Um das Völkerkundemuster aufzulösen, das ähnlich einer Blaupause koloniale Kartografien und Einflussgebiete abbildete, erfolgte in jüngerer Zeit die Neuordnung ethnologischer Sammlungen vielfach als thematischer Parcours: z.B. zu ›Wohnen‹, ›Glaube‹ und ›Identität‹ im Rautenstrauch-Joest-Museum/Kulturen der Welt in Köln oder zu ›Rituale und Zeremonien‹, ›Sprachen und Musik‹ sowie – auffallenderweise als kleinerer Bereich – zu ›Kolonialgeschichte und

12 | Interview mit Viola König am 08.01.2018.

13 | Ebd.

14 | Ebd.

Unabhängigkeit‹ im neu gestalteten Königlichen Museum für Zentralafrika in Tervuren.[15] Auf der Museumsinsel in Berlin, in der so genannten ›Archäologischen Promenade‹, einem unterirdischen Verbindungsgang, werden ›große Menschheitsthemen‹ (›Geburt‹, ›Liebe‹, ›Tod‹) behandelt. Laut König war eine solche universalistische Fokussierung auch beim Humboldt Forum von Anfang an »politisch gewollt«, in Verbindung mit dem Slogan ›Begegnung der Kulturen‹.[16] Derart allgemeine übergreifende Fragestellungen aber seien für die zeitgenössische Anthropologie wenig relevant. Die Ethnologenseite gehe anders mit Themen um als die Politik: »Wir haben die ganze Zeit Listen mit übergreifenden Themen erstellt, die aus unserer Sicht eine Vertiefung verdienen. Allgemeine ›Menschheitsthemen‹ behandeln wir ungern.« In der Matrix des Humboldt Forums mischen sich thematische und geografische Gliederung. An der Kontinente-Aufteilung als Grundstruktur habe man laut König festgehalten, »da sich Menschen nun mal räumlich orientieren«.[17]

Ethnografische und kunsthistorische Sammlungsbestände waren in Berlin ursprünglich vereint. Zuletzt wurde indische Kunst aus der Ethnologie herausgelöst, dies erfolgte in den 1960er Jahren. Versuche erneuter Zusammenlegung, beispielsweise von ostasiatischer Kunst und ethnografischen Objekten im Ethnologiemuseum, scheiterten regelmäßig an Widerständen. Sie scheiterten laut Viola König v.a. an der »einflussreichen Lobby« für asiatische Kunst und Kunstgeschichte.[18] Die Zusammenlegung der ethnologischen und kunsthistorischen

---

15 | Bis ins 21. Jahrhundert hinein war die koloniale Form des Zentralafrika-Museums in all ihrer Fragwürdigkeit mehr oder weniger konserviert worden. J. Di Blasi, »Büffelkopf zwischen Schilf, Gras und Moder. Die Kolonialzeit hat still gestanden in Belgiens Königlichen Museum für Zentralafrika«, *Frankfurter Rundschau*, 09.08.2003, S. 10. Statt das Museum als Mahnmal kolonialer und rassistischer Gesinnung zu bewahren, wie manche forderten, wurde ein Allerweltsmuseum kreiert.

16 | Interview mit Viola König am 08.01.2018.

17 | Ebd. Tracy Graves konstatiert in ihrer Studie zum Relaunch der Museumsinsel Tendenzen des Ausblendens der Geschichte der Berliner Museen in der Zeit des Imperialismus, Nationalsozialismus und Sozialismus zugunsten unverfänglicher ›großer Menschheitsthemen‹, die kultur- und zeitübergreifend behandelt werden. T. Graves, »Berlin's Museum Island. Marketing the German National Past in the Age of Globalization«, In: J. Diefendorf und J. Ward (Hg.), *Transnationalism and the German City*, Basingstoke: Palgrave Macmillan 2014, S. 223-237.

18 | Interview mit Viola König am 08.01.2018. Anders als in der Kunsthändlermetropole Paris, wo ein Händler treibende Kraft für die ästhetische Inszenierung nicht-westlicher Objekte im Musée du Quai Branly und im Louvre war, Jacques Kerchache, verfügt Berlin zwar über keine ausgeprägte Kunsthändlerszene, nicht zuletzt aufgrund hoher kriegsbedingter Verluste sind aber private Schenker und Leihgeber durchaus in den Museen immer stark präsent gewesen. Museen sind nicht nur Signifikationsmaschinen

Sammlungen im Humboldt Forum kommt vor diesem Hintergrund einer kleinen Museumsrevolution gleich und war wohl überhaupt nur möglich durch die Schaffung einer Institution mit der Suggestivkraft des Humboldt Forums.

Das Museum für Asiatische Kunst in Dahlem hatte zuletzt einem exquisiten Showroom geglichen. Asienspezifisches kulturelles Wissen wurde, abgesehen von regelmäßigen Teezeremonien, kaum vermittelt, historische Kontextualisierungen, soziokulturelle Hintergründe, die Sammlungs- und Rezeptionsgeschichte oder gar Erwerbsumstände blieben in der Dauerausstellung zugunsten der ästhetisierenden Präsentationsweise vornehm ausgeklammert. Objekte wurden als Preziosen einer alten asiatischen Hoch- und Buchkultur und als erlesene Schätze einer jahrhundertelangen Sammlertradition präsentiert, deren Besitz, aber auch schon Anblick adelt. Die Präsentation war auf Connaisseure zugeschnitten, kaum auf ein geschichtlich interessiertes Publikum.

Dass die ausgeblendete koloniale Dimension als Bumerang früher oder später auf die Museen und Museumsethnologie zurückschlagen würde, ist laut König in der Disziplin als Gefahr deutlich gesehen worden: »Es war klar, dass uns das einmal mächtig auf die Füße fallen würde«.[19] 2015 erschien ein Sammelband mit einer bangen Frage als Titel: *Quo vadis, Völkerkundemuseum?*[20] Die lateinische Phrase ›quo vadis‹ aus dem Johannes-Evangelium hatte in den 1950er Jahren den Titel für einen Monumentalfilm geliefert, dessen Handlung auf dem Höhepunkt der Christenverfolgung durch die Imperial- und Kolonialmacht Rom angesiedelt ist. Wurden auf einmal Museen mit kolonialen Samm-

---

und Differenzgeneratoren, sondern auch Wertebanken. So genannte ›Referenzobjekte‹ oder ›Pendantstücke‹ werden an Museen entliehen und sind essenziell bei der Preisbildung und -stabilisierung. Unterschiedliche Bewertung von ›Kunst‹ und ›Artefakten‹ ist erwünscht. Ein Händler klagte im Hintergrundgespräch, dass im Humboldt Forum nicht nur weniger Raum für asiatische Kunst sei, sondern das Forum zudem eine fatale »Zurücknahme der Emanzipation« asiatischer Kunst betreibe. Asiatica würden wieder in einen »ethnofolkloristischen Rahmen« zurückgebunden, durch lehmverputzte Wände und kulturhistorische Kontextualiserungen, es sei eine »Katastrophe«. Mehr ›Augenhöhe‹ der Kulturen ist also nicht von allen Seiten gewünscht. Zu unterschiedlichen Bewertungsparametern für Kunst und Ethnografica siehe: J. Clifford, »On Collecting Art and Culture«, in: J. Clifford (Hg.), *The Predicament of Culture. Twentieth Century Ethnography, Literature, and Art*, Cambridge: Harvard University Press 1998, S. 215-251, besonders S. 101. Parameter sind nach Clifford nicht starr, sondern es gibt Dynamiken der Auf- und Abwertung. ›Authentische Artefakte‹ können zu ›authentischen Meisterwerken‹ der Kunst aufgewertet werden, aber auch ein Absacken von Kunst zu ›Artefakten‹ ist möglich.

19 | Interview mit Viola König am 08.01.2018.

20 | M. Kraus und K. Noack (Hg.), *Quo vadis, Völkerkundemuseum?*

lungen als zu Unrecht Verfolgte angesehen? Auf jeden Fall bröckelten eingespielte Ordnungen.

VI.2 Ökonomisierung der Museen und die neue Macht der Szenografie

»Enjoyment matters, of course. The point here is just that we shouldn't reduce everything to it.«[21]

Sharon Macdonald

In den 1980er Jahren wurde zunächst im angelsächsischen Raum ein tiefgreifender Wandel bemerkbar, der sich in den Folgejahrzehnten verstärkte und ausbreitete: die Ökonomisierung von Kultureinrichtungen, darunter Museen. Der Aufstieg der ›experience economy‹, der ›heritage boom‹ und die so genannte ›Eventisierung der Museen‹ tauchten als Parallelphänomene in Zusammenhang mit so genannter Standortpolitik (›destination making strategies‹) und der zunehmenden touristischen Vermarktung von Kultur und kulturellem Erbe auf.[22] Im Zuge des Umbruchs, den Barbara Kirshenblatt-Gimblett 1998 in *Destination Culture. Tourism, Museums, and Heritage* als Fokusverschiebung von ›artefacts‹ auf ›experience‹ beschrieben hat,[23] wurden Museen als liberale bürgerliche Bildungseinrichtungen der Aufklärungstradition, wo nach Tony Bennett ›citizenship‹ rituell eingeübt wurde, sukzessive in Institutionen nach dem Muster marktwirtschaftlicher Unternehmen (›business-like‹) umgebaut.[24]

---

21 | S. Macdonald, *Behind the Scenes of the Science Museum*, Oxford: Berg Publishers 2002, S. 258.

22 | ›Experience economy‹ ist eine Begriffsprägung von B. Joseph Pine II und James H. Gilmore und bezeichnet die Verwandlung von ›memory‹ in ein Produkt, nämlich ›experience‹, d.h. Unternehmen erzeugen nicht nur Produkte, sondern kreieren zusätzlich eingängige Erinnerungseffekte, um Kunden zu binden; B.J.I. Pine und J.H. Gilmore, *The Experience Economy*, Boston: Harvard Business School Press 1999. ›Heritage boom‹ bezeichnet die verstärkte touristische Vermarktung von kulturellem Erbe seit den 1980er Jahren. Den Hintergrund bildeten häufig rückläufige öffentliche Finanzmittel für den Erhalt von Kulturdenkmälern.

23 | B. Kirshenblatt-Gimblett, *Destination Culture. Tourism, Museums, and Heritage*, Berkeley: University of California Press 1998, S. 3.

24 | Zur politischen Funktion liberaler bürgerlicher Bildungseinrichtungen in der Aufklärungstradition siehe: T. Bennett (Hg.), *Museum and Citizenship. A Resource Book*, Queensland Museum, Brisbane 1996.

Besonders früh und scharf zeichnete sich der kulturelle Wandel – manche sprechen von kultureller Revolution – im Großbritannien der neoliberalen Politikerin Margaret Thatcher ab, die als Premierministerin von 1979 bis 1990 an der Macht war. Dort begegneten Kulturinstitutionen der ›cash crisis‹ mit verstärkter Ausrichtung auf das vermutete Publikumsinteresse (›user orientation‹). Ausstellungspläne orientierten sich weniger an laufenden Forschungen als an populären Themen, Neuordnungen der Sammlungen wurden mit Blick auf Publikumsvorlieben (›visitor interest‹) und ›Alleinstellungsmerkmale‹ (›unique selling features‹) durchgeführt, PR-Abteilungen wurden auf- und ausgebaut, Besucherverhaltensanalysen durchgeführt.

Die amerikanische Museumsmanagerin Gail Anderson charakterisiert den Wandel hin zum Museum als ›marketplace‹ im Vorwort des von ihr 2011 herausgegebenen Buches *Reinventing the Museum* als notwendigen und unaufhaltsamen Umbruch von ›collection-driven institutions‹ zu ›visitor-centered museums‹.[25] Im Zuge des Bedeutungszuwachses der Komponenten ›Ausstellen‹, ›Inszenieren‹, ›Vermitteln‹ und ›Vermarkten‹ gegenüber dem ›Sammeln‹ und ›Forschen‹ werden Gestaltungsaufgaben und PR-Aufgaben von Kultureinrichtungen zunehmend an private Werbebüros und Szenografieunternehmen ausgelagert. Als Gail Anderson & Associates (GAA) mischt Anderson selbst mit einer Consultingfirma in San Francisco in dem Markt mit. Ihr Unternehmen bietet Know-how an, wie ›traditional museums‹ zu ›reinvented museums‹ umgemodelt werden können.[26]

Eine der frühesten kritischen Untersuchungen der Verwandlung der Museen in konsumentenfreundliche Themenparks und Marktplätze sowie der damit einhergehenden tektonischen Verschiebung des Verhältnisses von Kultureinrichtungen, ihrem Publikum und der Politik unternahm die Sozial- und Kulturanthropologin Sharon Macdonald in ihrer Studie *Behind the Scenes at*

25 | G. Anderson, *Reinventing the Museum*, S. 1.

26 | Ein von Anderson erarbeitetes Manual schlägt vor, bei ›institutional values‹, ›governance‹, ›management strategies‹ und ›communication ideology‹ anzusetzen und ›business as usual‹ in ›reflecive practice‹, ›voice of authority‹ in ›multiple viewpoints‹, ›reserved‹ in ›compassionate‹, ›reactive‹ in ›proactive‹, ›stability‹ in ›sustainability‹, ›selling‹ in ›marketing‹, ›assumptions about audiences‹ in ›knowledge about audiences‹, ›hierarchical structure‹ in ›learning organization‹, ›fund development‹ in ›entrepreneurial‹, ›static role‹ in ›strategic positioning‹, ›suppressed differences‹ in ›welcomed differences‹, ›presenting‹ in ›facilitating‹, ›analog‹ in ›virtual‹, ›protective‹ in ›welcoming‹ zu verändern. gailanderson-assoc.com/…/ReinventingtheMuseumTool2012.pdf (03.05.2019). Auffallend im ›neuen Museum‹ ist die strategische Vermischung von kritischer (›reflective practice‹, ›welcomed differences‹, ›multiple viewpoints‹) und marktförmiger Museologie (›entrepreneurial‹).

the Science Museum.[27] In der Ende der 1980er Jahre durchgeführten Feldstudie beobachtete die Anthropologin in London Prozesse besucherorientierter Umstrukturierungen durch Change Manager, den neuen Stellenwert von Marketing, die Zunahme der Bedeutung der ›Interpretation‹ und Vermittlung von Sammlungsobjekten, die Intensivierung der Besucherforschung und den Einzug der Designdomänen Szenografie und Storytelling.

Die Anthropologin beobachtete, dass im Zuge von Innovations- und Veränderungsmaßnahmen Mitarbeitern der Museen auf einmal ›visions‹ abverlangt wurden und Angestellte ihr Tun begründen und rechtfertigen sollten.[28] Ein ›change of attitude‹ sei vom neuen Direktor des Science Museum London, Neil Cossons, gefordert worden. Weniger bewegliche Angestellte seien als ›dinosaur‹ bezeichnet worden.[29] Ähnliche Prozesse liefen im Natural History Museum ab, wo 17 Mitarbeiter eigens nach Florida in die Disneyworld entsandt wurden, um ›corporate image techniques‹ und ›costumer care‹ zu studieren.[30] Das neue ›mission statement‹ des Science Museum habe gelautet: »To promote the public understanding of science [...].«[31] Macdonald stellte fest: »The Museum was being turned into an agency of social research in its own right«.[32] Der tiefgreifendste Einschnitt aber war wohl die im Zuge forcierter Popularisierung erfolgende funktionale Trennung zwischen Wissenschaftlern auf der einen Seite und Kuratoren, Gestaltern und Vermittlern auf der anderen Seite.[33]

Die Londoner Beispiele machten Schule. Fachwissenschaftler in historischen Museen sind heute immer seltener Kuratoren von Museumsausstellungen. Mit der Auflösung der Personalunion Forscher-Kurator an Museen finden sich Wissenschaftler zunehmend in der ungewohnten Rolle von wissenschaftlichen Beratern von Szenografen und Marketingexperten wieder. Im Zuge des Aufstiegs der ›Kreativindustrien‹ in den letzten beiden Jahrzehnten etablierte sich im Museums- und Ausstellungswesen Szenografie als Schnittstellendisziplin zwischen Architektur, Display- und Kommunikationsdesign und als neuer, starker Akteur.[34] Parallel etablierte sich Szenografie zunehmend auch

27 | S. Macdonald, *Behind the Scenes.*

28 | Ebd. S. 246.

29 | Ebd. S. 42.

30 | Ebd. S. 34f.

31 | Ebd. S. 44.

32 | Ebd. S. 47.

33 | Ebd. S. 35.

34 | Der Begriff ›Kreativindustrie‹ (›creative industries‹, ›creative economies‹) steht für ein gewünschtes Verschmelzen von Kultur und Ökonomie, im Unterschied zum kulturkritischen Abgrenzungsbegriff ›Kulturindustrie‹. Die gestiegene Bedeutung von Szenografie, ästhetischer Inszenierung und performativen Ansätzen in der Museums- und Ausstellungspraxis wurde in den letzten Jahren mit einer Reihe von Monografien und

an deutschen Hochschulen.[35] Seit den 1990er Jahren erfuhr die Bezeichnung eine semantische Ausweitung. Es geht um Visualisierung, fiktive Rekonstruktion, Erzählungen im Raum, Methoden und Inhalte. »Scenography is also about storytelling, originally contributing to the acted performance on a theatre stage.«[36] Als Disziplin, die sich der strategischen Erzeugung von Erlebnis- und Ereignisräumen sowie der Inszenierung von Marken, Produkten und Atmosphären widmet,[37] die Besuchererleben lenkt und manipuliert, emanzipierte sich Szenografie vom Ursprung als Unterabteilung des Designs und Theaters und gelangte als Expanded Scenography in den Rang einer einflussreichen Meta-Disziplin und Kunst mit eigenem Recht und transdisziplinären Methoden. In szenografischen Museumsinszenierungen wird Geschichte als multisensorisches Erlebnis (›Living History‹) aufbereitet, während wissenschaftliche Objektpräsentation in den Hintergrund tritt. Museen erscheinen nicht länger als Stätten der Bestandswahrung und humanistischen Bildung, sondern als Orte der Kreativität, des Erfinderischen, der ›Content‹-Vermarktung[38] und im Fall kolonialer Sammlungen auch des ›ethischen Marketings‹.

Sammelbänden begleitet. Dramaturgien des musealen Storytelling widmet sich z.B.: S. Lichtensteiger, A. Minder, D. Vögeli (Hg.) *Dramaturgie in der Ausstellung. Begriffe und Konzepte für die Praxis*, Bielefeld: transcript 2014. Eine Verbindung aus szenografischen Ansätzen und ›Critical Museology‹ versucht: K.-U. Hemken (Hg.), *Kritische Szenografie. Die Kunstausstellung im 21. Jahrhundert*, Bielefeld: transcript 2015.

35 | Der Begriff tauchte im 19. Jahrhundert im Theaterkontext auf und bezeichnete zunächst gemalte Kulissen. Der Begriff ›Szenografie‹ leitet sich her aus griechisch ›skéné‹ und ›graphia‹. In den 1990er Jahren boten in Deutschland lediglich die Kunsthochschule für Medien in Köln und die Hochschule für Gestaltung in Karlsruhe das Fach Szenografie an, ab Mitte der 2000er Jahre wurden dann an zahlreichen Hochschulen Studiengänge mit Szenografie-Modulen eingerichtet. Richtungsweisende Konferenzen waren »Mind the Gap. Theaterräume/Medienräume« im Zentrum für Kunst und Medien Karlsruhe (19.-20.11.2004) oder »The Art of Scenography. Episteme and Aesthetics« in der Akademie der Bildenden Künste München (17.-18.11.2016).

36 | I. Thomassen, *The Role of Scenography in Museum Exhibitions. The Case of the Grossraum at the Norwegian Museum of Science and Technology*, hg. v. Universitetet i Oslo, Oslo 2017, S. 5.

37 | Das Atelier Brückner z.B., bekannt geworden mit der »Magic Box« 2010 auf der Expo in Shanghai, widmet sich in der Selbstbeschreibung der Schaffung »narrativer Architekturen für Marken, Ausstellungen und Museen«. https://www.atelier-brueckner.com/de (03.05.2019).

38 | In der Medienbranche tauchte die Bezeichnung ›Content‹ für journalistische Arbeit im Kontext der Digitalisierung auf und bezeichnet mainstreamförmige Textproduktion, die reibungslos in unterschiedliche Formate eingespeist werden kann. Für

Szenografien entstehen in interdisziplinärer Teamarbeit von Architekten, Designern, Dramaturgen, Kuratoren, Künstlern, Werbestrategen, Emotions- und Besucherforschern. Die Arbeit wird laborartig organisiert. Heide Hagebölling, die als Professorin für Mediale Szenografie/Dramaturgie an der Kunsthochschule für Medien Köln unterrichtet, gibt Einblicke in Arbeitsweisen: »Gruppen sind nicht pyramidal organisiert, sie funktionieren nicht als klassische Hierarchie, desgleichen bestehen keine vertraglichen Bindungen und Regelungen«, vielmehr basiere die Kooperation auf Vertrauen.[39] Kennzeichnend für szenografische Arbeit in heterogenen Teams, auch ihre eigene, sei es, »Risiken des Scheiterns« auf sich zu nehmen, sich in »unbekanntes Terrain« zu wagen, mit dem Ziel des »gemeinsamen künstlerischen Erfolges«.[40]

Mit ›Scenographic Turn‹ oder ›Performative Turn‹ wird eine Verlebendigung der Museen durch theatrale, performative, multimediale, interaktive und partizipative Elemente bezeichnet. Die Grenze zu *Product-Placement-Dramaturgie*, zugeschnitten auf Sehgewohnheiten eines mit Hollywood-Spezialeffekten, Werbeästhetik und virtuellen Welten sozialisierten Publikums, erscheint fließend.[41] Die Entwicklung von Museen hin zu Räumen theatraler Inszenierungen, multimedialen Erlebniswelten und künstlerischen Installationen lässt sich als ›Eventisierung‹ und ›Verjahrmarktung‹ (›Walt-Disney-Strategie‹, ›Hollywoodisierung‹) der Museen und des kulturellen Erbes kritisieren. In der Forschungsliteratur finden sich aber auch Stimmen, die darin Formen der ›Demokratisierung‹ und ›Inklusion‹ (›Schwellen senken‹) erblicken und den Trend begrüßen: als Öffnung der Institutionen für unkonventionelle Akteure aus Kunst, Design und Theater. Szenografische, performative und partizipative Ansätze werden als positiv-transformative Kräfte propagiert, mit dem Potenzial, das Ausstellungswesen funktional zu machen für das 21. Jahrhundert.[42]

die ›Content‹-Produktion sind keine Fachressorts notwendig, sondern sie erfolgt an ›Newsdesks‹.

39 | H. Hagebölling, »Vertrauen und künstlerischer Prozess. Einblick in das Kreativlabor«, in: Bohn/Wilharm (Hg.), *Inszenierung und Vertrauen. Grenzgänge der Szenografie*, Bielefeld: transcript 2011, S. 167 188.

40 | Ebd. S. 167f.

41 | Prototypen für *Product-Placement-Dramaturgie* sind die Autostadt Wolfsburg (Stichwort: ›Lamborghini Show‹; ein Rennwagen wird mit Theaternebel und Rotationsmechanik als schnaubendes ›wildes Tier‹ inszeniert) oder das BMW-Museum in München (»Nirgendwo sonst kann man die Marke so intensiv spüren wie hier«, heißt es in der Eigenwerbung; https://www.bmw.de/de/topics/faszination-bmw/bmw-erleben/bmw-welt.html; 05.03.19).

42 | Z.B. M.C.K. Lam, *Scenography as New Ideology in Contemporary Curating. The Notion of Staging in Exhibitions*; S. Lichtensteiger et al. (Hg.): *Dramaturgie in der Aus-*

Gerade auch im Kontext ethnologischer Museen und der ›Krise der ethnografischen Repräsentation‹ wird der Entwicklung Potenzial eingeräumt, und das nicht nur von Szenografie-Apologeten. Der Anthropologe George E. Marcus erhofft von Design, bildender und darstellender Kunst neue Impulse für seine Disziplin und sogar elegante Auswege aus akademischen Selbstreflexionsschleifen.

»At the moment, a pervasive, sometimes cloying discourse and rhetoric of moral redemption holds [the] vacant place of an alternative, fully imagined and worked out alternative function for ethnography. [...] Eventually this rhetoric might be replaced by more active techniques that are styled between ideas of experimentation and ideas of activism. This interstitial space is where I consider that concepts and crafts of staging, design, and performance from the worlds of film and theatre might be stimulating.«[43]

Wohl nicht zufällig begrüßen Vertreter der Design Studies und Performance Studies den Trend. Theatralisierung werde vom Publikum ›gewünscht‹, argumentierte Barbara Kirshenblatt-Gimblett schon Ende der 1990er Jahre in *Destination Culture. Tourism, Museums, and Heritage.*[44] Besucher haben nach Ansicht der New Yorker Professorin für Performance Studies das Interesse an stiller Kontemplation in Kulturkathedralen verloren. Sie wollen Erfahrungen machen und wünschen Attraktionen und Events; deswegen habe sich in den Museen der Fokus von ›artefacts‹ auf ›experience‹ verschoben.[45] Unverkennbar geht es auch um die Aufwertung der Performance Studies. Die Aufwertung erfolgt mit ähnlichen Argumenten wie die Aufwertung von Design und Kunstvermittlung. Hier wie dort wird betont, es handle sich um emanzipatorische und demokratisierende Vorgänge.

Die Designforscherin Margaret Choi Kwan Lam schreibt in ihrem 2014 erschienenen Buch *Scenography as New Ideology in Contemporary Curating*: »Scenography has been acting as a transformative force to reform the traditional exhibitionary complex«.[46] Lam sieht als emanzipierenden Faktor gerade auch die Kompetenzvermischung und -ausweitung, im Zuge deren Szenografen sich zunehmend als Kuratoren, Autoren und Künstler verstehen. Lam spricht

---

stellung. Begriffe und Konzepte für die Praxis (=Edition Museum), Bielefeld: transcript 2014.

43 | G.E. Marcus, »Affinities. Fieldwork in Anthropology Today and the Ethnographic in Artwork«, in: Schneider/Wright, *Between Art and Anthropology* (2010), S. 83-94, hier S. 90f.

44 | B. Kirshenblatt-Gimblett, *Destination Culture. Tourism, Museums, and Heritage*, S. 3.

45 | Ebd. S. 3, 132 und 139.

46 | M.C.K. Lam, *Scenography as New Ideology in Contemporary Curating*, S. viii.

von einem »handover in the power of autorship from traditional curators‹ hand to scenographers«.[47] Für Uwe R. Brückner und Linda Greci ist Szenografie schlechterdings die »logische Antwort auf die Anforderungen eines durch dynamische Medien veränderten Rezeptionsverhaltens der jungen Besucher«.[48] Wenn Museen den »Herausforderungen der Zukunft« gerecht werden wollten, müssten sich Kuratoren, Gestalter, Kulturmanager und Künstler notwendigerweise an einen Tisch setzen, um gemeinsam »sinnliche Erfahrungs- und Erkenntnisräume« zu kreieren.[49] Gefragt seien »souveräne kuratorische Haltung« und eine »konsistente szenografische Handschrift«, das zeitgemäße Museum sei »konsequenterweise ein inszeniertes Museum«, Szenografie sei »synchron-disziplinäre Gestaltungsphilosophie«, die »verblüfft, begeistert, entführt und verführt«.[50]

Der Kurator, die mächtige Figur im Ausstellungswesen der vergangenen vierzig Jahre, hat durch den Szenografen Konkurrenz bekommen, der auch Inhalte designt, sich als Kurator und Künstler begreift und gestaltete Flächen mit Copyrights belegt. In extremer Konsequenz werden Design und Technologie zum eigentlichen Inhalt von Ausstellungen. Der Kunstwissenschaftler Hans Dieter Huber konstatierte 2015 in dem Aufsatz »Künstler als Kuratoren – Kuratoren als Künstler« als Begleiterscheinung ästhetisch-gestalterischer Expansion in Kultur und Ökonomie eine tendenzielle Entwertung von künstlerischer Arbeit oder sogar »Zwangsenteignung« von Künstlern.[51] Was bis vor kurzem noch eine typische Strategie von Künstlern gewesen sei, nämlich einen unverwechselbaren und innovativen Stil anzustreben, der Aufmerksamkeit und Geld einbringt, fände sich zunehmend auch bei traditionell in der Ebene oberhalb von Künstlern rangierenden Kuratoren wie auch im oberen Managementsegment von Unternehmen und Stiftungen. In dem Maß, in dem »künstlerische Strategien« ins Management einwanderten, werde »der Künstler ärmer und bedeutungsloser«; für ihn bleibe eigentlich nur noch die Möglichkeit, in die mittlere Managementebene zu migrieren;[52] genau dort lassen sich sozio-ästhetische Coaches verorten.

47 | Ebd. S. 26.

48 | U.R. Brückner und L. Greci, »Das Museum als komplexer Erfahrungsraum. Warum Museum Szenografie braucht«, in: von Stieglitz/Greci (Hg.), *Hin und her – Dialoge in Museen zur Alltagskultur. Aktuelle Positionen zur Besucherpartizipation*, hg. v., Bielefeld: transcript 2015, S. 87-104; S. 88.

49 | Ebd.

50 | Ebd.

51 | H.D. Huber, »Künstler als Kuratoren – Kuratoren als Künstler«, in: K.-U. Hemken (Hg.), *Kritische Szenografie. Die Kunstausstellung im 21. Jahrhundert*, Bielefeld: transcript 2015, S. 201-204, hier S. 203f.

52 | Ebd. S. 203.

Ralph Appelbaum Associates (RAA) gehört zu den Marktführern im Bereich der Museumsszenografie. Mit der Gestaltung des 1993 eröffneten United States Holocaust Memorial Museum in Washington D.C. erwarb der amerikanische Unternehmer den Ruf, selbst belastete historische Themen in Blockbuster verwandeln zu können. Als Kernaussage des Holocaust Memorial nennt RAA auf seiner Homepage: »demonstrating the importance of tolerance and cultivating in the public a sense of moral responsibility«.[53] Ein frühes Interview mit Appelbaum 1999 in der *New York Times* war mit »He Turns the Past Into Stories, and The Galleries Fill Up« überschrieben. Die themenparkartige Museumsgestaltung à la Appelbaum wurde in dem Beitrag als kongenial zum herrschenden ›Zeitgeist‹ charakterisiert, zum Trend, Museen wie ›big businesses‹ zu führen, Design eine Schlüsselrolle zuzuweisen und mit Objekten, Spotlights und Spezialeffekten Broadway-artige Shows zu inszenieren.

Ralph Appelbaum streicht in dem Interview die Bedeutung von Kontextualisierung und Narration (»people want stories«)[54] hervor und beschreibt die eigene Rolle als Mischung aus Kuratieren, Gestalten und Coachen: »We empower curators. We empower architects. Our job is to find a museum's voice, then to search for relevance, to make a museum competitive for people's discretionary time and income.«[55] Auf die Frage der Interviewerin, ob nicht doch eher Kuratoren für Visionen zuständig seien, antwortete der Designer selbstbewusst, Kuratoren seien in Design und Kommunikation nicht geschult, sie seien nicht trainiert, dem Publikum Geschichten zu erzählen.[56]

Im Jahr 2012 gewann die Arbeitsgemeinschaft Ralph Appelbaum Associates/malsyteufel (RAM) den Planungswettbewerb für die Innengestaltung des Humboldt Forums in Berlin. Den Vertrag handelte in Person von Manfred Rettig ein Baumanager, kein Museumsexperte aus.[57] Eine Bedingung lautete, dass die Szenografen ein Büro in Berlin eröffnen, was umgehend durch Tim Ventimiglia geschah.

Im Ende 2017 eröffneten WWM, das ebenfalls von Appelbaum gestaltet wurde,[58] lässt sich der aktuelle Stand szenografischer Sammlungspräsentation

53 | raany.com/commission/united-states-holocaust-memorial-museum/. (03.05.2019)

54 | D. Solomon, »He Turns the Past Into Stories, and The Galleries Fill Up«, in: *New York Times*, 21.04.1999. zit.n. https://www.nytimes.com/1999/04/21/arts/he-turns-the-past-into-stories-and-the-galleries-fill-up.html (03.05.2019).

55 | Ebd.

56 | Ebd.

57 | Als Baumanager verantwortete Rettig davor den termingerechten und im Kostenrahmen gebliebenen Umzug der Bundesregierung von Bonn nach Berlin.

58 | Steven Engelmann, der Direktor des Weltmuseums Wien, gehörte in der Zeit, in der das WWM das Appelbaum-Büro engagierte, dem Advisory Board des Humboldt Forums an.

im zweiten Jahrzehnt des 21. Jahrhunderts und die neue Rolle von Designern in Museen mit kolonialen Sammlungen paradigmatisch studieren. Die Szenografen bestimmten in Wien nicht nur das Vitrinen-, Raum- und Lichtdesign, sondern choreografierten, steuerten und erzeugten auch Erzählungen und übergreifende Narrative. Das Weltmuseum Wien kann als Indiz für die Stabübergabe von Fachwissenschaftlern an Szenografiedienstleister in großen Museen angesehen werden. Schon in der Vergangenheit wurde Kultur opulent inszeniert, man denke etwa an die Barockzeit oder auch an die kulissenhafte Ausgestaltung des Neuen Museums Mitte des 19. Jahrhunderts in Berlin, wo der Archäologe Richard Lepsius mit künstlerischer Ausschmückung der Wände und Decken Wunder des Altertums zu neuem Leben erwecken und für die Wissenschaft seiner Gegenwart ›erobern‹ wollte und hierfür originales Bildprogramm aus dem Alten Ägypten mit erfundenem und frei kombiniertem Szenenprogramm kombinierte.[59] Neu allerdings erscheint, dass heute neben Kulissen auch Inhalte, Theorien, Authentizität und Legitimität weitgehend als Gestaltungs- und Designaufgaben aufgefasst und in strukturierten (laborhaften) Prozessen erzeugt (›konstruiert‹) werden: als Content Design, Theoriedesign, Corporate Design, Brand Identity Design, Emotional Design etc.

Im szenografischen Museumsmodell geht es weniger um Geschichte, als um das Erzählen eindringlicher Geschichten. Storytelling ist eine zeitgenössische Designdisziplin. Keine Produktvermarktung kommt ohne Rhetorikspezialisten aus. Plots werden für unterschiedliche Zielgruppen (›target audiences‹) passgenau entwickelt, für aktuelle und zukünftige Bedürfnisse von Konsumenten; d.h. auch Bedürfnisse werden kreiert. Der postmoderne Abgesang auf ›große Erzählungen‹ (Jean-François Lyotard) findet in der *szenografischen Museologie* der Gegenwart ein überraschendes Äquivalent darin, dass Geschichte von Kommunikationsdesignern multiperspektivisch vermittelt und wandelnden Verhältnissen, Konjunkturen und Wissensmoden angepasst werden kann. Zu inszenierter Geschichte als Event passt natürlich eine rekonstruierte barocke Show-Fassade wie jene des Humboldt Forums. Eine Ironie liegt darin, dass ausgerechnet in Diversity-Museen kulturindustrielle Normierung auf dem Vormarsch ist, während die UNO mit ihren jüngsten Dekla-

59 | Richard Lepsius verewigte sich im Gästebuch des Museums (1844 und Folgejahre) so: »Gruss allen denen, welche nach uns kommen werden und mit gleicher Ehrfurcht die ewig denkwürdigen Staetten betreten, wo sich der erste geschichtliche Ring der Völkerentwicklungskette schlang und schloss und Ehre allen denen, welche vor uns dieses Land der Wunder durchforschten, um es aus seinem anderthalbtausendjährigen Schlummer zu erwecken und für die Wissenschaft der Gegenwart zu erobern!«; zit.n. http://blog.smb.museum/sammlungsarchitekturen-der-mythologische-saal-im-neuen-museum/ (03.05.2019).

rationen Vielfalt gerade in Hinblick auf den homogenisierenden Kulturdruck mächtiger transnationaler Unternehmen zu schützen bemüht ist.

VI.3 Interventionen und Inszenierungen

> »Nur die Intervention kann Antwort sein auf die gegenwärtige globale Krise.«
>
> Schoole Mostafawy[60]

Im Kontext des ›Scenographic Turn‹ gewannen in den zurückliegenden 15 bis 20 Jahren kuratorische und künstlerische ›Interventionen‹ an Bedeutung. Gemeint sind punktuelle Eingriffe, z.B. in Form von Installationen, Videoarbeiten, Fotoserien, Zeichnungen oder Performances, die unerwartete Akzente setzen.[61] Gleichzeitig erfuhren Interventionen im Kontext sozial und politisch engagierter Kunst ein Revival.[62] Richtungsweisende Beispiele institutionskritischer Interventionen in Museen sind Hans Haackes »Manet-Projekt« 1974 zu jüdischen Vorbesitzern des Spargel-Stilllebens aus dem Wallraf-Richartz-Museum in Köln oder Andrea Frasers Ironisierung der Museumspädagogik Ende der 1980er Jahre und in den 1990er Jahren an verschiedenen Orten (»Museum Highlights. A Gallery Talk«; Video von 1989). Diese Interventionen bezogen sich sowohl entlarvend auf die Sammlungsgeschichte als auch kritisch auf Vermittlung in Museen. Ab Mitte der 1990er Jahre kam der Begriff Intervention zunehmend auch für kleinere, zumeist ortsspezifische Eingriffe zwischen und

60 | S. Mostafawy, »Nur die Intervention kann Antwort sein«, in: *Humboldt Lab Dahlem Projektdokumentation*, S. 128.

61 | Siehe z.B. H. Mårdh, »Re-entering the House. Scenographic and Artistic Interventions and Interactions in the Historic House Museum«, in: *Nordisk Museologi*, hg. v. Uppsala Universitet, Upsala 2015.

62 | Eine erste Konjunktur hatte der Begriff ›Intervention‹ in der Kunst der 1960er und 1970er Jahre im Rahmen so genannter ›Interventionen im öffentlichen Raum‹. Künstlerische Interventionen in der Tradition der Institutionskritik bearbeiten häufig den Antagonismus zwischen Macht und Machtlosigkeit. Als kontextuelle künstlerische Form (›site-specific‹) liegt das Besondere von Interventionen oder interventionistischen Installationen im Mitthematisieren des Umfeldes, z.B. des Ausstellungsraums, Museums, Stadtraums oder gesellschaftlicher Konstellationen. Der Kontext wird zum Teil des interventionistischen Kunstwerks, das das Augenmerk auf Beziehungen zwischen Objekten und ihrer Umgebung oder Objekten und Betrachtern (›Relational Art‹, ›Kontext Kunst‹) lenkt. Primär lässt der Begriff ›Intervention‹ allerdings nicht an Kunst, sondern an ›militärische‹ Interventionen denken.

neben Dauer- und Sonderausstellungen in zeitgenössischen Kunstmuseen in Gebrauch.[63] Um das Jahr 2000 herum begannen der Faktor ›Besuchererlebnis‹ (›Visitor Experience‹), die Diversifikation des Angebots der Museen (›Audience Development‹; Ansprache insbesondere jüngerer Zielgruppen) und der Kunstmarkt (Preise für zeitgenössische Kunst begannen Preise für Alte Meister zu überflügeln) Ausstellungsprogramme und Museumskonzepte stärker mitzubestimmen. Interventionen zeitgenössischer Kunst tauchten nunmehr auch im Kontext von Massenevents auf. Auf der Expo 2000 in Hannover, die 18 Millionen Besucher zählte und ein expliziter ›Ort der Begegnung der Kulturen der Welt‹[64] sein wollte, gehörten ›Interventionen zeitgenössischer Kunst‹ zum offiziellen Kulturprogramm, z.B. das »Haus für Ratten, Tauben und Menschen« von Rosemarie Trockel und Carsten Höller oder Paul McCarthys »Chocolate Blockhead«. Kurator des »In Between« betitelten Expo-Kulturprogramms war der Kulturmanager und Theatermann Tom Stromberg. »Chocolate Blockhead« war eine Art riesenhaft aufgeblasener, braun angestrichener Pinocchio, der vielen Besuchern der Expo als fremdartiges Zeichen erschienen sein mag. Immerhin konnten sie die Figur betreten und darin etwas kaufen: Schokoladennasen, hergestellt im Inneren der Kunststoff-Figur in altbackener Fabrikation, als nasenförmiger Fingerzeig auf das vordergründig Kommerzielle der Expo, das »Sackhüpfen- und Wurstschnappen-Programm« (Peter Stein).[65]

Nachdem Institutionskritik in den 1990er Jahren den Kunstdiskurs bestimmt hatte, sprach Anfang der 2000er Jahre kaum noch jemand davon. Institutionskritik war wie weggewischt. Kunstinterventionen waren zu einer kuratorischen Strategie geworden und hatten kaum noch Protest-Appeal. Sich radikal gebende Kunstinterventionen wurden mit Attributen wie ›Radical Chic‹ belegt oder ›Kritik als Ornament‹. In dieser Phase begannen künstlerische ›Interventionen‹ in Museen mit alter Kunst als vermeintlicher ›Jungbrunnen für alte Meister‹ (Peter Keller) zu florieren.[66] 2004 wurde die Louvre-Reihe »Contrepoint« aufgelegt und im selben Jahr eine eigene Kuratorin für Gegenwartskunst eingestellt. Das Kunsthistorische Museum in Wien

63 | Z.B. die Mitte der 1990er Jahre gestartete »Interventionen«-Reihe im Sprengel Museum Hannover, in der v.a. jüngere Künstler die Möglichkeit erhielten auszustellen, ohne den logistischen und finanziellen Aufwand von Sonderausstellungen, oder die Reihe »Interventionen« ab 2007 mit österreichischer Gegenwartskunst im Schloss Belvedere in Wien, das der Jugendstilkunst gewidmet ist.

64 | Offizielles Motto aus dem Eröffnungsprogramm der Expo 2000.

65 | Vgl. www.kunstwissen.de/fach/f-kuns/o_pm/carthy06.htm (03.05.2019). Mit der Aufführung des kompletten »Faust I und II« auf der Weltausstellung 2000 verspottete der Regisseur Peter Stein die Ungeduld des touristischen Event-Publikums.

66 | P. Keller, »Jungbrunnen für alte Meister? Interventionen zeitgenössischer Künstler in Museen alter Kunst«, 2015, S. 1-8.

engagierte 2012 ebenfalls einen Kurator für zeitgenössische Kunst. Im Louvre hatte man im Zuge von Wachstums- und Diversifikationsstrategien einen »Dialog zwischen Vergangenheit und der Gegenwart« im Sinn und wollte sich »öffnen«, in Wien sollte ebenfalls die »bekannte« historische Präsentation »vorübergehend aufgebrochen« werden.[67] Eine ausgesprochen medienwirksame und berühmt-berüchtigte Intervention erfolgte 2008/2009 in Schloss Versailles durch Jeff Koons, der den Palast zu seinem Showroom machte;[68] weitere ›Kunstmarktstars‹ folgten, etwa Takashi Murakami.

Frühe Beispiele für szenografisch-künstlerische Objektinszenierungen lieferte der postmoderne Regisseur Peter Greenaway. In »100 Objekte zeigen die Welt« 1992 in Wien ließ Greenaway im Semperdepot einen Indoor-Regenguss eindrucksvoll auf eine Habsburgerkutsche prasseln und evozierte das Bild einer Kutschfahrt bei nassem Wetter. Bei Olafur Eliassons Verwandlung der Turbinenhalle der Tate Modern in London (»The Weather Project«, 2003) in eine Galerie der Spezialeffekte und Attraktion für ein Millionenpublikum waren szenografische Mittel dann gleichsam der Inhalt der Kunstinstallation. Ein frühes Beispiel für von Künstlern ausgewählte und dadurch nobilitierte Exponate aus historischen Sammlungen war die 1980 begonnene Reihe »Artist's Eye« in der National Gallery in London. Ein Beispiel für atmosphärische und subjektive Ausstellungspräsentation durch Künstler war 2001 die Neuordnung der Sammlung des Museum Kunst Palast Düsseldorf durch Bogomir Ecker und Thomas Huber (»Künstlermuseum«, Kurator Jean-Hubert Martin), die einen Streit über (atmosphärisches, inspiriertes, geniales) Künstlermuseum versus (inhaltlich und theoretisch anspruchsvolles) Kunsthistorikermuseum entfachte; seitens des Deutschen Museumsbundes wurde damals Sorge über den Verlust professioneller ›Deutungshoheit‹ artikuliert. Jean-Hubert Martin vertrat die Ansicht, »die angeblich ›objektive‹ Sichtweise der Kunstgeschichte [sei] nur eine von vielen Möglichkeiten der Annäherung an die Kunst« und interessierte sich für emotionale, subjektive, künstlerische Zugänge, der Deutsche Museumsbund aber warnte davor, »künstlerische Inspiration [...] an die Stelle der wissenschaftlichen Argumentation« treten zu lassen und das Museum als »demokratische Institution« infrage zu stellen. In dem Disput schwang Sorge um Bewahrung von wissenschaftlicher Deutungshoheit und von Posten in Institutionen mit.[69]

67 | Zit. nach ebd. S. 5f.

68 | Bei Jeff Koons Engagement in Versailles spielten der Künstler und seine Händler und Sammler über Bande; siehe ebd. S. 5.

69 | Zit. nach ebd. S. 2-4. Ein frühes Beispiel für subjektive künstlerische Sammlungserschließungen ist Andy Warhols »Raid the Icebox« von 1969. Im Ausstellungskatalog hieß es: »For what is beautiful to the artist, becomes beautiful. What is poetical to the

Inzwischen machen künstlerische und szenografische Interventionen als kuratorische Strategie nicht nur Kunsthistorikern Konkurrenz, sondern sie boomen auch in ethnologischen, naturhistorischen und technikgeschichtlichen Museen, ebenfalls um Präsentationen ›aufzulockern‹, ›aufzufrischen‹ und andere Perspektiven einzubringen, z.B. die Sicht eines Tintenfisches auf die Welt. »Wie sehen Sie im Auge eines Tintenfisches aus?«, wurden Besucher in einer im Sommer 2015 begonnenen Reihe im Berliner Naturkunde Museum mit dem Titel »Kunst/Natur. Künstlerische Interventionen am Museum für Naturkunde Berlin« gefragt. Ein so genannter »Animaloculomat« der Künstlerin Klara Hobza lud zum spielerischen Perspektivenwechsel zwischen Mensch und Tier ein.[70] Das Thema von szenografischen und künstlerischen Interventionen in kolonial geprägten Sammlungen ist insofern ein Sonderfall, als hier zwei unterschiedliche Intentionen korrelieren bzw. in Spannung geraten: sinnliche, spielerische Vermittlung und das Schaffen von Atmosphären, in die das Publikum eintauchen kann (immersive Räume), und überfällige Aufklärung über Kolonialverstrickungen. Es stellen sich die Fragen: Wie viel ästhetische Atmosphäre verträgt das Kolonialmuseum? Und möchte man auch den Imperialismus und Kolonialismus sinnlich, spielerisch, poetisch vermitteln?

VI.4 Künstler als Soft-Power-Agenten

Soft-Power-Institutionen wie das Goethe-Institut oder das Institut für Auslandsbeziehungen (ifa) sind ›strategische Partner‹ des Humboldt Forums. Das Auswärtige Amt, das sich in unmittelbarer Nachbarschaft des Humboldt Forums befindet, betrachtet das neue Weltkulturenzentrum als sein Schaufenster. Wenn Beziehungen, etwa mit Indien, intensiviert werden, so wird man Delegationen nicht nur in den Club des Auswärtigen Amtes einladen, sondern passgenau auch Veranstaltungen im Humboldt Forum anbieten. Diese Dimension gilt es mitzubedenken, wenn vom Humboldt Forum als ›Visitenkarte‹ der Nation gesprochen wird. Im Kontext auswärtiger Kulturpolitik trifft man auf

poet, becomes poetical. So let's visit museums with poets and artists.« Zit. nach http://moussemagazine.it/taac7-a/ (03.05.2019).

70 | Bei dem vom Museum für Naturkunde Berlin und der Kulturstiftung des Bundes gemeinsam initiierten Projekt geht es um »vergnüglich spielerische« Interventionen internationaler Künstler, die »ungewohnte Perspektiven auf das Naturkundemuseum eröffnen«. https://www.naturkundemuseum.berlin/de/pressemitteilungen/kunstnatur-iii-kuenstlerische-interventionen-im-museum-fuer-naturkunde-berlin (03.05.2019). Im Frankfurter Weltkulturen Museum ging es in der Ausstellung »Entre Terra e Mar – Zwischen Erde und Meer« (2017/2018) um »zeitgenössische politisch-poetische Interventionen [...] transatlantischer Kunst«.

interkulturelle Semantik (›Dialog der Kulturen‹, ›Dialog auf Augenhöhe‹, friedensstiftende ›Mission‹ von Kultur‹ etc.), aber auch die Konzeption von Kunst und Kultur als ›Intervention‹ ist hier geläufig. Immer selbstverständlicher wird von Kultur als ›Soft Power‹ gesprochen.

Der Begriff ›Soft Power‹ wurde 1990 vom Harvard-Professor Joseph Nye geprägt und ist eigentlich für Kunst wenig schmeichelhaft. Als ›sanfte Macht‹ stehen Kunst und Kultur auf einer Stufe mit Sport und Spitzenhotels. Diese Faktoren ergeben zusammen eine Atmosphäre, die – so die These – auf das Werte- und politische Meinungsklima abfärbt. Soft Power sind Warhol und Hollywood, Google und Grunge, Gerhard Richter und Oktoberfest, während ökonomische Sanktionen, militärische Interventionen und Kriege als ›Hard Power‹ bezeichnet werden. Zusammen mit ›Hard Power‹ macht ›Soft Power‹ laut Nye die ›Smart Power‹ einer Nation aus.[71] Stärkung der Zivilgesellschaft, liberale Wirtschaftsordnung, demokratische Werte: die Rhetorik der außenpolitischen Diplomatie ist die eine Seite der Soft-Power-Politik, die andere betrifft Standortfaktoren, nationale Imagepflege (›Nation Branding‹), den globalen Konkurrenzkampf.[72] Im Kontext von ›Soft-Power-Strategien‹ stößt man auf Narrative von Kunst und Kunstinterventionen als dialogstiftende Faktoren auf der einen Seite und potenziell transformative und disruptive Kraft auf der anderen Seite. Im ›Mission Statement‹ des »Arbeitskreises Kultur und Konflikt« des Instituts für Auslandsbeziehungen vom Frühjahr 2014 heißt es: »Das Bewusstsein dafür wächst, dass Kunst und Kultur einen wichtigen Beitrag für die Entwicklung von Individuen und von Gesellschaften leisten.«[73] Die Stärke von Kunst bestehe darin

71 | Vgl. J.S. Nye, *Soft Power. The Means to Success in World Politics*, New York: Public Affairs 2004. Es ist auffällig, mit welchem Nachdruck die Außenpolitik vor dem Hintergrund schwindender ›Hard Power‹ des Westens inzwischen auf ›Soft Power‹ setzt. Frank-Walter Steinmeier nannte ›Soft Power‹ das ›Fundament‹ der kulturellen Außenpolitik. Das Goethe-Institut spricht von der »dritten Säule der Diplomatie«; z.B. https://www.goethe.de/ins/ge/de/kul/mag/20723017.html. Finanzminister Wolfgang Schäuble gab sich 2014 in einer Rede im Berliner Allianz Forum stolz auf die EU als Soft-Power-Supermacht und strich die Rolle von Kultur bei der globalen Krisenbewältigung heraus. wolfgang-schaeuble.de/eine-union-fuer-das-21-jahrhundert-wie-europa-in-gute-verfassung-kommt/. (03.05.2019)

72 | Bei den zahllosen Rankings (von Monocle, BBC Country, Soft Power 30, Gallup, Nation Brands Index etc.) fällt auf: Es sind die ohnedies einflussreichen westlichen Nationen, allen voran die USA, Großbritannien und Deutschland, die bei der Soft Power ganz oben rangieren.

73 | Ifa Institut für Auslandsbeziehungen unter »Kultur und Außenpolitik« https://www.ifa.de/kultur-und-aussenpolitik/themen/interkultureller-dialog-und-wissenstransfer.html; Laut EU-Webseite können kulturelle Kooperationen folgendes bewirken:

»[...] nachhaltig kulturelle Gewalt zu bearbeiten, Persönlichkeiten heraus zu bilden und durch geeignete Prozessgestaltung einen Rahmen für Beziehungsbildung über die eigene Gruppe hinaus bereitzustellen. Gerade in schwer zu bearbeitenden, mit Mythen umwobenen Identitätskonflikten könnte die Kraft der ästhetischen Ausdrucksform und der gestalterischen Tätigkeit versteifte, destruktive Verhaltensmuster und Denkungsarten wirksam in Angriff nehmen und tief im kollektiven Gedächtnis eingravierte Stereotype und Vorurteile der Anderen transformieren.«[74]

In einer ifa-Publikation von 2011 mit dem Titel *Agents of Change – Die Rolle von Künstlern und Kulturschaffenden in Krisen- und Konfliktregionen* werden Künstler, Kuratoren und Kulturwissenschaftler ausdrücklich als »Agents of Change« bezeichnet, die in »Postkonfliktsituationen«, in »Ländern unter hohem Transformationsdruck« und generell in »›gefährdeten‹ Gesellschaften« Krisen multireligiöser und multiethnischer Gesellschaften »bearbeiten« können.[75] Museumsarbeit und Soft-Power-Diplomatie gehen beim Prestigeprojekt Humboldt Forum Hand in Hand.[76] Bei der Reihe »Menschen bewegen« 2017 unter dem Motto »Religiöse (Un)Ordnungen – Die Suche nach einem Perspektivwechsel« war das Humboldt Forum erstmals unter den teilnehmenden Institutionen, und zwar mit »Die neue Unordnung – was Politik und Kultur leisten müssen«. »Menschen bewegen« ist eine Veranstaltung der AKBP (Auswärtige Kultur- & Bildungspolitik) gemeinsam mit Mittlerorganisationen aus der Zivilgesellschaft. Laut AKBP geht es darum, »Kultur als Vielständigkeit« zu erleben, »offen [zu] sein für die Kulturen der Welt« und »stabil« in inter

»increase dialogue between countries«, »enable peace building and conflict resolution«, »empower civil society«, »promote democratic values and human rights«. https://ec.europa.eu/culture/policy/international-cooperation_en (03.05.2019). Ein Fachbegriff für westliche Postkrisen-Interventionen in liberalismusfernen Gesellschaften lautet ›capacity building‹.

74 | Ifa Institut für Auslandsbeziehungen unter »Kultur und Außenpolitik« https:// www.ifa.de/kultur-und-aussenpolitik/themen/interkultureller-dialog-und-wissens transfer.html; (03.05.2019).

75 | Institut für Auslandsbeziehungen (Hg.), *Agents of Change – Die Rolle von Künstlern und Kulturschaffenden in Krisen- und Konfliktregionen* (=ifa-Edition Kultur und Außenpolitik), Stuttgart 2011. Das Papier versammelt Argumente für die Förderung und den Ausbau auswärtiger Kulturpolitik; wie in anderen Bereichen, muss sich Kultur offenbar auch hier besonders rechtfertigen.

76 | Für Forscher hat sich durch ›Aushandlungsprozesse‹ westlicher Museen und nicht-westlicher Communitys ein neues Feld museologischer Studien eröffnet. Siehe z.B. T. Laely, M. Meyer, R. Schwere (Hg.), *Museum Cooperation between Africa and Europe. A New Field for Museum Studies* (=Edition Museum), Bielefeld: transcript 2018.

nationalen Beziehungen.[77] Im März 2018, einen Tag vor der Bekanntgabe des Generalintendanten des Humboldt Forums, Hartmut Dorgerloh, zu dessen Gunsten Kulturstaatsministerin Monika Grütters Erfahrung in der Vermittlung »anspruchsvoller Inhalte« an ein »breites Publikum« herausstrich, lud das Veranstaltungsmanagement der neuen Kulturinstitution zu einem Symposium mit dem Titel »Der nächste Staat – Rethinking State« ins Kronprinzenpalais ein, mit Workshops, Gesprächsrunden und »spielerischen Formaten«, in denen »VertreterInnen aus Kultur, Aktivismus und Wissenschaft« neue Modelle von Arbeit, Lohn, Governance und Partizipation diskutierten.[78]

Postmoderne und poststrukturalistische Künstler sind zunehmend in Rollen hineingewachsen, die nach dem Zweiten Weltkrieg Vertreter der modernen Abstraktion gespielt haben.[79] Die erneute (und nunmehr globale) Instrumentalisierung von Kunst (und Kultur) setzte im Prinzip bereits im Jahr 2001 mit dem neuen UNESCO-Credo der ›Cultural Diversity‹ ein.[80]

Im Unterschied zum autonomen modernen Künstler(ideal)typus betreibt der postmoderne Künstler ausführliche Recherchen und forschende Streifzüge.[81] Nachdem »die Inventarisierung des Materials nahezu abgeschlossen« schien, waren nach Hans Belting »Grenzüberschreitungen zwischen der Kunst und der sozialen und kulturellen Umgebung, die sie symbolisierte, naheliegend. Grenzüberschreitende Kunst verlange auch grenzüberschreitende Werkzeuge und andere Mittel der Interpretation.

»Der ›Kenner‹, der weiterhin sein Recht behält, kann diese Antworten ebenso wenig liefern wie der Positivist, der nur an den Nutzen faktischer Information glaubt, und der Spezialist, der sein Wissensgebiet gegen Dilettanten verteidigt. Der zeitgenössische Künstler ist heute Partner des Interpreten, der die Kunst wieder in ihren Kontext versetzt und sie als Ausdruck des Menschen versteht, der sich gegenüber seiner Welt artikuliert

---

77 | Im Koalitionsvertrag von 2018 wurde die Position des Auswärtigen Amtes im Humboldt Forum, wo es in der Stiftung Humboldt Forum im Berliner Schloss wie auch der Humboldt Forum Kultur GmbH vertreten ist, zusätzlich gestärkt, z.B. in Hinblick auf die Funktion des neuen Forums im diplomatischen Austausch mit Ländern Afrikas.

78 | Humboldt Forum im Berliner Schloss, Pressemeldung, 20.03.2018; siehe auch: https://humboldtforum.com/de/inhalte/welche-zukunft-der-naechste-staat-rethinking-state-symposium-und-workshops sowie https://menschenbewegen.jetzt/ (03.05.2019).

79 | Zur Instrumentalisierung von Kunst und Kultur im Kalten Krieg siehe: F.S. Saunders, *Wer die Zeche zahlt. Der CIA und die Kultur im Kalten Krieg*, Berlin: Siedler Verlag 2001.

80 | »UNESCO Universal Declaration on Cultural Diversity« vom 02.11.2001; http://portal.unesco.org (03.05.2019).

81 | H. Belting, *Das Ende der Kunstgeschichte?*, S. 9.

oder eine eigene Welt entwirft. [...] Hier kann nur Experiment sein, was neue Antworten verspricht.«[82]

Künstler interessieren sich heute – wie die Cultural Studies – für multikulturelle Vielfalt, für ›Diversity‹; gleichzeitig arbeiten Künstler – wie der philosophische Dekonstruktivismus – an der Auflösung von Unterscheidungen, Grenzlinien und Dichotomien (Materie/Geist, Theorie/Praxis, Original/Kopie, Tradition/Moderne). Zeitgenössische Künstler und Kuratoren – ›interessieren sich für ...‹, ›erforschen‹, ›reflektieren‹, ›hinterfragen‹: (kulturelle) Identität, Hybridität, Rassismus, Kolonialismus, Postkolonialismus, Neokolonialismus, Globalisierung, Migration etc. Sie nutzen unterschiedliche Medien, Materialien (›Cross Media‹, ›Mixed Media‹, ›Multimedia‹) und Methoden (z.B. ›Ethnomethodologie‹). In Formen der ›Transferkunst‹ oder ›Systemic Art‹ ist es, wie weiter oben beschrieben, die Kunst selbst, die sich als Dienstleisterin in kulturellen, gesellschaftlichen und ökonomischen Transformations- und Transferprozessen anbietet und ›Intervention‹ als Dienstleistung betreibt. Kunst als Dienstleistung ist entkoppelt vom herkömmlichen Kunstmarkt, sie unterwirft sich aber anderen Markt- und Marketinglogiken und nimmt tendenziell Einbußen an Aura in Kauf. Als kulturelle Nomaden nehmen Künstler in transdisziplinären und transkulturellen Gesprächen, ähnlich wie Philosophen, eine Metapositionen ein. Künstler scheinen in besonderem Maß gewappnet zu sein gegen regionale Fundamentalismen, da ausreichend abgehoben und abstraktionskompetent, und in hohem Maß über dasjenige zu verfügen, was Jürgen Habermas als ›Rollendistanz‹[83] bezeichnet hat. Künstler scheinen gegenüber der eigenen Tradition wie gegenüber fremden Kulturen die Freiheit und den inneren Abstand von Ironikern zu besitzen, gleichzeitig aber über ein intuitives Verständnis und Wissen und über spezielle Sensibilität zu verfügen, was sie als Vermittler und Übersetzer zwischen unterschiedlichen Kulturen, auch Wissenschaftskulturen zu empfehlen scheint. Gleichzeitig sollen sie Regeln brechen.[84]

82 | Ebd.

83 | In Anknüpfung an die Begriffsbildung von Erving Goffman.

84 | Auf die Paradoxie der Norm des Regelbruchs als der Kunst inhärentes Prinzip hat Boris Groys hingewiesen: »Wir haben es hier mit einem Phänomen zu tun, das als negative Anpassung an die traditionellen Kunstregeln definiert werden kann. Man paßt sich diesen Regeln dadurch an, daß man sie bricht. Der Vorgang unterscheidet sich [...] nicht wesentlich von der positiven Anpassung an die Regeln der Tradition, bei der diese Regeln möglichst strikt eingehalten werden. In beiden Fällen wird die Kenntnis der Regel vorausgesetzt und der Bezug auf diese Regeln spielt bei der Herstellung des Werks eine entscheidende Rolle. In beiden Fällen ist das Ergebnis nicht die Darstellung der Realität, sondern eine Fiktion«. B. Groys, *Logik der Sammlung*, S. 35.

Als Vermittlerfiguren zwischen westlichen und nicht-westlichen Betrachtern können sowohl postmoderne Westkünstler als auch postmoderne Weltkünstler fungieren, die unterschiedliche Kulturen, Kontexte und Traditionen als ihr Zitatereservoir betrachten. Neben postmoderner Beweglichkeit ist gleichzeitig auch künstlerisches ›Engagement‹ gefragt, eine Obsession und ›Agency‹, der Einsatz für Minoritäten, soziale Fragen, Umweltthemen, Dekolonisierung. Nachfrage nach Gegenwartskunst kommt heute aus unterschiedlichen Richtungen: von Kunstgalerien, Kunstmuseen, Museen mit vormodernen Sammlungsbeständen, die ein Update wünschen und ›in die Zukunft weiter sammeln‹ möchten, Weltkulturen- und Globalisierungsmuseen oder Soft-Power-Einrichtungen.

Gegenwärtig zeigt sich folgende Situation: Auf der Ebene von Konzernen und Institutionen wird Transferkünstlern zugetraut, Denkweisen zu entkrampfen, Marken zu optimieren, proaktive PR-Kampagnen anzuregen, in betrieblichen Veränderungsprozessen mitzuwirken, Passivismus von Mitarbeitern in Aktivismus zu transformieren, neue Gewichtungen zu setzen, Kommunikation zu stimulieren, das Image von Wirtschaftsunternehmen mit ethisch-ästhetischem Marketing zu untermauern und für förderliche Publicity zu sorgen. Im außenpolitischen Kontext wird Künstlern zugetraut, als interventionistische Geheimwaffen mentale Umstrukturierungen zu befördern, Wissen neu aufzubereiten, Widerstand zu produzieren, Dialoge zu stiften, liberalismusfeindliche Strukturen ›aufzubrechen‹, Krisen zu managen, in Postkonfliktsituationen intellektuelle Wiederaufbauhelfer und explizit auch ›Agents of Change‹ zu sein.[85] Mit üblichem Coaching & Consulting lässt sich dies kaum vergleichen, denn hier werden gewissermaßen ganze Gesellschaften sozioästhetisch ›gecoacht‹. Einstige Völkerkunde- und Kolonialmuseen möchten mithilfe zeitgenössischer Künstler Aktualisierung und Animierung historischer Sammlungen erreichen, attraktivere, besucherfreundlichere Ausstellungsdisplays erhalten, aber auch politischen Aktivismus abbilden. Künstler sollen die Institutionen ›kritisch hinterfragen‹ und gleichzeitig dabei helfen, stabile diplomatische Beziehungen mit den Gesellschaften aufzubauen, denen Objekte einst unter oftmals fragwürdigen Bedingungen entnommen wurden. Im Konfliktfall sollen Künstler moderieren. Vor dem Hintergrund multipler Beanspruchung müssen sich Künstler heute mehr denn je fragen, wessen Anwälte und Agenten sie sein wollen.

85 | Der polnische Künstler Paweł Althamer machte sich über Interventionskünstler als Krisenhelfer lustig, indem er die Angelegenheit ins Surreale wendete. Im Gespräch 2012 mit Artur Zmijewski schlug er vor, anstelle von Soldaten künstlerische Interventionstrupps mit Acrylfarben bewaffnet an Kriegsfronten zu entsenden, um zu sehen, ob sie etwas ausrichten können. Das Experiment wäre genauso surreal wie Kriegführen, aber vielleicht weniger ›todlangweilig‹. *A. Zmijewski, J. Warsza*, »Ein Botschafter der Liebe. Pawel Althamer im Gespräch«, in: *Forget Fear – 7. Berlin Biennale, hg. v. A. Zmijewski, J. Warsza*, Berlin: Verlag Walther König 2012, 67-74, hier S. 74.

VII. Die Neuerfindung der Vermittlung

VII.1 Krisenkommunikation und eth(n)isches Marketing

Kulturinstitutionen orientieren sich direkt proportional zu Rückzugstendenzen des Staates aus Belangen der Kultur und Bildung an neoliberalen Unternehmensmodellen. Man erkennt Umbrüche daran, dass sich Energien auf einmal darauf richten, ›Unternehmensphilosophien‹ zu basteln, ›Mission Statements‹ zu formulieren und Marken zu kreieren. In der internationalen Museumslandschaft hat die Marke Guggenheim stilbildend gewirkt. Der ›Bilbao-Effekt‹ verdankt sich einem Zusammenspiel von spektakulärer ›Signature Architecture‹ (Frank O. Gehry), der Fokussierung auf publikumsträchtige ›Spitzenstücke« (häufig die teuersten Werke; ›Masterpiece-Dramaturgie‹) und einer Logistik der Massen mit einem schleusenartigen System effizienter Besucherstromlenkung, das zielsicher und unausweichlich im Museumsshop mündet (Banksy: »Exit through the gift shop«). Ausstellungsobjekte ziehen am kulturtouristischen Publikum bei diesem Modell als eine Art Film vorüber. Das Museumserlebnis erscheint dem Kinoerlebnis angenähert.[1] Es ist ein Erlebnis der bewegten Bilder, weil sich zunehmend in Museen Bilder bewegen (der Einzug von Multimedia), aber auch, weil Besucher sich rascher bewegen. Elf Sekunden Verweildauer pro Werk in Kunstmuseen, drei Atemzüge, so wurde bei einer Studie ermittelt, die vor einigen Jahren für Schrecken bei

1 | Max Hollein, der vom Guggenheim Museum kommt und nach erfolgreicher Arbeit in Frankfurt 2018 die Leitung des Metropolitan Museum of Art in New York übernommen hat, forciert als Museumsleiter die digitale Expansion und auch die Diversifizierung der Kommunikation, um eine zunehmend inhomogene Besucherschaft zu erreichen, ist aber skeptisch, was Multimedia-All-over in Ausstellungsräumen anlangt. In zwanzig Jahren werden seiner Meinung nach Museen Orte sein, wo »der Mensch gegenüber der Multimedialität des Alltags, der rasenden Geschwindigkeit der Informationsverarbeitung, zur Ruhe kommt.« Zit. nach https://www.swp.de/unterhaltung/kultur/direktor-max-hollein-ueber-die-digitale-vermittlung-von-kunst-18040791.html (03.05.2019).

Museumsleuten sorgte.[2] Für das Museum der Massen ist das aber nicht unbedingt ein Nachteil, denn visuelle Kurzatmigkeit beugt Staubildung vor.[3] In den Vordergrund tritt verstärkt dasjenige, was Walter Benjamin als ›Ausstellungswert‹ bezeichnet hat. Kunstwerke bekämen durch das »absolute Gewicht« des Ausstellungswertes eine neue Funktion, die alles andere, selbst das Künstlerische, zur Nebensache werden lasse.[4]

Wenn Museen ihr Geschäftsmodell auf Maximierung von Besucherdurchlaufzahlen ausrichten, dann rückt fast notwendig das Bewirtschaften von Marken und die Erzeugung von Events ins Zentrum der Aktivitäten. Was bedeutet das für Völkerkundemuseen? Man hat in den zurückliegenden Jahren beobachten können, dass bei Neuordnungen als Erstes das alte Image abgestreift wird und neue Markennamen kreiert werden. Mit Namen, in denen ›Welt‹ vorkommt, empfehlen sich einstige Völkerkunde- und Kolonialmuseen als Globalisierungsmuseen (Museum Weltkulturen in Mannheim, Weltkulturen Museum in Frankfurt, Weltmuseum Wien); alternativ wird auf ›Kultur‹ gesetzt (z.B. Museum der Kulturen in Basel), auf Assoziationen von Fernreise (Tropenmuseum Amsterdam, Übersee-Museum Bremen) oder weltberühmte Entdeckerfiguren (z.B. Humboldt Forum Berlin). Allein mit Namensänderungen aber ändert sich das Image nicht. Es muss also zudem Imagepflege betrieben werden. Hier kann sich nun das Völkerkundemuseum, das sich ›business-like‹ aufstellen möchte, an Image-Marketingkonzepten orientieren.

Ein angekratztes Image ist in der heutigen Welt keine Besonderheit. Erdölfirmen, Saatgutkonzerne oder Schokoladenhersteller schlagen sich ebenfalls damit herum. Viele Marken üben sich mittlerweile in ethischem Marketing. Das Bemühen von immer mehr Unternehmen zielt darauf, als ›company with a conscience‹ und ›moral brand‹ wahrgenommen zu werden, um die Gefahr von Konsumentenboykotts zu minimieren. Insbesondere so genannte ›millennial consumers‹, also die junge Zielgruppe, die auch Kulturinstitutionen umwerben, legen beim Einkauf Wert auf moralische und ökosensible Marken

---

2 | Siehe: H. Rauterberg, »Und die Herzen schlagen höher. Was geht in uns vor, wenn wir Kunst sehen? Eine neue Studie könnte die Museumswelt schwer erschüttern«, in: *Die Zeit*, 19.04.2012.

3 | Als Gegenfigur hat Thomas Bernhard in der Komödie *Alte Meister* den elitären, maulenden Reger gezeichnet, der störrisch und wie angewachsen auf der Sitzbank des Bordone-Saals im Kunsthistorischen Museum in Wien verharrt, immer vor dem »Weißbärtigen Mann«, und mit dem Saalaufseher Irrsigler debattiert, während er »diese grauenhaften Besuchergruppen« über sich ergehen lässt. T. Bernhard, *Alte Meister*, Frankfurt: Suhrkamp 1988, S. 136.

4 | W. Benjamin, »Das Kunstwerk im Zeitalter seiner technischen Reproduzierbarkeit«, in: Tiedemann/Schweppenhäuser. *Walter Benjamin. Gesammelte Schriften*, Bd. I, Frankfurt: Suhrkamp 1972, S. 431-508, hier S. 482.

(›ethical consumerism‹, ›ethical shopping‹, ›moral purchasing‹). Unternehmen reagieren mit projektbezogenen Marketingstrategien (›cause-related marketing‹), wo soziale Verantwortung zum Teil des Images und der ›corporate identity‹ gemacht wird. Bei ethischem Marketing werden Kaufimpulse durch gezielte Appelle an das soziale Gewissen von Konsumenten geweckt, der Kauf soll nicht nur ein gutes Gefühl vermitteln, sondern das Gefühl, etwas Gutes zu tun.

Mit der Fokusverschiebung von Produkten hin zu Markenpflege werden Kunden der ›point of interest‹, denn Kunden formen als ›culturally sensitive business community« mit ihren Meinungen und ihrem Kaufverhalten die Marken wesentlich mit.[5] ›Costumer care‹ – ein fragwürdiger Begriff, da ›care‹ von ›caritas‹ kommt, also Nächstenliebe –, erscheint zentral bei ›corporate philanthropy‹ und bei ›ethical commerce‹, einem Kommerz, der sich nicht als Strategie, sondern als ›Philosophie‹ versteht, und der mitunter auch als ›Konstruktiver Kapitalismus‹ bezeichnet wird, während Kritiker von ›Greenwashing‹, ›Pinkwashing‹ oder auch ›Artwashing‹ sprechen. Bei ›Artwashing‹ wird mittels ›Förderung‹, d.h. Sponsoring von vorzugsweise junger Kunst versucht, ein vorteilhaftes Meinungsklima zu erzielen, das auf Markennamen positiv abfärbt. Das soziale oder kulturelle ›Engagement‹ ist häufig umso ausgeprägter, je problematischer Konzern-Images sind.

Der ethische Kommerz bedient sich mitunter hollywoodesker Weltrettungsrhetorik, wenn es etwa bei einem Joint Venture von Lego Group und Ikea schlicht um eine bessere Welt gehen soll: »Make the world a better place«.[6] Dies ist der Jargon der angelsächsischen ›technology evangelizer‹ und ›business angel‹ (die Terminologie passt zu ›customer care‹), aber auch der Lab-Kultur.[7] Seit 2013 existiert in Zusammenhang mit dem Promotionformat ›Google

5 | Spezifische Unterschiede zwischen herkömmlicher Organisationskultur und ›moral brand cultures‹ hat die schwedische Ökonomin Emma L. Jeanes in einer 2013 erschienenen Studie herausgearbeitet: »[...] brand cultures are both managed by and beyond the control of management in more explicit ways than organisational cultures. Moral brand cultures, by becoming meaningful in the context of prevailing moral concerns, derive much of their legitimacy (and scrutiny) from external sources including moral discourse and consumers/brand communities«; E.L. Jeanes, »The Construction and Controlling Effect of a Moral Brand«, in: *Scandinavian Journal of Management* 29 (2013), S. 163-172; S. 2.

6 | https://www.lego.com/en-us/aboutus/news-room/2018/june/ikea-and-lego-group (03.05.2019).

7 | ›Technology evangelist‹ ist eine in der Technologieindustrie gebräuchliche Bezeichnung für Mitarbeiter, die für die Verbreitung eines bestimmten Produkts oder einer Marke zuständig sind. Bei Microsoft gibt es ›tech evangelist‹ als Job-Bezeichnung, eine Abteilung nennt sich ›Developer Experience & Evangelism group‹.

Art Project‹ (GAP) auch ein Labor, es heißt schlicht The Lab. Der Konzern versucht sich als eine Art von Community-Projekt zu empfehlen, das die Welt voranbringt.[8] Das Bemühen ist darauf gerichtet, das IT-Unternehmen als Konzern mit Seele und Bereitschaft zum ›sharing‹ zu empfehlen.

Im Rahmen von ›costumer relationship management« (CRM) werben Firmen wie Conscious Coffees oder Farm to Roast damit, dass sie Kaffeefarmer in Lateinamerika beim ökologischen Anbau unterstützen. In der Farm-to-Roast-Werbung heißt es: »We Create A Community In Every Cup Of Coffee« und »There is an astonishing story behind every bag of coffee«.[9] Bei Conscious Coffees heißt es: »Better for you and the planet.«[10] So genannter ›brand authenticity‹ wird eine Schlüsselrolle beim ökonomischen Erfolg zugewiesen. Die World Fair Trade Organization (WFTO) listet zehn Prinzipien des Fair Trade auf: ›opportunities for disadvantaged products‹, ›transparency and accountability‹, ›fair trade practices‹, ›fair payment‹, ›no child labour, no forced labour‹, ›no discrimination, gender equity‹, ›good working conditions‹, ›capacity building‹, ›promote faire trade‹, ›respect for the environment‹.[11]

Ethnografische Sammlungen fußen vielfach nicht auf fairem Handel, gerade das aber macht sie für das Marketing zu ›disadvantaged products‹. In Outreach-Maßnahmen, das Humboldt Lab Tanzania gab eine erste Kostprobe, werden lokale Communitys in Herkunftsländern von ›sensiblen Objekten‹ (›sensitive objects‹)[12] angesprochen, mit dem erkennbaren Ziel, der ›culturally sensitive community‹ zu Hause eine verantwortungsvolle Bearbeitung der Frage postkolonialer Gerechtigkeit zu signalisieren (Ausstellung zum Tanzania-Projekt im Humboldt Forum). Auf einer Skala von ›Alles ist Raubgut und muss retourniert werden‹ bis zu ›Alles befindet sich rechtens in westlichen Museen und wurde von diesen vor dem Verlust gerettet‹, gilt es, wenn man in der Marketinglogik verbleiben möchte, eine vertretbare Position zu ermitteln, die sich nach außen hin kommunizieren und verteidigen lässt. Ziel-

---

8 | »We created The Lab in Paris as a place where tech and creative communities come together to share ideas and discover new ways to experience art and culture. We welcome experts, creatives, curators, artists, designers and educators to help us craft new bridges between tech and culture.« https://www.google.com/culturalinstitute/thelab/ (03.05.2019).

9 | https://farmtoroast.com/ (03.05.2019).

10 | www.consciouscoffees.com/ (03.05.2019).

11 | https://www.wordstream.com/blog/ws/2017/09/20/ethical-marketing (03.05.2019).

12 | smb.museum/museen-und-einrichtungen/ethnologisches-museum/sammeln-forschen/forschung/humboldt-lab-tanzania.html (03.05.2019).

marke ist die Wiederherstellung der moralischen Legitimität der Institution in den Augen der Kulturkonsumenten.[13]

Die Stiftung Preußischer Kulturbesitz hat in ihrer Kommunikations- und Vermarktungsstrategie für das Humboldt Forum um 2015/2016 herum das UNESCO-Label ›Shared Heritage‹ aufgegriffen, zeitgleich mit anderen großen Museen in London und Paris, die über koloniale Sammlungsbestände verfügen. Im Humboldt Lab Tanzania als Nachfolgeprojekt des Humboldt Lab Dahlem (siehe nachfolgender Abschnitt) konnte man sehen, wie unter dem Motto ›geteiltes Erbe‹ Autorschaft und Kuratorenschaft mit Intellektuellen, Künstlern und Aktivisten aus Afrika ›geteilt‹ wurde,[14] mit Gruppen und Akteuren also, die in Hinblick auf während der Kolonialzeit oft in wenig zivilisierter Weise (fragwürdige Handelsbedingungen bis hin zu Konfiszierung, Plünderung und Raub) außer Landes verbrachtes Kulturerbe als ›sensitiv‹ einzustufen sind. Gespräche gab es parallel auf Regierungsebene. Künstler und Aktivisten wurden im Lab-Modus gewissermaßen zu ›Partnern‹ deutscher Museen, sie fanden sich bewusst oder unbewusst in den Rollen von Agenten im Auswärtigen Dienst wieder. Zusammenarbeit mit auswärtigen Soft-Power-Einrichtungen eröffnet Künstlern Chancen u.a. auf Artist-in-Residence-Aufenthalte, verschafft Marktzugänge, verleiht Sichtbarkeit, in Form von Ausstellungen, Konferenzen und Publikationen; in vielen Ländern des Globalen Südens sind Veröffentlichungsmöglichkeiten künstlerischer Arbeit immer noch ausgesprochen begrenzt. Einmal in den diplomatischen Dienst aufgenommen und in Kontexte eingebunden, die man vielleicht als *Shared Heritage Marketing* be

13 | Der amerikanische Soziologe Shelby Steele hat vor dem Hintergrund des ›white guilt‹ die Verkettung von Täter-Stigmatisierung (Rassismusvorwurf) und Streben nach Wiedererlangung von (moralischer) Legitimität durch Dissoziierung von beschämenden Identitätsanteilen am Beispiel der US-Administration beschrieben. Als Antwort auf die so genannten ›race riots‹ der 1960er Jahre seien von der amerikanischen Regierung Sozialprogramme aufgelegt worden, die sich zwar als enttäuschend ineffektiv für die Notleidenden erwiesen hätten, den Zweck moralischer Exkulpation Weißer indes erfüllt hätten. Es seien sowohl der Opferstatus Schwarzer als auch die weiße Gruppenidentität bestätigt worden. S. Steele, *White Guilt. How Blacks and Whites Together Destroyed the Promise of the Civil Rights Era*, New York: Harper Collins 2006.

14 | Ausdrücke wie ›giving a voice to‹, ›giving space to‹, ›making visible‹, ›making heard‹, ›taking care of‹ deuten laut Bonaventure Soh Bejeng Ndikung auf prolongierte Strategien der Paternalisierung und Infantilisierung der ›Anderen‹ hin, die im Zusammenhang der Behandlung von Wunden (›clearing wounds‹) und Versuchen der Beschwichtigung von Communitys (›appeasing‹) stehen; zit.n. persönlicher Mitschrift des Vortrags »Geographies of Imagination. Dis-Othering as Method« beim Symposium »Anthropology, Art, and Alterity« am 13./14.09.2018 im Haus der Kulturen der Welt in Berlin.

zeichnen könnte, können Intellektuelle kaum noch in der eigenen Community glaubwürdig als Kritiker auftreten.

Parallelen zeigen sich zu Aktivitäten so genannter ›Native Advertising Redakteure‹ in der gegenwärtigen Social-Media-Kommunikation, einer journalistischen Verfallsform und neuen Art von Schleichwerbung, in der Inhalte zielgruppenspezifisch gestaltet sind und sich Werbung ins Gewand sachlicher Kommunikation hüllt. Die Kommunikation durch das Humboldt Lab Tanzania lässt sich vor diesem Hintergrund als eine Art von ›Native Advertising‹ betrachten, ›native‹ hier im ursprünglichen Sinn. Die Frage, ob Demonstrationen von sozialer und ethischer Verantwortung im Kontext von Markenkommunikation die Glaubwürdigkeit vergrößern oder das Misstrauen, bleibt offen. In der privaten Unternehmenswelt hat sich gezeigt, dass ethisches Marketing Kritiker eher noch genauer hinsehen lässt und dass das Publikwerden von ›Ethiksünden‹ ethische Markennamen nachhaltig ankratzt und ethischer Werbung in der Folge noch weniger vertraut wird als herkömmlicher. Gleichzeitig hat ethisches Marketing sehr wohl die Macht, Kritik zu delegitimieren und Kritiker in die Rolle von negativistischen, verbohrten oder gar zynischen Nörglern zu drängen, die selbst noch an ›guten Projekten‹ herummäkeln.

Das Humboldt Forum als erklärtes Forum des kulturellen Austausches ›auf Augenhöhe‹ musste bereits bei seiner Grundsteinlegung eine Frontalattacke auf die empfindlichste Stelle, den noch embryonalen Markennamen hinnehmen, durch die Aktivisten von No Humboldt 21, die mit Flugblättern und in Social-Media-Kanälen seither auf die Widersprüchlichkeit hinweisen, dass Europa an seinen Außengrenzen Festungsmauern hochzieht und viele Tausend Flüchtlinge im Mittelmeer ertrinken, während das Humboldt Forum ›die Welt‹ scheinbar großherzig nach Berlin einlädt.[15] Anti-Werbung wie von No

15 | »[...] In einer Zeit, in der tagtäglich Menschen im Mittelmeer ertrinken, weil ihnen die Einreise nach Europa verwehrt wird, kann eine [...] Einladung [ins Berliner Humboldt Forum] wohl nur als zynisch bezeichnet werden.« Die am 03.06.2013 veröffentlichte Resolution von No Humboldt 21 wird von mehr als 80 Organisationen mitgetragen, von AfricAvenir International über Berlin Postcolonial und Tanzania Network bin hin zu Colonialism Reparation und dem Landesausschuss für Migration, Diversität und Antidiskriminierung der Gewerkschaft für Erziehung und Wissenschaft GEW. Es heißt darin, das vorliegende Konzept für das Humboldt Forum verletze »die Würde und die Eigentumsrechte von Menschen in allen Teilen der Welt«, sei »eurozentrisch«, »restaurativ« und rehabilitiere den von Berlin ausgegangenen Kolonialismus. Für die Nachfahren der Kolonisierten im In- und Ausland sei es »eine besondere Zumutung, dass dies in der wiedererrichteten Residenz der brandenburgisch-preußischen Herrscher geschehen soll. Denn die Hohenzollern waren hauptverantwortlich für die Versklavung Tausender Menschen aus Afrika sowie für Völkermorde und Konzentrationslager in Deutschlands ehemaligen Kolonien. [...] Die Erkundung der Welt und ihrer Menschen durch europäi-

Humboldt 21 erschwert eine glaubwürdige Vermittlung des Unternehmens als Migrationsmuseum. Für die Marketingstrategen des neuen Forums war es ein Signal, dass der Weg insbesondere auch zu Diaspora-Communitys noch ein weiter ist. Auch eine dunkle Stelle in der Biografie von Alexander von Humboldt hat das postkoloniale Kampagnenbündnis ausgegraben: Humboldt hat gegen den Willen Indigener Ahnenskelette für die Rassenforschung fortschleppen lassen.[16] In der Humboldt Box, der Fundraisingzentrale der Schlossstiftung für die Finanzierung der barocken Schlossfassade, wurde in der Präsentation »Extreme! Natur und Kultur am Humboldtstrom« 2016/17 das Positivbild von Alexander von Humboldt als erklärtem Sklavereigegner dagegengehalten.

Wie ein nach Marketing- und Szenografievorgaben umgestaltetes Weltmuseum im 21. Jahrhundert aussehen kann, zeigte sich Ende 2017 bei der Wiedereröffnung des vom Appelbaum-Büro designten Weltmuseum Wien in der Hofburg. Leitendes Narrativ ist die aristokratische Wunderkammer, die sich der ›Museomanie‹ (Franz Ferdinand) von Habsburger-Kronprinzen verdankt (damit wurde an eine alte Darstellung aus der monarchistischen Völkerkundemuseumszeit angeknüpft). Schon im Foyer werden Besucher auf ›Must-sees‹ hingewiesen. Zu den Preziosen, die kein Besucher verpassen soll, gehört der smaragdgrün schillernde aztekische Quetzalfeder-Kopfschmuck, der um 1515 in Mexiko entstanden ist und 1596 im Inventar der Wunderkammer auf Schloss Ambras in Tirol verzeichnet wurde.[17] Piktogramme deuten auf weitere Hauptexponate hin: ein chinesischer Thron-Stellschirm, das Modell einer Daimyo-Residenz, Bronzefiguren von Hofzwergen aus dem Königtum Benin, die Federbüste eines Gottes.

---

sche ›Forscher‹ war über Jahrhunderte hinweg ein koloniales Projekt und trägt bis heute zur Kontrolle und Ausbeutung des Globalen Südens bei. [...] Die kulturellen Schätze der Welt bleiben den Privilegierten im Norden vorbehalten.« Das Kampagnenbündnis fordert seit 2013 die »Rückführungen von Beutekunst« und »freie Ausleihe und Kostenübernahme zur Realisierung von internationalen Ausstellungsprojekten.« www.no-humboldt21.de/resolution/ (03.05.2019).

16 | Im Jahr 1800 sandte er drei Skelette aus indigenen Ahnengräbern nach Europa zu seinem Göttinger Lehrer, dem Anthropologen Johann Friedrich Blumenbach, wie er in einer Tagebuchnotiz anmerkte.

17 | Wiener haben bei ›Montezumas Federkrone‹ die ausdauernden Rückgabeforderungen vor Augen, denen Native Americans mit Trommeln, Tanz, Räucherwerk und Abbildungen des ›El Penacho‹ über Jahre hinweg vor dem Wiener Stephansdom performativen Ausdruck verliehen haben. Im neuen WWM erfährt das Publikum, das in einer mit elektronischer Federung gegen Erschütterungen geschützten Vitrine untergebrachte Objekt würde bei geringster Berührung ›in Staub zerfallen‹. Restitution würde nach dieser Darstellung Vernichtung bedeuten.

Im 14 Säle umfassenden Dauerausstellungsbereich des neuen Weltmuseums wechseln abgedunkelte Schauräume, in denen Originale auratisch inszeniert sind und digitale, interaktive Elemente für Abwechslung sorgen, mit hellen ›diskursiven Räumen‹ zu allgemeinen Themen der Repräsentation im Museum (›Wer spricht?‹, ›Was ist Kultur?‹, ›Wessen Sicht?‹), des Kolonialismus, Kunstraubs und Rassismus. In einem Raum geht es auch konkret um Primitivismus und Rassismus in der Wiener Ethnologie. Zwischen Hauptexponaten (›Highlights‹) der insgesamt rund 200.000 Objekte umfassenden Sammlung und problematischen Aspekten des Sammelns von ›Exotica‹ werden aber keine direkten Linien gezogen. Besucher werden nicht darüber aufgeklärt, bei welchen Objekten es problematische Beschaffungsumstände oder auch Restitutionsansuchen gibt. Institutionskritik ist im neuen Weltmuseum auf diskursive Räume und zeitgenössische Kunstbeiträge in Sonderausstellungsbereichen ausgelagert. Eine Frage, die sich auch schon beim Humboldt Lab stellte, ist, ob Glaubwürdigkeit durch *Embedded Criticality* vergrößert wird oder aber das Misstrauen.

Gegenwärtig ist eine doppelte Entwicklung zu beobachten: ›Art Activism‹ hat sich zunehmend auf Kollisionskurs zu Institutionen begeben. Im Zuge der Occupy-Bewegung kam es zu einer Radikalisierung und verstärkten Forderungen nach ›Horizontalisierung‹ und ›Dekolonisierung‹ kultureller Institutionen.

Kollektive richten die Dekolonisierungsforderung heute nicht nur an ethnologische Museen, sondern auch an Einrichtungen für moderne und zeitgenössische Kunst. Künstler treten an der Seite von NGOs in Erscheinung oder schlüpfen selbst ins NGO-Gewand. Institutionskritische Künstlerkollektive üben mittels Social Media heute sehr viel wirksamer Druck auf Kulturinstitutionen aus, als das mit Interventionen Einzelner in Institutionen gelingen kann. So insistiert beispielsweise die Gulf Labor Artist Coalition auf den Umstand sklavenartiger Arbeitsverhältnisse beim Guggenheim-Ableger am Golf und zielt direkt auf die empfindlichste Stelle: den Markennamen des Museumskonzerns. Kollektive wie Gulf Labor Artist Coalition, The Yes Men, The Surveillance Camera Players, Adbusters oder Zentrum für politische Schönheit führen gegenwärtig fort, was Dadaisten und Situationisten begonnen haben, allerdings mit der Schlagkraft und Streuwirkung von Social Media.

Parallel sammeln und kuratieren Institutionen kritische Positionen (Kritiker werden zu ›Critical Friends‹ der Institutionen). Auch das steckt hinter der kuratorischen Formel der ›Multiperspektivität‹. Zwar bestehen durchaus Allianzen zwischen Aktivisten und progressiven Kuratoren in Institutionen, doch die Situation kann relativ schnell außer Kontrolle geraten, wie »Liberate Tate« belegt. Hier erhebt ein Kollektiv aus Künstlern und Kulturschaffenden hartnäckig die Forderung nach Dekolonisierung der Institution und übt mittels Social-Media-Kampagnen öffentlichkeitswirksam Druck auf die Londoner Kultureinrichtung aus.[18] In der Selbstdarstellung der Aktivisten heißt es:

»Liberate Tate is a network dedicated to taking creative disobedience against Tate until it drops its oil company funding, [...] The collective continues its work through performances, lectures and institutional interventions. Each of these art-affiliated collectives has targeted powerful institutions, and in particular museums, on the basis of climate justice, global wage workers, and indigenous struggle for dignity and sovereignty.«[19]

Hervorgegangen ist das Netzwerk 2010 aus einem Aktivisten-Workshop, den die Londoner Kultureinrichtung selbst organisiert hatte; in dem Moment, als Tate-Kuratoren Recherchen der Aktivisten über Tate-Sponsoren und deren neokoloniale Geschäfte unterbinden wollten, verselbstständigte sich das Netzwerk zur autonomen ›Pressure Group‹. Wie selbstverständlich die Dekolonisierungsforderung inzwischen zum künstlerischen Selbstverständnis gehört, zeigte 2017 eine gemeinsame Erklärung zum »emanzipatorischen« Potenzial »dezentrierter Ausstellungen« von Künstlern der documenta 14: »It is in line with documenta's long heritage of decentering, and decolonizing, that we welcomed the decision to launch documenta 14 as a dialogue between Athens and Kassel.«[20] Gegenüber den 1990er Jahren zeigt sich gegenwärtig sowohl eine gestiegene Tendenz institutioneller Vereinnahmung von Künstlern und kritischem Diskurs als auch eine Radikalisierung gesellschafts- und machtkritischer Kunstpraktiken.

VII.2 Das Humboldt Lab Tanzania

Der Museumsdirektor Klaas Ruitenbeek benannte in einer Diskussion, die in der Abschlusspublikation des Humboldt Lab Dahlem abgedruckt ist, den ›Mehrwert‹, den er in der Zusammenarbeit mit Künstlern aus so genannten ›Source Communities‹ im Humboldt Lab sah: »Für mich lag das Spezifische und Schöne bei Ahmed und Yuken [...] aber vor allem darin, dass ich mich nicht um repräsentationskritische Ansätze zu kümmern brauchte.«[21] Der nächste – logische – Schritt wäre gewesen: Übertragung des Lab und der Institution Humboldt Forum an nicht-westliche Direktoren, Sammlungsleiter und Kura-

18 | www. liberatetate.org.uk/ (03.05.2019).

19 | Ebd.

20 | Siehe https://conversations.e-flux.com/t/a-statement-by-the-artists-of-documenta-14/7031 (03.05.2019).

21 | I. Albers, L. Förster, V. König, K. Ruitenbeek, »Deutungshoheit abgeben. Das Humboldt Lab im kritischen Diskurs«, in: *Prinzip Labor*, S. 35-43, hier S. 39.

toren. Dieser Schritt wurde aber gerade nicht vollzogen.[22] Stattdessen wurde ein weiteres Humboldt Lab initiiert, nunmehr nicht von einem unabhängigen Kulturunternehmer, sondern vom Ethnologischen Museum, und zwar in Afrika. Ein Jahr nach dem Ende des Humboldt Lab Dahlem wurde, explizit als Anschlussprojekt und ebenfalls mithilfe der Kulturstiftung des Bundes, in Dar es Salaam ein Humboldt Lab Tanzania aufgemacht.[23] Das Humboldt Lab Tanzania stand ausdrücklich vor dem Hintergrund deutscher Kolonialkriege in Ostafrika (v.a. dem Maji-Maji-Krieg). Es war gekoppelt an ein Provenienzforschungsprojekt, an diplomatische Verhandlungen auf Regierungsebene und ›Dialoge‹ mit der Zivilgesellschaft in Tansania.[24]

Auch im Humboldt Lab Tanzania ging es um Kooperation mit Künstlern aus so genannten ›Source Communities‹, und zwar nunmehr mit Vertretern einstmals deutsch-kolonisierter Gebiete. Als Multiplikatoren und Moderatoren wurden im kollaborativen Arbeitsmodus eines transdisziplinären Lab Forscher und Künstler aus Tansania einbezogen. Im Vorwort ihrer Publikation zum Tansania-Lab, die 2018 erschienen ist, schreiben die Afrika-Kuratorin Paola

22 | Im Hintergrundgespräch sagte eine Museumsmitarbeiterin, sie könnte es verstehen, wenn nicht-westliche Experten im Humboldt Forum Leitungsaufgaben übertragen und Kuratoren etwa aus Afrika freie Hand bei Ausstellungen bekämen. Frustrierend aber sei, dass stattdessen der ehemalige Direktor »des einstmals größten Kolonialmuseums der Welt«, des British Museum, als Planungsleiter bestellt worden sei.

23 | Das Tansania-Lab wurde als ausdrückliche Anknüpfung an »wegweisende Impulse für postkoloniale Ausstellungsplanungen« des Humboldt Lab ins Leben gerufen. Die Auftaktkonferenz fand im November 2016 im Goethe-Institut in Dar es Salaam statt. In Zusammenarbeit mit dem National Museum and House of Culture in Dar es Salaam wurde Anfang 2017 die Ausstellung »Living Inside the Story – Humboldt Lab Tanzania« im National Museum and House of Culture, in der University of Dar es Salaam und im Maji Maji Memorial Museum in Songea präsentiert. preussischer-kulturbesitz.de/meldung/news/2015/06/25/humboldt-lab-dahlem-eroeffnet-probebuehne-7-und-ausstellung-prinzip-labor.html (03.05.2019).

24 | Das Ethnologische Museum in Berlin wandte sich im Rahmen des Tansania-Lab nach Angaben von Lars-Christian Koch (Interview mit Koch und Hartmut Dorgerloh am 03.09.2018; gemeinsam mit Johann Hinrich Claussen) an die Zivilgesellschaft in Tansania, parallel hätten Diplomaten auf Regierungsebene in der Angelegenheit kommuniziert. Verknüpft war das Tansania-Lab mit dem Provenienzforschungs-Pilotprojekt: »Tansania-Deutschland: Geteilte Objektgeschichten?« Die Mittel für das Tansania-Projekt kamen aus dem Kulturstiftungs-Fonds TURN (Fonds für künstlerische Kooperationen zwischen Deutschland und afrikanischen Ländern). Der Annäherungspolitik sind Jahre des ungeschickten Umgangs mit dem Thema der menschlichen Gebeine aus Tansania in der Sammlung der SPK vorausgegangen: zunächst Tabuisierung, dann Verweis auf fehlende Forschungsmittel und Unzuständigkeit als Ausrede.

Ivanov und die Historikerin Lili Reyels, »künstlerische Forschung« habe sich bereits in den Dahlemer Lab-Experimenten als »wirksames Mittel« erwiesen, um »Informationen an ein breiteres Publikum weiterzugeben und das Museum als koloniales Archiv zu reflektieren«.[25] Daran habe man in Tansania angeknüpft. Neu war das semantische Framing als ›Shared Heritage‹, eine Bezeichnung, die im Humboldt Lab noch keine Rolle gespielt hatte.[26]

Der Begriff ›Shared Heritage‹ steht in Zusammenhang mit kulturellem Erbe, das sich als ›geteiltes‹ Erbe nicht nur aus einer Perspektive erschließt. Gerade Kolonisierung bedingt untrennbar verwobene Geschichte (›entangled history‹) von Völkern. Gleichzeitig verbindet sich mit dem Begriff der Anspruch auf ›geteilte Zugänge‹, z.B. religiöse und säkulare Nutzung. In der FARO Convention on the Value of Cultural Heritage for Society der EU von 2005 findet sich bereits der Ausdruck ›Erbengemeinschaft‹ für eine soziale Gemeinschaft, die gemeinsam kulturelles Erbe wertschätzt (›heritage communities‹). 2007 schrieb die UNESCO die Teilnahme am kulturellen Erbe als allgemeines Menschenrecht fest. Das Aufgreifen des Shared-Heritage-Konzepts durch westliche Museen geriet allerdings in den Verdacht, dass es sich hier um eine neue Volte der Besitzstandswahrung handeln könnte, während die Sammelobjekte auch als ›geteiltes Erbe‹ weiter in gut klimatisierten westlichen Museen zurückgehalten würden.[27]

---

25 | L. Reyels, P. Ivanov und K. Weber-Sinn, *Humboldt Lab Tanzania. Objekte aus den Kolonialkriegen im Ethnologischen Museum, Berlin – Ein tansanisch-deutscher Dialog*, Berlin: Reimer 2018, S. 30.

26 | Stattdessen tauchte gelegentlich der Begriff ›sharing knowledge‹ in Zusammenhang mit so genannten ›Aushandlungsprozessen‹ mit Vertretern indigener Völker auf.

27 | Im Zusammenhang mit dem semantischen Framing als ›Shared Heritage‹ steht die Argumentation von ›Museen für die Welt‹. ›Weltkultur‹, das zeigt sich in der UNESCO-Weltkulturgutschutz-Agenda, ist alles außer moderne, westliche Mainstreamkultur. Hans Belting hat darauf hingewiesen, dass die Rhetorik der Museen ›für die Welt‹ Museumsleuten wie Neil MacGregor als Argument gegen Rückgabeansprüche dient. »[...] Neil MacGregor, claimed his museum to be ›not only a museum of the world but also a museum for the world‹. [...] World art [...] receives a lot of attention due to the growing pressure of repatriation claims from former colonies. Metropolitan museums of the West, often accused of being outposts of empire and colonialism, today have to rethink their arguments in order to defend their collections«. H. Belting, »Contemporary Art as Global Art. A Critical Estimate«, in: *xzine, Research House for Asian Art* (RHAA), Chicago 2012; ae.com.pt/Belting__Contemporary_Art_as_Global_Art.pdf (zuletzt aufgerufen am 15.08.2019). Die großen Museen in London oder Berlin betrachtet MacGregor als steinerne Äquivalente zur deutschen Aufklärung mit der Idee des ›Weltbürgers‹ und der ›Weltkultur‹ im Zentrum. Den »Auftrag« des Humboldt Forums sieht er so: »Es soll Artefakte aus aller Welt zusammenbringen, um der Welt zu ermöglichen, über sich selbst im

In einem Wandtext im Ethnologischen Museum in Berlin-Dahlem war der Hinweis auf Herkunftsgesellschaften explizit mit dem Restitutionsthema und dem so genannten ›Rettungsnarrativ‹ verknüpft gewesen.

»Das öffentliche Bild vom Verhältnis zwischen Völkerkundemuseum und Ureinwohnern ist von spektakulären Forderungen nach Rückgabe von Objekten geprägt. Die Gäste der Dahlemer Nordamerika-Sammlung haben allerdings noch keinen Gegenstand zurückverlangt. Sie mögen es bedauern, von den Dingen getrennt zu sein, in denen sich die Vergangenheit der Kulturen verkörpert. Aber sie wissen auch, dass es viele dieser Objekte längst nicht mehr gäbe, wenn sie hier nicht sorgfältig bewahrt worden wären. Kooperation ist besser als Konfrontation.«[28]

Friedrich von Bose kommentiert in seinem Buch *Das Humboldt-Forum* den Wandtext aus der Nordamerika-Sammlung so: Restitution wird als Konfrontation betrachtet.[29] Der gegenwärtig Eifer des *Insourcing der ›Source Communities‹* bleibt pure Symbolpolitik, solange dieser nicht mit einer Öffnung der Archive und Offenlegung problematischer Provenienzen aufseiten der Institutionen und einer Anerkennung indigener Völker auf juristischer und politischer Ebene einhergeht. Die viel beschworene ›Augenhöhe‹ ließe sich juristisch herstellen. Die Anerkennung indigener Völker als souveräne Rechtssubjekte, die mit Rechten wie z.B. freie Verfügung über Land und Ressourcen verbunden wäre, ist bislang aber unterblieben. Was bleibt sind moralische Appelle. ›Opferdiskurse‹ sind z.T. Produkt dieses Systems.

Die Intention der Einbindung von Künstlern im Tansania-Lab im Kontext eines Provenienzforschungsprojekts war unmissverständlich das Bemühen um Legitimationsgewinnung. Von der Stiftung Preußischer Kulturbesitz wurde angekündigt, Beutestücke aus dem Maji-Maji-Krieg (›sensible Objekte‹,

---

Herzen einer Weltstadt nachzudenken.« Der britische Museumsexperte vertritt die Ansicht: »In den Sammlungen der Museen in Berlin und London sind wir in einer Welt, in der Nathan der Weise eine sehr, sehr glückliche Zeit verbracht hätte.« N. MacGregor, *Globale Sammlungen für globalisierte Städte,* Berlin: Matthes & Seitz 2016, S. 22 und 24.

28 | Zit. nach F. von Bose, *Das Humboldt-Forum. Eine Ethnografie seiner Planung,* S. 242.

29 | Wenn Museumseinrichtungen beteuern, es lägen keinerlei Restitutionsansuchen vor, heißt das oft lediglich, dass noch keine offiziellen staatlichen Anfragen vorliegen. Gerade deutsche Museen haben in der Vergangenheit offenbar den Ruf erworben, auf Anfragen indigener Gruppen gar nicht oder herablassend zu reagieren. Siehe: P. Schorch und N.M.K.Y. Kahanu, »Forum als Labor. Die transkulturelle Infrastruktur ethnologischen Wissens und das Potenzial materieller Kultur«, in: *Prinzip Labor,* S. 241-249, hier S. 247.

Hermann Parzinger) auch zu restituieren.[30] Projekte wie das Humboldt Lab Tanzania stellen insofern eine Gratwanderung dar, als Kunst- und Community-Projekte verknüpft werden mit Bemühungen um moralische Restaurierung von Museumsinstitutionen mit kolonialen Sammlungen. Was als postkoloniales Community-Projekt deklariert wird, soll gleichzeitig dem ›ethischen Marketing‹ von Museen dienen. Es kann der Eindruck entstehen, dass die Einbeziehung nicht-westlicher Künstler, Kuratoren und Forscher aus so genannten ›Source Communities‹ eine Art flankierende Maßnahme zu diplomatischen ›Aushandlungsprozessen‹ darstellt und mittels Kunst- und Community-Projekten das ›Institutional Standing‹ aufgebessert und ein ›Socially Sensitive Brand‹ kreiert werden soll. Die Einbeziehung von Gegenwartskunst in einen derartigen Rahmen legt den Verdacht nahe, es gehe gar nicht um Kunst, sondern um ein Reinwaschen mit Hilfe von Kunst, um ›Artwashing‹. Besonders problematisch wird es, wenn parallel mit korrupten Regierungen über historisches Kulturgut verhandelt wird, das von Kulturen und Ethnien stammt, die sich von diesen Regierungen nicht repräsentiert fühlen. Nicht-westliche Künstler fungieren bei der Strategie des *Insourcing der ›Source Communities‹* gewissermaßen als Botschafter der gesammelten Kulturen und gleichzeitig als Agenten der einladenden Institutionen. Als eine Art von Doppelagenten sind sie postkoloniale Kritiker und gleichzeitig Vermittler, die einem (überwiegend) westlichen Publikum alternative Zugänge zu nicht-westlichen Kulturen eröffnen. Sie sollen dabei helfen, Völkerkunde-Nachfolgeinstitutionen bei der Repräsentationsproblematik zu entlasten und gleichzeitig ›Aushandlungsprozesse‹ mit Herkunftsgesellschaften moderieren. Es lässt sich fragen, ob es sich bei den neuen transkulturellen Kooperationspartnerschaften nicht um eine Art der Vereinnahmung handelt, die den klassisch-ethnografierenden Zugriff noch übersteigt. Positiv lässt sich festhalten, dass selbst vorsichtige Öffnungen für Bewegung sorgen können und die neuen Kooperationsoffensiven immerhin anzeigen, dass von einem bloßen ›Weiter-wie-gehabt‹ allmählich abgerückt wird.

Während beim Humboldt Lab Dahlem die gemeinsame Erarbeitung von Gestaltungslösungen für das Humboldt Forum durch Kuratoren und Künstler im Zentrum gestanden hatte und ›Aushandlungsprozesse‹ eher nebenherliefen, ging es im anschließenden Humboldt Lab Tanzania vordergründig um ›Aushandlung‹. Als Nebenprodukt entstand eine Ausstellung zu Tansania, mit

30 | Im Vorwort der Publikation schreibt Hermann Parzinger, eine ernsthafte Provenienzforschung schließe »auch die Möglichkeit der Restitution« ein; L. Reyels, P. Ivanov und K. Weber-Sinn, *Humboldt Lab Tanzania*, S. 20.

der im Humboldt Forum gleich auch noch ›Aushandlungsprozesse‹ und eine (angekündigte) Restitution mitausgestellt werden können.[31]

VII.3 Abschied vom ›klassischen‹ Bildungsauftrag

Vermittlungsprogramme emanzipierten sich in den zurückliegenden 15 bis 20 Jahren vom Image bloßer Begleitveranstaltungen. Bei der documenta in Kassel wurde Bildungs- und Veranstaltungsformaten (›educational formats‹, ›public programs‹) seit der 12. Ausgabe (2007) deutlich verstärkte Aufmerksamkeit geschenkt. »Kunstvermittlung in Transformation« war 2009/2010 ein großes Forschungsprojekt von Bernadett Settele und Carmen Mörsch überschrieben, das vom Schweizerischen Nationalfonds unterstützt wurde. Es ging um ›Horizontalisierung‹, ›Aktionsforschung‹, ›kollaborative und selbstorganisierte Praxen‹, ›Dekolonisierung‹, nicht zuletzt auch der Kunstvermittlung, ›unlearning‹,[32] ›deschooling‹[33] und ›Kunstvermittlung durch Künstler‹.[34]

Stichworte lauteten ›educational turn in curating‹, ›educational turn in contemporary art‹, ›art as curating/curating as art‹ oder auch ›art as education/education as art‹. Im Hintergrund der Diskussion stand die Emanzipation der Kunstvermittlung von der Museumspädagogik durch theoretische Aufrüstung entlang identitätspolitischer und repräsentationskritischer Diskurse, aber auch im Kontext der szenografischen Wende und einer ›New Sensory Museology‹. Anstatt um Vermittlung vorgefertigter Inhalte sollte es um prozesshafte Einbeziehung der Besucher gehen (›partizipatives Kuratieren‹, Einbeziehung von Communitys). Besucherverhaltensanalysen kamen in Mode, kulturelle und pädagogische Angebote wurden auf bestimmte Zielgruppen zugeschnitten, Kommunikations- und Vermittlungsabteilungen ausgebaut. Die Kunst- und Kulturwissenschaftlerin Nora Sternfeld sieht in ihrem 2012 veröffentlichten »Plädoyer. Um die Spielregeln spielen! Partizipation im post-repräsentativen Museum« sowohl Potenziale als auch Fragwürdigkeiten dieses Trends:

---

31 | Der Ethnologe Karl-Heinz Kohl hat eingewendet, dass es sich bei der Beute aus dem ›vergessenen Krieg‹ (*Der Spiegel*) nicht um Glanzstücke für eine Wiedergutmachungsaktion handelt. K.-H. Kohl, »Dies ist Kunst, um ihrer selbst willen«, in: *Die Zeit*, 06.09.2017.

32 | Begriffsprägung der Postkolonialismus-Theoretikerin Gayatri Spivak aus dem Beginn der 1990er Jahre zur Bezeichnung eines auf Antihegemonialität ausgerichteten dekonstruktivistischen Ansatzes.

33 | Begriffsprägung aus dem Geist der 1968er Bewegung von Ivan Illich in seinem 1971 erschienenen Buch *Deschooling Society*.

34 | vanabbemuseum.nl/en/programme/programme/academy-1/ (03.05.2019).

»Der Kunst- und Kulturvermittlung wird [...] die Rolle der Brücke zwischen den Zielgruppen und den elitären Inhalten der Institutionen zugeschrieben. Sie soll – bei zumeist kompletter Unangetastetheit der Institution – die Lücken schließen, die diese ihrem (Bildungs-)Auftrag schuldig bleibt.«[35]

Teilweise synchron zur Emanzipation der Kunstvermittlung und zur Kunst als Forschung verlief in der Inkubationszeit des Humboldt Lab eine andere Emanzipationsbewegung: der Aufstieg des Designs und des ›artist as designer‹ oder ›designer as artist‹. Den Hintergrund bildete die soziogenetische Abgrenzung und Aufwertung von Design (›denkende Designer‹) gegenüber Kunst und Wissenschaft.[36] Designtheorie etablierte sich zunehmend als eigenes Fach an Hochschulen. Auch Design trat nun mit theoretischem und forschendem Anspruch auf, empfahl sich als eigene Form von Wissen und Generator von Wissensobjekten (Stichworte lauten ›design turn‹, ›design knowledge‹, ›reflexive practioneers‹, ›design thinking‹, ›aesthetic thinking‹, ›hybrid thinking‹, ›relational design‹). Design wurde diskutiert als ›verbindende Instanz‹ und ›dritte Kultur‹, als Schnittstellendisziplin und Synthese von Wissenschaft, Technik und Kunst, als Synthese von Gegenwart und Zukunft, als ganzheitliches Wissen sogar. Und als ›Theorie-Design‹, damals ein Modebegriff, zeitigte der erweiterte Designbegriff Rückwirkungen auch auf die anthropologische Forschung: als ›Ethnomethodologiedesign‹.[37] Und wie in der Kunst und in der progressiven Kunstvermittlung hatte um die Jahrtausendwende auch in Design und Urbanismus der Begriff ›Intervention‹ Konjunktur, in partizipativen, nachbarschafts- und öffentlichkeitsaktivierenden Projekten, aber auch bei Techniken der Selbstoptimierung (›self design‹, ›self fashioning‹). Im erwei-

35 | N. Sternfeld, »Plädoyer. Um die Spielregeln spielen! Partizipation im post-repräsentativen Museum«, S. 120.

36 | Siehe: C. Mareis, *Design als Wissenskultur. Interferenzen zwischen Design- und Wissensdiskursen seit 1960*, Bielefeld: transcript 2011.

37 | Bezeichnend hierfür erscheint die Ankündigung einer Lehrveranstaltung von Maren Heibges an der Humboldt Universität in Berlin 2016/17. Unter der augenzwinkernden Überschrift »Krise der Disziplinen. Ethnografie ist ein Kampfsport: Wie man die 10 häufigsten Angriffe gegen die ethnografische Forschungsmethodik entkräftet« wurde Studierenden ein Manual zur Entkräftung von Standardvorwürfen angekündigt, etwa Ethnografie sei ›unwissenschaftlich‹, ›nur subjektiv‹, ›weniger valide‹ als quantitative Forschung. Studierende sollten das »Austüfteln von Forschungsdesigns oder -kompositionen« üben und sich anregen lassen, »in offenen Systemen und nicht in geschlossenen Containermodellen von Gemeinschaften, Staaten, Kulturen, Gruppen oder Netzwerken zu denken«; https://agnes.hu-berlin.de/lupo/rds?state=verpublish&status=init&vmfile=no&publishid=120483&moduleCall=webInfo&publishConfFile=webInfo&publishSubDir=veranstaltung (03.05.2019).

terten Designbegriff schien die historische Trennung von Kunst und Wissenschaft aufgehoben und es schien sich in neuen Modi der Wissenserzeugung nach dem Verlust wissenschaftlicher Leiterzählungen auch eine neue, eine ›designerly‹ Epistemologie abzuzeichnen.

In der Phase um 2010 herum verknüpften sich unterschiedliche Stränge von Institutionskritik, Kunstaktivismus, kritischer Museologie mit prozesshaften Verfahren aus Wissenschaft, forschender Kunst, innovativem Design, Kulturvermittlung und Besucherforschung auf einmal wie selbstverständlich. Carmen Mörsch zufolge war das verbindende Glied das gemeinsame »Bedürfnis nach Kritik und Dekonstruktion, nach der Umarbeitung von Repräsentation, dem Intervenieren in dominante Verhältnisse und dem Öffnen von Räumen für Partizipation«.[38] Interventionistische und invasive Praktiken kamen, was die Lage verkomplizierte, zeitgleich auch im von kritischen Kulturschaffenden bekämpften neoliberalen Lager zum Tragen, bei der Erschließung von Museen als Showrooms des Unterhaltungsmarktes. Im Auftaktjahr des Humboldt Lab, 2012, wies Mörsch in einem Vortrag mit dem Titel »Kunstvermittlung nach der Institutionskritik«[39] auf den Umstand hin, dass »[...] Kritik an Ausschlussmechanismen sehr gut kompatibel ist mit ökonomischen Interessen der Institutionen«. Die Kritik an Herrschaftsräumen, die Ausschlüsse produzieren, werde hergenommen, um auf dieser Grundlage »Institutionen den vermuteten Konsumbedürfnissen anzupassen«; auf der Basis von Kritik werde »Quantität, Evidenz und Effizienz« hergestellt, aus Vermittlungsforschung werde quasi im Handumdrehen »Audience Development«.[40] Seit einiger Zeit schreiben Museen eigene Stellen für ›Outreach‹ aus (darunter auch die SMB/SPK); Bestrebungen nach sozialer Inklusion und Demokratisierung von Kultur verschwimmen unentwirrbar mit ökonomisch begründeter Ausweitung und Diversifikation von Zielgruppen.

Im Ethnologiemuseum kommt Besucherforschung zu sich selbst

Avancierte Vermittlungskonzepte fußen auf Besucherforschung und Besucherforschung fußt auf Ethnomethodologie. Sie wird nicht nur in Ethnologiemuseen, sondern auch in Technik-, Naturkunde- oder Kunstmuseen betrieben. »Ethnography in the art museum« war z.B. 2015 ein Seminar in der Tate

38 | Vgl. C. Mörsch, »Kunstvermittlung nach der Institutionskritik«, Vortrag auf der Konferenz: »Kunstvermittlung in Transformation. Eine Arbeitstagung zur Vermittlung als Forschung und Veränderung von Institutionen und Verhältnissen«, 09.03.2012 im Kunstmuseum Luzern; https://www.youtube.com/watch?v=rusnIcFJTig (03.05.2019)

39 | Ebd.

40 | Ebd.

Britain in London überschrieben, organisiert vom Tate Research Center.[41] In Ethnologiemuseen jedoch kommt Besucherforschung gewissermaßen zu sich selbst: Wenn nämlich Forscherteams auf das Verhalten der sonderbaren und offenbar schwer zu durchschauenden Spezies der so genannten ›digitalen Eingeborenen‹ (›Digital Natives‹) angesetzt werden, um mit Methoden aus Ethnografie und Marktforschung (›Teilnehmende Beobachtung‹, ›Tracking-Methoden‹, ›Walking Interviews‹) anvisierte ›Fokusgruppen‹ durchs Museumsfeld zu verfolgen und zu beobachten, mit welchen Kunstgriffen die Aufmerksamkeit dieser ›Exoten‹ vom Smartphone abgezogen werden kann.

Neben den digitalen Eingeborenen hat die Besucherforschung besonders Menschen mit Migrationshintergrund im Visier. ›Diversity-Fokusgruppen‹ gehören wesentlich zum zeitgenössischen Besucherforschung-Set. Nachdem lange Zeit die Forschung über kulturelle ›Andere‹ im Mittelpunkt der Museumsethnologie stand, werden heute also Museumsbesucher beforscht. Während inklusive Ansätze auf post-repräsentative, antistereotypisierende, selbstreflexive Ausstellungsgestaltung, ›Diversity‹-gerechte Adressierung von Besuchern und *kritische Bildung* zielen, geht es bei der Publikumsentwicklungsarbeit (›Audience Development‹) eher um *Bildung einer kritischen Masse* und ihre Bindung durch massenkompatible Angebote. Die Grenzen zwischen den Ansätzen sind fließend. In beiden Fällen wird ein ›klassischer‹ Bildungsauftrag als ›elitär‹ verabschiedet und hier wie dort setzen Reformen auf der Grundlage akribischer Sammlung von Nutzerdaten an. Bemerkenswerterweise treffen sich beide Seiten im Bemühen, digital Sozialisierte einzufangen, bei Methoden, die an Facebook, Google & Co erinnern.

Binnen weniger Jahre haben sich die Museumslandschaft und insbesondere die Kulturvermittlung signifikant verändert. Nora Sternfeld stellt in *Das radikaldemokratische Museum* fest, das Feld habe sich »gemeinsam mit der Neoliberalisierung des öffentlichen Bereichs« entwickelt.[42] Mit zunehmender Professionalisierung und methodischer Aufrüstung sei allerdings häufig keine Konsolidierung von Arbeitsverhältnissen einhergegangen. »Die Kunstvermittlerinnen sind [...] klassische Subjekte des Neoliberalismus – unterworfene prekäre Akteurinnen, die sich permanent gezwungen sehen ihn kritisch voranzutreiben.«[43]

Institutionalisierte Diskurse wie der Museumsdiskurs sind zunehmend in den Verdacht eines generell-gewaltsam vereinnahmenden, totalitären Universalismus geraten. Durch avanciertes ›Verlernen‹ (›unlearning‹, ›deschooling‹) soll Raum geöffnet werden für alternative Epistemologien jenseits eurozen-

41 | https://www.tate.org.uk/about/projects/ethnografy-art-museum (03.05.2019).

42 | N. Sternfeld, *Das radikaldemokratische Museum*, Berlin: De Gruyter 2018, S. 149.

43 | Ebd.

trischer und hegemonialer ›Wahrheits- und Blickregime‹.[44] Die Dekonstruktion von Wahrheitspostulaten – weniger die Auflösung der Sammlungen; Museologen wollen kaum die eigene Arbeitsgrundlage zerstören – und das postmoderne Apriori der Unübersichtlichkeit können jedoch durchaus kompatibel sein mit neoliberalen Grundüberzeugungen, z.B. der Absage an jegliche politisch-staatliche Planwirtschaft und Fokussierung auf Publikumsmaximierung. In beiden Diskursen lauten Schlüsselbegriffe ›Transdisziplinarität‹, ›Öffnung der Institutionen‹ und ›Partizipation‹. Doch während sich die einen um epistemologische Öffnung für andere (soziale, ethnische, kulturelle und politische) Perspektiven bemühen und inklusives und partizipatives Kuratieren forcieren, haben die anderen mainstreamförmige Konfigurationen kultureller ›Produkte‹ zwecks Ausweitung von ›Zielgruppen‹ im Sinn. Dass analoge ›innovative‹ und angeblich ebenfalls alternativlose Management-Offensiven der letzten Jahre in der Medienbranche (›den Leser ins Zentrum rücken‹; ›User First‹) mit der Auflösung von Fachressorts zu einer inhaltlichen Aushöhlung von Medienprodukten und flächendeckenden Niveauabsenkung geführt haben, dürfte inzwischen kaum noch jemandem verborgen geblieben sein; die Erosion der Leserschaft wurde dennoch nicht aufgehalten.[45]

Gegenwärtig zeigt sich eine Situation, in der das vertraute Modell der bürgerlichen, humanistischen, aufgeklärten Bildungsanstalt auf Grundlage der Annahme einer universal-menschlichen Vernunft und damit verbunden der öffentliche ›Bildungsauftrag‹ und das Humboldt-Modell von zwei Seiten für obsolet erklärt werden: von kritischer Vermittlerseite und von ›Ästhetisierern‹ (M. Suhrbier). Wenn es darum geht, Museumsarbeit stärker an aktuelle Forschungen anzubinden als in der Vergangenheit und mit der Geschichte der Institutionen transparent umzugehen, ist das ein großer Gewinn. Wenn es aber darum geht, konsumfähige kulturelle ›Produkte‹ wandelnden Aktualitäten, Diskursmoden, Interessen und Politiken anzupassen und das mit dem neuen prozesshaften, laborartigen und experimentellen Ausstellungs- und Museumsmodell des 21. Jahrhunderts gemeint ist, wird in der Extremform das humanistische *Bildungsideal* in Richtung von *Konsumenten-Bildung* und post-

44 | Die Figur ähnelt der Primitivismus-Sehnsucht der frühen Moderne. Gerade diese gilt aus dekonstruktivistischer Perspektive aber als eurozentrische Vereinnahmung ›anderer Kulturen‹ (›cultural appropriation‹).

45 | Im Universitätswesen sind parallel Entwertungen traditioneller Fachdisziplinen im Zuge transdisziplinärer Ausrichtung zu beobachten. Die Kulturanalytikerin Mieke Bal stellte fest, dass z.B. die Etablierung der transdisziplinären Cultural Studies Universitätsverwaltern Vorwände zur Zusammenlegung oder Abschaffung anderer Fachbereiche an die Hand gegeben hat. S.U. Horstkotte, »Über Mieke Bal. Kulturanalyse«, in: *H-Soz-Kult*, Frankfurt a.M., 06.12.2002; www.hsozkult.de/publicationreview/id/rezbuecher-2030 (03.05.2019).

politischem Entertainment verlassen. Wenn die Betonung von Besucher- und Rezeptionszentrierung unter den Stichworten ›Bildung‹ und ›Vermittlung‹ mit Abbau von Forschung einhergeht und dies als ›Emanzipation‹ und ›Demokratisierung‹ verkauft wird, zeichnet sich eine *schöne neue Museumswelt* ab.

VII.4 Exemplarische Besucherforschung im Humboldt Lab

Im Humboldt Lab haben sich im Bemühen um experimentelle Szenografien und sinnlich-packende wie auch zeitgemäß postkoloniale und hinterfragende Präsentationen unterschiedliche und auch divergierende Stränge getroffen. Eine Schnittmenge zeigte sich in der von unterschiedlichen Seiten geteilten Überzeugung, dass Museumsarbeit besucher- und rezeptionszentriert ausgerichtet werden müsse. In frühen Pressemeldungen war vom Lab eine begleitende Besucherverhaltensanalyse angekündigt worden. Später war davon nicht mehr die Rede. In der Frühphase, während der Probebühne 1, hat das Lab bei der Künstlerin und Kunstvermittlerin Carmen Mörsch, Professorin an der Zürcher Hochschule der Künste (ZHdK), eine Inreach-Evaluation in Auftrag gegeben.[46] Mörsch, erhob mit Kolleginnen des ZHdK-Institute for Art Education (IAE; Nora Landkammer, Anna Chrusciel, Catrin Seefranz) von April bis September 2013 in Dahlem Besucherdaten und führte Interviews mit Akteuren des Lab und Mitarbeitern der Museen. Nach mehrwöchiger Prüfung durch die Rechtsabteilung der Staatlichen Museen zu Berlin wurde mir im Frühjahr 2019 Einblick in das 153-seitige Dokument mit dem Titel *Interne Anfangserhebung für eine Begleitforschung zum Humboldt Lab Dahlem. Fokus: Probebühne 1*[47] gewährt. Es handelt sich um ein Beispiel für Nutzerforschung anhand soziodemografisch definierter Zielgruppen in migrantischen Gesellschaften durch ausstellungserfahrene Museologinnen, die ihre eigene Position als post- und

46 | Carmen Mörsch entwickelte zusammen mit Ulrich Schötker das Konzept der Kunstvermittlung der documenta 12 von 2007. C. Mörsch, *Die Bildung der Anderen mit Kunst. Ein Beitrag zu einer postkolonialen Geschichte der Kulturellen Bildung*, hg. v. Universität Köln, Köln 2017; C. Mörsch, »Sich selbst widersprechen. Kunstvermittlung als kritische Praxis innerhalb des Educational Turn in Curating«, in: B. Jaschke und N. Sternfeld (Hg.), *schnittpunkt. Ausstellungstheorie & praxis. Educational Turn. Handlungsräume der Kunst und Kulturvermittlung*, Wien: Turia + Kant 2012, S. 55-78.

47 | Die Rechte an dem unveröffentlichten Papier sind vom Humboldt Lab Dahlem auf die SMB/SPK übergegangen. Ich erhielt vier von fünf Kapiteln, ausgenommen blieb das Kapitel 4 zu »Institutionelle Verfasstheit« mit Unterpunkten wie »Interne Wahrnehmungen des Lab«, »Organisationsstruktur« und »Interessen am Humboldt Lab« (S. 90-131). Als Grund wurde Schutz personenbezogener Daten angeführt.

dekolonial informiert kennzeichnen.[48] Die Methode bestand in teilnehmender Beobachtung und Diskursanalyse.

Gleich eingangs grenzen die Autorinnen ihren Ansatz von »Besucherevaluation« bzw. »Besucher_innenforschung« ab, wie sie das Humboldt Lab im Ausschreibungstext gefordert habe, »wir gingen demgegenüber davon aus, dass das wichtigste Publikum des Humboldt Labs zum gewählten Zeitpunkt innerhalb der Institution zu finden wäre«.[49] Die eigene Rolle definierte das IAE-Team als das einer »kritischen Freundin« oder auch einer »Agentur für blinde Flecken, die ihre eigene Positionierung offenlegt und mit ins Spiel bringt – moderierend, aber auch unterbrechend, spiegelnd und bestehende Perspektiven sowie un- oder wenig hinterfragte Vorannahmen benennend und herausfordernd.«[50] Hier zeigt sich eine auffallende Spiegelung, denn das Humboldt Lab als Coach von Wissenschaftlern sah seine Rolle gegenüber den Museen, wie weiter oben dargelegt, im Grundsatz ähnlich wie die IAE-Gruppe ihre Position gegenüber dem Lab.

Material und Daten wurden erhoben zu Interventionen der »Springer«-Projekte des Humboldt Lab (»Surinam/Benin«, »Spiegelkugel« und »Purnakumbha«), zu »Bedeutungen schichten« und zu »Museum der Gefäße«, wo es laut der Lab-Kuratorin Nicola Lepp um ein »Ausloten anderer Perspektiven [...] jenseits disziplinärer Methoden« auf der Grundlage eigener Neugier ging und um »kulturwissenschaftliche Erkundungen bewusst auch mit künstlerischen Mitteln«.[51] Die erste Fokusgruppe setzte sich aus 13 Schülern unterschiedlicher Schultypen (Berufsschule und Gymnasien) zusammen. Den Namen nach zu schließen, hatten die meisten migrantischen Hintergrund. Eine weitere Gruppe bestand aus 13 Mitgliedern, die in der Studie als »Vertreter_innen aus Postkolonialer Theorieproduktion und migrantischem Aktivismus« charakterisiert werden, darunter »People of Colour« (Fokusgruppe II).[52] Dieser Gruppe gehörte auch der Feldforscher Friedrich von Bose an. Parameter bei der Fokusgruppenerhebung an zwei Nachmittagen waren Verweildauer, Objekt-Interaktion und soziale Interaktion. Das Laufpublikum der Museen involvierten die Forscherinnen aus Zürich auf spielerische Weise. An einer »UnfassBar« lock-

48 | C. Mörsch et al., *Interne Anfangserhebung für eine Begleitforschung zum Humboldt Lab Dahlem*. S. 5.

49 | Ebd. S. 4. Vorgespräche mit der Lab-Leitung hätten ergeben, dass es vorrangig um die Entwicklung einer Praxis zur Involvierung idealerweise der Mehrheit der institutionsinternen Akteure bei der Arbeit für das Humboldt Forum gehen sollte. Ebd.

50 | Ebd. S. 5.

51 | N. Lepp, » Museum der Gefäße/Projektbeschreibung. Gefäße verstehen«, in: *Humboldt Lab Dahlem Projektdokumentation*, S. 26ff.

52 | C. Mörsch et al.: *Interne Anfangserhebung für eine Begleitforschung zum Humboldt Lab Dahlem*, S. 45.

ten sie an zwei Tagen Ende April 2013 Besucher mit Getränken und Freikarten im Gegenzug zu ausgefüllten Fragebögen zu Gründen und Erwartungen an den Museumsbesuch, Wahrnehmung zur Probebühne und statistischen Eckdaten (Alter, Wohnort, Beruf). Die Mitglieder der Fokusgruppen kommentierten die Lab-Präsentationen mittels beschrifteter Klebezettel auf Vitrinen und in Gesprächen. Als Fazit der sozialempirischen Besuchererhebung haben die Forscherinnen festgehalten:

»Die Besucher_innenerhebung zu ausgewählten Projekten der Probebühne 1 hat gezeigt, dass die Projekte auf verschiedenen Ebenen zu Unterbrechungen bzw. zu Bestätigungen von Wahrnehmungskonventionen bestimmter Besucher_innengruppen führten. Bei den befragten Schüler_innen und Lehrpersonen zeigte sich dies im ›Nicht-Verstehen‹ der Installationen, was sich verhindernd auf eine Auseinandersetzung mit den inhaltlichen Bezugspunkten der Projekte der Probebühne 1 auswirkte. Personen, die in Deutschland mit Rassismus konfrontiert sind und/oder die sich mit kritischer Museologie befassen, fühlten sich von der Probebühne 1 und den identifizierten Auslassungen in der Thematisierung relevanter Fragen wie der Herkunft der Objekte, der Nicht-Einbeziehung von Expertisen aus den Kontexten, in denen die Objekte eine Relevanz haben/hatten, und der Dominanz bzw. Ausschließlichkeit der westlichen Perspektive provoziert.«[53]

Die offensive und »demonstrative Dethematisierung« des spezifischen Settings Ethnologisches Museum und Museum für Asiatische Kunst bei gleichzeitiger Behauptung des Lab, übergreifende Standardprobleme musealer Praxis zu bearbeiten, sei von der postkolonialen Gruppe als frappierende »Fortschreibung kolonialer Anordnungen« gedeutet worden.[54] Aus der Fokusgruppe II wird in dem Bericht eine Stimme wiedergegeben, die das allermeiste für »extrem fehlgeleitet, teilweise fehlgeschlagen, intellektuell unredlich und verantwortungslos« sowie »extrem illegitim« hielt und beinahe das Eintrittsgeld zurückgefordert hätte.[55] Eine andere Person klagte, es wohl nicht mehr zu erleben, dass »irgendjemand mal vielleicht diese Blickachsen transzendiert haben wird, [...] solche Orte wie der hier, irgendwie ganz schmerzhaft, [...] führen vor Augen, dass dies wahrscheinlich nicht der Fall sein wird.«[56] Eine weitere Person empfand die Darstellungen in »Bedeutungen schichten« als »so gewaltvoll, dass sie sich dagegen entschied, ihr Wissen und ihre Kritik für diesen Forschungszusammenhang weiter zur Verfügung zu stellen« und die Fokus-

53 | Ebd. S. 86f.

54 | Ebd. S. 22 und 84.

55 | Ebd. S. 86.

56 | Ebd. S. 85.

gruppe vorzeitig verließ.[57] In der Beschreibung der Autorinnen der Studie lief das »Bedeutungen schichten«-Projekt des Szenografiebüros Andreas Heller (Hamburg) darauf hinaus, »den unter Beschuss geratenen universellen Wissensanspruch des Museums durch eine Demonstration der schieren Informationsmenge implizit wiederzuerrichten«.[58]

Zum Dahlemer Laufpublikum heißt es in der Studie, es habe sich um »überwiegend weiße, formal hochgebildete Besucher_innen« gehandelt,[59] die sich bei der Betrachtung der Lab-Projekte in ihrem »Interesse am ›Anderen und Fremden‹ bestätigt« gesehen hätten. Die eigene Zusammensetzung – weiße Forscherinnen – wird durch Verweis auf die multiethnische Zusammensetzung der Fokusgruppe II auszutarieren versucht: »Die Repräsentation von Expert_innen of Colour war zentral, da wir als weiße, mehrheitsangehörige Forschende uns zwar rassismuskritisches Wissen angeeignet haben, uns jedoch unserer eigenen Eingebundenheit in rassistische Strukturen bewusst sind und der blinden Flecken, die diese in der Wahrnehmung der Ausstellung produziert.«[60]

In der Darstellung der IAE-Autorinnen setzte sich das Humboldt Lab mit seiner Auftakt-Probebühne zwischen alle Stühle: beim Laufpublikum beförderte es Exotismus-Lust, postkoloniale Experten stieß es durch »De-Thematisierung oder Ent-Problematisierung der Spezifika des Umgangs mit völkerkundlichen und außereuropäischen Kunstsammlungen«[61] vor den Kopf und Schüler und Lehrer überforderte es durch einen Mangel an »notwendiger Informationen für die Deutung ausgestellter Objekte«[62] – und schloss sie dadurch faktisch aus. Bei Jugendlichen und Lehrern hätten Lab-›Interventionen‹ schon allein deswegen nicht die gewünschten ›Unterbrechungen‹ provoziert, da Eingriffe von ihnen gar nicht als solche erkannt worden seien. Die beim Lab diagnostizierte ›Dethematisierung‹ neuralgischer Probleme völkerkundlicher Sammlungen und ›Indifferenz‹ gegenüber gegenwärtigen Debatten zu Repräsentation, kultureller Differenz und zur Deutungsmacht im Museum fanden die Forscherinnen auf der Ebene der öffentlichen Rezeption gespiegelt.

»In der Analyse der Presseresonanzen fällt die positive Resonanz des Humboldt Lab gerade unter jenen Kritiker_innen des Humboldt-Forums auf, die sich aus einer Verteidigung klassischer musealer Repräsentation gegen Transformationsprozesse wenden. Die moderaten ›Lockerungsübungen‹ stimulieren also offenbar eine Lesart, die gerade

57 | Ebd. S. 86.
58 | Ebd. S. 26.
59 | Ebd. S. 87.
60 | Ebd. S. 52.
61 | Ebd. S. 27.
62 | Ebd. S. 87.

im Humboldt Lab den Garanten dafür sieht, dass im Humboldt-Forum dann doch alles beim Alten bleiben soll.«[63]

Als prägende Dichotomie identifizierten Mörsch und ihre Mitstreiterinnen nach Gesprächen mit der Lab-Leitung die binäre Opposition ›Wissenschaft‹ versus ›Gestaltung‹. Eine andere Dichotomie habe ›Konvention‹ versus ›Innovation‹ gelautet. Aus einer eher ›klassischen Position‹ heraus seien die Repräsentanten der ›alten Ordnung‹ die Verlierer gewesen. Einsprüche gegen ›Erlebnis‹-Produktion und das Walten eines ›Kulturmanagers‹ seien aus kritischer wie auch aus konservativer Richtung gekommen, im letzten Fall aufgrund von Affekten und Ressentiments gegen die Transformation an sich. Das Feuilleton habe den von der »Selbstbeschreibung des Lab vorgegebenen Takt« aufgegriffen, der das Lab mit ›Innovation‹ und dem ›Neuen‹, die Museen hingegen mit der ›alten Ordnung‹ in Verbindung brachte, eine Sichtweise, der die IAE-Studie widerspricht.[64] Grundsätzlich sei das Humboldt Lab weniger skeptisch gesehen worden als das Humboldt Forum. Es habe sich eine Tendenz gezeigt, »das Humboldt Lab zu verharmlosen, zu verkleinern, was wohl auch eine Reaktion auf den betont spielerischen und betont bescheidenen Selbstentwurf sein dürfte«. Mit einzelnen Projekten habe das Lab auch ›moderat-innovative‹ Kommentatoren überzeugt.[65]

Als Handlungsempfehlungen mit Blick auf die »Achse Publikum« schließen sich die Ratschläge an, in der Museumsarbeit den Interessen und Rezeptionsgewohnheiten »unterschiedlicher Publika aktiv zu entsprechen«[66] und in weiteren ›Probebühnen‹ eindeutiger zu Fragen eines postkolonialen Umgangs mit Sammlungen Stellung zu beziehen. »Eine deutlichere Positionierung würde [...] sowohl in die Richtung führen, den Ansprüchen eines informierten Fachpublikums Rechnung zu tragen als auch die Auseinandersetzung mit dem Museum für Schüler_innen zu erleichtern.«[67] Angeschlossen ist eine Liste mit Empfehlungen postkolonialer Fachliteratur (u.a. von Belinda Kazeem, Charlotte Martinz-Turek, Roswitha Muttenthaler, Regina Wonisch und James Clifford). Im Schlussteil erfolgt eine Darlegung der Gründe, weswegen auf die Vorerhebung keine Hauptstudie folgte, sondern stattdessen die Zusammenarbeit mit dem Humboldt Lab abgebrochen wurde.

»Ein zentrales Gegenargument, in diesem Kontext weiter tätig zu werden, ist für uns, dass kein strukturiertes, transparentes Verfahren vorliegt, wie die Erprobungen des

63 | Ebd.

64 | Ebd. S. 37 und 53.

65 | Ebd. S. 43.

66 | Ebd. S. 9.

67 | Ebd. S. 88.

Humboldt Lab in die Planung des Humboldt-Forums eingehen sollen. Mit diesem Sachverhalt korrespondieren die dokumentierten heterogenen Ansichten und Reaktionen von Seiten interner Akteur_innen, was die Relevanz des Lab betrifft – von ›nicht zur Kenntnis zu nehmen‹ bis zur Einschätzung, es handle sich um ein wichtiges Instrument. [...] Die unsystematische, auf einzelne Akteure und ihr Potential ›etwas einzubringen‹ vertrauende Übertragung der Ergebnisse wurde angesichts der Natur und Genese des Planungsprozesses [...] als einzig möglich und gewünscht dargestellt.«[68]

Als weiterer triftiger Grund wird das Fehlen nicht nur von geteilten Zielen, sondern auch von gemeinsamen Perspektiven angeführt. Was die eine Seite als pragmatisches Vorgehen angesehen habe, sei der anderen realitätsfremd erschienen – und umgekehrt.

»Die von uns identifizierten Probleme des Lab wurden zum Teil nicht als Probleme gesehen; und umgekehrt erscheinen aus unserer Analyseperspektive durch die Leitung vorgebrachte Anliegen oder Vorgaben für das Lab (dass es die Übersetzung zwischen Inhalt und Gestaltung wäre, an der gearbeitet werden müsste; dass hier das ›Kleine Einmaleins‹ von Museumspraxis geübt werden müsste, weil die Museen Dahlem das erst lernen müssten; dass es um ›Umsetzbarkeit‹ gehen müsste, wozu die postkoloniale Museologie und entsprechende künstlerische Praxis nichts zu sagen hätten) eher als Symptome (für das Wegschieben zentraler Fragen zum Umgang mit ethnologischen Sammlungen, für die wechselseitigen Schuld- und Verantwortungszuschreibungen innerhalb der Institution und für Versuche der Delegitimierung der Kritik) denn als Problemstellungen, zu denen unsere Arbeit im Sinne einer Lösungsorientierung beitragen könnte.«[69]

Neben »strukturellen Verwerfungen« wird als Hinderungsgrund »sinnvoller« Forschung auch der Versuch des Lab, in Abläufe der Besuchererhebung einzugreifen angeführt, sowie eine nicht vorhandene Bereitschaft einzelner Leitungspersonen der Museen, selbst minimale Zeit für Erhebungen zu investieren.[70] Positiv wird festgehalten: »Wir sehen im Rahmen der weiteren Probebühnen in Teilen Ansätze einer Auseinandersetzung mit unterschiedlichen Wissen, einer historischen Aufarbeitung kolonialer Aspekte und zu einer kollaborativen Museologie.«[71] Zweifel aber werden geäußert an der Bereitschaft der Auseinandersetzung mit der kritischen Berliner Öffentlichkeit und an Einwirkungsmöglichkeiten des internationalen Advisory Board im Gesamtprojekt.[72]

68 | Ebd. S. 132.

69 | Ebd. S. 137.

70 | Ebd. S. 133.

71 | Ebd.

72 | Ebd. S. 134.

»Eine Reflexion über aus unserer Sicht sehr zentrale Themen wie die Personalstruktur bzw. die Ausschlüsse in der Auswahl der Akteur_innen (whiteness des ganzen Kontexts, die sich nicht zuletzt auch in [...] Sprachgebrauchen und Abwehrstrategien spiegelt) und entsprechende Veränderungen im Handeln scheinen von Seiten der Auftraggebenden der Erhebung zufolge keine Priorität zu haben, wären aber aus unserer Sicht spätestens im weiteren Verlauf unumgänglich.«[73]

Um das eigene »theoretische und politische Profil« und das Renommee des IAE nicht »Schaden« nehmen zu lassen, wurde von einer Fortsetzung der wissenschaftlichen Begleitforschung Abstand genommen.[74] Für die wissenschaftlichen Mitarbeiter der Staatlichen Museen zu Berlin war es neu und ungewohnt, ihr Tun systematischen Evaluierungen durch externe Experten unterziehen zu lassen und gegenüber Museumsberatern zu rechtfertigen. Sie fühlten sich offensichtlich unvorbereitet.

Während das Team um Carmen Mörsch 2013 das Rezeptionsverhalten von Fokusgruppen anhand von drei frühen Lab-Experimenten untersuchte, fokussierte die Museologin und Museumsberaterin Annette Löseke[75] bei einer Begehung im Oktober 2015, also im letzten Monat des Bestehens des Humboldt Lab, auf drei späte Projekte und publizierte dazu 2018 einen Aufsatz mit dem Titel »Experimental Exhibition Models. Curating, Designing and Managing Experiments. A Case Study from the Humboldt Lab«.[76] Lösekes Erhebung beschränkt sich auf Reaktionen einer Klasse Studierender der Freien Universität Berlin, die sie zu dieser Zeit unterrichtete. Sie beobachtete die Gruppe bei der Betrachtung und Erschließung der Lab-Ausstellung »Objektbiografien«, in der es um die Provenienz und Rezeptionsgeschichte ausgewählter Sammlungsstücke des Ethnologischen Museums ging, der multisensorischen Installation »Verzauberung/Beauty Parlour« zum Swahili-Schönheitsbegriff sowie der Präsentation »Korea ausstellen«. Gesondert betrachtet wurden Parameter wie Orientierung im Raum, Aufmerksamkeits-Stimulatoren, Intensität der Einlassung, Lese- und Hörverhalten sowie Bereitschaft der Studierenden zu Interaktion, Interpretation und Bewertung.[77]

---

73 | Ebd.

74 | Ebd. S. 135.

75 | Annette Löseke führte als Expertin für Besucherforschung und Besucherentwicklung Evaluationen u.a. auch für das British Museum und das Shanghai Museum durch.

76 | A. Löseke: »Experimental Exhibition Models. Curating, Designing and Managing Experiments. A Case Study from the Humboldt Lab«, in: MacLeod/Austin/Hale et al. (Hg.), *The Future of Museum and Gallery Design. Purpose, Process, Perception*, London: Routledge 2018, S. 189-199.

77 | Ebd. S. 190.

Beim deutsch-afrikanischen Provenienz- und Rezeptionsforschungsprojekt »Objektbiografien« wurde das experimentelle Ausstellungsdesign[78] als ambitioniert, aber wenig einladend empfunden. Einige Studenten hätten nach oberflächlicher Begutachtung keine Lust gehabt, sich näher mit Inhalten auseinanderzusetzen. Der immersive und selbstreflexive Momente verbindende »Beauty Parlour« hat laut Löseke Grenzziehungen zwischen authentischer und inauthentischer Rekonstruktion infrage gestellt. Die Hybridisierung von Dokumentation und Kunstinstallation habe die Studierenden aber eher irritiert und ratlos gemacht (Unklarheit, ob es sich um Kunst oder Ethnologie handelte). Immerhin habe die Installation Diskussionen angeregt. Als nutzerfreundlich, aber nur bedingt anregend, sei die konventionellste der drei Inszenierungen erlebt worden: die zeitgenössische koreanische Kunst einbeziehende Korea-Ausstellung. Diese sei aber weder durch Hybridisierung von Kategorien oder Selbstreflexivität noch durch experimentelles Design aufgefallen.

An dieses gemischte Ergebnis, das weder für noch gegen experimentelle Designansätze zu sprechen scheint, knüpft die Autorin eine nachdrückliche Empfehlung für eine »klare« Besucher- und Rezeptionszentrierung der gestalterischen und kuratorischen Ausstellungsarbeit als strategischen Managementansatz an: »experimental, creative exhibition design should be reception centered as distinct from primarily content focused«[79] Als Voraussetzung müssten in Kulturinstitutionen kreative, experimentelle und flexible Arbeitsumgebungen geschaffen werden. Nur so sei »experimentelle, selbstkritische, transparente und partizipatorische« Museumsarbeit möglich, gerade auch in ethnologischen Museen.[80]

Als Argumentationsmuster taucht bei Löseke der aus der Szenografieliteratur und auch aus dem Humboldt Lab bekannte Hinweis auf die gestiegene Komplexität von Fragestellungen in der global vernetzten Welt, das durch digitale Technologien und Medien gewandelte und sich weiter verändernde Kommunikations- und Rezeptionsverhalten und die Diversifizierung der Motivationen und Erwartungen des ›Publikums im 21. Jahrhundert‹ auf. Nur flexible Ausstellungs- und Managementkonzepte und distinkte Besucher- und Rezeptionszentrierung könnten dieser Situation gerecht werden.[81]

78 | Die Ausstellungsarchitektur bei »Objektbiografien« von ADDITIV & Descloux Engelschall bestand aus einer Außenseite und einem Innenraum. Durch Öffnungen konnte man die Rückseiten von Vitrinen und Objekten sehen, es wurden Blicke ›hinter die Kulissen‹ suggeriert.

79 | Ebd. S. 195.

80 | Ebd. S. 197.

81 | Vgl. U.R. Brückner/L. Greci, »Das Museum als komplexer Erfahrungsraum«, G. Anderson, *Reinventing the Museum.*

Löseke unterlegt ihre Argumentation empirisch. Es lässt sich allerdings fragen, wie empirisch gesättigt eine Untersuchung auf Grundlage eines 90-minütigen Museumsrundgangs ist und wie repräsentativ 14 Studierende für die Sehgewohnheiten der globalen Kulturkunden des 21. Jahrhunderts sind. Auch Grundannahmen werfen Fragen auf, etwa die Vorstellung immer stärkerer Ausdifferenzierung von Besuchererwartungen und Sehgewohnheiten. Mit dem globalen Tourismus und der Digitalisierung der Kommunikation scheinen nicht unbedingt Ausdifferenzierung, sondern umgekehrt sogar Reduktion und Vereinheitlichung auf dem Vormarsch zu sein, nicht zuletzt auch durch szenografisches ›Franchising‹. Das RAA-Design (Ralph Appelbaum Associates) etwa erstreckt sich in Gesamt- oder Teilverantwortung u.a. über das Weltmuseum Wien, das Humboldt Forum Berlin, das Walmart Museum in Arkansas, das United States Holocaust Memorial Museum, das National Museum of African American History and Culture und die Ford Foundation in Washington, das Canadian Museum for Human Rights in Winnipeg, das Horniman Museum in London, das Jewish Museum and Tolerance Center in Moskau, das National Museum of Prehistory in Taiwan und Teile der Wolfsburger Autostadt.[82] Unter der Devise der Erzeugung von ›Alleinstellungsmerkmalen‹ haben sich in jüngerer Zeit *Allgemeinstellungsmerkmale* ausgebreitet. Das lässt sich gerade auch am Beispiel des Humboldt Forums und Humboldt Lab ablesen, wo szenografische und kuratorische ›Innovationen‹ über Appelbaum prinzipiell auch dem Weltmuseum Wien zugänglich waren, das noch vor dem Humboldt Forum eröffnete. Tim Ventimiglia vom Büro Appelbaum, ein Promoter des Design Thinking, bezeichnete das Weltmuseum in der Wiener Hofburg als ›Little Humboldt Forum‹.[83]

Die Art der Beschaffung von Objekten und die Ausstellungs- und Rezeptionsgeschichte lassen Völkerkundemuseen aus heutiger Sicht als rassistische, illegitime Unterfangen und Propaganda-Abteilungen des Kolonialismus erscheinen. Nachfolgeinstitutionen stehen im Verdacht, Unrechtszusammenhänge nicht aufzuklären, sondern weiter zu verschleiern. Dem Verdacht ist schwer zu entkommen. Selbst Bemühungen um Transparenz können verdächtigt werden, letztendlich der Vertuschung zu dienen. Designer, Künstler und Marketingspezialisten zu Hilfe zu rufen, um Überwältigungseffekte an die Stelle von Präsentationen zu stellen, wo Wissenschaft in unsinnlichen Schauräumen trocken Sammlungs- und Disziplinenstrukturen spiegelte und brisante Themen ängstlich ausklammerte, mag naheliegend erscheinen. Inszenierungen aber lösen keine tieferliegenden Probleme und auf ›Must-sees‹ und eingängige ›Plots‹ zugeschnittene szenografische Gesamtkunstwerke, auf

82 | www.raany.com/ (03.05.2019).

83 | www.creativemuseum.eu/en/news/museums-and-creative-industries/operating-wherever-the-work-is (03.05.2019).

denen Copyrights liegen, erzeugen mitunter sogar die starreren Kosmen als das Modell öffentlicher Forschungssammlungen in der Tradition der Aufklärung.[84]

Annette Lösekes Aufsatz ist Teil eines Sammelbandes mit dem Titel *The Future of Museum and Gallery Design. Purpose, Process, Perception,* der sich mit neuen Rollen von Designern in Museen als ›Agents of Change‹ (Tricia Austin) auseinandersetzt.[85] Die Herausgeber streichen im Vorwort Potenziale der Designdisziplin bei einem grundlegenden Umbau von Museen von Elite-Einrichtungen zu Angeboten für größere Besuchersegmente heraus.[86] Die Publikation stellt einen signifikant erweiterten Designbegriff als strategische Ressource bei der Umstrukturierung herkömmlicher Museen in ›truly visitor-centered experiences‹ vor. Der Umbau bürgerlicher Bildungsanstalten zu Infotainment-Zentren wird in dem Buch als emanzipatorische Ermächtigung von Bürgern (›empowering of citizens‹) und demokratische Maßnahme dargestellt. Hierzu wird die Bauhaus-Utopie des erschwinglichen ›Design für Alle‹ bemüht.[87] In der Bauhaus-Tradition sehen sich auch manche Akteure der Lab-Kultur.[88] In einem 2018 erschienenen Aufsatz Lösekes mit dem Titel: »Rezeptionszentrierung als zentraler strategischer Managementansatz. Implikationen für Forschung, Produktentwicklung und Management«,[89] in dem sie »Kulturnutzer in den Mittelpunkt aller managerialen Überlegungen« stellt und strategisches »Audience Development« und generell einen »interdisziplinären cross-departementalen managerialen Ansatz« propagiert, werden aus Ausstellungen und Museen im Handumdrehen marktförmige ›Produkte‹.[90]

---

84 | In Dahlem hatte man Erfahrung mit Copyrights: Auf dem so genannten Bornemann-Saal mit den Cotzumalhuapa-Stelen und Objekten u.a. der Maya-Kultur lag das Copyright des Architekten aus den frühen 1970er Jahren. Ohne Zustimmung der Erben durfte nichts verändert werden, was erklärt, weshalb die multimediale Entwicklung an dem Saal komplett vorübergegangen ist und sich bis zur Schließung ein überholtes stilkundliches Paradigma bei Aussparung jeglicher sinnvoller Kontextualisierung konserviert fand.

85 | T. Austin, »The Designer's Role in Museums That Act as Agents of Change«, in: MacLeod/Austin/Hale et al. (Hg.), *The Future of Museum and Gallery Design*.

86 | Vorwort der Herausgeber von *The Future of Museum and Gallery Design*, S. 3.

87 | Ebd. S. 5f.

88 | Z.B. David A. Edwards in *The Lab. Creativity and Culture, S. 8, S. 194ff.*

89 | A. Löseke, »Rezeptionszentrierung als zentraler strategischer Managementansatz. Implikationen für Forschung, Produktentwicklung und Management«, in: Höhne/Glesner/Tröndle (Hg.), *Zeitschrift für Kulturmanagement: Kunst, Politik, Wirtschaft und Gesellschaft* (2018/1, *Kultur im Umbruch*), Bielefeld: transcript 2018, S. 71-86.

90 | Ebd. S. 71f.

Unter der Überschrift »Produktentwicklung« heißt es, dass u.a. auch Formate zu entwickeln und hinsichtlich ihrer Rezeption zu evaluieren seien,

»[...] die tradierte, europäische Modelle des Ausstellens dekonstruieren und auf nicht-europäisch geprägte Narrativstrukturen und -praktiken zurückgreifen [...] um a) in kritischer, etwa postkolonialer Absicht bestehende Themen, Narrative und Ausstellungspraktiken zu hinterfragen, b) potentielle, insbesondere fremdkulturelle Nutzer zu adressieren, und c) das historisch europäisch geprägte Angebot zu erweitern bzw. neue Perspektiven, Themen und Narrative zu entwickeln, die bestehende wie potentielle Nutzer nicht nur ansprechen, sondern auch partizipativ einbeziehen. Eine zentrale Herausforderung ist also die Konzeptionierung von Produkten, Programmen und Services [...].«[91]

Diese Empfehlungen für das ›neue‹ Museum des 21. Jahrhunderts einer Kulturmanagerin macht die Verbindung von *postkolonialem Marketing* und *Embedded Criticality* unter der Maxime prioritärer Besucher- und Rezeptionszentrierung evident. Kritik wird zum ›Produkt‹, wird *postkoloniales Infotainment.* Da mittlerweile jegliche pädagogikgeleitete Vermittlung als bevormundend, hierarchisch und gewaltsam kritisiert werden kann, wird von Museumserneuerern zunächst rein empirisch anhand von Studien, Statistiken und Skalierung untersucht, was Kulturnutzer erfahren und erleben wollen. Es wird signalisiert, dass man die Menschen ernst nimmt. Tatsächlich scheint der Blick aber weniger auf Menschen als auf ›Zielgruppen‹ und ›Kulturnutzer‹ gerichtet zu sein. Es werden partizipative und interaktive Angebote gemacht, aber möglichst intuitiv verständliche, anstrengungsfreie.

Was sich auf der Grundlage des Dargelegten nun in Umrissen abzeichnet, ist ein Parallelogramm aus Kräften, in dem Verschiebungen in Richtung nutzerfreundlicher Ausstellungsgestaltung Gefahr laufen, anerkannte Wissenschaftler und Künstler zu delegitimieren oder gar nicht erst zu gewinnen. Umgekehrte Verschiebungen in Richtung einer selbstreflexiven und dekonstruktivistischen Wissenschaft und Kunst laufen tendenziell Gefahr, Teile des Museumspublikums abzuschrecken. Abgehängt wird Publikum aber auch durch Präsentationen, bei denen vorbei an Theorien einseitig auf sinnliche und ästhetische Objektinszenierung und Atmosphäre gesetzt wird und kulturhistorische Kontexte ausgeblendet bleiben. Wenn das zugrunde liegende Setting unklar ist, sind die Irritationen und das Nichtverstehen (Ist das Kunst oder Ethnologie?) unter Umständen sogar noch größer als bei überfordernden Theorieangeboten. Der Sorge, das Publikum intellektuell zu überfordern, können Präsentationen entspringen, die Stereotype bestätigen und das Fachpublikum verärgern, und zwar selbst dann, wenn ein Bemühen um den von

91 | Ebd. S. 78.

postkolonialen Kritikern angemahnten gleichberechtigten Austausch in interkulturellen Kollaborationsprojekten dahintersteht. Wird Symmetrie des kulturellen Austausches in den Vordergrund gerückt, werden tendenziell Asymmetrien überdeckt, die aus Imperialismus und Kolonialismus erwachsen sind, und umgekehrt.[92] Das Humboldt Lab versuchte in diesem Kräfteparallelogramm eine Mittelposition gewissermaßen zwischen ›Hörsaal‹ und ›Hollywood‹ zu vertreten. Im Zweifelsfall zog es aber die visuelle der intellektuellen Überzeugungskraft vor – mit Blick aufs Publikum. Als Versuch, Spannungen und Widersprüche rhetorisch aufzulösen, kann man Martin Hellers Formel der ›ambitionierten Popularität‹ ansehen.[93]

Es wird interessant zu sehen sein, wie die Staatlichen Museen zu Berlin künftig ihr Publikum ›entwickeln‹ werden. Als gewissermaßen zentrales *Besucherentwicklungszentrum* wurde Anfang 2019 das Haus Bastian am Kupfergraben gegenüber dem Neuen Museum eingeweiht. Die Stiftung Preußischer Kulturbesitz möchte sich auf der Museumsinsel und im Humboldt Forum nach den Worten ihres Präsidenten, Hermann Parzinger, »mit ganz neuer Intensität« ihren Besuchern widmen und »in ganz anderer Weise als früher mit den Besuchern kommunizieren, sich auf sie zubewegen und ihnen Angebote machen, die den Besuch zum Erlebnis machen«.[94] Dem Generalintendanten Hartmut Dorgerloh schwebt im rekonstruierten Königssitz eine ›Freistätte für Kunst und Wissenschaft‹ vor, in der nunmehr der Kunde König sein soll:

»Man muss von den Kunden her denken: Das sind die Besucher, ebenso die Partner in der ganzen Welt. Das Humboldt Forum ist nicht nur für das unmittelbare Publikum da.

---

92 | Ein Beispiel für eine unausgegorene Präsentation bot Anfang 2019 die deutsch-, englisch- und arabischsprachige Ausstellung »Cinderella, Sindbad & Sinuhe. Arabisch-deutsche Erzähltraditionen« auf der Museumsinsel, eine Kooperation des Ägyptischen Museums der Staatlichen Museen zu Berlin und der Arab-German Young Academy of Sciences and Humanities (AGYA). Ausgehängte Kinoplakate trieften vor Stereotypen, jedoch fand sich das Thema des ›Orientalismus‹ auf der Ausstellungsebene weitgehend ausgeklammert. Auf Nachfrage erklärten die Kuratorinnen, die sich selber ›in der postkolonialen Ecke‹ verorten, gerade deutsche Besucher seien mit postkolonialen Problemstellungen vielfach nicht vertraut, man wolle niemanden überfordern. Als Kompensation waren einige postkoloniale Bücher ausgelegt. J. Di Blasi: »Cinderella und Sindbad. Märchen wandern durch die Welt«, in: *Berliner Morgenpost*, 18.04.2019.

93 | M. Heller, *Inhaltskonzept. Agora und Humboldt Forum*, S. 27.

94 | Hermann Parzinger, Pressemitteilung der SMB/SPK anlässlich der Schlüsselübergabe für das neue Zentrum für Kulturelle Bildung (Haus Bastian) am Kupfergraben, Berlin, 12.03.2019.

Wir wollen Menschen teilhaben lassen, die aus ökonomischen Gründen vermutlich nie nach Berlin kommen können. Für sie planen wir digitale Präsentationen.«[95]

Mit der Neuausrichtung auf Besucher- und Rezeptionszentrierung, und damit auf Inszenierung und Erlebnischarakter, scheint sich im Humboldt Forum eine Linie fortzusetzen, die zuvor im Humboldt Lab in kondensierter Form sichtbar wurde.

VII.5 Wie humboldtsch war das Humboldt Lab?

Eine Frage, die sich aufdrängt, die in den archivierten Unterlagen des Humboldt Lab aber nicht aufgeworfen wird, lautet: Wie humboldtsch war das nach ihm benannte Innovations-Lab? Bereits zu Beginn seiner Tätigkeit für das ›deutsche Weltprojekt‹, in dem er nach eigener Auskunft »mit wesentlichen Teilen der inhaltlichen Planung« beauftragt war, versuchte der Kulturunternehmer Martin Heller Kritikern und Skeptikern den Wind aus den Segeln zu nehmen, indem er beteuerte, dass er kein ›Disneyland‹ im Sinn habe, »wie viele meinten und meinen« und dass das Humboldt Lab ein ›Forschungsprogramm‹ sei.[96] Heller berief sich auf das »Erkenntnisinteresse menschenfreundlicher Aufklärung« der kosmopolitischen Humboldt-Brüder mit ihren Arbeiten »zwischen Wissenschaft und den Künsten«.

Wissenschaft nach dem Humboldt-Modell organisiert sich in enger Verzahnung von Forschung und Lehre. Die aufklärerische Idee von Wissenschaft und ihren Sammlungen als öffentliche Angelegenheit war motiviert durch den Humanismus und deutschen Idealismus. Wilhelm von Humboldts Universitäts- und Museumsideal ist ausgerichtet auf das ›Individuum‹ und den ›Menschen‹, der sich in seiner Freiheit bildet, möglichst frei von staatlichen und ökonomischen Zwängen (Joch des Broterwerbs). Mit seiner Bildungsoffensive reagierte der Liberalismus-Vordenker aus dem preußischen Beamtenadel auf porös gewordene Fundamente der Ständegesellschaft sowie Verunsicherungen durch die Französische Revolution und Napoleon. In Berlin wurden

95 | N. Kuhn: »Das Programm bestimmen wir«, Interview mit Hartmut Dorgerloh, in: *Der Tagesspiegel*, Berlin, 16.05.2018. Symmetrisierung wird im ›demokratischen Schloss‹ (Hermann Parzinger) also über ›Marktzugänge‹ hergestellt, wenn schon nicht physisch (Visumprobleme; elektrische Zäune an EU-Außengrenzen; Armut als Reisehindernis) so immerhin digital. Künstler und Aktivisten fordern schon seit Längerem die Freigabe von Daten als ›Open Source‹. Bisher aber horten Institutionen Datensätze vielfach in der Weise wie die Originale.

96 | M. Heller, »Das Humboldt-Forum. Ein deutsches Weltprojekt«, in: *DAMn_magazine*, S. 57.

Sammlungen von Kunst und naturkundlichen Objekten zu einer öffentlichen Angelegenheit. Zu akademischen Vorträgen seines Bruders Alexander von Humboldt (Kosmos-Lesungen), strömten auch interessierte Bürger der Stadt. Wohl unter dem Einfluss von Alexander von Humboldt, der damals Vorleser des Königs war, widmete Friedrich Wilhelm IV. das Gelände hinter Schinkels Museum zu einer ›Freistätte für Kunst und Wissenschaft‹ um. Bereits in der Frühzeit der Museen wurde kontrovers diskutiert, ob es der Zweck von Museen sei, die Menschen über die Geschichte der Kunst zu belehren, wie Kunstgelehrte meinten, oder über die Schönheit. Letzteres war die Überzeugung des Architekten Karl Friedrich Schinkel (»Erst erfreuen, dann belehren«).[97] Das Verhältnis von Erziehung, Forschung und Unterhaltung war schon zu Zeiten der Humboldt-Brüder ein Gegenstand von Aushandlungen.

Horst Bredekamp strich in einem Interview, das ich 2008 mit ihm führte, heraus: »Museen bilden neben den Universitäten und den Max-Planck- und Fraunhofer-Instituten eine riesige Säule der Forschung, was durch immer neue, glänzende Ausstellungen eher überblendet wird. Ausstellungen scheinen vom Himmel zu gleiten – dabei sind sie jeweils Produkte von Forschungsleistungen.«[98] Ausstellungen, wie wir sie kennen, sind Produkte wissenschaftlicher Forschung und zugleich Werbung für Forschung. Beim Schaufenster der Humboldt Universität (»Humboldt-Labor«) im Humboldt Forum ist Wissenschaftsveröffentlichung das erklärte Ziel. Wissenschaft braucht Veröffentlichung und d.h. immer auch Popularisierung. Formate der Wissenschaftspopularisierung können dazu beitragen, die gesellschaftliche Akzeptanz für Forschungen zu erhöhen. Darum ging es schon Leibniz und den Humboldt-Brüdern. Wenn aber Designer und Marketingstrategen als Generalgestalter von Museen bestellt und Fachwissenschaftler auf wissenschaftliche Beraterrollen reduziert werden, hören Museen tendenziell auf, die universitätsanalogen Forschungs- und Bildungseinrichtungen zu sein, die wir gewohnt sind.

Die Relativierung von Epistemologien gerade in der Völkerkunde kann hergenommen werden, um Rahmenwechsel vorzunehmen. Von einem Rahmenwechsel lässt sich sprechen, wenn Verschiebungen nicht nur auf inhaltlicher, sondern auch auf struktureller Ebene erfolgen. Ein solcher Rahmenwechsel liegt beim Umbau von klassischen Bildungseinrichtungen zu Infotainment-Angeboten vor. Der Unterschied liegt nicht so sehr in der Art und Weise der Inszenierung von Objekten oder in Popularisierungsgraden von Inhalten,

97 | J.J. Sheehan, *Geschichte der deutschen Kunstmuseen. Von der fürstlichen Kunstkammer zur modernen Sammlung*, München: C.H. Beck 2002, S. 126.

98 | J. Di Blasi, »Hannover soll seine Schätze heben. Der Berliner Kunsthistoriker und Bildwissenschaftler Horst Bredekamp über Forschung an Museen und Leibniz' Wissenstheater«, in: *Hannoversche Allgemeine Zeitung*, 24.11.2008, S. 8.

sondern in ihrer Adressierung. Bei Umstrukturierungen nach marktökonomischen Kriterien geht es offensichtlich um eine andere Art der Öffentlichkeit als bei bürgerlichen Bildungseinrichtungen: Es geht um Endkonsumenten.

Der Kulturunternehmer Martin Heller gehörte als Agora-Beauftragter des Humboldt Forums zu den Pionieren publikums- und rezeptionszentrierter Ausstellungsgestaltung. Gemeinsam mit Designern, Künstlern und Wissenschaftlern wollte er »[...] einen neuen Typus von im weitesten Sinne künstlerischen Angeboten« zugeschnitten auf »Bedingungen des Sehens, Denkens und Verstehens im 21. Jahrhundert« entwickeln,[99] mit »dem Ziel einer leuchtenden, postkolonialen, interessanten, künstlerisch hoch qualifizierten und dem Publikum gerecht werdenden Ausstellung«[100] als »demokratischer« Umschlagplatz »im besten Sinn« des »Begriffs Agora«.[101] Den öffentlichen ›Bildungsauftrag‹, der diesem Ideal offenbar im Weg steht, verabschiedete der Lab-Initiator in einem Nebensatz der Abschlusspublikation des Lab zugunsten von Infotainment und Edutainment.[102]

»Trotz des Booms, durch den einst elitäre Bildungseinrichtungen zu kulturellen Unterhaltungsangeboten wurden, drängen viele Fragen. Dazu gehört die Last der arbeits- und kostenintensiven Sammlungen [...] oder das veränderte, jedoch nur schwer einzuschätzende Wahrnehmungsverhalten eines neuen, digital sozialisierten Publikums [...]. Dies alles ruft nach einer aktiven Bearbeitung jenseits der kulturwissenschaftlichen oder museologischen Theorien [...].«[103]

Bei der Transformation des aufklärerischen Bildungsideals in publikumszentrierte szenografiekünstlerische ›Produkte‹ scheint es sich um zutiefst dialektische Vorgänge zu handeln. Da sich zweifellos private Dienstleister

---

99 | M. Heller, »Das Humboldt-Forum. Ein deutsches Weltprojekt«, in: *DAMn_magazine*, S. 54.

100 | Zit. nach F. von Bose, *Das Humboldt-Forum. Eine Ethnografie seiner Planung*, S. 217.

101 | M. Heller, *Inhaltskonzept. Agora und Humboldt Forum*, S. 9.

102 | Die Bezeichnung ›Edutainment‹ tauchte Mitte des 20. Jahrhunderts im Kontext amerikanischer Fernsehunterhaltung auf. Klassisches Edutainment sind »Die Sendung mit der Maus« oder die »Teletubbies«. Vor ›Infotainment‹ warnten in den 1980er Jahren Medienkritiker wie Neil Postman (*Wir amüsieren uns zu Tode*, 1985). Postmans aufrüttelnde Kritik richtete sich gegen eine Umwandlung des öffentlichen Diskurses in postaufklärerische, postrationale, postpolitische und postdemokratische Formate, in deren Kontext jedes Thema, nicht zuletzt Politik und politische Wahlkämpfe, in emotionalisiertes TV-Varieté verwandelt werden. N. Postman, *Amusing Ourselves to Death. Public Discourse in the Age of Show Business*, New York: Viking 1985.

103 | M. Heller, »Suche nach den verpassten Chancen«, S. 31.

besser als Staatsapparate auf Kundenbetreuung, Besucherentwicklung und Vermarktung des kulturellen Erbes verstehen, kann man fragen, ob nicht der konsequente nächste Schritt die Privatisierung kostspieliger Kultureinrichtungen wäre. Wenn Pflege der Interessen und Bedürfnisse der globalen Touristen und Endkonsumenten ins Zentrum rücken und Städte sich zunehmend im internationalen Standortwettbewerb sehen, kann Akademismus schnell als Besucherüberforderung erscheinen. Wenn die Vermittlung wissenschaftlicher Erkenntnisse in den Hintergrund rückt, schwinden aber unweigerlich die Fundamente, die im bürgerlichen Zeitalter die Legitimation für den Aufbau und die Erhaltung von Museen und Universitäten durch Steuergelder gewesen sind.

Im Zuge von ›Expandend Scenography‹ haben sich für ästhetische Domänen, für Design, Kunst und Performance, neue Spielräume in Museen eröffnet. Die Designforscherin Margaret Choi Kwan Lam konstatiert in ihrem 2014 erschienenen Buch *Scenography as New Ideology in Contemporary Curating* – affirmativ – ein »handover in the power of authorship from traditional curators‹ hand to scenographers.« Mittlerweile stellt sich die Frage, ob im Eifer der Terrainzugewinne der Gestaltungs- und Vermarktungsindustrie und ihrer ›Neuerfindung‹ der Museen mit der Verabschiedung des vermeintlich ›altmodischen‹ und ›verstaubten‹ Plunders auch gesellschaftliche Fundamente kultureller Institutionen über Bord geworfen werden; und der Verweis auf einen öffentlichen ›Bildungsauftrag‹ zur Hohlformel verkommen ist, um öffentliche Subventionen weiter zu rechtfertigen. Gerade das humboldtsche ›Bildungsideal‹ ist eine ausreichend ausgeleierte Floskel, um alles Mögliche darin unterzubringen.[104] Im ›Jenseits‹ der Wissenschaften und ihrer Theorien, wo Gestaltungsapologeten Kulturinstitutionen heute bereits verorten, und entledigt von einem öffentlichen Bildungsauftrag, kann eine Legitimierung der Institutionen eigentlich nur durch Besucherzahlen erfolgen. Wenn aber ökonomische Argumentation ins Zentrum rückt und gesellschaftliche Funktionen durch wirtschaftliche ersetzt werden, schwindet da nicht der Entfaltungsfreiraum für freie Menschen als Kern der humboldtschen Didaktik und seines eng aufeinander bezogenen Universitäts- und Museumsmodells?

Eine Spannung besteht allerdings nicht nur zwischen Eventkultur und Aufklärung, sondern sie liegt in der Aufklärung selbst: Pädagogik kann im-

104 | Im Kontext des Humboldt Forums wurde der Gemeinplatz aktiviert, die Humboldt-Brüder stünden für eine Überwindung der Kluft zwischen Natur- und Geisteswissenschaften. Bereits 1883, als Statuen beider vor der Humboldt-Universität in Berlin enthüllt wurden, sind sie in dieser Weise vereinnahmt worden. Zur retrospektiven ›Erfindung‹ des humboldtschen Ideals um 1900 und seiner anhaltenden Ausschlachtung siehe das Nachwort von Gerhard Lauer in: W. von Humboldt, *Schriften zur Bildung*, Hg. v. G. Lauer, Stuttgart: Reclam 2017, S. 236ff, besonders S. 267.

mer in Bevormundung, Paternalismus und Manipulation münden. Programme der Volksdidaktik, der Erschaffung ›neuer Menschen‹ und der ›Befreiung aus Unmündigkeit‹ spielten gerade auch im Kolonialismus eine zentrale Rolle als Begründungsnarrativ und koloniale Erziehungs- und Entwicklungsprogramme wurden mit Verweis auf die Aufklärung legitimiert. Mit Imperativen des ›Ermöglichens‹, ›Ermächtigens‹, ›Teilhabens‹ und der ›Selbstreflexivität‹ wird diesem Dilemma vorzubeugen versucht, aber selbst in avancierten dekolonialen Praxen lassen sich ›Ermächtiger‹ und ›Ermächtigte‹ ausmachen. Unter dem Deckmantel des Anti-Paternalismus setzt sich mitunter unmerklich Paternalismus fort.

Für die Museumsethnologin Mona Suhrbier (Weltkulturen Museum Frankfurt) steht hinter dem Trend, nicht nur Gestaltungs-, sondern auch Inhalts- und Kritikaufgaben an die Designdomäne und an Künstler zu delegieren, ein gestiegener Innovations-, Erwartungs- und Legitimationsdruck bei anhaltender Ressourcenknappheit öffentlicher Museen und unzureichenden kulturpolitischen Rahmenbedingungen. Die Ethnologin stellt fest, dass an deutschen Universitäten immer weniger Nachwuchs für Museen ausgebildet wird und in Curricula wenig Raum für Studien der materiellen Kultur und Theoriebildung vom Objekt ist. In dieser Situation würden Künstler »überraschend« als Krisenhelfer »vorpreschen«. »Immer mehr und immer häufiger bedienen sich Künstler der Fachsprache der Ethnologie, übernehmen deren Themen und Methoden und inszenieren Wissenschaft.«[105]

Nach Suhrbiers Ansicht liegt das Hauptproblem in den Universitäten. Das Fach der Kulturanthropologie wasche sich auf Kosten der Museen von der eigenen kolonialen Vergangenheit rein.[106] Gemeinsam opferten Universitätsethnologie und Kunst Völkerkundemuseen »auf dem Altar der Kolonialismusdebatten«. Wenn die Museen ausreichend »als Brutstätten des Kolonialismus und Imperialismus entlarvt und paralysiert« seien, stünden die »Ästhetisierer« parat, für die es ein Leichtes sei, die Museen im Handstreich einzunehmen. Künstler und Kunstwissenschaftler erhielten Arbeitsplätze, Ethnologen gingen leer aus, Kulturmuseen würden zu Kunstmuseen, Barrieren zwischen Disziplinen würden eingerissen, auch Ethnologen sähen sich als Künstler und die Gesellschaft verliere »Orte für Kritik und für die kritische Auseinandersetzung mit kultureller Differenz [...].«[107] Gerade das Frankfurter Weltkulturen

105 | https://www.uni marburg.de/fb03/ivk/aktuelles/events/termine2013/anthro3 (03.05.2019). Vgl. auch M. Suhrbier, »Lastenverteilung. Zum Verhältnis von Museum, Universität und Kunst nach der Krise der ethnographischen Repräsentation«, in: Kraus/Noack, *Quo vadis, Völkerkundemuseum?*, S. 193-110, hier S. 96, 106, 107.

106 | Ebd. S. 96.

107 | Ebd. S. 106f.

Museum war eine Zeit lang Labor und Hochburg ästhetischer Forschung und Intervention.

Für welche Art der Museumsreform das Berliner Kreativlabor bzw. Martin Hellers ›Berliner Modell‹ standen, wird evident, wenn man das Projekt mit dem zeitgleich laufenden ›Frankfurter Modell‹ von Clémentine Deliss vergleicht. In beiden Fällen ging es um gegenwartsbezogene Museumsarbeit und in beiden Laboren spielte vor dem Hintergrund von Legitimationsproblemen kolonialer Sammlungen zeitgenössische Kunst eine Schlüsselrolle. Doch während Deliss an einer expliziten Wiederbelebung der Forschungssammlungen interessiert war, vor dem Hintergrund, dass ethnografische Objektsammlungen mit der strukturalistischen Wende für die Wissenschaft ihre Relevanz weitgehend eingebüßt hatten und universalistische Zugänge gründlich verabschiedet worden sind, ging es in Berlin um die unmittelbare, sinnliche, für ein breites Publikum verständliche Inszenierung historischer Objekte möglichst unbeschwert von akademischem Ballast (»kulturwissenschaftlichen und museologischen Theorien«),[108] jedoch unter Einbeziehung avancierter Gegenwartskunst. In Frankfurt ging es stärker um eine epistemologische Aufladung von historischen Objekten durch Gegenwartskunst wie auch durch die ›Hybriddisziplinen‹ (Clémentine Deliss) Critical Studies, Postcolonial Studies, Black Studies oder Transgender Studies. Beim ›Berliner Modell‹ sorgte Gegenwartskunst, ähnlich wie beim Kultur- und Ereignisprogramm der Expo 2000 in Hannover (»In Between«), für punktuelle Niveauhebung einer explizit auf Breitenwirkung ausgerichteten Programmatik. In moderater Form mündet das ›Berliner Modell‹ in permanente Aushandlungsprozesse zwischen Wissenschaftlern der Museen und Szenografie- und Kommunikationsexperten in Hinblick auf Form und Inhalte von Ausstellungen. Ins Extrem getrieben, würde das Modell wohl auf eine Entmachtung von Fachwissenschaftlern in Museen hinauslaufen.

Als Fehleinschätzung erscheint im Rückblick, dass seitens der Politik ausgerechnet vom wesentlich auf Gestaltungsfragen und Kunst ausgerichteten Humboldt Lab ein intellektuell tragfähiges und schlüssiges Konzept und Profil für das symbolisch widersprüchliche Unterfangen Humboldt Forum erwartet wurde. Man kann das als Indikator für die zeittypische Überschätzung von Design Thinking nehmen. Eine Ironie liegt darin, dass dasselbe Modell, mit dem Universitäten auf den sukzessiven Rückzug des Staates aus dem Bildungssektor reagierten, im Fall des Humboldt Lab als Instrument einer Umschulung der Staatlichen Museen von Bildungs- zum Unterhaltungsbetrieb diente. Das Lab-Modell war in den 1980er und 1990er Jahren im angelsächsischen Raum exakt vor dem Hintergrund des neoliberalen Abbaus von Kulturförderungen und rückläufiger öffentlicher Gelder für Universitäten als Format aufgetaucht,

108 | M. Heller, »Suche nach den verpassten Chancen«, S. 31.

das Wissenschaft und Wirtschaft, staatliche und private Interessen näher zueinander bringen sollte. Eine Ironie liegt auch darin, dass das Lab mit seiner Programmatik der publikumswirksamen und zugleich künstlerisch ambitionierten Inszenierung des kulturellen Erbes und mit seiner Wissenschaftsskepsis – die schmale Abschlusspublikation *Prinzip Labor* enthält demonstrativ wenig Text und viele Bilder – von eben jenem aufklärerischen Bildungsideal abrückte, das mit dem Namen Humboldt und mit Berlin aufs Engste verbunden ist. Das Lab, das Humboldts Namen trug, stand zur Humboldt-Utopie zumindest in einem ausgesprochen ambivalenten Verhältnis. Der Name Humboldt Lab erscheint als Oxymoron.

VIII. Ausblick: Ein neues Humboldt-Ideal

> »Sobald man aufhört, eigentlich Wissenschaft zu suchen, oder sich einbildet, sie brauche nicht aus der Tiefe des Geistes heraus geschaffen [...] werden, so ist Alles unwiederbringlich und auf ewig verloren; verloren für die Wissenschaft, die, wenn dies lange fortgesetzt wird, dergestalt entflieht, dass sie selbst die Sprache wie eine leere Hülse zurücklässt, und verloren für den Staat.«1
>
> Wilhelm von Humboldt

> »Mephistopheles (in Fausts langem Kleide): Verachte nur Vernunft und Wissenschaft,/Des Menschen allerhöchste Kraft, Laß nur in Blend- und Zauberwerken/Dich von dem Lügengeist bestärken,/So hab ich dich schon unbedingt - [...]«[2]
>
> Johann Wolfgang von Goethe

Neil MacGregor hat im Jahr 2013 auf einer internationalen Expertentagung der SMB/SPK die Umbettung von Kulturgut mit der Exhumierung der heiligen Leiche von Rogier van der Weydens Gemälde »Die Exhumierung des Heiligen Hubertus« aus der National Gallery in London verglichen und Kollegen geraten, das Gemälde nicht zu lange anzuschauen – weil es ihnen mulmig werden könnte. Die heilige Leiche ist nämlich erstaunlich gut erhalten und wirkt fast lebendig. Die Machthaber verhandeln, was mit dem Corpus gesche-

1 | W. von Humboldt: »Über die innere und äußere Organisation der höheren wissenschaftlichen Anstalten in Berlin«, in: *Schriften zur Bildung,* Hg. v. G. Lauer, Stuttgart: Reclam 2017, S. 155.

2 | J.W. von Goethe, *Faust Erster Teil,* in: Trunz, Erich (Hg.), *Johann Wolfgang von Goethe. Werke, Kommentare und Register, Hamburger Ausgabe in 14 Bänden,* Bd. 3, Dramen I, München: C.H. Beck, (Studierzimmer, Verse 1851-1855), S. 61.

hen solle. Das Publikum lugt gespannt zwischen Gitterstäben hindurch. Der ›heilige Hubertus‹ in Deutschland sei das in Bewegung geratene Kulturerbe, sagte MacGregor, der damals noch Direktor des British Museum war. Während Experten über zeitgemäße Präsentationsformen musealer Schätze stritten, warte die kulturell interessierte Weltöffentlichkeit in der Ferne gespannt auf Ergebnisse. In Paris, London und New York seien Museumspräsentationen »eingefroren«, nur in Berlin biete sich »die Chance eines neuen und zeitgemäßen Überdenkens der Gesamtheit der europäischen Kultur«.[3]

Wir leben in der Ouagadougou-Zeit‹. So bezeichnete Kwame Opoku die durch Emmanuel Macron eingeleitete Phase eines neuen Umgangs mit Kulturgut aus kolonialen Sammlungen.[4] Der französische Staatspräsident hatte Ende 2017 in einer Rede vor Studierenden der Universität von Ouagadougou in Burkina Faso überraschend die Rückkehr afrikanischen Kulturerbes aus Frankreich angekündigt: »Je veux que d'ici cinq ans les conditions soient réunies pour des restitutions temporaires ou définitives du patrimoine africain en Afrique«, und: »Le patrimoine africain ne peut pas être prisonnier de musées européens«. Damit ist die Diskussionsgrundlage in Europa verändert und eine kulturpolitische Wende eingeleitet worden.

Das Humboldt Forum hat mit dazu beigetragen, dass über Kulturgut neu nachgedacht wird, denn mit dem Berliner Großprojekt des Umzugs der nicht-westlichen Sammlungen in ein rekonstruiertes Schloss wurden Diskussionen und Kontroversen rund um koloniale Altlasten auch international verstärkt in Gang gesetzt. Im Zuge der Umbettung der Exponate ist auch Licht auf die immensen Materialmengen in Depots gefallen, Objekte, deren problematische Herkunft aus kolonialen Unrechtszusammenhängen niemand leugnet.[5] Mit mehr als einer Million außereuropäischer Sammlungsobjekte der ›Menschenwissenschaft‹ (Adolf Bastian),[6] darunter eine unbekannte Zahl an ›Human Remains‹ oder ›Ancestral Remains‹, sind die ethnografischen und anthropologischen Sammlungsbestände in Berlin die umfangreichsten dieser Art in der Welt. 20.000 Exponate werden im Humboldt Forum gezeigt. Die Erforschung allein dieses Konvoluts ist eine Mammutaufgabe. Nur ein Bruchteil der Arbeit ist bisher geleistet worden.

---

3 | MacGregor auf dem Symposium »Malerei und Skulptur – Chancen und Herausforderungen einer gemeinsamen Präsentation«, Bode-Museum, 26.-27.02.2013 (Persönliche Mitschrift).

4 | Zit. nach B. Savoy, »Die Zukunft des Kulturbesitzes«, in: *Frankfurter Allgemeine Zeitung*, 12.01.2018. Ebd.

5 |

6 | A. Bastian, *Der Völkergedanke im Aufbau einer Wissenschaft vom Menschen und seine Begründung auf ethnologische Sammlungen*, Berlin: Ferd. Dümmler Verlagsbuchhandlung 1881.

Als Motto oder Leitspruch hat das Humboldt Forum die Formel Friedrich Wilhelms IV. von der ›Freistätte für Kunst und Wissenschaft‹ gewählt. Das Motto ist gut gewählt, denn mit dem Humboldt Forum ist der Forschungsbedarf zweifellos gestiegen, wie überhaupt der Bedarf von Forschung an Objekten gewachsen ist: ob als Provenienzrecherche, Erforschung verschlungener Geschichte(n) in globalen Kontexten oder Grundlagenforschung in Kooperation mit Vertretern der Herkunftsgesellschaften. Entsprechend streichen auch die Verantwortlichen des Humboldt Forums in öffentlichen Reden immer wieder die enorme Wichtigkeit von Forschungsleistungen und gerade auch der kooperativen Erforschung des geteilten Erbes (›Shared Heritage‹) heraus.

Der Blick auf den Stellenplan (Stand April 2019) verrät aber etwas ganz anderes: Die Stellen im Humboldt Forum verteilen sich ausnahmslos auf Kommunikation, Ausstellungsarbeit und Vermittlung.[7] Bis Ende 2019 ist nach Angaben aus der Kommunikationsabteilung die Besetzung von 213,5 Stellen in der Stiftung Humboldt Forum im Berliner Schloss in drei Bereichen geplant: Kultur, Technik und Finanzen. Unterabteilungen des Bereichs Kultur sind eine Stabsstelle Presse und Öffentlichkeitsarbeit sowie Abteilungen für Marketing, der für das Forum »sehr wichtige Bereich« Programm und Veranstaltungen, Geschichte des Ortes, Sonder- und Wechselausstellungen und eine neu gegründete ›Humboldt Forum Akademie‹.[8] Die Akademie hat zum Ziel, »[...] Forschung und Wissenschaft mit Bildung und Vermittlung in enger Zu-

7 | Im Vollbetrieb sollen 15 Wechselausstellungsflächen, zwei Sonderausstellungsbereiche, drei feste Spielstätten (mit 600, 400 und 250 Plätzen) und eine Reihe weiterer Veranstaltungsräume bespielt werden. Rund 1000 Veranstaltungen sind jährlich geplant. Rund vier Millionen Besucher werden im Kulturschloss pro Jahr erwartet, das sind zirka 10.000 pro Tag. Die Governance-Struktur sieht so aus: Die Sonderausstellungsflächen unterstehen der Generalintendanz (Hartmut Dorgerloh; SHF im Berliner Schloss), ein Sammlungsleiter (Lars-Christian Koch; SMB/SPK) ist für die Dauerausstellungsflächen zuständig, (die es beim ursprünglichen Modul-Konzept nicht gab), Wechselausstellungen werden vom Generalintendanten und vom Sammlungsleiter unter Bezugnahme zur Dauerausstellung gemeinsam bespielt, während Humboldt Universität (»Humboldt-Labor«) und Stadt Berlin als weitere Institutionen mit Ausstellun gen im Schloss vertreten sind. Im Bereich der Wechsel- und Sonderausstellungen ist geplant, »teils in Zusammenarbeit mit dem ethnologischen Museum und dem Museum für Asiatische Kunst« zu kuratieren, unter projektbezogener Hinzuziehung freischaffender Szenografen, Designer und Künstler. Die Kommunikation läuft parallel über PR-Abteilungen der SHF im Berliner Schloss, der Kommunikationsabteilungen der SMB/SPK, der Humboldt Universität und der Stadt Berlin. EMail-Auskunft der Kommunikationsabteilung des Humboldt Forums, 10.04.2019.

8 | Ebd.

sammenarbeit mit den drei anderen Akteuren[9] stärker zu verbinden u.a. auch mit wissenschaftlichen Veranstaltungen. Daher sind in unserer Stiftung viele wissenschaftliche Mitarbeitende angestellt, forschen im eigentlichen Sinn tun sie nicht«.[10]

Eine Akademie, aber keine Forschung

Den mehr als 200 neuen Stellen in der Stiftung Humboldt Forum im Berliner Schloss stehen (bislang) lediglich vier zusätzliche Stellen für Provenienzforschung zu den Sammlungen des Ethnologischen Museums und des Museums für Asiatische Kunst gegenüber.[11] Während das Stadtmuseum Berlin, das im Humboldt Forum eine Dauerausstellung zeigt, als Museums- und Forschungseinrichtung mit eigenem Haus weiter besteht, stellt sich die Situation beim Ethnologischen Museum und beim Museum für Asiatische Kunst anders dar. Bis zum Umzug der Sammlungen bildeten Forschung, Ausstellungsarbeit und Vermittlung eine Einheit. Mit dem Umzug in die Stadtmitte aber wurde die ethnologische und kunsthistorische Forschung vom Rest abgetrennt. Die Museen sollen zwar unabhängig vom Humboldt Forum weiter bestehen. Formal sind sie für die Dauerausstellung im Humboldt Forum zuständig, auf der jedoch das Appelbaum-Copyright liegt.[12] Die wissenschaftlichen Mitarbeiter der Museen sollen am Standort Dahlem weiterhin Forschung in ihren Fachgebieten betreiben, die Institutionen erscheinen jedoch ausgehöhlt und entmachtet. Wenige Monate vor der zunächst für Ende 2019 angekündigten, dann aber auf Sommer 2020 verschobenen Eröffnung des Humboldt Forums war

9 | Humboldt-Universität, Stadtmuseum und Staatliche Museen zu Berlin.

10 | EMail der Kommunikationsabteilung des Humboldt Forums vom 10.04.2019.

11 | Mit den vier zusätzlichen Stellen umfasst das wissenschaftliche Team der Museen etwa 20 Personen. Die vier Provenienzforschungsstellen wurden Anfang 2019 von der Stiftung Preußischer Kulturbesitz ausgeschrieben. Laut Stellenausschreibung fällt in den Kompetenzbereich der vier Provenienzforscher auch die »Zusammenarbeit mit den Herkunftsländern« und die »Initiierung von Forschungsprojekten in Kooperation« mit diesen. Ausschreibung durch die SPK am 01.01.2019. Ohne die neuen Stellen wäre Provenienzforschung in der größten ethnologischen Sammlung der Welt weitgehend angewiesen auf Drittmitteleinwerbung.

12 | Im Interview am 03.09.2018 fragte ich Lars-Christan Koch nach den Vertragsmodalitäten mit Appelbaum & Associates. Ich wollte wissen, wie viel Flexibilität er als Sammlungsleiter im Dauerausstellungsbereich besitzt. Koch antwortete, dass Umbauten von Teilen der Präsentation im Humboldt Forum nicht nur eingeplant seien, sondern auch bereits vollzogen würden: »Wir sind schon flexibel. Wenn wir jetzt alles komplett umplanen würden, würde es aber wahrscheinlich Probleme geben. Das haben wir aber nicht vor.«

noch völlig offen, ob es in einem angekündigten »Forschungscampus Dahlem« für das Ethnologische Museum und das Museum für Asiatische Kunst zusätzliche Forschungsstellen geben wird oder nicht.[13] Es stellt sich also die Frage, ob just mit der Einrichtung eines Humboldt Forums als ›Freistätte für Kunst und Forschung‹ das Forschungsparadigma nicht gestärkt, sondern möglicherweise sogar geschwächt worden ist. Denn vormalige Gewichtungen wurden sowohl verschoben, als auch regelrecht verkehrt: traditionell dienende Domänen (Vermittlung, Public Relations, Ausstellungsgestaltung) besetzen nach jetzigem Stand das Zentrum des Kulturpalasts, Wissenschaft wurde *de facto* outgesourct.

Auf die Frage, von welchen Impulsen Museumsinnovationen in der entscheidenden Gestaltungsphase des Humboldt Forums geleitet waren, versucht die vorliegende Studie, die das Humboldt Lab als Indikator für Transformationen betrachtet, Antworten zu geben. Der Humboldt-Forum-Planungsprozess hatte sich bei der Ankunft des Humboldt Lab bereits zehn Jahre hingezogen. Um 2011/12 herum erfuhren die Planungen entscheidende Impulse. In dieser Zeit wurde das Szenografiebüro von Ralph Appelbaum von der Bauverwaltung mit der Gestaltung der Museumsflächen im neuen Forum beauftragt. Flankierend brachte der Schweizer Kulturunternehmer Martin Heller ebenfalls Ideen ein, wie sich Ausstellungsarbeit nicht nur aktualisieren, sondern grundlegend neu organisieren lässt. Impulse aus der Szenografie, der Marketingdomäne und der künstlerischen Forschung flossen ein, aber auch Ansätze aus Veränderungsmanagement und Coaching. Allein schon das Aufgreifen des modischen Lab-Formats zeigte an, dass es um Flexibilisierung und Deregulierung ging, um cross-disziplinäre Teamarbeit, die Einbeziehung von Know-how aus dem Bereich der Wirtschaft, dem freien Unternehmertum und von Freelancern in den staatlichen Museumsbetrieb, mit dem erklärten Ziel einer Neuausrichtung und Öffnung öffentlicher Museums- und Forschungseinrichtungen.

Aus der Lab-Perspektive konnte es zukunftsweisend, ja alternativlos erscheinen, das Besucherinteresse ins Zentrum allen Bemühens, Planens und Gestaltens zu rücken, und nicht Forscherinteressen, denn Kulturkunden sollten überrascht, begeistert und verzaubert werden, auf keinen Fall gelangweilt oder überfordert. An die Stelle von abgesichertem Denken und Spezialistentum sollten Erfindungsgeist, Kreativität, lustvolles Austesten von Möglichkeiten und Mut zum Risiko und Tabubruch treten, wie es in der Kunst, aber auch in der Start-up-Kultur selbstverständlich ist. Es sollte (mit ethnografischen Beständen) ›gebastelt‹ werden dürfen, auch gelegentliches ›Scheitern‹ war erlaubt.[14] Designer und Künstler erhielten vom Humboldt Lab gleichsam die

13 | Auch bei der Vorstellung einer »Potenzialanalyse« der SPK/SMB für den „Forschungscampus Dahlem“ im Sommer 2019 blieb dieser Punkt unklar.

14 | M. Heller, »Suche nach den verpassten Chancen«, in: *Prinzip Labor,* S. 28, 30.

Lizenz, den auf wissenschaftliche Absicherung bedachten Museumsbetrieb herauszufordern und aufzubrechen, um Spielräume zu erweitern, aber auch um bestehende Ordnungen aufzulösen. Vor dem Hintergrund forcierter Aktualitätsanforderungen und neoliberal geprägter Effizienzkriterien wurden die bestehenden Institutionen als ›alt‹, ›ängstlich‹, ›verstaubt‹, ›schwerfällig‹, ›akademisch-abgehoben‹, ›dysfunktional‹ oder schlicht ›zu teuer‹ abqualifiziert.[15] Das wissenschaftliche Fachpersonal hatte der ›Compelling Message Strategy‹ kaum etwas entgegenzusetzen.

Einseitige Weichenstellungen

Nur wenige Jahre später sind es die ›Innovationen‹ aus dieser Zeit, die merkwürdig veraltet anmuten, oder sogar deplatziert. Sonderbar fern, ja realitätsfremd erscheint es nunmehr, mit welcher Verve sich Akteure im Humboldt Lab Dahlem zwischen 2012 und 2015 auf Gestaltungs- und Inszenierungsfragen nicht-westlicher Museumsexponate konzentriert haben, so als handle es sich bei den Objekten der Dahlemer Sammlungen um Produkte, die nur ordentlich zum Glänzen gebracht und vermarktet werden müssten, um zu überzeugen. Kolonialismus war im Reformlabor kein zentrales Thema. Biografien von Gründerfiguren des Völkerkundemuseums blieben unbeleuchtet. Auf Verbindungen von Berliner Anthropologie und Rassenkunde wurde in der ›Probebühne‹ des Humboldt Forums ebenso wenig geblickt, wie in den Jahrzehnten davor im Ethnologischen Museum. Das mittlerweile die Debatte beherrschende Thema der Restitution und Repatriierung der im Zuge von europäischem Imperialismus und Kolonialismus vielfach unrechtmäßig angeeigneten Kulturgutmasse wurde im Humboldt Lab in fast schon gespenstisch anmutender Weise ausgeklammert.

Viel Energie wurde in ›Highlight‹-Inszenierungen investiert. Mit künstlerischen Inszenierungsformen wurden ›verlebendigende‹ Effekte ethnografischer Sammlungen angestrebt, während tatsächliche Vitalenergien, der Sprengstoff kolonialer Objekt- und Menschenbeute, sorgfältig eingehegt blieben. Repräsentations- und Legitimationsprobleme kolonialer Sammlungen wurden im Humboldt Lab überwiegend auf symbolischer Ebene zu lösen versucht (z.B. durch Verantwortungs-Outsoucing auf Künstler und Vertreter so genannter ›Source Communities‹). Dies alles weist das Humboldt Lab als Kind der Prae-Ouagadougou-Zeit aus und nicht als die visionäre Einrichtung, die

15 | Beim Humboldt Lab zeigten sich ungewöhnliche Allianzen von poststrukturalistisch-postkolonialen und neoliberalen Ansätzen, die in eine Art von *Postkolonialem Infotainment* mündeten. Über Divergenzen hinweg bestand Einigkeit darin, dass bestehende Epistemologien, aber auch institutionelle Strukturen ›aufgebrochen‹ werden müssten.

viele erwartet hatten. Die Phase vor dem Ouagadougou-Einschnitt wurde von der französischen Kunsthistorikerin und Restitutionsexpertin Bénédicte Savoy (TU Berlin) gerade mit Blick auf Berlin und das Humboldt Forum als geprägt durch »koloniale Amnesie« und »totale Sklerose« gekennzeichnet.[16] Im Sommer 2017 sagte Savoy, dass Humboldt Forum sei »wie Tschernobyl«, da es toxische Altlasten wie »Atommüll« unter einer Bleidecke begrabe.[17] Brennende Themen und Fragen wurden aber nicht nur bleiern abgedeckt, im Sinne von Verschweigen, sondern auch zu überspielen oder entschärfen versucht, gerade in der Lab-Ära.

Als ich die Recherchen für dieses Buch Anfang 2016 aufgenommen habe, war das forschungsleitende Interesse, vor dem Hintergrund der Entstehung des Humboldt Forums zu untersuchen, welche Mittel und Methoden zeitgenössische postkoloniale Künstler beim Umgang mit schweren historischen Zeichen und Lasten entwickeln und in welcher Form sie die Institutionen sowohl mit Kritik als auch mit alternativen Praxen herausfordern und damit zur Aufarbeitung der Geschichtslast beitragen. Es bot sich an, auf das kurz davor abgeschlossene Humboldt Lab zu fokussieren, da Kunstinterventionen dort eine zentrale Rolle gespielt hatten. Beim Quellenstudium zeigte sich aber schnell, dass es kaum um Fragen einer kritischen Aufarbeitung gegangen ist, sondern v.a. Inszenierungsfragen nicht-westlicher Objekte im Mittelpunkt des Experimentierens standen. Das Humboldt Lab konnte die Museumspräsentationen im Humboldt Forum mit seinen hybriden Projektskizzen zwischen Szenografie, Kunst und Wissenschaft kaum beeinflussen. Die dem Lab zugrunde liegende Gestaltungsideologie aber zeigt sich auch im großen Maßstab: die Übertragung von Kompetenzen an die Szenografie bei gleichzeitiger Transformation in Richtung ›Kundenzentrierung‹ und damit einhergehend eine Abschwächung des Wissenschaftsparadigmas. In die Matrix des Humboldt Forums findet sich fatalerweise der vorletzte Paradigmenwechsel eingeschrieben.

Anhand einiger Beispiele soll abschließend schlaglichtartig illustriert werden, wie sowohl einseitiges Vertrauen in die Vermarktbarkeit des ethnografischen Erbes als auch der naive Glaube, dass schon ausreichend gesichertes Wissen vorhanden sei, ins Desaster münden können. Ein Beispiel für eine Marketingpanne lieferte vor einigen Jahren das Wiener Weltmuseum: Es experimentierte mit so genanntem Guerilla-Marketing (geringer Aufwand soll maximale Effekte zeitigen) und überließ einem Marketingbüro die Bewerbung einer Ausstellung zum habsburgischen Kronprinzen Franz Ferdinand (»Franz Is Here«, 2014). Dieses wählte als zentrales Motiv ein Jagdbild aus: der Erz-

16 | J. Häntzschel, »Bénédicte Savoy: ›Humboldt-Forum ist wie Tschernobyl‹«, *Süddeutsche Zeitung*, 20.07.2017.

17 | Ebd.

herzog stolz in Großwildjägerpose auf einem frisch erlegten Elefanten. Wie frivol, dumm und unangemessen die Kampagne war, wird deutlich, wenn man weiß, dass Franz Ferdinand nicht nur tausende Ethnografica gesammelt hat (um seine ›Museomanie‹ ging es in der Ausstellung des WWM), sondern überdies einer jegliche Vorstellung sprengenden Trophäensucht frönte: Er soll in seinem Leben etwa 300.000 Tiere getötet haben.[18]

Auch das Humboldt Forum versuchte sich in Guerilla-Marketing. Hier firmierte eine braun-ledrige Gorilla-Hand, die sich geisterhaft aus einem Glas zu tasten scheint, in das sie seit mehr als hundert Jahren eingelegt ist, als eines von 15 so genannten ›Humboldt Forum Highlights‹. Aber kann man eine abgeschnittene Affen-Hand wirklich als ›Highlight‹ bezeichnen? Was verrät es über eine Institution, wenn sie solche ›Highlights‹ hat? Die Kampagne lief bereits mehrere Monate, als peinlicherweise Zweifel aufkamen, ob es überhaupt eine Gorilla-Hand ist. Nach neuem Stand stammt die Hand aus der Zoologischen Lehrsammlung der Humboldt-Universität eher von einem Schimpansen. Mit der falschen Gorilla-Hand möchte das »Humboldt-Labor« im Humboldt Forum auf die kolonialzeitliche »Ausbeutung von Menschen, Natur und Gesellschaften« hindeuten.[19]

Die anthropologischen Sammlungsbestände sind in den 1930er Jahren weitgehend an die Charité übergeben worden. 2011 aber übernahm die Stiftung Preußischer Kulturbesitz menschliche Gebeine von der Charité, weil sie über bessere Lagermöglichkeiten verfügt. Zu dieser Zeit scheint die Einlagerung des Nachlasses der Rassenforscher als relativ unproblematisch angesehen worden zu sein. Kurze Zeit später wäre die Preußenstiftung die Gebeine am liebsten schnell wieder losgeworden, musste jedoch feststellen, dass das nicht so einfach geht. Die intern als ›S-Sammlung‹ bezeichnete Sammlung besteht aus 5.500 Schädeln, ursprünglich sollen es 6.300 gewesen sein.[20] Es handelt sich hierbei um die Sammlung des Anthropologen Felix von Luschan. Seinerzeit sind vollständige Köpfe angefordert und in Berlin entfleischt worden. Heute findet man nur noch kahle Schädel in den Lagern. Felix von Luschan betrachtete afrikanische Menschen als eine Art von Leitfossilien. 1898 notierte der Arzt und Anthropologe im Kontext der Übernahme der »reichen Beute« an Bronzekunst und anderer Objekte aus Benin: »Natürlich interessieren uns in all diesem großen Reichtum von Darstellungen am meisten die Menschen, vor allem, aus rein ethnografischen Gründen, die Neger«.[21] Nur wenige Gebeine

18 | Den Hinweis auf dieses Beispiel verdanke ich Lisl Ponger.

19 | https://www.humboldtforum.com/de/inhalte/gorilla (03.05.2019).

20 | https://www.preussischer-kulturbesitz.de/newsroom/dossiers-und-nachrichten/dossiers/dossier-provenienzforschung/luschan-sammlung.html (03.05.2019).

21 | F. von Luschan, »Altertümer von Benin«, in: Prussat/Till (Hg.), *Neger im Louvre. Texte zu Kunstethnographie und moderner Kunst*, Dresden: Verlag der Kunst 2001,

sind bisher repatriiert worden, nur ein Teil der Sammlung konnte bislang erforscht werden. Bis zum DFG-geförderten »Charité Human Remains Project« (2010-2014) hatten selbst Experten keine Kenntnis und Vorstellung vom Ausmaß dieses Nachlasses gehabt.

Erstaunliche Wissenslücken selbst bei Experten wurden auch in Wien deutlich. Dort wollte das Naturhistorische Museum den österreichischen Anthropologen Rudolf Pöch (1870-1921), der das Institut für Anthropologie und Ethnographie der Universität Wien begründet hat, als Multimedia-Wegbereiter ehren. Aus der feierlichen Würdigung wurde nichts, weil sich herausstellte, dass sich Pöch kaum als Kulturheld eignet. Der südafrikanische Museologe, Regierungsberater und Repatriierungsexperte Ciraj Rassool hat erforscht, dass Pöch und sein Team zu Beginn des 20. Jahrhunderts im nördlichen Cape auf der Suche nach ›Buschmännern‹ mit Leichenkarren von Farm zu Farm gezogen sind und in großen Bottichen Leichname auskochen ließen, um Skelette für die Rassenforschung zu erhalten. Die Wiener Kollegen hätten auf die für sie offenbar völlig überraschenden Forschungserkenntnisse aus Südafrika mit »Schock und Weinen« reagiert, sagt Rassool. Statt der Feier eines Multimedia-Wegbereiters erfolgte eine Repatriierung: Ein aus seinem Grab geraubtes Paar, das in Wien lange Zeit als Ganzkörperpräparat ausgestellt gewesen war, erhielt seine Namen zurück, Klaas und Trooi Pienaar, und wurde 2012 repatriiert und von den Nachkommen beigesetzt.[22]

Eine dekoloniale Freistätte

Welche schweren Zeichen Museen mit ethnologischen und anthropologischen Sammlungen verwalten, wie emotional hochangereichert das gesammelte Material ist und wie groß das Nichtwissen, wird immer deutlicher. In der Konfrontation mit Sammlungen wie jenen des Humboldt Forums werden Begrenzungen und blinde Flecken gerade auch der wissenschaftlichen Forschung

---

S. 17-18; hier S. 17. Bei einem Berlin-Besuch hob Ciraj Rassool hervor, dass für die Hochphase der europäischen Kolonisation ein hartnäckiges ›Begehren‹ nicht nur nach Boden- und Kulturschätzen, sondern auch nach Menschen bestanden habe: »a desire for the exotic body«. C. Rassool, »Zum Umgang mit Restitutionen von Human Remains«, Vortrag im August Bebel Institut, Berlin, auf Einladung von No Humboldt 21 und Afric Avenir, 23.06.2014 (persönliche Mitschrift).

22 | Ebd. J. Di Blasi, »Friedhof der Wissenschaft. Organisierte Grabschändung im Zeichen der Rassenforschung: Deutsche Museen beginnen, ihr Kolonialerbe aufzuarbeiten«, in: *Leipziger Volkszeitung*, 22.07.2014, S. 10; Zum Thema ›Human Remains‹ siehe auch: J. Di Blasi, »Ganz neue Art von kulturellem Ort. Hermann Parzinger, der Planer des Humboldt-Forums, über die Pläne für Berlins Mitte«, Interview, in: *Leipziger Volkszeitung*, 30.05.2012, S. 9.

sichtbar. Gleichzeitig eröffnen sich Chancen, aus der Konfrontation mit anderen Objekten, Kulturen und Epistemologien zu lernen. Um mit der Komplexität der Sammlungen und den mit ihnen verknüpften ethischen, politischen und spirituellen Energien wie auch mit wissenschaftlichen Abgründen umgehen zu können, braucht es eine Expertise, die nicht mit szenografischer oder werbestrategischer Kompetenz abzudecken ist. Vielmehr ist eine in großen Teilen noch überhaupt nicht ausgereifte Expertise vonnöten, um umsichtig mit den Hinterlassenschaften umzugehen und angemessene Formen der Bearbeitung zu entwickeln, die Rückerstattung (›relic diplomacy‹) einschließen: von ›Human Remains‹ genauso wie von Gegenständen aus dem kultischen und spirituellen Kontext.

Ein Kairos liegt darin, dass gegenwärtige anthropologische Forschung einem Unternehmen wie dem Humboldt Forum eigentlich entgegenkommt. Im Zuge des ›Material Turn‹ und ›Ontological Turn‹ sind materielle Objektspeicher wieder forschungsrelevant geworden und Grundlagen werden derzeit vollkommen neu überdacht. Es hat nichts mit nostalgischem Festhalten an bildungsbürgerlichen Idealen zu tun, sondern liegt im Eigeninteresse von Institutionen, in engste Tuchfühlung mit den Herkunftsgesellschaften der so genannten ›Objekte‹ und mit kritischer Forschung zu kommen. Wenn das Humboldt Forum nicht Schiffbruch erleiden will, muss es dem hohen Anspruch Genüge leisten, der mit dem gewählten Namen verbunden ist, und versuchen, ein neues, gegenwärtiges, dekoloniales Humboldt-Ideal zu formulieren. Dieses kann nur in einer neuen Verbindung und Dynamik von Forschung und Lehre bestehen. Nur wenn Forschung und Vermittlung nicht voneinander abgekoppelt sind, können Prozesse in Gang kommen, bei denen Forschung das Publikum aufklärt und ihrerseits durch Begegnungen, Konfrontationen und Konflikte über ihre Grenzen aufgeklärt wird. Zu erfinden ist eine neue ›Freistätte für Kunst und Wissenschaften‹, die den Anforderungen der Ouagadougou-Zeit und dem Namen Humboldt gerecht wird. Solange aber neoliberale Ansätze fortgeführt werden, ist das ›Humboldt‹ des Humboldt Forums kaum mehr als ein Marketing-Label: ein unfreiwilliges Zeugnis jener einseitigen Ausrichtung, die dieses Buch anhand des Humboldt Lab aufzuzeigen versuchte.

Abbildungsverzeichnis

Abb. 1: Candida Höfer: »Ethnologisches Museum Berlin III 2003«. © Candida Höfer, Köln/VG Bild-Kunst, Bonn
Abb. 2: Salle du renard. © Musée de la Chasse et de la Nature, Paris
Abb. 3: »[Offene] Geheimnisse«, Humboldt Lab Dahlem 2014. © TheGreenEyl
Abb. 4: Zhao Zhao, »Waterfall«, Humboldt Lab Dahlem 2013. © Sebastian Bolesch / Tiroche DeLeon Collection, A. Ochs Private
Abb. 5: Mathilde ter Heijne, Messanh Amedegnato und der Toulabo 2014 im Atelier der Künstlerin in Berlin. © Mathilde ter Heijne
Abb. 6: Mathilde ter Heijne, »Pulling Matter from Unknown Sources«, Humboldt Lab Dahlem 2015, Installationsansicht © Mathilde ter Heijne
Abb. 7: Max Benkendorff, Franziska Pierwoss und Albrecht Pischel servieren die Samoa-Bombe bismarckscher Art; Testessen im Ethnologischen Museum, Berlin, 23. Mai 2014. © Politique Culinaire
Abb. 8: Abschlussausstellung des Humboldt Lab Dahlem: »Prinzip Labor«, Museen Dahlem 2015. © Humboldt Lab, Foto: Uwe Walter
Titelbild: Zhao Zhao, »Waterfall«, Humboldt Lab Dahlem 2013. © Sebastian Bolesch / Tiroche DeLeon Collection, A. Ochs Private

Bibliographie

G. Anderson (Hg.), *Reinventing the Museum. The Evolving Conversation on the Paradigm Shift*, Lanham: AltaMira Press 2004.

A. Appadurai (Hg.), *The Social Life of Things. Commodities in Cultural Perspective*, Cambridge: Cambridge University Press 1986.

H. Arendt, *Elemente und Ursprünge totaler Herrschaft*, München: Piper 2000.

M. Bal, »On Show. Inside the Ethnographic Museum«, in: *Looking In. The Art of Viewing; with an introduction by Norman Bryson*, Amsterdam: G & B Arts International 2001, S. 117-160.

E.S. Balch, »Art and Ethnology«, in: *Proceedings of the American Philosophical Society*, Philadelphia: Lane and Scott 1908, S. 30-36.

C. Balzar, »Heiligtümer im Humboldt Forum«, in: A.-M. Bonnet und Floorplan (Hg.), *Whose Heritage?*, München: autopress 2017, S. 38-58.

K. Barad, »Posthumanist Performativity. Toward an Understanding of How Matter Comes to Matter«, *in: Signs. Journal of Women in Culture and Society* 28/3 (Spring 2003), S. 801-831.

R. Bart, »Das Wissen kreativer Laboratorien«, in: F. Hoof, E.-M. Jung und U. Salaschek (Hg.): *Jenseits des Labors. Transformationen von Wissen zwischen Entstehungs- und Anwendungskontext*, Bielefeld: transcript 2011, S. 87-110.

A. Bastian, *Der Völkergedanke im Aufbau einer Wissenschaft vom Menschen und seine Begründung auf ethnologische Sammlungen*, Berlin: Ferd. Dümmler Verlagsbuchhandlung 1881.

P. Basu und S. Macdonald (Hg.), *Exhibition Experiments*, London: Blackwell 2007.

Z. Bauman, *Liquid Modernity*, Cambridge: Polity Press 2000.

J. Baur (Hg.), *Museumsanalyse. Methoden und Konturen eines neuen Forschungsfeldes*, Bielefeld: transcript 2010.

H. Belting, *Das Ende der Kunstgeschichte?*, München: Deutscher Kunstverlag 1983.

Ders., »Contemporary Art as Global Art. A Critical Estimate«, in: *xzine*, Research House for Asian Art (RHAA), Chicago 2012; ae.com.pt/Belting__Contemporary_Art_as_Global_Art.pdf.

W. Benjamin, »Das Kunstwerk im Zeitalter seiner technischen Reproduzierbarkeit«, in: Tiedemann/Schweppenhäuser (Hg.), *Walter Benjamin. Gesammelte Schriften*, Bd. I, Frankfurt a.M.: Suhrkamp 1972, S. 431-508.

Ders., »Der Autor als Produzent«, in: Tiedemann/Schweppenhäuser (Hg.), *Walter Benjamin. Gesammelte Schriften*, Bd. II (2), Frankfurt a.M.: Suhrkamp 1980, S. 683-704.

Ders. (Hg.), *Museum and Citizenship. A Resource Book*, Queensland Museum, Brisbane 1996.

T. Bernhard, *Alte Meister*, Suhrkamp: Frankfurt 1988.

B. Binder, D. Neuland-Kitzerow, K. Noack (Hg.), *Kunst und Ethnographie. Zum Verhältnis von visueller Kultur und ethnographischem Arbeiten* (=Berliner Blätter, Bd. 46), Münster: Lit Verlag 2008.

Dies., *Streitfall Stadtmitte. Der Berliner Schloßplatz*, Wien: Böhlau Verlag 2009.

C. Bishop und D. Perjovschi, *Radical Museology. Or What's Contemporary in Museums of Contemporary Art?*, London: Koenig 2013.

R. Bishop, K. Gansing und J. Parikka, »Hindurch und darüber hinaus«, in: *Across & Beyond. A Transmediale Reader on Post-Digital Practices, Concepts, and Institutions*, hg. v. Haus der Kulturen der Welt, Berlin 2016; https://transmediale.de/de/content/hindurch-und-dar-ber-hinaus-postdigitale-praktiken-konzepte-und-institutionen.

R. Blanes, A. Flynn, M. Maskens, J. Tinius, »Micro-Utopias. Anthropological Perspectives on Art, Relationality, and Creativity«, in: *Cadernos de Arte e Antropologia* 5/1 (2016), S. 5-20.

W. Bloch, »So etwas wie Unterwerfung. Was soll das Humboldt-Forum? Ein Gespräch mit dem Wissenschaftler und Documenta-Kurator Bonaventure Ndikung«, in: *Die Zeit*, 21.01.2016, S. 48.

W. von Boddien, »Der Palast der Republik hat sich überlebt«, in: Deuflhard/Krempl-Klieeisen/Lilienthal et al. (Hg.), *Volkspalast. Zwischen Aktivismus und Kunst*, Theater der Zeit: Berlin 2006, S. 249-252.

F. von Bose, *Das Humboldt-Forum. Eine Ethnografie seiner Planung*, Berlin: Kulturverlag Kadmos 2016.

Ders., »Die Schönheit des Vorübergehenden. Für mehr ›Konzept‹, Experiment und Fragilität im Museum«, in: Blog: *Wie weiter mit Humboldts Erbe. Ethnographische Sammlungen neu denken*, hg. v. A. Brus, L. Förster, V. Rodatus et al., Universität zu Köln, Köln 2018; https://blog.uni-koeln.de/gssc-humboldt/die-schoenheit-des-voruebergehenden/.

Ders., »Paradoxien der Intervention. Das Humboldt Lab«, in: *FKW//Zeitschrift für Geschlechterforschung und visuelle Kultur* 58 (2015), S. 28-40.

F. von Bose, K. Poehls, F. Schneider et al. (Hg.), *MuseumX. Zur Neuvermessung eines mehrdimensionalen Raumes*, Berlin: Panama Verlag 2012.

H. Böhme, »Das Fetischismus-Konzept von Marx und sein Kontext«, in: V. Gerhardt (Hg.), *Marxismus. Versuch einer Bilanz*, Magdeburg: Scriptum Verlag 2001, S. 289-319.

R. Bohn und H. Wilharm (Hg.), *Inszenierung und Vertrauen. Grenzgänge der Szenografie*, Bielefeld: transcript 2011.

H. Bredekamp, etc. *Aby Warburg, der Indianer. Berliner Erkundungen einer liberalen Ethnologie*, Berlin: Verlag Klaus Wagenbauch 2019.

H. Bredekamp, Ders., *Die Fenster der Monade. Gottfried Wilhelm Leibniz' Theater der Natur und Kunst*, Berlin: De Gruyter 2004.

H. Bredekamp, P.-K. Schuster (Hg.), *Das Humboldt Forum. Die Wiedergewinnung der Idee*, Berlin: Wagenbach 2016, S. 220-241.

U.R. Brückner und L. Greci, »Das Museum als komplexer Erfahrungsraum. Warum Museum Szenografie braucht«, in: von Stieglitz/Greci, *Hin und her – Dialoge in Museen zur Alltagskultur. Aktuelle Positionen zur Besucherpartizipation*, Bielefeld: transcript 2015, S. 87-104.

A. Cacaci, *Change Management – Widerstand gegen Wandel. Plädoyer für ein System der Prävention* (=Internationalisierung und Management), Wiesbaden: Deutscher Universitätsverlag 2006.

C. Cameron, »The Museum, a Temple or the Forum?«, in: G. Anderson (Hg.) *Reinventing the Museum. Historical and Contemporary Perspectives on the Paradigm Shift*, Walnut Creek: AltaMira Press 2004, S. 11-24.

I. Carp/F. Wilson, »Constructing the Spectacle of Culture in Museums«, in: *Art Papers* 17/3 (1993), S. 2-9.

E.V. de Castro, »Exchanging Perspectives. The Transformation of Objects into Subjects in Amerindian Ontologies«, in: *Common Knowledge* 10 (2004), S. 463-484.

L. Christolova: »Über die Quasi-Objekte von Bruno Latour und den Phonometer des Abbé Rousselot«, in: Hoof/Jung/Salaschek (Hg.), *Jenseits des Labors. Transformationen von Wissen zwischen Entstehungs- und Anwendungskontext*, Bielefeld: transcript 2011, S. 135-170.

J. Clifford, *The Predicament of Culture. Twentieth-Century Ethnography, Literature, and Art*, Cambridge: Harvard University Press 1988.

Ders., »Museums as Contact Zones«, in: Ders. (Hg.), *Routes. Travel and Translation in the Late Twentieth Century*, Cambridge: Harvard University Press 1997, S. 188-219.

Ders., »On Collecting Art and Culture«, in: Ders. (Hg.), *The Predicament of Culture. Twentieth Century Ethnography, Literature, and Art*, Cambridge: Harvard University Press 1998, S. 215-251.

J. Clifford und G.E. Marcus, *Writing Culture. The Poetics and Politics of Ethnography*, Berkeley: University of California Press 1986.

M. Csíkszentmihályi, *Flow*, Stuttgart: Klett-Cotta 2008.

C. Deimel, »Die Welt als Supermarkt. Bemerkungen zum Konzept einer neuen Dauerausstellung im Weltkulturen-Museum in Frankfurt a.M. Zur Ausstellung ›Objekt Atlas‹« in: *Zeitschrift für Ethnologie* 137 (2012, H.2), S. 252-257.

C. Deliss, »Entre-Pologiste. Das ethnografische Museum als Experimentierfeld, in: Parzinger/Aue/Stock (Hg.), *ArteFakte. Wissen ist Kunst – Kunst ist Wissen. Reflexionen und Praktiken wissenschaftlich-künstlerischer Begegnungen*, Bielefeld: transcript 2014, S. 435-450.

C. Deliss und F. Keck, »Occupy Collections!«, in: Szymczyk/Latimer (Hg.), *South as a State of Mind – documenta 14*, Amsterdam: Mevis & Van Deursen 2016, S. 49-57.

J. Di Blasi, »Afrika, Spielwiese der Kunst. Interview mit Simon Njami«, in: *Lettre International*, Nr. 66, Berlin 2004, S. 122-123.

Dies., »Blick ins Weltmuseum. Das relaunchte Wiener Völkerkundemuseum gibt einen Vorgeschmack auf das Berliner Humboldt Forum«, in: M. Zillinger, L. Förster, V. Rodatus et al. (Hg.), *Wie weiter mit Humboldts Erbe? Ethnographische Sammlungen neu denken,* [Blog-Eintrag vom 12.12.2017]. https://blog.uni-koeln.de/gssc-humboldt/blick-ins-weltmuseum/ (deutsche und englische Fassung).

Dies., »Cinderella und Sindbad. Märchen wandern durch die Welt«, in: *Berliner Morgenpost*, 18.04.2019; Online 17.04.2019.

Dies., »Forschung als Attitüde. Johanna Di Blasi über die Ethnologie als neue Leitdisziplin der Gegenwartskunst«, in: *Kunstzeitung* (November 2014), S. 32.

Dies., »Friedhof der Wissenschaft. Organisierte Grabschändung im Zeichen der Rassenforschung: Deutsche Museen beginnen, ihr Kolonialerbe aufzuarbeiten«, in: *Leipziger Volkszeitung*, 22.07.2014, S. 10.

Dies., »Ganz neue Art von kulturellem Ort. Hermann Parzinger, der Planer des Humboldt-Forums, über die Pläne für Berlins Mitte«, Interview, *Leipziger Volkszeitung*, 30.05.2012, S. 9.

Dies., »Hannover soll seine Schätze heben. Der Berliner Kunsthistoriker und Bildwissenschaftler Horst Bredekamp über Forschung an Museen und Leibniz' Wissenstheater«, in: *Hannoversche Allgemeine Zeitung*, 24.11.2008, S. 8.

Dies., »Rettung naht. Hübsch harmlos. Die 8. Berlin Biennale verlagert den Schwerpunkt ins Reichenmilieu – und wirbelt Staub auf«, in: *Hannoversche Allgemeine Zeitung*, 31.05.2014.

Dies., »Rezension von Friedrich von Boses: ›Das Humboldt-Forum. Eine Ethnografie seiner Planung‹«, in: *sehepunkte*, hg. v. J. Dendorfer, A. Fahrmeir und P. Helmberger, München, Berlin 2017; www.sehepunkte.de/2017/05/30407.html.

Dies., »Schlechte Zeiten für Musen. Johanna Di Blasi über die inspirierenden Weggefährten der Künstler, die der Kritik mittlerweile als ›gefährlich‹ gelten«, in: *Kunstzeitung* (Mai 2015), *S. 3*.

Dies., »Visitenkarte der Republik. Das Berliner Humboldt-Forum soll das Hypermuseum der Globalisierung werden – und Leibniz hilft«, in: *Hannoversche Allgemeine Zeitung*, 07.07.2009, S. 6.

Dies., »Büffelkopf zwischen Schilf, Gras und Moder. Die Kolonialzeit hat still gestanden in Belgiens Königlichen Museum für Zentralafrika«, *Frankfurter Rundschau*, 09.08.2003, S. 10.

J. Di Blasi, L. Di Blasi (Hg.): *Kunst und Kirche. Magazin für Kritik, Ästhetik und Religion*, Heft 2, *Das Humboldt Forum. Konfrontation mit dem kolonialen Erbe* (Juni 2019).

J. van Dijk und S. Legene (Hg.), *The Netherlands East-Indies at the Tropenmuseum. A Colonial History*, Amsterdam: KIT Publishers 2011.

M.H. Dominiczak, »Artscience. A New Avant-garde?«, in: *Clinical Chemistry, Nr. 61 (10)*, 2015, S. 1314-1315; https://doi.org/10.1373/clinchem.2014.236992.

I. Edenheiser, »In-Between. Zum Grenzgang zwischen ethnologischen und kunsthistorischen Konventionen in der Ausstellungspraxis. Oder: Don't represent – create a presence!«, in: Kraus/Noack (Hg.), *Quo vadis, Völkerkundemuseum?*, 2015, S. 257-276.

D.A. Edwards, *The Lab. Creativity and Culture*, Cambridge: Harvard University Press 2010.

C. Einstein, »Das Berliner Völkerkunde-Museum. Anläßlich der Neuordnung«, in: *Der Querschnitt*, H. 8 (1926), S. 588-592.

Ders., »Über primitive Kunst«, in: Ders., Werke, Bd. 2 (1919-1928), Berlin 1981, S. 19-20.

J. Fabian, *Time and the Other. How Anthropology Makes its Object*, New York: Columbia University Press 1983.

P. Fassbender, *Herausforderung Change Management. Mit professioneller Personalarbeit Veränderungen zum Erfolg bringen*, hg. v. Deutsche Gesellschaft für Personalführung, Bielefeld: Bertelsmann Verlag 2011.

P. Felsch, »Das Laboratorium«, in: Geisthövel/Knoch (Hg.), *Orte der Moderne. Erfahrungswelten des 20. und 21. Jahrhunderts*, Frankfurt a.M.: Campus 2005, S. 27-36.

T. Fillitz, »Challenging The Global Art World. Anthropological Perspectives on Global Art«, in: *AAS Working Papers in Social Anthropology* 14 (2010), S. 1-10; http://epub.oeaw.ac.at/?arp=0x0023025f.

K. Fischer, »Diversität ist ein großer Gewinn. Monika Grütters im Gespräch mit Karin Fischer«, in: *Deutschlandfunk*, 27.08.2017.

Dies., »Humboldt Lab. Eine Probebühne für Andersdenkende. Martin Heller im Gespräch«, in: *Deutschlandfunk*, 04.08.2015.

H. Foster, *Design und Verbrechen. Und andere Schmähreden*, Berlin: Edition Tiamat 2012.

Ders., »The Artist as Ethnographer?«, in: Ders. (Hg.), *The Return of the Real. The Avantgarde at the End of the Century*, Cambridge: MIT Press 1996, S. 302-309.

M. Fuchs, E. Berg (Hg.), *Kultur, soziale Praxis, Text: Die Krise der ethnographischen Repräsentation* (=stw), Frankfurt a.M.: Suhrkamp 1993.

P. Galison, »Trading with the Enemy«, in: M.E. Gorman (Hg.), *Trading Zones and Interactional Expertise. Creating New Kinds of Collaboration*, Cambridge: MIT Press 2010, S. 137-160.

A. Gehlen und T.W. Adorno, *Freiheit und Institution. Ein Soziologisches Streitgespräch aus dem Jahr 1965*, Youtube 2012; https://www.youtube.com/watch?v=003eITHmIek.

P. Geimer, »Das große Recherche-Getue in der Kunst. Sollen Hochschulen ›Master of Arts‹-Titel und Doktorhüte für Malerei verleihen?«, in: *Frankfurter Allgemeine Zeitung*, 20.04.2011.

A. Gell, *Art and Agency. An Anthropological Theory*, Oxford: Clarendon Press 1998.

J.W. von Goethe, *Faust Erster Teil*, in: Trunz, Erich (Hg.), *Johann Wolfgang von Goethe. Werke, Kommentare und Register, Hamburger Ausgabe in 14 Bänden*, München: C.H. Beck, 1989.

W. Grasskamp (Hg.), *Unerwünschte Monumente. Moderne Kunst im Stadtraum*, München: Schreiber 1989.

T. Graves, »Berlin's Museum Island. Marketing the German National Past in the Age of Globalization«, in: J. Diefendorf und J. Ward (Hg.), *Transnationalism and the German City*, Basingstoke: Palgrave Macmillan 2014, S. 223-237.

I. Graw (Hg.), *Texte zur Kunst* 91, *Globalismus, Globalism* (September 2013).

B. Groys, *In the Flow*, London: Bloomsbury 2016.

Ders., *Logik der Sammlung*, München: Carl Hanser Verlag 1997.

H. Hagebölling, »Vertrauen und künstlerischer Prozess. Einblick in das Kreativlabor«, in: R. Bohn und H. Wilharm (Hg.), *Inszenierung und Vertrauen. Grenzgänge der Szenografie*, Bielefeld: transcript 2011, S. 167-188.

H.P. Hahn, *Ethnologie und Weltkulturenmuseum. Positionen für eine offene Weltsicht*, Berlin: Vergangenheitsverlag 2017.

B. Hauser-Schäublin, »Neu eröffnete Völkerkundemuseen. Gewohntes, neue Ausrichtungen und Irrungen«, in: *Zeitschrift für Ethnologie* 137 (2012, H.2), S. 241-252.

K. Heid und R. John, »Was ist Transferkunst? What is Transfer Art? Ein Terminus für transdisziplinäres, künstlerisches Arbeiten«, in: *JUNI kunst zeit schrift* (2003); http://artrelated.net/ruediger_john/transferkunst.html.

B.K. Heinz, »Erinnerungslosigkeit. Ein Defizit der gesellschaftskritischen Intelligenz«, in: *Frankfurter Rundschau,* 16.06.2001, S. 20-21.

M. Heller, »Das Humboldt-Forum. Ein deutsches Weltprojekt«, in: *DAMn_magazine* 32 (2012), S. 54-60.

Ders., *Inhaltskonzept. Agora und Humboldt Forum,* hg. v. Stiftung Preußischer Kulturbesitz, Berlin 2013; https://www.preussischer-kulturbesitz.de.

Ders., »Suche nach den verpassten Chancen«, in: Humboldt Lab Dahlem (Hg.), *Prinzip Labor* (2015), S. 23-32.

K.-U. Hemken (Hg.), *Kritische Szenografie. Die Kunstausstellung im 21. Jahrhundert,* Bielefeld: transcript 2015.

B. Högner, »Probebühne 1 des Humboldt Lab, Museen Dahlem, Berlin, 14.3.-12.5.2013«, in: *Zeitschrift für Ethnologie,* Berlin: Reimer Verlag 2013, S. 111-115.

T. Holert, »Probleme mit Verantwortung. Weitere Anmerkungen zur ›ethischen Wende‹ in der Kunst der Gegenwart; Keynote zur Veranstaltung ›Phantasma und Politik #11 – Die Verantwortung der Kunst‹, 26. Mai 2015 im Berliner HAU«; https://www.hebbel-am-ufer.de/mediathek/texte/2015.

F. Hoof, E.-M. Jung und U. Salaschek (Hg.), *Jenseits des Labors. Transformationen von Wissen zwischen Entstehungs- und Anwendungskontext,* Bielefeld: transcript 2011.

F. Hoof, »Ist jetzt alles ›Netzwerk‹? Mediale ›Schwellen- und Grenzobjekte‹«, in: Hoof/Jung/Salaschek (Hg.), *Jenseits des Labors.* 2011, S. 45-62.

S.U. Horstkotte, »Über Mieke Bal. Kulturanalyse«, in: *H-Soz-Kult,* Frankfurt a.M., 06.12.2002; https://www.hsozkult.de/publicationreview/id/rezbuecher-2030.

D. Howes, »Introduction to Sensory Museology«, in: *The Senses and Society,* Nr.9(3), New York: Routledge 2015, S. 259-267.

H.D. Huber, »Künstler als Kuratoren – Kuratoren als Künstler«, in: K.-U. Hemken (Hg.), *Kritische Szenografie. Die Kunstausstellung im 21. Jahrhundert,* Bielefeld: transcript 2015, S. 201-204.

W. von Humboldt, *Schriften zur Bildung,* Hg. v. G. Lauer, Stuttgart: Reclam 2017.

Humboldt Lab Dahlem, »Historische Sammlungen und Gegenwartskunst. Eine Diskussion kuratorischer Strategien«, 02.-03.07.2015 in den Museen Dahlem in Berlin (unpubl. Konferenzbeiträge; Audiodatei).

Humboldt Lab Dahlem (Hg.), *Humboldt Lab. Museumsexperimente auf dem Weg zum Humboldt-Forum, Projektdokumentation 2012-2015,* Berlin 2015, http://d-nb.info/1079569510.

Humboldt Lab Dahlem (Hg.), *Prinzip Labor. Museumsexperimente im Humboldt Lab,* Berlin: Nicolaische Verlagsbuchhandlung 2015.

Institut für Auslandsbeziehungen (Hg.), *Agents of Change – Die Rolle von Künstlern und Kulturschaffenden in Krisen- und Konfliktregionen* (=ifa-Edition Kultur und Außenpolitik), Stuttgart 2011; https://www.ifa.de/fileadmin/pdf/edition/agents_of_change.pdf.

P. Ivanov, »Europa provinzialisieren, material und ontological turn kuratieren? Gedanken aus der Ausstellungspraxis des Humboldt Lab«, in: H.P. Hahn (Hg.), *Ethnologie und Weltkulturenmuseum. Positionen für eine offene Weltsicht*, Berlin: Vergangenheitsverlag 2017, S. 89-137.

H. Jähner, »Umstrittene Ausstellung. Nackte Wilde im Humboldt Lab«, in: *Berliner Zeitung*, 13.10.2014.

E.L. Jeanes, »The Construction and Controlling Effect of a Moral Brand«, in: *Scandinavian Journal of Management* 29 (2013), S. 163-172.

H. Jebens, »Der Anfang einer neuen Ära? Zur Ausstellung ›Objekt Atlas‹ im Frankfurter Museum der Weltkulturen«, in: *Zeitschrift für Ethnologie* 137 (2012, H.2), S. 257-263.

R. John, »Extended Cognitive Ability Through Cultural Contextualization. The Artist as Coach and Consultant in Corporations – Criteria and Dispositions of a Critical-Aesthetic Practice«; http://artrelated.net/ruediger_john/corporate-cultural-responsibility.html.

J. Johnson, »Berlin: The End of a Museum Idyll«, *The New York Review of Books*, 11.09.2014.

I. Karp, C.A. Kratz, L. Szwaja et al. (Hg.), *Museum Frictions. Public Cultures/Global Transformations*, Durham: Duke University Press 2006.

B. Kazeem, C. Martinz-Turek, N. Sternfeld (Hg.), *Das Unbehagen im Museum. Postkoloniale Museologien*, Wien: Turia + Kant 2009.

P. Keller, »Jungbrunnen für alte Meister? Interventionen zeitgenössischer Künstler in Museen alter Kunst«, in: *kunsttexte.de* 3/1 (2015), S. 1-8.

M. Kemp, »Culture. Artists in the Lab«, in: *Nature* 477 (2011).

B. Kirshenblatt-Gimblett, *Destination Culture. Tourism, Museums, and Heritage*, Berkeley: University of California Press 1998.

F.A. Kittler (Hg.), *Austreibung des Geistes aus den Geisteswissenschaften. Programme des Poststrukturalismus*, Paderborn: Schöningh 1980.

L. Knüpfer, »›Contact Zones‹ im Museum. Aushandlungsprozesse zwischen Ikuku Berlin und dem Ethnologischen Museum Berlin«, in: F. von Bose et al. (Hg.), *MuseumX. Zur Neuvermessung eines mehrdimensionalen Raumes*, Berlin: Panama Verlag 2012, S. 101-113.

K.-H. Kohl, »Dies ist Kunst, um ihrer selbst willen«, in: *Die Zeit*, 06.09.2017.

B. Könches und P. Weibel (Hg.), *UnSICHTBARes. Algorithmen als Schnittstellen zwischen Kunst und Wissenschaft*, Wabern: Benteli 2005.

V. König, »Das Humboldt Forum – Versuch einer Kritik der Kritik«, in: Bredekamp/Schuster (Hg.), *Das Humboldt Forum. Die Wiedergewinnung der Idee* (2016), S. 220-241.

Dies., »Quo vadis ›Prinzip Labor‹?«, in: *Prinzip Labor. Museumsexperimente im Humboldt Lab* (=Edition Museum), hg. v. Humboldt Lab Dahlem, Berlin: Nicolaische Verlagsbuchhandlung 2015, S. 271-273.

M. Kraus und K. Noack (Hg.), *Quo vadis, Völkerkundemuseum? Aktuelle Debatten zu ethnologischen Sammlungen in Museen und Universitäten* (=Edition Museum), Bielefeld: transcript 2015.

N. Kuhn: »Das Programm bestimmen wir«, Interview mit Hartmut Dorgerloh, in: *Der Tagesspiegel*, Berlin, 16.05.2018.

D. van Laak, »Kolonien als ›Laboratorien der Moderne‹?«, in: Conrad/Osterhammel (Hg.), *Das Kaiserreich transnational. Deutschland in der Welt 1871-1914*, Göttingen: Vandenhoeck & Ruprecht 2004, S. 257-279.

E. Laclau, *Emanzipation und Differenz*, Wien: Turia + Kant 2017.

T. Laely, M. Meyer, R. Schwere (Hg.), *Museum Cooperation between Africa and Europe. A New Field for Museum Studies* (=Edition Museum), Bielefeld: transcript 2018.

G. Lakoff und E. Wehling, *The Little Blue Book. The Essential Guide to Thinking and Talking Democratic*, New York: Simon & Schuster 2012.

M.C.K. Lam, *Scenography as New Ideology in Contemporary Curating. The Notion of Staging in Exhibitions*, Hamburg: Anchor Academic Publishing 2014.

B. Latour, »Gebt mir ein Laboratorium und ich werde die Welt aus den Angeln heben«, in: Belliger/Krieger (Hg.), *ANThology. Ein einführendes Handbuch zur Akteur-Netzwerk-Theorie*, Bielefeld: transcript 2006, S. 103-134.

B. Latour und P. Weibel (Hg.), *Making Things Public. Atmospheres of Democracy*, Cambridge: MIT Press 2005.

B. Latour und S. Woolgar, *Laboratory Life. The Construction of Scientific Facts*, Princeton: Princeton University Press 1986.

L. Lee und H. Foster (Hg.), *Critical Laboratory. The Writings of Thomas Hirschhorn* (=OCTOBER Books), Cambridge MA: The MIT Press 2013.

S. Leeb, »Asynchrone Objekte«, in: *Texte zur Kunst* 91, *Globalismus, Globalism* (September 2013), S. 41-61.

K.-D. Lehmann, »Kunst und Kulturen der Welt in der Mitte Berlins«, in: *Internationale Expertenkommission Historische Mitte Berlin. Materialen*, hg. v. Bundesministerium für Verkehr, Bau- und Wohnungswesen/Senatsverwaltung für Stadtentwicklung, Berlin 2001; schlossdebatte.de/wp-content/uploads/2008/08/lehmann_zu_humboldt-forum.pdf.

M. Leiris, »Du musée d'Ethnographie au musée de l'Homme«, in: *La Nouvelle Revue francaise* 51, 01.08.1938, 344-345.

N. Lepp, »Diesseits der Narration. Ausstellen im Zwischenraum«, in: S. Lichtensteiger, A. Minder, D. Vögeli (Hg.), *Dramaturgie in der Ausstellung. Begriffe und Konzepte für die Praxis*, Bielefeld: transcript 2014, S. 210-2017.

S. Lichtensteiger, A. Minder, D. Vögeli (Hg.) *Dramaturgie in der Ausstellung. Begriffe und Konzepte für die Praxis*, Bielefeld: transcript 2014.

K. Liggieri, »Diskursive Materialität. Das Labor als Ort ästhetischer Aufschreibesysteme«, in: Jürgens/Tesche (Hg.), *LaborARTorium. Forschung im Denkraum zwischen Wissenschaft und Kunst. Eine Methodenreflexion*, Bielefeld: transcript 2015, S. 59-72.

L.R. Lippard, »Farther Afield«, in: Schneider/Wright (Hg.), *Between Art and Anthropology. Contemporary Ethnographic Practics*, Oxford: Berg Publishers 2010, S. 23-33.

A. Löseke: »Experimental Exhibition Models. Curating, Designing and Managing Experiments: A Case Study form the Humboldt Lab«, in: MacLeod/Austin/Hale et al. (Hg.), *The Future of Museum and Gallery Design. Purpose, Process, Perception*, London: Routledge 2018, S. 189-199.

Dies., »Rezeptionszentrierung als zentraler strategischer Managementansatz. Implikationen für Forschung, Produktentwicklung und Management«, in: Höhne/Glesner/Tröndle (Hg.), *Zeitschrift für Kulturmanagement: Kunst, Politik, Wirtschaft und Gesellschaft* (2018/1 *Kultur im Umbruch*), Bielefeld: transcript 2018, S. 71-86.

N. Luhmann, *Der neue Chef*, Berlin: Suhrkamp 2016.

F. von Luschan, »Altertümer von Benin«, in: Prussat/Till (Hg.), *Neger im Louvre. Texte zu Kunstethnographie und moderner Kunst*, Dresden: Verlag der Kunst 2001, S. 17-18.

S. Macdonald, *Behind the Scenes of the Science Museum*, Oxford: Berg Publishers 2002.

Dies., »Probleme mit der Ethnologie«, in: Humboldt Lab Dahlem (Hg.), *Prinzip Labor* (2015), S. 211-228.

S. Macdonald und P. Basu (Hg.), *Exhibition Experiments. New Interventions in Art History*, Malden: Blackwell 2007.

S. MacLeod, T. Austin, J. Hale et al. (Hg.), *The Future of Museum and Gallery Design. Purpose, Process, Perception*, London: Routledge 2018.

N. MacGregor, *Globale Sammlungen für globalisierte Städte*, Berlin: Matthes & Seitz 2016.

Ders., »Es gibt nicht die eine Geschichte, sondern es sind viele Geschichten, die zählen. Eine Antwort an die Kritiker des Berliner Humboldt Forums. Ein Gastbeitrag von Neil MacGregor«, in: *Die Zeit*, 01.04.2018.

A. Manske, *Kapitalistische Geister in der Kultur- und Kreativwirtschaft. Kreative zwischen wirtschaftlichem Zwang und künstlerischem Drang*, Bielefeld: transcript Verlag 2015.

G.E. Marcus, »Affinities. Fieldwork in Anthropology Today and the Ethnographic in Artwork«, in: A. Schneider und C. Wright (Hg.), *Between Art and Anthropology*, Oxford: Berg Publishers 2010, S. 83-94.

H. Mårdh, »Re-entering the House. Scenographic and Artistic Interventions and Interactions in the Historic House Museum«, in: *Nordisk Museologi*, hg. v. Uppsala Universitet, Upsala 2015; www.nordiskmuseologi.org/English/Maardh.pdf.

C. Mareis, *Design als Wissenskultur. Interferenzen zwischen Design- und Wissensdiskursen seit 1960*, Bielefeld: transcript 2011.

O. Marquard, *Apologie des Zufälligen*, Stuttgart: Reclam 1986.

T. Masuzawa, *The Invention of World Religions. Or how European Universalism was Preserved in the Language of Pluralism*, Chicago: The University of Chicago Press 2005.

M. McLuhan, *Die magischen Kanäle*, Basel: Verlag der Kunst 1994.

A. McRobbie, *Be Creative. Making a Living in the New Culture Industries*, Cambridge: Polity Press 2015.

C. Menke, *Kraft. Ein Grundbegriff ästhetischer Anthropologie*, Frankfurt a.M.: Suhrkamp 2008.

T.M. Messer, »Thomas M. Messers Letter to Hans Haacke, Mar. 19«, in: P. Townsend (Hg.), *Studio International. Gurgles Around the Guggenheim*, London: The Studio Trust 1971, S. 249.

A.I. Miller, *Colliding Worlds. How Cutting-Edge Science Is Redefining Contemporary Art*, New York: Norton 2014.

C. Mörsch, *Die Bildung der Anderen mit Kunst. Ein Beitrag zu einer postkolonialen Geschichte der Kulturellen Bildung*, hg. v. Universität Köln, Köln 2017.

Dies., »Kunstvermittlung nach der Institutionskritik«, Vortrag auf der Konferenz: »Kunstvermittlung in Transformation. Eine Arbeitstagung zur Vermittlung als Forschung und Veränderung von Institutionen und Verhältnissen«, 09.03.2012 im Kunstmuseum Luzern; https://www.youtube.com/watch?v=rusnIcFJTig.

Dies., »Sich selbst widersprechen. Kunstvermittlung als kritische Praxis innerhalb des Educational Turn in Curating«, in: B. Jaschke und N. Sternfeld (Hg.), *schnittpunkt. Ausstellungstheorie & praxis. Educational Turn. Handlungsräume der Kunst und Kulturvermittlung*, Wien: Turia + Kant 2012, S. 55-78.

C. Mörsch, N. Landkammer, A. Chrusciel, C. Seefranz: *Interne Anfangserhebung für eine Begleitforschung zum Humboldt Lab Dalem. Fokus: Probebühne 1 (März-Mai 2013). Erhebungszeitraum: April-September 2013*, Schlussbericht, Zürcher Hochschule der Künste, Institute for Art Education, 21.04.2014 (unveröffentl. internes Dokument der SMB/SPK).

J. Müggenburg, »Biological Computer Laboratory. Zu Organisation und Selbstorganisation eines Labors«, in: Hoof/Jung/Salaschek (Hg.), *Jenseits des Labors*, 2011, S. 23-44.

M. Müller-Wirth »Neuigkeiten aus Afrika. Außenminister Steinmeier macht Druck in Sachen Stadtschloss«, in: *Die Zeit*, 16.03.2015.

F. Nietzsche, *Werke in drei Bänden*, München: Hanser 1954.

T. Nichols, *The Death of Expertise. The Campaign Against Established Knowledge and Why it Matters*, Oxford: Oxford University Press 2017.

J.S. Nye, *Soft Power. The Means to Success in World Politics*, New York: Public Affairs 2004.

H.U. Obrist, *Kuratieren!*, München: C.H. Beck 2015.

S.O. Ogbechie, »Respondenz zu Susanne Leeb: Zeitgenössische Kunst, ethnologische Museen und relationale Politik«, in: *Texte zur Kunst* 91, *Globalismus, Globalism* (September 2013), S. 73-81.

J. Osterhammel, *Die Verwandlung der Welt. Eine Geschichte des 19. Jahrhunderts*, München: C.H. Beck 2009.

H. Parzinger, »Das Humboldt-Forum im Berliner Schloss. Anspruch und Chance«, in: *Das Humboldt-Forum im Berliner Schloss. Planungen, Prozesse, Perspektiven*, hg. v. Stiftung Preußischer Kulturbesitz, München: Hirmer 2013, S. 12-29.

H. Parzinger, S. Aue, G. Stock (Hg.), *ArteFakte. Wissen ist Kunst – Kunst ist Wissen*, Bielefeld: transcript 2014.

J.N. Pieterse und B. Parekh, *The Decolonization of Imagination. Culture, Knowledge and Power*, Atlantic Highlands: Zed Books 1997.

B.J.I. Pine, J.H. Gilmore, *The Experience Economy*, Boston: Harvard Business School Press 1999.

H.J. Pongratz, G.G. Voß, *Arbeitskraftunternehmer. Erwerbsorientierungen in entgrenzten Arbeitsformen*, Berlin: edition sigma 2003.

N. Postman, *Amusing Ourselves to Death. Public Discourse in the Age of Show Business*, New York: Viking 1985.

M.L. Pratt, *Imperial Eyes. Travel Writing and Transculturation*, London: Routledge 1992.

H. Rauterberg, »Documenta in Athen: Alles so schön zwittrig hier«, in: *Die Zeit*, Hamburg 07.04.2017.

Ders., »Und die Herzen schlagen höher. Was geht in uns vor, wenn wir Kunst sehen? Eine neue Studie könnte die Museumswelt schwer erschüttern«, in: *Die Zeit*, 19.04.2012.

K. Reichert, »Guten Appetit, heute wird Afrika aufgeteilt!«, in: *Die Welt*, 02.03.2015.

L. Reyels, P. Ivanov und K. Weber-Sinn, *Humboldt Lab Tanzania. Objekte aus den Kolonialkriegen im Ethnologischen Museum, Berlin – Ein tansanisch-deutscher Dialog*, Berlin: Reimer 2018.

H.-J. Rheinberger, *Historische Epistemologie zur Einführung*, Hamburg: Junius Verlag 2007.

A. Rule und D. Levine, »International Art English. On the Rise – and the Space – of the Art-World Press Release«, in: *Triple Conopy* (Juli 2012); https://www.canopycanopycanopy.com/contents/international_art_english.

E.W. Said, *Orientalism*, London: Routledge & Kegan 1978.

F.S. Saunders, *Wer die Zeche zahlt. Der CIA und die Kultur im Kalten Krieg*, Berlin: Siedler Verlag 2001.

B. Savoy, »Die Zukunft des Kulturbesitzes«, in: *Frankfurter Allgemeine Zeitung*, 12.01.2018.

F. Schäfer, *Change Management für den Öffentlichen Dienst*, Hamburg: Murmann Verlag 2005.

B. Scherer, »Humboldt-Forum. Wunderkammer und Labor«, in: *Der Tagesspiegel*, 12.06.2015.

A. Schlothauer, »Das Humboldt Lab«, in: *Kunst&Kontext* 1 (2013), S. 15-21; andreasschlothauer.com/texte/kk5_humboldt_forum_3.pdf.

H. Schmidgen, »Labor«, in: *Europäische Geschichte Online (EGO)*, Mainz 2011, S. 1-17; http://ieg-ego.eu/de/threads/crossroads/wissensraeume/henning-schmidgen-labor.

A. Schneider und C. Wright, *Between Art and Anthropology. Contemporary Ethnographic Practice*, Oxford: Berg Publishers 2010.

A. Scholz, »Das Humboldt Lab – Experimentelle Freiräume auf dem Weg zum Humboldt-Forum«, in: Kraus/Noack, *Quo vadis, Völkerkundemuseum?* 2015, S. 275-296.

J. Scholze, »Kultursemiotik. Zeichenlesen in Ausstellungen«, in: J. Baur (Hg.), *Museumsanalyse. Methoden und Konturen eines neuen Forschungsfeldes*, Bielefeld: transcript 2010, S. 121-148.

B. Schulz, »Koloniale Erben – eine Schloss-Debatte«, in: *Der Tagesspiegel*, Berlin 11.12.2008.

P.-K. Schuster, »Das Berliner Museumsschloss – eine Freistätte für Kunst und Wissenschaft (12.07.2001)«, in: *Internationale Expertenkommission Historische Mitte Berlin. Materialien*, hg. v. Bundesministerium für Verkehr, Bau und Wohnungswesen; Senatsverwaltung für Stadtentwicklung, Berlin 2002, S. 46-51.

J. Scott und I. Hediger, *Recomposing Art and Science. artists-in-labs*, Berlin: De Gruyter 2016.

J.J. Sheehan, *Geschichte der deutschen Kunstmuseen. Von der fürstlichen Kunstkammer zur modernen Sammlung*, München: C.H. Beck 2002.

S. Sheikh, »Notizen zur Institutionskritik«, in: *eipcp Journal* 1 (2006); http://eipcp.net/transversal/0106/sheikh/de.

B. Sonna, »Eine närrische Geschichte. Interview mit Michael Naumann«, in: *art Das Kunstmagazin* (2013).

D. Solomon, »He Turns the Past Into Stories, and The Galleries Fill Up«, in: *New York Times*, 21.04.1999.

S.L. Star und J.R. Griesemer, »Institutional Ecology, ›Translations‹ and Boundary Objects. Amateurs and Professionals in Berkeley's Museum of Vertebrate Zoology, 1907-39«, in: *Social Studies of Science*, New York: Sage Publications 1989, S. 387-420.

S. Steele, *White Guilt. How Blacks and Whites Together Destroyed the Promise of the Civil Rights Era*, New York: HarperCollins 2006.

N. Sternfeld, *Das radikaldemokratische Museum*, Berlin: De Gruyter 2018.

Dies., »Memorial Sites as Contact Zones. Cultures of Memory in a Shared/Divided Present«, in: *eipcp* 12 (2011); http://eipcp.net/policies/sternfeld/en.

Dies., »Plädoyer. Um die Spielregeln spielen! Partizipation im post-repräsentativen Museum«, in: S. Gesser (Hg.), *Das partizipative Museum. Zwischen Teilhabe und User Generated Content. Neue Anforderungen an kulturhistorische Ausstellungen*, Bielefeld: transcript 2012, S. 119-126.

L. von Stieglitz und T. Brune (Hg.), *Hin und her – Dialoge in Museen zur Alltagskultur. Aktuelle Positionen zur Besucherpartizipation*, Bielefeld: transcript 2015.

M. Stolpe, »Für ein Humboldt-Forum in Schlosskubatur«, in: Deuflhard/Krempl-Klieeisen/Lilienthal et al. (Hg.), *Volkspalast. Zwischen Aktivismus und Kunst*, Berlin: Theater der Zeit 2006, S. 245-246.

K. Stolzenberg und H. Krischan, *Change Management. Veränderungsprozesse erfolgreich gestalten. Mitarbeiter mobilisieren*, Berlin: Springer 2013.

M. Suhrbier, »Lastenverteilung. Zum Verhältnis von Museum, Universität und Kunst nach der Krise der ethnographischen Repräsentation«, in: Kraus/Noack, *Quo vadis, Völkerkundemuseum?*, 2015, S. 193-110.

I. Thomassen, *The Role of Scenography in Museum Exhibitions. The Case of the Grossraum at the Norwegian Museum of Science and Technology*, hg. v. Universitetet i Oslo, Oslo 2017.

I. Wallerstein, *Open the Social Sciences. Report of the Gulbenkian Commission on the Restructuring of the Social Sciences*, Stanford: Stanford University Press 1996.

V. Weh, *Die produktive Krise der Völkerkundemuseen*, in: *artmagazine* (17.06.2013); www.artmagazine.cc/content69897.html.

U. Wehrlin, *Hochschul-Change-Management. Veränderungsprozesse, Change Management, Organisationsentwicklung, Professionalisierung des Hochschulmannagements*, München: AVM 2011.

W. Weisse, *Theologie im Plural. Eine akademische Herausforderung*, Berlin: Waxmann Verlag 2009.

T. Wendl, »Zur Synthese ethnologischer und kunsthistorischer Zugänge am Beispiel der Kunst Afrikas«, in: *kritische berichte* (2012, H. 2), S. 87-96.

R. Wonisch, *Reflexion kolonialer Vergangenheit an der Schnittstelle von ethnologischen Museen und Kunst* (=ifa Edition Kultur und Außenpolitik), hg. v. Institut für Auslandsbeziehungen, Stuttgart 2017; https://www.ifa.de/fileadmin/pdf/.../wonisch_postkoloniale_herausforderungen.pdf.

Dies., »Ethnologische Museen dekolonisieren. Kunst als Ausweg aus der Krise der Repräsentation«, in: *ifa Input*, hg. v. Institut für Auslandsbeziehungen, Stuttgart 2017, S. 1-10; https://www.ifa.de/fileadmin/pdf/fopro/input2017-4_regina-wonisch.pdf.

S. Woolgar und J. Lezaun, »The Wrong Bin Bag. A Turn to Ontology in Science and Technology Studies«, in: *Social Studies of Science* 43/3 (2013), S. 231-340.

B. Wyss, »Warum die Empörung? Museen waren immer schon Stätten kultureller Kannibalisierung«, in: *Süddeutsche Zeitung*, 13.04.2007, S. 13.

E. Zanichelli, »Historische Sammlungen und/oder Gegenwartskunst? – eine Notiz«, in: Humboldt Lab Dahlem (Hg.), *Prinzip Labor* (2015), S. 229-240.

U.E. Ziegler, »Ein Park macht Platz für das Palaver. Feldforschung im Depot statt Präsentation der Sammlung«, in: *Frankfurter Allgemeine Zeitung*, 06.04.2011.

S. Žižek, *A Cup of Decaf Reality*, in: Lacan Blog, 2004; www.lacan.com/zizekdecaf.htm 2004.

A. Zmijewski, J. Warsza, »Ein Botschafter der Liebe. Pawel Althamer im Gespräch«, in: A. Zmijewski, J. Warsza (Hg.), *Forget Fear – 7. Berlin Biennale*, Berlin: Verlag Walther König 2012, S. 67-74.

E. Zobl und L. Huber, »Fragen, verlernen, intervenieren, teilhaben. Kulturelle Interventionen und kritische Kunstvermittlung«, in: *p/art/icipate Kultur Aktiv Gestalten* 6 (2015); https://www.p-art-icipate.net/fragen-verlernen-intervenieren-teilhaben/

Danksagung

Mein Dank gilt Luca Di Blasi. Er hat den Anstoß zu dem Buch gegeben und mich in zahlreichen Gesprächen mit Kenntnisreichtum, Scharfsinn und Esprit bereichert. Ihm und meiner Mutter Isolde Liebhart ist diese Arbeit gewidmet. Danke auch an unsere Freundin Joulia Strauss. Ihr Salon ›Spree-Athen‹ in Berlin und die ›Avtonomi Akadimia‹ in der Akadimia Platonos in Athen, in denen sie Kunst, Politik und Wissenschaft zusammenführt, haben mich inspiriert. Mein besonderer Dank gilt Prof. Dr. Tobias Wendl für die großzügige Betreuung und umsichtige Begleitung meiner Doktorarbeit. Danken möchte ich auch der Bibliothek des Ethnologischen Museums, wo ich unbürokratisch Einblick in digitale Archivbestände erhalten habe, Prof. Dr. Zhang Xin Zhang und Johannes Fiederling für die Übersetzung der chinesischen Korrespondenz, Karin Barth für das Lektorat und der Ernst-Reuter-Gesellschaft für die großzügige Unterstützung des Drucks.

Berlin, im Mai 2019 *Johanna Di Blasi*

Zur Autorin

Johanna Di Blasi, geboren 1968 in Lienz (AUT), Kunsthistorikerin, Publizistin und Kulturjournalistin; Studium der Deutschen Philologie, Literaturwissenschaft und Kunstgeschichte an der Universität Wien und der Freien Universität Berlin; 2019 Promotion im Fach Kunstgeschichte im globalen Kontext. Seit 2017 Redaktionsmitglied des ökumenischen Magazins *Kunst und Kirche. Zeitschrift für Kritik, Ästhetik und Religion*; davor Feuilletonredakteurin der *Hannoverschen Allgemeinen Zeitung* und Kulturkorrespondentin im Berliner Büro der Madsack Mediengruppe. Di Blasi hat zahlreiche Beiträge zu Themen aus Kunst und Kultur veröffentlicht, u.a. Artikel im Museumsführer der *ZEIT* (*Die schönsten Kunstsammlungen in Deutschland*, hg. von H. Rauterberg, Hamburg 2010 und 2012), in *Lettre International* und in *Merkur. Deutsche Zeitschrift für europäisches Denken*. Sie ist mit dem Philosophen Luca Di Blasi (Universität Bern) verheiratet und lebt in Berlin.

Museum

Ann Davis, Kerstin Smeds (eds.)

Visiting the Visitor

An Enquiry Into the Visitor Business in Museums

2016, 250 p., pb., numerous ill.
39,99 € (DE), 978-3-8376-3289-7
E-Book: 39,99 € (DE), ISBN 978-3-8394-3289-1

Bernadette Collenberg-Plotnikov (Hg.)

Das Museum als Provokation der Philosophie

Beiträge zu einer aktuellen Debatte

Januar 2018, 286 S., kart., zahlr. Abb.
29,99 € (DE), 978-3-8376-4060-1
E-Book: 26,99 € (DE), ISBN 978-3-8394-4060-5

Andrea Kramper

Storytelling für Museen

Herausforderungen und Chancen

2017, 140 S., kart., zahlr. Abb.
19,99 € (DE), 978-3-8376-4017-5
E-Book
PDF: 17,99 € (DE), ISBN 978-3-8394-4017-9
EPUB: 17,99 € (DE), ISBN 978-3-7328-4017-5

Leseproben, weitere Informationen und Bestellmöglichkeiten finden Sie unter www.transcript-verlag.de

Museum

NÖKU-Gruppe, Susanne Wolfram (Hg.)
Kulturvermittlung heute
Internationale Perspektiven

2017, 222 S., kart.
29,99 € (DE), 978-3-8376-3875-2
E-Book: 26,99 € (DE), ISBN 978-3-8394-3875-6

Carmen Mörsch, Angeli Sachs, Thomas Sieber (Hg.)
Ausstellen und Vermitteln im Museum der Gegenwart

2016, 344 S., kart., zahlr. Abb.
34,99 € (DE), 978-3-8376-3081-7
E-Book: 34,99 € (DE), ISBN 978-3-8394-3081-1

Robert Gander, Andreas Rudigier, Bruno Winkler (Hg.)
Museum und Gegenwart
Verhandlungsorte und Aktionsfelder für soziale Verantwortung und gesellschaftlichen Wandel

2015, 176 S., kart., zahlr. z.T. farb. Abb.
29,99 € (DE), 978-3-8376-3335-1
E-Book: 26,99 € (DE), ISBN 978-3-8394-3335-5

Leseproben, weitere Informationen und Bestellmöglichkeiten finden Sie unter www.transcript-verlag.de